3판

황문연 저

파생상품 거래손실 사례분석

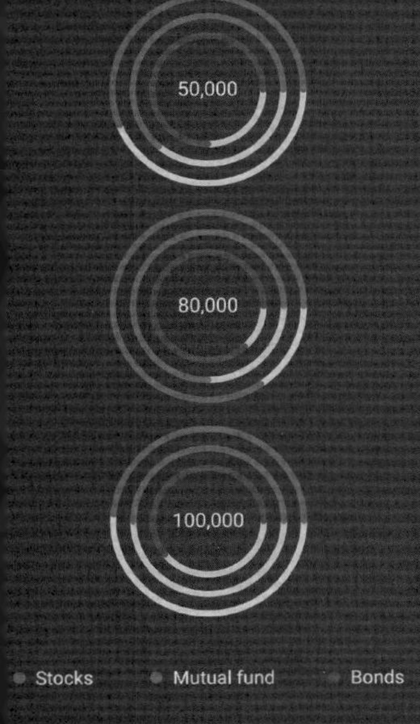

「자본시장법」 제5조에서는 다음 중 하나에 해당하는 계약상 권리를 파생상품으로 규정하고 있다. 첫째, 기초자산이나 기초자산의 가격·이자율·단위 또는 이를 기초로 하는 지수 등에 의하여 산출된 금전 등을 특정시점에 인도할 것을 약정하는 계약이다. 둘째, 당사자 어느 한쪽의 의사표시에 의하여 기초자산이나 기초자신의 가격·이자율·지표·단위 또는 이를 기초로 하는 지수 등에 의하여 산출된 금전 등을 수수하는 거래를 성립시킬 수 있는 권리를 부여하는 것을 약정하는 계약이다. 셋째, 장래의 일정 기간 동안 미리 정한 가격으로 기초자산이나 기초자산의 가격·이자율·지표·단위 또는 이를 기초로 하는 지수 등에 의하여 산출된 금전 등을 교환할 것을 약정하는 계약이다.

한국금융연수원
KOREA BANKING INSTITUTE

| 발 · 간 · 사 |

파생상품은 기업 리스크를 줄이는 수단으로 활용됨으로써 자산증가를 동반하지 않는 수익원으로 발전을 거듭하여 국제금융시장의 큰 축으로 성장하였습니다. 반면 파생상품시장의 발전과 더불어 투자 실패 및 리스크관리 소홀로 인해 발생한 대규모 파생상품 손실사건은 국내외 금융경제에 큰 영향을 미치고 있습니다.

우리나라에서는 지방은행 선물환 손실사건이 최초의 파생상품사고로 보고되었으며, 이후 금융회사들은 파생상품의 발전 속도에 맞춰 나름대로 파생상품 리스크관리에 체계를 갖추기 위해 노력해 왔습니다. 그럼에도 불구하고 자동차회사의 대규모 외환손실사건, KIKO사태, 은행 CDS 손실, CEDO 소송사건 등 많은 파생상품 관련 사건들이 발생하였습니다. 파생상품 투자손실은 금융회사의 부주의로부터 발생되기도 하지만 기업체의 손실이 금융회사의 손실로 이전되는 경우가 대부분입니다.

이에 우리 원은 파생상품 거래손실 및 사고에 대한 국내외의 다양한 사례를 심도있게 소개, 분석함으로써 금융회사의 파생상품리스크를 체계적으로 관리하는데 도움을 드리고자 본서를 발간하게 되었습니다. 특히 본서는 저자의 현장경험 등으로부터 얻은 지식을 바탕으로 작성되었으며, 국내외 파생상품 손실사건 사례와 이를 통해 어떻게 리스크관리를 해야 하는가에 대한 교훈을 담고 있어 파생상품을 다루는 금융인 및 관심있는 학생에게 많은 도움이 될 것이라 믿습니다.

아무쪼록 본서가 우리나라 파생금융상품시장의 건전한 발전에 기여할 수 있게 되기를 바라며, 바쁜 와중에도 도서 집필을 위해 애써주신 금융감독원 황문연 팀장님께 깊은 감사를 드립니다.

2013년 4월

한국금융연수원 원장 이 장 영

| 추 · 천 · 사 |

파생상품거래는 금융상품에 대한 리스크 헤지 및 차익실현에 대한 기회제공 등의 순기능으로 인해 지속적으로 발전해 왔다. 단기차익을 목적으로 한 투기성 자금의 국제적 이동, 헤지펀드의 등장과 성장, 금융기관의 다양한 수익원 확대 영업 전략 등이 파생상품시장 발전의 원동력이라고 할 수 있다. 국제금융시장에서 파생상품거래는 더 이상 빼놓을 수 없을 만큼 그 시장이 커졌다.

신용디폴트스왑(CDS)은 금융시장의 원천적인 공포, 즉 돈을 떼이는 두려움을 해소하는 획기적 발명품으로 평가받은 적 있으며, 자산담보부증권(CDO)은 한때 20세기 후반 최고의 금융상품으로 그린스펀 전 미국 연방준비제도이사회(FRB)의장으로부터 평가받기도 하였다.

그러나 2008년 글로벌 금융위기는 CDS 등 파생상품거래 손실로 인해 발생했으며, 파생상품과 관련된 금융기관의 대규모 손실사건은 개별 금융기관의 파산은 물론 거래상대방 및 금융시스템 리스크를 초래하였다.

과거에도 파생상품 대규모 손실 사고가 발생하기도 하였다. 1990년대 중반 이후 베어링스, LTCM 등 금융기관에서 뿐만 아니라 오렌지카운티, 스미토모 등 비금융기관에서도 대규모 파생상품 손실사건이 발생하였다.

우리나라 금융시장에 파생상품이 출현한 지 30여년이 지났으며 그 거래규모는 천문학적으로 성장하였으나 리스크관리 실패로 인해 종종 대규모 손실이 발생하였다. 파생상품거래 초기단계에서는 지방은행의 선물환거래, 다이아몬드펀드 등을 들 수 있으며, 2000년대 이후에는 자동차회사의 외환손실, KIKO사태, 은행 CDS거래, 자산운용사의 옵션사고 등이 그 예라고 할 수 있다. 이렇듯 파생상품거래는 파생상품시장의 성장과 함께 리스크관리에 대한 중요성이 크게 부각되고 있다. 그러나 반면교사로 삼아야 할 파생상품거래 실패사례에 대한 교훈은 주로 해외사례를 찾아 학습하고 있다.

본서에서 소개하는 파생상품 거래손실 사례분석은 저자의 은행근무, 대학강의, 금융감독원에서의 검사경험 등으로부터 얻은 지식을 바탕으로 작성된 것으로써 금융기관의 리스크관리 담당자는 물론 리스크관리에 관심 있는 대학원생 등에게도 이들 사례를 통해 공부할 수 있는 좋은 자료라고 할 수 있다.

성균관대학교 경제학과 명예교수

(전 한국경제학회장) 이 재 웅

| 다시 개정판을 내면서 |

2013년 봄 초판, 2022년 겨울 개정판을 냈다. 또다시 개정판을 내기 위해 원고를 정리하면서 거액의 파생상품 손실사례가 왜 이리 자주 발생하는가 계속 질문해 봤지만 끝내 적절한 답을 찾지 못했다.

인간이 만든 금융상품 중 조금 이해하기 어렵다고 판단되는 파생상품은 인간에게 스스로 빠져나오기 힘든 덫을 씌우는 것 같다. 최근 발생한 차액결제거래(CFD), 주가연계파생결합증권거래(ELS) 손실 사고도 유사한 사례가 아닐까 싶다. 그럼에도 불구하고 계속해서 파생상품 거래손실 사례를 분석하는 이유는 누군가 파생상품 손실사례를 들여다보고 그 조직에 필요한 아이디어를 얻어 조금이나마 피해를 줄였으면 좋겠다는 생각에서 비롯되었다.

이번 개정판에는 세 가지 사례를 추가하였다. 이제 파생상품 거래손실 사례분석은 19건의 사례를 싣게 된다. 선물, 옵션, 스왑, 구조화 등으로 분류하여 책의 내용은 제법 풍성해졌지만 뭔가 찝찝한 느낌을 여전히 지울 수가 없다.

이번에 추가된 내용을 간략히 설명하면 다음과 같다.

L*금속이 동(copper) 선물거래를 하면서 미화 278백만 달러(3,347억 원 상당)의 파생상품 손실을 기록하였다. 우리나라 최초의 거액 상품선물 거래손실이라고 할 수 있다.

국내 증권시장에서 주식 8개 종목에 대한 주식매도가 대량으로 이루어져 해당 종목의 시가총액 9조 2,881억 원이 감소하였다. 이들 거래는 차액결제거래와 관련이 있었다.

2022년 홍콩H지수에 편입된 Step-down형 ELS에서 6.2조 원의 Knock-in이 발생하였다. 이 거래는 2024년 2월 기준 은행 및 증권에서 투자누적손실률 53.5%, 손실액 1.2조 원이 실현되었고, 2024년 상반기에 5.9조 원의 만기가 도래하게 되었다.

어떤 책이든 훌륭하신 많은 분의 연구결과를 간단히 정리한 것에 그친다고 생각한다. 이 책 또한 예외일 수는 없다. 초판에서부터 이번 개정판까지 혼자의 힘으로 쓰지를 못하였고 많은 분의 도움이 있었다. 여느 서적과 마찬가지로 감사한 마음을 참고문헌에 기재하였다. 다시 한번 물심양면으로 도와주신 분께 진심으로 감사한 마음을 전합니다.

2025년 여름,

저자 황문연

| 개 정 판 을 내 면 서 |

2013년 봄 초판이 발간되고서 벌써 10년여의 세월이 흘렀다. 그땐 그저 파생상품 거래손실 사례를 분석하여 파생상품거래에 대한 이해를 통해 배움에 한 걸음 더 나아가고 싶었던 마음이 앞섰다. 그리곤 더는 파생상품 손실사건이 발생하지 않는다면 이 책은 젊은 날 금융감독원에서 쉽지 않은 파생상품 검사업무에 대한 기억을 모아 놓은 기록으로만 남을 수 있겠다고 생각했다. 또 한편에서는 추가할 내용이 없어서 이들 사례가 전설처럼 내려오는 이야기로 남기를 바랐다.

그건 착각이었다.

금융시장이 발전하고 금융상품이 계속 개발되는 한 늘 새로운 사고가 도사리고 있는 것 같다. 그나마 책에 넣을 파생상품 손실사건을 500억 원 수준의 파생상품거래에 한정해서 그렇지 매년 금융사고, 금융사건이 발생하고 있다.

이번에 추가한 내용은 총 5건이다. 그러므로 초판의 11건과 더불어 16건의 사례가 실리게 된 셈이다. 선물, 옵션, 스왑, 구조화 등의 내용이 풍성해지기는 했지만 뭔가 찝찝한 느낌을 지울 수가 없는 것 같다.

개정판에 추가된 내용을 간단히 살펴보면 다음과 같다.

N은행 파생상품 딜러는 이자율스왑 등의 허위거래, 가공거래 등을 통해 469회 손익조작, 1,335억 원을 손익왜곡 하였다.

W은행은 금리연계 파생결합증권(DLF)을 판매하였으나 불완전판매 등으로 독일국채 DLF 등에서 1,374억 원의 투자자 손실이 발생하였다.

LM자산은 총수익스왑계약을 통한 2,438억 원 규모의 무역금융펀드를 운용하면서 실체 없는 곳에 투자해 전액 손실이 발생해 투자자의 손실로 이어졌다.

HM투자증권은 KOSPI200 주가지수 선물 및 옵션거래에서 시가와 상당히 괴리된 가격으로 36,161건이 체결되어 466억 원의 손실이 발생하였다.

HD그룹은 경영권 확보를 위해 파생상품을 이용하였으나 주식파생상품거래에서 4,153억 원의 평가손실이 발생하였다.

대부분의 대형 금융사고는 내부통제가 허술해서 발생한다. 파생상품거래도 예외일 수는 없다. 이와 관련한 내부통제의 중요성에 대해 서울행정법원의 판결문에서는 "금융규제의 완화는 외부적 규제의 완화를 의미하는 것이지 규제 자체의 소멸을 의미하는 것은 아니다. 즉, 금융규제의 완화는 내부통제의 강화를 통한 규제의 민영화 또는 규제의 내부화를 의미하는 것이다. 따라서 금융회사의 내부통제는 외부적 규제의 완화 정도와 비례해서 강화되어야 한다. 내부통제의 의의와 범위는 특정 회사가 직면하는 위험의 의의와 범위에 연동되어 있기 때문에 이를 모두 법에서 정하는 것은 불가능하다. 금융규제의 목적상 금융규제법은 내부통제에서 준수해야 할 기본적인 의무사항과 내부통제를 확보하고 이행할 최종적인 책임을 부담하는 내부통제의 주체와 이를 구체적으로 이행할 절차 및 그 위반에 대한 제재조치를 매우 엄격하고 명확하게 규정해야 한다"고 판시하고 있다.

개정판을 준비하면서 파생상품 거래손실 사례를 계속 집필하기 위해 훌륭한 후배들과 공동작업을 할까 했다. 그러나 생각 끝에 훗날 제3판이 나오질 않도록 공동 저자를 찾지 않았다. 금융사고가 발생하지 않아 더 이상 chapter를 추가하지 못하고 차라리 절판됐으면 하는 생각이 앞섰다. 그런 날이 오기를 또한 기원한다.

끝으로, 이 책을 펴는 데 도움을 주신 많은 동료, 선후배님들께 진심으로 감사드립니다. 그리고 건강치 않은 몸으로 늘 내 곁에서 응원해 준 사랑하는 아내와 가족들에게 이 책을 바칩니다.

2022년 겨울이 오는 문턱에서,

저자 황문연

| 머 · 리 · 말 |

우리나라 파생상품시장은 2011년 한 해 거래규모가 82,911조 원에 이를 만큼 양적인 면에서 많은 성장을 하였다. 이와 더불어 파생상품관련 대규모 손실사고도 심심찮게 발생하고 있다. 최근 들어서는 파생상품 손실사고가 대형화되는 추세에 있고 한 번의 실수로 회사의 운명을 좌우하는 사고도 발생하였다. 그러나 이러한 사건들에 대한 연구는 간행물, 논문 등을 통해서 간헐적으로 발표될 뿐 이렇다하게 체계적으로 정리된 서적은 아직 발견되지 않고 있다. 그래서 파생상품 대규모 손실 사건에 대한 교훈은 주로 해외사례를 찾아 학습해야 했다. 저자는 성균관대학교에서 기업리스크관리론, 현대국제금융이론, 국가리스크관리론 등을 강의하면서 파생상품 리스크관리 실패사례를 주로 해외에서 찾아 소개해 왔다. 그럴 때마다 우리나라에서도 파생상품에 대한 리스크관리 소홀로 대규모 손실 사건이 있는데, 이에 대한 정리의 필요성을 느꼈다. 또한 금융감독원에 근무하면서 금융기관의 검사업무 과정에서 크고 작은 많은 파생상품 손실사고 사례를 접하기도 하였다.

파생상품 사고는 공통적으로 취급자의 부주의, 고의 등도 있지만 파생상품에 대한 지식이 부족하고 관리자의 감독이 소홀한 측면도 있다. 금융기관이 파생상품 리스크관리와 관련한 내부통제를 철저히 하면 충분히 예방할 수 있는 사건이 대부분이었다.

본서는 우선 파생상품 대규모 손실사고에 대한 분석을 하고 그 손실원인 등을 살펴봤다. Forwards, Options, Swaps, 그리고 구조화 상품(structured finance) 등 4개 부문으로 구성하여 총 13장으로 나눠 기술하였다. 다만, 신용파생상품에 대한 사항은 기본적인 파생상품과 병합해서 발생하므로 별도로 구분하지 않았다. 제1장에서는 간단한 파생상품 소개를 하고, 제2장부터 제12장까지는 파생상품 손실사건마다 거래구조와 중요한 손실원인을 분석하였으며, 제13장에서는 손실사고로부터 얻을 수 있는 교훈을 담았다.

금융기관의 손실사고와 손실사건은 엄밀한 의미에서 다르게 해석된다. 「금융기관검사및제재에관한규정」에 따라 금융기관은 금융사고 또는 일정 규모이상의 민사소송 사건에 대해 금융감독원에 보고하여야 한다. 여기서 금융사고는 금융기관의 소속 임직원이나 소속 임직원 이외의 자가 위법·부당한 행위를 함으로써 당해 금융기관 또는 금융거래자에게 손실을 초래 하거나 금융질서를 문란하게 하는 경우에 해당한다. 민사소송은 소송물 가액이 최직근 분기말 현재 자기자본의 100분의 1 또는 100억 원을 초과하는 사건을 말한다. 이런 명확한 기준이 있을지라도 본서에서는 파생상품사고 및 사건이라는 용어를 혼용하여 사용하였다.

이 책은 많은 사람들의 도움으로 탄생하였다. 본서를 꾸미는데 도움을 주신 분들께 지면을 빌어 감사의 말씀을 드린다. 일면식도 없는 변호사 및 판사께서는 교육목적의 집필에 대해 흔쾌히 관련 자료를 내주셨고, 여러 전문가들도 궁금한 내용에 대해서 조금도 망설임 없이 답변해 주셨으며, 해당 금융기관에서조차 주저함 없이 자료를 제공해주셨다. 그리고 원고를 교정하는데 헌신을 다해준 제자가 있었으며, 그림을 예쁘게 꾸며준 동료도 있었다. 이 모두가 고마울 뿐이다. 또한 집필을 하느라 시간이 없어 필요할 때마다 작은 사랑을 나누지 못한 가족, 그리고 친구, 직장동료 분들께도 무한한 고마움을 표한다.

본서의 지면에는 부득이 관련 금융기관 및 기업의 실명을 거론하면서 독자들의 흥미를 유도하였다. 그러나 가급적 실명 사용을 자제하였고, 대부분 언론매체에서 쉽게 접할 수 있는 사건을 다뤘으며, 이들을 맹목적으로 비난하려는 의도는 없었는데 이에 대해 깊은 양해를 부탁드린다. 끝으로 이 책이 나오기까지 헌신을 다해주신 한국금융연수원 출판부 직원들에게 깊은 감사의 마음을 표한다.

2013년 4월

황 문 연

차 례

파생상품 거래손실 사례분석

Forwards

제1장

A은행의 선물환거래

제2장

S특수정밀의 Term-structure Arbitrage Forward거래

차 례

파생상품 거래손실 사례분석

제3장

GD모터스의 Cash Flow Forward Hedging

제4장

L*금속의 동 선물거래

Options

제5장

TS엘시디의 KIKO거래

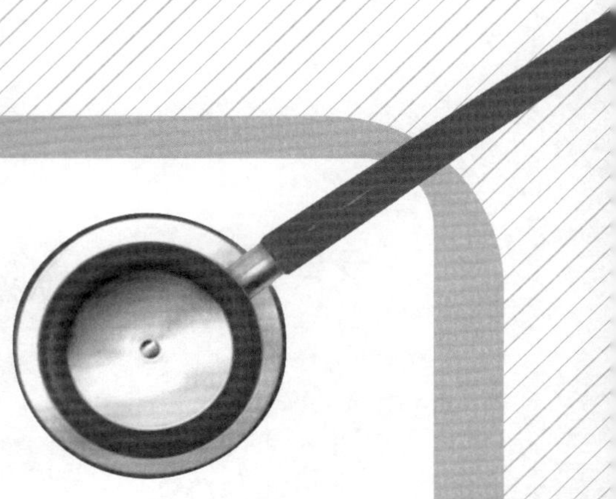

제6장

WS에셋자산운용의 Strangle매도

제7장

Madoff 폰지스킴의 Bull Spread전략

제8장

HM투자증권의 옵션 차익거래

차 례

파생상품 거래손실 사례분석

Swaps

제9장

Diamond Fund의 Total Return Swap & S그룹회계분식

제10장

G은행의 Credit Default Swap

제11장

N은행의 이자율스왑거래

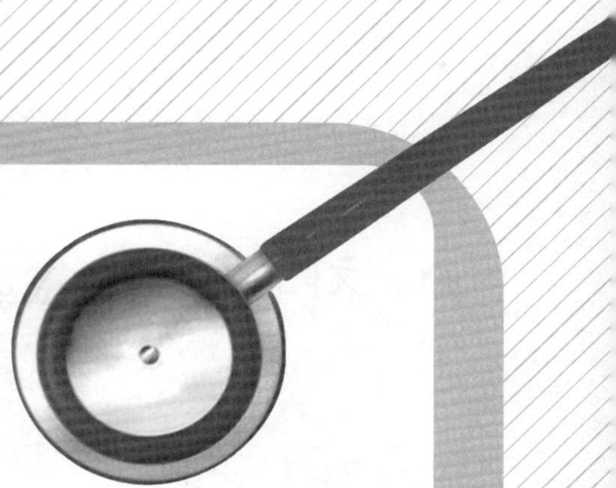

제12장

제13장

Structured Finance

제14장

차 례

파생상품 거래손실 사례분석

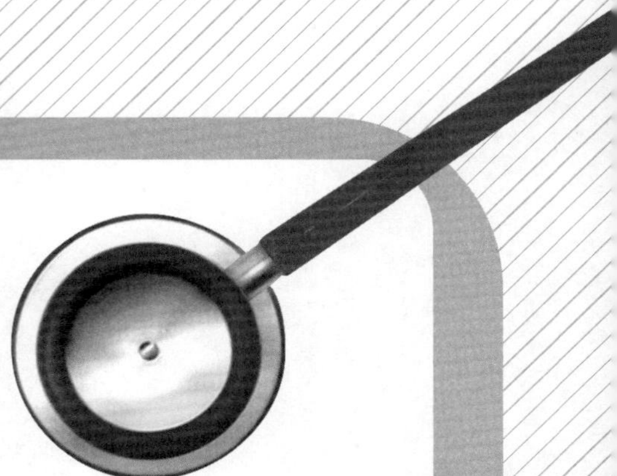

제18장

국내 증권사의 차액결제거래(CFD)

제19장

홍콩H지수 편입 Step-down형 주가연계파생결합증권(ELS)

참고문헌

Forwards

A은행의 선물환거래

제1장

파 생 상 품

거 래 손 실

사 례 분 석

제1절 * 사건 개요

우리나라 금융역사상 최초로 파생상품에 투자해서 거액의 손실이 발생한 사례로는 1989년 A은행의 선물환 손실사건이다. 해당 은행은 감내하기 힘든 일이었겠지만 동 사건은 파생상품시장이 크지 않은 가운데 대규모 손실이 발생하였기 때문에 금융기관의 리스크관리에 대한 중요성을 제기한 사안으로 일반 금융인에게 자주 회자되곤 한다. 그 시기에는 파생상품거래라고 해봐야 선물환거래를 하는 수준이었고 그마저도 대고객거래를 커버하는 정도였으며 투기적 거래는 그리 흔치 않았다.

〈그림 1-1〉 A은행 선물환 손실사고 관련 기사

A은행의 선물환거래 손실은 343억 9,100만 원[1]으로 당시 은행자본금 500억 원의 70%에 달하였다. 이 금융사고로 은행장 및

1) A은행 25년사(1993년 발행) 책자에 기록된 금액이다.

국제업무 담당 상무가 퇴임하고 담당자는 면직 처리되었으며, 은행에서는 한국은행에 통화안정계정인출요청과 특별자금 350억 원 등 총 500억 원의 지원을 요청하였고, 시가 40억 원 상당의 은행전산센터 부지 4,000평을 매각하고 보유 유가증권 약 900억 원 가운데 일부를 긴급하게 처분하지 않을 수 없었다.[2)]

당시에는 자기자본규제비율,[3)] 적기시정조치[4)] 등 감독수단이 없던 터라 금융감독당국으로부터 당장의 영업정지 등은 없었다. 그러나 뱅크런 등을 대비하기 위해 A은행은 한국은행에 긴급자금을 요청하게 되었다.

2) 1989.4.14.자 한국경제신문, 한겨레신문, 광주일보, 전남일보 등 신문기사를 토대로 작성하였다.

3) BIS자기자본규제는 1988년 7월에서야 태동하였다. 국제결제은행(Bank for International Settlement, BIS)의 은행감독위원회(바젤위원회)는 「자기자본측정과 기준에 관한 국제적 합의」를 제정하였다. 이는 국제업무를 영위하는 상업은행이 BIS기준 자기자본비율을 1990년 말부터 7.25% 이상, 1992년 말부터는 8% 이상을 유지토록 의무화한 것이었다. 또한 1990년대에는 거대 국제은행을 중심으로 외환거래, 유가증권 및 파생상품거래가 증가함에 따라 은행이 보유하는 자산가격의 급격한 변동으로 손실 발생 가능성이 높아져 바젤위원회는 1996년 1월 자기자본규제 합의를 대폭 보완하여 1997년부터 시장리스크에 대해서도 일정한 자기자본을 보유토록 요구하게 되었다.
한편, 우리나라는 1988년 바젤합의사항에 근거하여 1992년 7월 경영지도기준의 하나로 위험가중자산에 대한 자기자본비율 개념을 도입하여 1993년 말부터 7.25%, 1995년부터는 8% 이상을 유도하도록 결정하였다. 또한 2002년 1월부터는 시장리스크를 감안한 자기자본보유제도를 시행하고 있다.

4) 현행 감독체계에서 자기자본비율, 경영실태평가결과 등에 따라 금융위원회에서는 일정기준을 충족하지 못하는 은행에 대해 경영개선권고, 경영개선요구, 경영개선명령 등으로 구분하여 적기시정조치를 취하게 된다. 영업정지를 하는 단계는 위험가중자산에 대한 자기자본비율이 2% 미만인 경우, 경영개선요구를 받은 은행이 경영개선계획의 주요사항을 이행하지 않은 경우 등인데, 이때 주식의 전부 또는 일부 소각, 임원의 직무집행 정지 및 관리인의 선임, 합병 또는 금융지주회사의 자회사로의 편입, 영업의 전부 또는 일부의 양도, 제3자에 의한 해당 은행의 인수, 6개월 이내의 영업정지, 계약의 전부 또는 일부의 이전 등의 조치를 취할 수 있다.

제2절 * 선물환거래 사고내용과 원인

2-1. 사고 내용

A은행은 선물환거래 담당자(조00 차장)에게 선물환거래에 대한 전권을 부여하였다. 그는 1989년 1분기 달러 약세를 틈타 파운드, 마르크, 엔, 프랑스프랑 등을 대거 매입하여 대규모 환투기를 하였다.

1989년 초에는 미국의 국제수지 적자가 더욱 누적될 것이라는 예상이 일반적이어서 달러약세가 예상되었다. 그러나 미국의 프라임레이트(prime rate)가 1989년 2월 10일 10.5%에서 0.5% 포인트 상승하여 11%가 되었다. 그러자 달러화가 예상과는 달리 강세로 치달았다. 그 예를 살펴보면 다음과 같다.

Cross currency FX Trading

1989년 3월 21일	Sold	U$ 22,327,500
	Bought	£ 13,000,000
	FX rate	£1 = U$ 1.7175
1989년 3월 28일	Sold	£ 13,000,000
	Bought	U$ 22,119,500
	FX rate	£1 = U$ 1.7015
	Loss	U$ 208,000

자료 : 국제금융연구원

특히, A은행은 엔/달러 환율이 110엔대로 떨어질 것으로 보았으나 실제로는 계속 130엔대를 유지하여 엄청난 피해를 보게 되었다. 그럼에도 그는 언젠가 달러화가 반전될 것으로 믿고 선물환거래를 계속하였다. 그 피해를 은폐하기 위해 선물환 만기를 계속 연장시켰으며 거래규모를 늘렸다. 선물환거래 과정에서 거래 당일에 달러를 팔고 1주일 단위로 자금을 결제하기로 해놓았다. 1주일 후에 달러값이 올라가고 다른 통화값이 떨어지자 그때 그때 결제를 하지 않고 계속 선물환거래를 연장시켰다. 일종의 물타기거래가 이뤄진 것이다. 결국 달러화가 1988년 말보다 7% 이상 상승하면서 누적손실이 눈덩이처럼 불어나 막대한 손실을 보게 되었다. 이러한 거래를 계속할 수 있었던 이유는 사건이 표면화되기 전까지 은행 입장에서는 현금결제가 필요하지 않았고 자금부담이 별로 없었기 때문이었다. 그런가 하면 손실을 보다가도 환율이 예상과 맞아떨어진다면 자금 없이도 일시에 손실을 회복할 수 있기 때문에 딜러는 그런 포지션을 보유하면서 계속 기다릴 수밖에 없었다.

2-2. 선물환거래 손실원인

A은행 선물환거래 손실사건은 파생상품시장의 원초적인 문제점이자 파생상품 시장발전의 초기 단계에서 리스크관리가 얼마나 중요한지 일깨워준 일대 사건이다. A은행의 대규모 선물환거래 손실은 몇 가지 원인으로 나눠 볼 수 있다.

우선, 은행의 과도한 환투기였다. 1989년 초부터 1989년 4월 14일 사고가 발견되기 전까지 선물환거래 규모는 1989년 1월 7억 3,600만 달러, 2월 11억 2,500만 달러, 3월 8억 8,800만 달러, 4월 7억 6,100만 달러 등으로 40억 달러에 육박하였다. 1989년 3월말 은행의 총자산이 8,950억 원에 불과했던 데 비해 그 규모가 얼마나 컸는지 짐작할 수 있다.

〈그림 1-2〉 총자산과 선물환거래량

(단위 : 억 원)

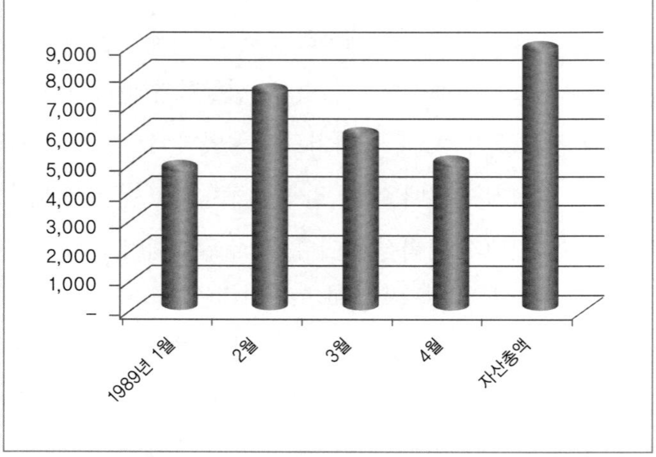

주) 1989.4.14. KRW/USD 667.30 기준

A은행은 지방은행으로는 유일하게 1985년부터 선물환거래를 시작하였다. 시작 당해 연도에 5억 원의 선물환거래 수익을 올렸고, 1986년에는 1억 원의 선물환거래 손실을 입었다. 그러나 1987년 17억 원에 이어 1988년 33억 원의 선물환거래 이익을 올렸다. 이러한 환투기로 벌어들인 수익은 1987년 은행 수익의 121.4%에 이르렀다. 선물환거래 수익이 없었다면 3억 원의 적자를 기록할 뻔했다. 1988년에는 A은행의 당기순이익 38억 원 중에서 선물환거래 수익이 86.8%를 차지하였다.

은행장은 취임 후 1986년 2월부터 은행수익증대 경영을 추진하였다. 당연히 선물환거래 담당자는 경영진의 총애를 받았다. 이렇듯 선물환거래를 통해 많은 이익을 거둔 탓에 은행 경영진은 선물환거래에 대한 기초지식도 없이 환투기에 은행의 운명을 걸다시피 했다. 그런 이유로 해당부서는 선물환거래를 계속 늘릴 수 있었다. 또한 성과를 많이 거둔 선물환거래 담당자에게 수시로 성과급을 주었으며 1988년에는 2호봉 승급이라는 파격적인 인사를 단행하기도 했다.

그러나 전문 인력이 부족하였다. 당연히 국제경제 여건변화에 능동적으로 대응

할 수 있는 판단력이 부족하였다. 그런 가운데 딜러 1인에게만 의존하여 투기적인 선물환거래를 계속하였다. 그런가 하면 단순한 선물환거래인데도 상급자는 파생상품딜러에 대한 관리능력이 부재하였다.

둘째, 파생상품관련 내부통제가 제대로 이루어지지 않았다. 환투기로 대규모의 선물환거래가 이루어지고 있는 상황에서 내부통제제도를 갖추지 못하고 있었다.

은행내부에서 정한 일일 환거래 금액한도는 잔액기준으로 6,000만 달러였다. 은행딜러의 일일 포지션한도를 과도하게 책정하였다. 그러나 이 한도마저 부족하여 1억 달러를 자주 넘어섰다. 특히 1989년 1월부터 4월 기간 중에는 대부분 한도를 초과하여 거래하였으나 제대로 통제가 이루어지지 않았다. 심지어 한도초과 때 규정된 경영진의 결재과정도 전혀 없었다. A은행 국제부는 서울에 있었는데 담당이사는 본점(지방)에 주재했기 때문에 딜러의 전결로 거래가 이루어졌다.

〈해외사례〉 Herstatt 사건

Herstatt도산은 외환결제리스크 때문에 발생된 것으로 널리 알려져 있으나 실제로 이 사건의 본질은 대규모 외환거래에 따른 큰 손실이었다.

Herstatt Bankhaus는 1973년 총자산 20.7억 마르크를 보유한 독일 35번째 은행이었다. 이 은행은 1973년 세후이익 10.3백만 마르크를 기록하였는데 개인금융을 취급함에도 불구하고 한 해에 600억 마르크의 외환거래를 하였으며 당해 연도에는 막대한 외환이익을 시현한 것으로 알려졌다.

이 은행의 대규모 투기거래는 1971년 8월 15일 미국이 금태환정지를 선언함에 따라 1973년 주요국들이 변동환율제를 채택하기 시작하면서 이루어졌다. 주요 선진국들이 변동환율제를 채택하기 전까지 이 은행은 달러가 하락할 것으로 믿었으며, 사고 당시에는 U$1=DM2.5에 달러를 매도하였으나 만기 환율이 U$1=DM2.9가 되어 470백만 마르크의 외환손실을 보게 되었다. 자본금이 44백만 마르크에 불과한 은행으로서는 견딜 수 없는 막대한 손실이었다.

1974년 3월 독일 감독당국(Federal Banking Supervisory Office, BAKred)의 검사결과, 은행의 딜링한도는 25백만 마르크에 불과하였으나 오픈포지션이 20억 마르크에 달하였다.

결국 Herstatt은행은 중앙은행인 Bundes Bank와 Deutsche Bank, Dresdner Bank, Commerz Bank 등 상업은행에 자금지원을 요청하였으나 이들 모두 자금제공을 거절하였다. 이에 따라 1974년 6월 BAKred은 Herstatt은행의 영업을 정지하였다.

딜러 1인에게 독단적인 판단에 의한 거래를 허용하면서 보고체계가 정비되어 있지 않았다. 당시에는 금융기관이 선물환 등 파생상품거래를 할 수 있는 인프라가 전혀 갖추어지지 않은 상태였다. 외환거래에 대한 프런트오피스, 미들오피스, 백오피스 기능이 제대로 갖추어져 있지 않아 거래담당자와 계리담당자 간 상호 견제 시스템이 작동하지 않았으며, 경영진에 대한 보고체계 및 내부통제기능도 미흡하였다. 1989년 3월말 가결산과정에서는 70억 원의 손실밖에 입지 않은 것으로 본점에 보고하였다. 담당자가 누적손실이 72억 원이라고 허위보고한 후 1989년 4월 8일 잠적한 다음에야 거액의 손실이 발견되었다.

셋째, 파생상품거래에 대한 제대로 된 감독체계가 마련되지 않았다. 당시에는 금융자율화 바람이 강하게 불었다. 선물환거래 등을 포함한 국제금융 및 파생상품 거래는 선진금융기법[5]이라는 미명하에 규제가 느슨했다. 금융자율화추세에서 파생상품에 대한 섣부른 규제를 하는 경우 맞아야 할 매를 자꾸 미루는 결과를 초래한다는 지적도 있었다.

외환딜러는 선물환 만기에 결제를 하지 않고 선물환거래를 계속 연장시켰다. 현행 「외국환거래규정」에는 이미 체결된 파생상품거래에서 발생한 손실을 새로운 파생상품거래의 가격에 반영하는 거래를 하고자 하는 경우 한국은행 총재에게 신고하도록 되어 있다. 그러나 당시 「외국환관리규정」에는 선물환거래에 대해 사전 조치를 취할 수 있는 어떤 조항도 없었다.

10개의 지방은행 가운데 유독 A은행만이 선물환거래에 나섰고, 또 그 거래규모가 전국은행보다도 더 컸으나 감독당국이 한 번도 체크해보지 않았다는 비난도 있었다. 그런가 하면 한국은행이 A은행의 1989년 2월 중 선물환거래 실적이 여타은행들에 비해 지나치게 늘어난 사실을 알고 외환거래명세서를 제출하도록 요구하였으나 이에 대한 보고가 제대로 이루어지지 않았다.

5) 1989.4.14. 한국외환은행이 우리나라 최초로 국제금융선물시장의 정식회원이 되기 위해 동경금융선물거래소에 회원 자격신청서를 냈다.

S특수정밀의 Term-structure Arbitrage Forward거래

제2장

파 생 상 품

거 래 손 실

사 례 분 석

제1절 * 사건 개요

S특수정밀(주)[1]은 2004년 8월 23일 거래은행과 최초 거래일에 1년물 선물환 매입거래를 하고 1개월물 선물환 매도거래를 12회 반복함으로써 1년 만기 스왑포인트와 1개월 만기 스왑포인트 12배수와의 차액을 얻으려는 거래약정을 체결하였다. 그런데 선물환 매매약정에는 S특수정밀이 은행에게 선물환거래 전체에 대하여 일임을 받는다든지 또는 S특수정밀의 요구에 따라 선물환거래에 대한 위임을 받는다는 특약이 없었다. 즉, 동 거래는 S특수정밀에 1개월 선물환 매도주문을 결정할 권한이 있고 은행은 S특수정밀의 주문을 받아 시장가격(two-way)에 1개월물 선물환 매도주문을 할 뿐이며, 권한을 위임받은 것으로 간주하여 대신 매매를 체결하거나 권한을 행사할 의무가 없는 일반적인 장외파생상품에 지나지 않았다. S특수정밀은 은행이 1개월 선물환 매도주문을 하지 않아서 자신이 손해를 입은 것으로 주장하였으나 법원은 이를 인정하지 않았다. 결국, 2005년 6월 30일 결산 시에 S특수정밀은 선물환거래를 통한 투기거래에서 140억 원 등 환리스크관리 실패로 500억 원대의 파생상품손실을 계상하게 되었다.

1) S특수정밀(주)은 1990년 8월 설립되어 자수기를 수출하는 업체로서 2006년 기준으로 전 세계 자수기시장을 16.3%(1위) 점유하였다. 또한 관계사인 S산업봉제기계(주)는 전 세계 재봉기시장을 7.6%(3위) 점유하고 있었다. 2006년 전 세계 재봉기시장 규모는 U$18억, 자수기시장은 U$8억 상당으로 추산되는데 S특수정밀은 전체 매출액의 90% 이상을 환헤지하였다. 그러나 과도한 환헤지로 인해 환차손이 2005년, 2008년 각각 500억 원 이상 발생하였으며 S특수정밀이 경영상의 어려움을 겪자 2009년 9월 산업은행의 턴어라운드PEF가 535억 원을 투자하여 현재는 정상적인 업체로 거듭났다.

제2절 * S특수정밀의 선물환거래 전략[2)]

2-1. 장단기 Arbitrage 선물환거래 전략

2004년초 국제금융시장은 미국의 금리인상 전망이 강하게 대두되면서 1년 이상 미달러 장기금리의 상승이 두드러졌다. 그러나 국내 장기금리는 국내경기 침체지속 및 외화자금 수요감소 등으로 하향 안정세를 보임에 따라 달러와 원화의 장단기 금리차이 축소현상이 심하게 나타나기 시작하였다. 양국 간의 금리차이에 의해서 나타나는 일종의 보상적인 성격을 가지고 있는 스왑포인트가 한미 양국 간의 금리차이 축소에 따라 감소하였다. 스왑포인트는 연초 1년 만기 30원에서 3분기에 19원으로 11원이 줄어들었고 1개월물 감소폭은 3원에서 2.5원으로 감소되어 0.5원밖에 차이가 나지 않았다. 스왑포인트 장단기 괴리현상을 이용한 수익제고전략이 가능한 시기였다.

선물 또는 선물환거래의 경우 금리와 관련한 일반적인 헤지전략은 스트립헤지(strip hedge)와 스택헤지(stack hedge)를 주로 사용한다.[3)]

스트립헤지는 헤지대상의 포지션이 장기간에 걸쳐 존재할 때 이 기간 동안 유로달러선물 등을 동일 수량만큼 매입 또는 매도하여 전체적으로 균형화하는 헤지기법을 말한다. 즉, 스트립은 단순

2) 2006. 10. 24. 서울중앙지방법원 제4민사부, 2006가합37002 손해배상 소송 참고

3) 이창복 · 윤창현(2000). 금융선물 · 옵션거래, 한국 금융연수원

히 2개 이상의 연속적인 결제월물을 시리즈로 매입 또는 매도하는 기법으로 해당 스트립 기간 동안의 수익률을 고정시킬 수 있다. 이때 선도금리계약(forward rate agreement, FRA)이나 T-bill선물 등을 이용하여 이러한 헤지 목적을 달성할 수 있다. 스트립헤지에서 유효금리 또는 목표금리를 스트립 금리(strip rate)라고 말하며 장래 수익률곡선의 변동과 상관없이 목표금리를 확정할 수 있다.

스택헤지는 헤지 대상물의 가액 전체 규모에 해당하는 근월물을 일괄 매입(매도)한 후 이월(roll-over)될 때까지 해당기간 경과분만큼을 제외한 나머지를 차기 근월물로 치환하는 스택 앤 롤링헤지(stack & rolling hedge)이다. 이를 근월물 스택헤징이라 한다.

예를 들어 A회사가 25백만 달러의 차입금에 대한 금리상승위험을 회피하기 위하여 유로달러선물을 통한 스트립헤지 또는 스택헤지를 하는 경우 다음과 같이 매도하면 된다.

〈표 2-1〉 스트립헤지와 스택헤지의 비교

	결제월	1/4분기	2/4분기	3/4분기
스트립헤지	첫 번째 근월물(3월물)	25계약		
	두 번째 근월물(6월물)	25계약	25계약	
	세 번째 결제월(9월물)	25계약	25계약	25계약
스택헤지	첫 번째 근월물(3월물)	75계약		
	두 번째 근월물(6월물)		50계약	
	세 번째 결제월(9월물)			25계약

한편 외환시장에서는 그 당시 선물환거래에서 장단기금리차이에 따라 일종의 차익이 발생되면서 장기선물환을 매입하고 단기로 선물환을 매도하여 무위험 수익을 얻으려는 재정거래(arbitrage transaction)[4]가 활발하게 진행되었다. 은행들이

4) 선물환F_0, 현물환S_0, 국내금리r, 달러금리r_f, 기간 T라고 하면 재정거래는 선물환과 현물환관계가 다음의 식을 벗어났을 때 발생한다. 여기서 e(exponential function)는 2.71828이다. $F_0 = S_0 e^{(r-r_f)T}$

기업고객을 대상으로 선물환 재정거래 이익을 추구하는 마케팅전략을 사용하기에 절호의 기회였다. 은행들이 제시한 선물환 재정거래구조는 1년물 선물환 매입거래를 하고 동시에 1개월물 선물환 매도거래를 체결하는 방법이었다.

〈그림 2-1〉 마케팅은행이 제시한 거래구조

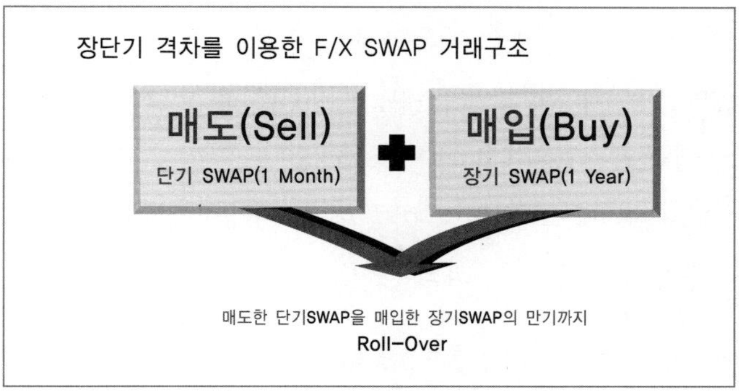

FX Swap 거래구조에서 현금흐름(cash flow)은 매월 연장(roll over) 때마다 현물환과 만기환율의 차이만큼 원화금액이 정산되며 정산차액의 합계가 일치하게 된다. 1개월물 선물환에 대한 매도거래를 실행하게 되며 최종 만기에는 최초 거래시 체결된 1년 만기 매수거래와 정산하게 된다. 이때 정산은 12회가 이루어지며 단기 스왑포인트 합계와 장기 스왑포인트 합계가 같아지는 거래로 구조화하였다.

〈표 2-2〉 FX Swap 거래구조 및 Cash Flow

B/S	'04.8	'04.9	'04.10	…	'05.6	'05.7	'05.8
1m Swap	S $1억	B $1억 S $1억	B $1억 S $1억	…	B $1억 S $1억	B $1억 S $1억	B $1억
1y Swap	B $1억						S $1억
Cash Flow	$ 0	$ 0	$ 0		$ 0	$ 0	$ 0

주) B : 매입, S : 매도

예를 들어 ⟨표 2-2⟩에서와 같은 FX Swap거래구조가 있다고 하자. 계약에 따라 Cash Flow는 스왑거래를 연장할 때 환율변동에 따른 정산이 1개월물 선물환 만기마다 Spot환율과 원화로 정산이 이루어지면서 발생한다. 고객에게는 환율변동과 상관없이 일정금액을 수익으로 인식하도록 구조를 만들게 된다.

⟨표 2-3⟩에서와 같이 Spot환율이 결정되며 선물환 계약환율이 결정되고 만기에 가서 정산 합계금액을 11억 원으로 확정한 거래를 예로 들어보자. 2회차 거래일에는 [전월FWD S × 계약환율 + 금월B × Spot환율 + 금월FWD S]가 이루어지며 정산금액 750,000,000원{1억 달러 × (1,162.5 - 1,155.0)}이 된다. 최종 만기에는 정산이 Spot환율로 되지 않고 이미 최초 거래일에 계약한 1year 스왑환율 1,169.0과 최종 1개월물 선물환율과의 차이로 정산된다.

⟨표 2-3⟩ FX Swap 연장 시 환율변동에 따른 원화 정산(예시)

(단위 : 원)

회차	Spot환율	계약환율	정산금액
거래일	1,150.0	1,152.5	-
1	1,160.0	1,162.5	- 750,000,000
2	1,155.0	1,157.5	750,000,000
3	1,145.0	1,147.5	1,250,000,000
4	1,160.0	1,172.5	- 1,250,000,000
5	1,170.0	1,167.5	250,000,000
6	1,165.0	1,182.5	250,000,000
7	1,180.0	1,172.5	250,000,000
8	1,170.0	1,182.5	250,000,000
9	1,160.0	1,172.5	2,250,000,000
10	1,180.0	1,162.5	- 750,000,000
11	1,190.0	1,182.5	- 2,750,000,000
만기	1,169.0	-	1,350,000,000
합계			1,100,000,000

2-2. 선물환거래에 대한 리스크관리

거래은행은 고객들에게 구조화된 선물환거래 전략에 대해 리스크 요인을 설명하고 각종 리스크에 대한 담보제공을 요구하였다. 우선, 향후 스왑포인트가 축소되는데 대하여 “국내 단기금리(1개월)가 현재 수준을 유지한 상태에서 미국 단기금리가 상승을 지속하는 경우 1개월 스왑포인트가 급격히 축소될 수 있다. 단기 스왑시장에서 매도 수요가 증가하여 수급면에 공급 우위를 보이는 경우 스왑포인트가 급격히 축소될 수 있다. 이때 1개월 스왑 평균 Roll over 스왑포인트가 1.6원을 하회하는 경우 매입한 1년 스왑포인트를 커버하지 못하게 되어 손실이 발생할 수 있다. 그러므로 거래고객은 금리 변화에 따른 스왑포인트의 추세를 면밀히 분석하고 신속한 의사결정을 통하여 포지션 청산을 하여야 한다.”고 설명하였다.

그런가 하면, 은행에서는 환율변동위험에 따른 거래고객의 결제 미이행 리스크 대비를 위해 예치금, 정기예금을 담보로 제공할 것을 요구하였다. 1년 만기 선물환거래에서 1억 달러의 환율변동에 대한 리스크를 담보할 수 있도록 15%의 높은 예치금을 요구하였다. 1년 내에 적어도 15%의 환율변동위험을 감안했다고 할 수 있다. 또한 1개월 단기 선물환거래에서도 1백만 달러에 해당하는 정기예금을 담보로 요구하였다. 실질적인 투기거래에 대해 은행은 환리스크에 대한 거래상대방의 미결제 리스크를 거의 완벽하게 대비했다고 할 수 있다.

〈그림 2-2〉 마케팅은행이 제시한 수익성 분석자료

수익성 분석

거 래 량	1m 스왑포인트	1y 스왑포인트	이 익 금
1억 달러	2.5원	19.0원	1,100,000,000원

☞ *이익금 계산식 : 1억 달러×{(2.5×12개월)−19.0} = 1,100,000,000원*

단, 위의 가정은 1개월 스왑포인트가 현재수준에서 유지된다는 전제하임

단, 위의 가정은 1개월 스왑포인트가 현재수준에서 유지된다는 전제하임

■ 담보예치금 조항

위 거래를 위하여 1년짜리 선물환 1억 달러에 대한 예치금 15백만 달러와 1개월 단기선물환 관련 2백만 달러에 해당하는 정기예금 담보가 필요함 (약 200억 원)

제3절 * 선물환거래의 손실원인

S특수정밀은 최초 거래시점에서 선물환 1년물을 매수하고 은행이 2004년 9월 30일 1개월물 선물환 매도계약에 따른 차액정산을 한 후 만기시점까지 별도의 주문 없이 자동적으로 1개월물 선물환을 매도한 것으로 판단하였다. 그러나 장외파생상품거래의 특성상 자동거래시스템을 구축할 수도 없고 실시간 변동하는 외환시세를 고객의 주문(order) 없이 거래할 수 없는 구조인데 S특수정밀은 추가적인 주문을 하지 않았으며, 12회 반복되어야 할 1개월물 선물환 매도거래가 1회에 그쳤다.

그 결과 1개월물 선물환 매도거래를 12회 반복하였을 경우 얻었을 수익 800,000,000원 상당과 실제 선물환거래에서의 손실액 6,996,500,000원 상당 합계 7,796,500,000원의 손해를 입었다. 다시 말하면, 2004년 8월 23일 S특수정밀은 은행으로부터 5,000만 달러를 1달러당 1,167.60원에 만기가 계약일로부터 약 1년 후인 2005년 8월 25일 결제하는 선물환 매수계약을 체결하였다. 또한 은행에 미화 5,000만 달러를 1달러당 1,156.10원에 만기가 계약일로부터 약 1개월 후인 2004년 9월 30일 지급하기로 하는 선물환 매도계약을 체결하였다. 2004년 9월 30일 현물환율이 1,152.47원에 형성되자 은행은 S특수정밀 측으로부터 5,000만 달러를 1개월물 선물환 계약환율로 매수하고 그 차액인

181,500,000원을 지급하였다. 그러나 은행은 선물환 매수거래약정의 만기에 이르기까지 12회 반복하여 거래를 대신하지 않았다.

〈표 2-4〉 S특수정밀의 선물환거래 내역

(단위 : 원)

'04.8.23	'04.9.30	'05.8.25
1Y FWD B		1,167.60
1M FWD S	(만기) 1,156.10	
Spot	1,152.47	1,024.04
손 익	181,500,000	△7,178,000,000

결국 은행이 1년물 선물환 만기일에 현물환 5,000만 달러를 1달러당 1,024.04원으로 반대거래하여 정리함으로써 고스란히 S특수정밀의 손실로 귀속되었다.[5)]

5) 2006.11.7. 법원이 원고(S특수정밀) 패소 판결하였다.

〈해외사례〉 Kidder Peabody 스캔들

키더 피보디는 GE가 소유한 월스트리트 투자은행이었다. 이 회사의 T-bond 트레이딩 책임자였던 조셉 제트(Joseph Jett)는 1991년 11월부터 1994년 3월까지 3억 5천만 달러의 이익을 창출하며 신화적인 존재로 군림했다. 당연히 제트는 엄청난 보너스를 받았다. 그러나 1994년 4월 제트가 창출한 3억 5천만 달러의 이익이 허위로 조작된 것이며, 실제로는 1억 달러 이상의 손실을 입혔다는 사실이 밝혀지면서 키더 피보디의 역사는 제트와 함께 막을 내렸다. 이 사건으로 피보디를 인수하는 데 가장 앞장섰던 '경영의 신'이라 불리던 GE의 CEO 잭 웰치에게 뼈아픈 오점으로 남았다.

당시 투자은행들은 이표채 각각의 현금흐름을 분리된 증권으로 단기에 매도함으로써 이표채인 T-bond로부터 소위 스트립(strip)이라 불리는 무이표채를 만들어내는 방법을 개발해놓았다. 조셉 제트는 상대적으로 간단한 전략을 사용하였다. 그는 스트립을 매입하고 선도시장에서 이를 매도하였다. 예를 들어 3개월 이자율이 연 4%, 스트립의 현물가격이 70달러라고 가정하자. 그 스트립의 3개월 선도가격은 $70e^{0.04\times3/12}$ =70.70달러이다.

그러나 키더 피보디의 컴퓨터 시스템은 선물거래에 대해 잘못된 계산방식으로 평가하였다. 선물 결제기간에 대한 현재가치(time value of money)를 계산하는 대신 즉시 결제하는 것으로 평가하였다. 따라서 제트가 거래마다 선도가격이 현물가격을 초과하는 만큼의 이익(0.70달러)을 얻는 것으로 보고하였다. 사실 이런 이익은 스트립을 매입하는 데 드는 자금조달비용에 불과했다. 잘못 계산된 모든 이익이 거래 결제일에 손실로 바뀌게 되었다. 계속적으로 수익이 발생하도록 하기 위해서는 손실을 상쇄시키고 추가적인 수익이 발생될 만큼 거래량을 증가시켰다. 당연히 거래량*이 지나치게 커져 대차대조표가 부풀려지자 GE가 포지션을 줄이도록 요구하게 되었다. 결과적으로 신규 거래를 통해 손실을 상쇄시키고 계속적인 이익을 발생시킬 수 없게 되자 손실이 키더 비보디의 경영진에게 밝혀졌다.

** 250억 달러(1991년) → 2,730억 달러(1992년) → 15,670억 달러(1993년) → 17,620억 달러(1994년 1Q)*

제4절 * 거래당사자 간 소송 쟁점

4-1. 선물환거래 특별약정 체결과 은행의 매도주문의무 존재 여부

선물환거래는 고객의 환리스크 헤지는 물론 환율변동에 따른 시세 차익을 얻기 위해 체결한다. 이를 위해 은행은 고객의 복합적인 거래구조를 가진 개별 금융상품을 만들어 판매하거나 고객들과의 단순한 선물환거래를 하는데 그친다. 또한 고객들에게 선물환계약의 이행보증금 예치나 예금을 담보로 요구하고 있다. 이는 수탁자가 신탁재산의 운용방법이나 투자계획 등에 관하여 고객들에게 구체적으로 설명한 후 고객들의 위임을 받아 투자하는 신탁 등과는 다르다.

따라서 선물환거래의 고객들은 자신의 목적에 부합하는 복합적인 거래구조를 짜고 거래은행과 상의하여 선물환거래를 결정하는 특징을 가진다. 간혹 거래구조를 기업측에서 만들기 어렵거나 복잡한 구조로 만들고자 할 때는 은행의 조언을 구하게 된다. 선물환 등 파생상품거래에 있어서 거래구조는 거래은행이나 다른 마케팅은행에 따라 다양한 거래조건을 제시하게 되고, 이 중 가장 유리하다고 판단되는 거래조건을 제시한 은행을 선택하게 된다.

S특수정밀은 전체 매출액 중 수출이 상당부분을 차지하고 있어 수출대금에 대한 환리스크 헤지를 위하여 수년간 선물환거래를 하였다. 이 과정에서 새로운 거래 형태의 선물환거래를 시작한 것이다. 선물환거래와 관련한 스왑포인트를 이용하여 1년물 선물환을 매입한 후 1개월 단위로 선물환을 매도하는 거래를 하는 것으로 약정을 하였으며 예금 등의 담보도 제공하였다.

S특수정밀은 동 거래가 최초 거래일에 1년물 선물환거래를 실행하고 동시에 1개월물 선물환거래를 실행하기 시작하여 12회 반복함으로써 1년 만기 스왑포인트와 1개월 만기 스왑포인트 12배수와의 차액을 수익으로 하는 거래이므로 일반적인 거래가 아니며, 은행이 1개월물 선물환거래를 자동으로 12회 반복하여야 된다고 주장하였다. 즉, 은행이 1개월 선물환 매도주문을 하지 않아서 자신이 손해를 입은 것으로 판단하였다.

그러나 선물환 매매약정에는 S특수정밀이 은행에게 선물환거래 전체에 대하여 일임을 받는다든지 또는 S특수정밀의 요구에 따라 선물환거래에 대한 위임을 받는다든지 하는 특약이 없었다. S특수정밀에 1개월 선물환 매도주문을 결정할 권한이 있고 은행은 S특수정밀의 주문을 받아 시장가격(two-way)에 1개월물 선물환 매도주문을 할 뿐이며 권한을 위임받은 것으로 간주하여 대신 매매를 체결하거나 권한을 행사할 의무가 없었다.

4-2. 투기거래에 대한 위험고지 여부

은행은 위험성이 높은 파생상품거래에서 고객과의 거래약정은 물론 위험을 고지하는 것이 일반적이다. 그런데 지속적인 거래를 하고 있는 고객이나 투기를 목적으로 거래하는 고객에게는 어느 정도로, 어느 시점에 위험고지를 해야 하는지 등에 대한 과제를 가지고 있다.

은행과 S특수정밀은 오래전부터 선물환거래를 하고 있었으며 여러 은행에서 제공한 마케팅자료를 통해 선물환 장단기금리차를 인식하고 오히려 거래은행에 거래의사를 타진하였다. 이러한 과정을 거쳐 가장 유리한 거래조건을 제시한 은행과 선물환거래가 이루어지게 되었다.

은행은 선물환거래를 시작하면서 선물환거래 약정서를 징구하고 장외파생상품거래 위험고지서를 교부하여 위험을 알리고 장외파생상품거래 위험고지서의 수령확인서를 확보하였다.

그런가 하면 S특수정밀은 유수 금융기관 출신의 외환딜링 경험자를 영입하여 환리스크관리를 하고 있었다. 선물환 투기거래에 대한 리스크를 인지하고 있었다고 할 수 있다. 이러한 정황에 따라 법원은 은행이 환율의 상승에 대한 투기거래에 대해 위험고지를 소홀히 한 것이라고 판단하지 않았다.

4-3. 거래은행이 설정한 거래한도에 대한 고객의 사용 여부

은행은 선물환거래 약정을 하면서 한도거래에 대한 통지를 하였다. S특수정밀은 이러한 한도거래의 통지를 은행의 의무약정이라고 주장하였다. 특히 S특수정밀은 손실이 지속적으로 발생하고 있는 가운데 한도거래금액 이외에 추가적으로 1회에 5,000만 달러, 4회에 걸쳐 총 2억 달러의 선물환을 매수하였다. 이 과정에서 은행 측에서는 한도위반, 손실확대 등을 이유로 추가적 선물환거래를 거절하였으나, S특수정밀 측에서는 자신들에게 한도 이용권한이 있다고 주장하여 거래가 이루어졌다. 이 거래로 인해 추가적으로 62억 원 상당의 손실이 발생하였다.

그런데 법원의 판단은 달랐다. 은행이 선물환 거래한도와 거래방식을 알려준 것은 고객에게 은행의 내부지침을 알려준 것에 불과한 것으로 은행의 의무약정사항으로 간주하기는 곤란하다고 판시하였다.

GD모터스의 Cash Flow Forward Hedging

제3장

파 생 상 품
거 래 손 실
사 례 분 석

제1절 * 사건 개요

GD모터스는 2009년 2월말 거래은행들과의 선물환거래에서 약 4.1조 원의 평가손실을 기록하였다. 여기에는 당장 손실이 실현될 수 있는 2009년 만기 도래분의 평가손실이 약 2.2조 원으로 나타났다. 대주단 은행과의 선물환 평가손실이 1.9조 원이었고 기타 은행과의 선물환 평가손실이 2.2조 원으로 그야말로 천문학적인 손실이 예상되었다.

GD모터스는 거액의 손실로 인해 만기가 돌아온 선물환을 결제할 수 없게 되자 2009년 4월 21일 거래은행에 선물환거래 결제대상 중 50%에 대하여 만기연장을 요청하였다.

이 소식이 외환시장에 알려지면서 환율이 요동을 쳤다. GD모터스가 파산 또는 법정관리 될 경우 선물환 포지션 청산을 위한 반대 매입거래가 발생할 수 있었기 때문이다. GD모터스의 2009년 2월말 선물환 잔액규모는 82.2억 달러에 이른 반면 우리나라 외환시장은 은행간 거래기준으로 일평균 거래량이 약 35억~40억 달러 수준에 불과하였다. 따라서 GD모터스가 선물환의 포지션을 청산하기 위해 현물환 매수를 집중적으로 하게 되면 환율상승으로 외환시장에 일시적 충격이 예상되었다. 특히 선물환거래가 외환스왑과 연결되어 있어서 GD모터스 파산으로 인한 외환시장의 불안요인이 가중되었다.

〈그림 3-1〉 GD모터스 선물환거래 흐름도

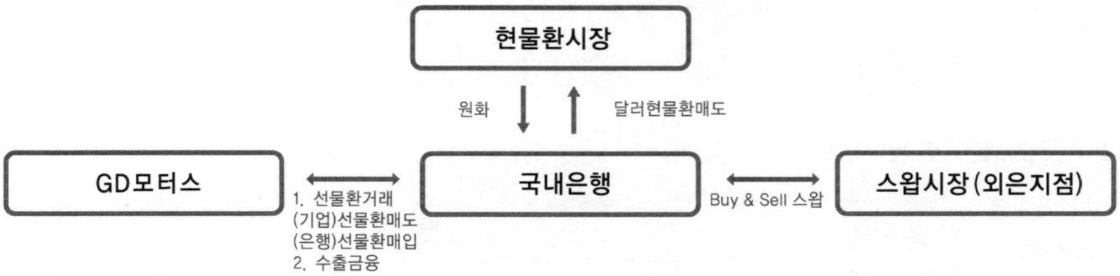

제2절 * Cash Flow Forward Hedging 전략

2-1. Forward 거래 배경

GD 모터스의 모기업은 2008년 말 기준 전 세계적으로 26만 명의 직원을 보유하고 35개국에서 12개의 브랜드를 생산하는 기업이었다. 해외본부는 북미, 유럽, 남미 · 아프리카 · 중동, 아시아 · 태평양 등으로 지역을 분할하여 운영하였다.

한편, 아시아 · 태평양본부 산하에는 중국, 인도, 한국, 태국, 우즈베키스탄, 호주 등이 있으며, 2007년 생산실적 기준으로 2,367,135대를 생산하였고, 중국공장 41.8%, 한국공장 39.8%에서 차량생산을 양분하고 있었다.

GD모터스는 자체 판매망이 없기 때문에 국내에서 생산한 완성차와 반제품을 모기업의 브랜드 마크를 달고 북미와 유럽 등에 수출하였다. 대부분 모기업 딜러와 계약하고, 차를 공급한 뒤 1~2개월 뒤 대금을 결제받는 구조로 이루어졌다.

〈표 3-1〉 GD 브랜드별 판매현황(단위 : 만대,%)

브랜드	총판매대수(판매비중)	판매지역별			
		북미	유럽	남미·아프리카·중동	아시아·태평양
시보레	412 (49.3)	216 (60.5)	51 (24.9)	114 (89.6)	31 (21.1)
뷰익	44 (5.2)	15 (4.3)			28 (19.0)
캐딜락	19 (2.2)	17 (4.8)	0.5 (0.2)	0.4 (0.3)	0.8 (0.5)
GMC	48 (5.8)	44 (12.3)		4 (3.3)	
폰티악	38 (4.6)	38 (10.7)			
새턴	21 (2.5)	21 (5.8)			
허머	4 (0.4)	3 (0.8)	0.2 (0.1)	0.4 (0.3)	0.2 (0.1)
오펠/복스홀	150 (18.0)	0.2 (0.1)	146 (71.5)	4 (3.1)	0.3 (0.2)
사브	9 (1.1)	2 (0.7)	7 (3.3)		14 (9.5)
홀덴	14 (1.7)				12 (8.2)
대우	12 (1.4)				61 (41.1)
울링	61 (7.3)			4 (3.2)	
계	836 (100.0)	356 (42.7)	204 (24.4)	129 (15.3)	148 (17.7)

주) 2008년 기준
자료 : 하나금융경영연구소(2009)

〈표 3-2〉 GD모터스의 아시아 · 태평양본부 내 생산비중

국가	생산량	생산비중(%)
중국	989,118	41.8
인도	60,291	2.5
한국	942,805	39.8
태국	98,425	4.2
우즈베키스탄	170,000	7.2
호주	106,496	4.5
전체	2,367,135	100.0

주) 2007년 생산실적 기준
자료 : OICA(세계자동차공업협회), 하나금융경영연구소

2-2. 글로벌 Cash Flow 선물환 헤징

조선업 등 선물환거래를 통해 수출대금을 회수하는 기업들은 대부분 수출금융도 동시에 이용하곤 한다. GD모터스도 은행을 통한 수출금융뿐만 아니라 선물환거래를 통해 자금을 조기에 현금화하였다.

〈그림 3-2〉에서와 같이 수출기업에서 1달러당 1,000원의 외화매출채권이 발생하는 경우를 예로 들어보자. 1달러당 996.60으로 선물환거래를 하면 헤지환율이 현물환율보다 싸 비용을 수반한다. 그러나 만기환율에 관계없이 손익이 일정하게 정해지므로 환리스크를 제거할 수 있다.

〈그림 3-2〉 선물환(Forward) 만기 Payoff

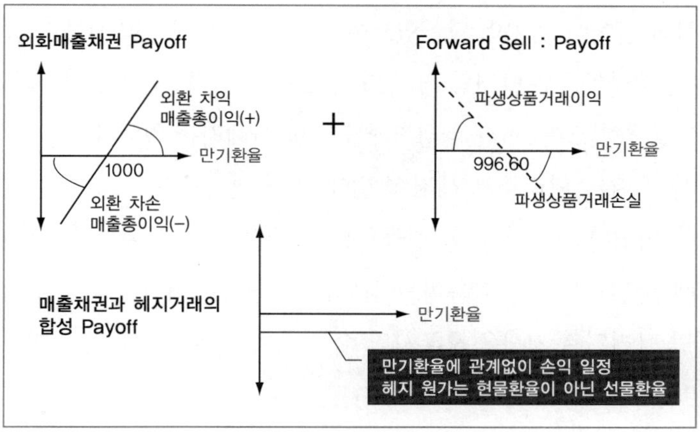

자료 : 윤병길(2008)

한편, GD모터스는 모기업의 인수[1]후 5년만에 흑자 전환하였고, 모기업 그룹 내 소형차 개발, 아시아-태평양지역의 생산기지로 핵심역할을 수행하였다. 2007년 녹다운방식수출(knock-down export)[2]은 그룹 내 최대로 국내 전체의 70% 이

1) 2008년 말 기준 GD모터스 지분은 GM호주법인 48.19%, 한국산업은행 27.97%, 일본 스즈키 11.24%, 중국 상하이자동차 9.89%, GM아태본부 2.71% 등으로 구성된다.
2) 녹다운방식수출은 완제품 대신 부품을 수출하여 해외현지공장에서 조립하는 방식을 말한다.

상을 차지하였다.

GD모터스는 매출액 중 수출 비중이 90%에 육박하였다. 2008년 매출 12조 3,100억 원 중 수출에서 올린 실적은 11조 390억 원이었으며 환리스크를 줄이기 위해 수출액의 50~70%에 대해 선물환을 이용하여 환헤지를 하였다.

특히 GD모터스는 1~2개월 뒤 수출대금을 정산받는 독특한 구조 때문에 관행적으로 환헤지를 할 수밖에 없었다. GD모터스는 수출금융보다는 현금흐름(cash flow)에 따른 선물환 헤지방법을 선호하였다. 또한 장기선물환거래도 많았다. 선물환 매도잔액은 2009년 2월말 기준으로 82.2억 달러였으며, 2009년 4월 선물환 만기 연장요청을 한 시점에 파악된 1년 이상 만기가 남아 있는 선물환거래도 39.1억 달러에 이르렀다. 2009년 중 만기 도래분이 43.7억 달러였는데 4개 대주단 은행과의 선물환 잔액이 37.0억 달러였으며, 기타 8개 은행과의 선물환 잔액은 45.2억 달러였다. 계약환율은 달러당 평균 약 1,022원이었다. 주로 선물환과 FX스왑을 통해 환헤지를 하였으며, 여타 파생거래를 통한 환헤지는 없었다.

현금흐름에 따른 환리스크 헤지 방법에 대해 살펴보자. 〈표 3-3〉에서와 같이 어느 기업이 영업활동에 따라 총 현금흐름 80백만 달러를 예상하고 있다고 하자. 매분기 20백만 달러의 현금흐름이 예상되는 회사에서 헤지거래는 50백만 달러를 하고 30백만 달러의 포지션을 오픈시킬 수 있으며 재무활동에 의해 현금흐름을 조정할 수 있다.

현금흐름 헤지활동은 통화별 예상 현금흐름에 따라 기간을 일치시키고 절대금액을 맞춰나가야 한다. 현금흐름은 물론 유입된 현금과 유출되는 선물환 매도잔액이 일치해야 하고 불일치할 경우 최소한 외화차입 등의 방법을 강구하지 않으면 유동성리스크가 발생할 수 있다.

〈표 3-3〉 통화별 Balance Sheet, Cash Flow

(단위 : 백만 달러)

(1) 영업활동에 의한 C/F

만 기	~ 3개월	~ 6개월	~ 9개월	~ 12개월	계
금 액	20.0	20.0	20.0	20.0	80.0

(2) 재무활동에 의한 C/F

만 기	~ 3개월	~ 6개월	~ 9개월	~ 12개월	계
금 액	5.0	5.0		- 10.0	-

(3) 헤지거래에 의한 C/F

만 기	~ 3개월	~ 6개월	~ 9개월	~ 12개월	계
금 액	- 20.0	- 15.0	- 10.0	- 5.0	- 50.0

* 단순선물환을 이용한 헤지는 액면금액, 옵션부 헤지는 Notional × Delta

(4) Open Position

만 기	~ 3개월	~ 6개월	~ 9개월	~ 12개월	계
금 액	5.0	10.0	10.0	5.0	30.0

자료 : 윤병길(2008)

제3절 * GD모터스의 외환 손실요인

3-1. 과도한 Cash Flow 환리스크 헤지

GD모터스는 2008년 2,903억 원의 영업이익에도 불구하고 외환파생상품거래에 따른 대규모 손실로 인해 8,756억 원의 당기순손실을 기록하였다. 전반적으로 매출이 격감하는 가운데 미수채권인 수출대금 등도 2조 3,892억 원에 이르러 심각한 유동성 위기에 직면하게 되었다.

〈그림 3-3〉 GD모터스 유동성위기 원인

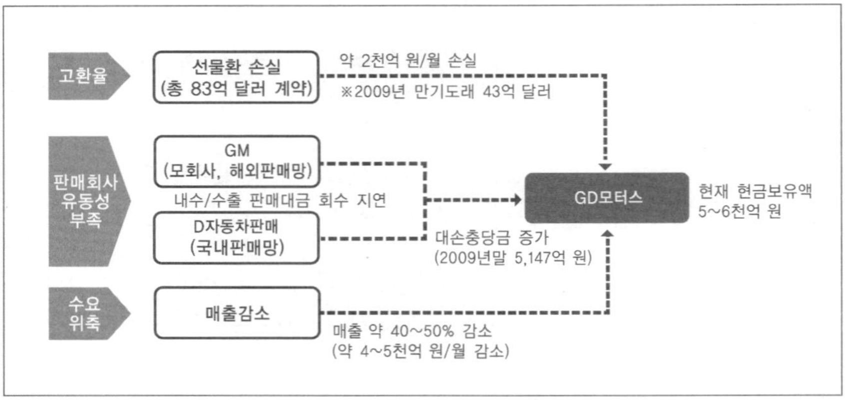

자료 : 하나금융경영연구소(2009)

〈표 3-4〉〈그림 3-4〉는 GD모터스의 파생상품 잔액과 매출액, 수출액, 매출채권 등을 비교한 것이다. 매출액에서 차지하는 수출액의 비중이 매우 높았다. 또한 매출채권보다 훨씬 많은 파생상품 잔액을 보유하고 있었다. 이는 과거 지나치게 많은 선물환거래를 했음을 시사한다. 이러한 현상은 채권금융기관이 선물환미결제건을 연장한 이후 시점을 살펴보면 쉽게 알 수 있다. 매출채권 잔액 대비 파생상품 잔액비율은 2008년 말 425%에서 2010년 말에는 실수요 거래를 주로 함으로써 163%로 줄었다.

〈표 3-4〉 GD모터스의 파생상품 잔액과 매출액의 비교

(단위 : 조 원)

	매출액	수출액	파생상품 잔액(A)	매출채권 잔액(B)	A/B(%)
2006	9.6	8.0	9.1	2.3	395
2007	12.5	10.9	11.0	2.6	423
2008	12.3	11.0	10.2	2.4	425
2009	9.5	8.0	4.2	2.1	200
2010	12.6	10.8	3.1	1.9	163

〈그림 3-4〉 GD모터스의 파생상품 잔액과 매출액의 비교

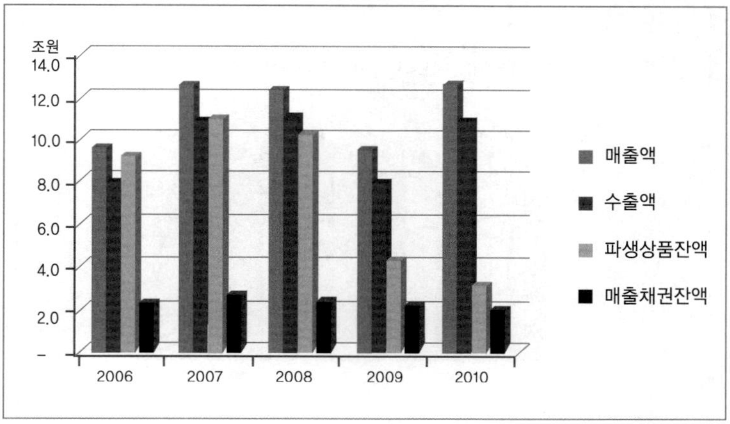

자료 : GD모터스 감사보고서

3-2. 수출대금 회수지연

선물환 만기일에 수출대금을 회수하여 원활한 결제를 하면 선물환거래는 아무런 문제가 발생하지 않을 것이다. 그러나 GD모터스에게는 수출대금 회수일과 선물환 만기를 맞추기가 쉽지 않은 리스크, 즉 선물환과 외화매출채권과의 기간불일치(mismatch) 현상이 발생하였다. 매출채권발생은 단기에 이루어지고 있는 반면 선물환거래는 단기 및 장기간에 걸쳐 이루어졌다. 선물환 잔액과 매출채권 잔액의 차이가 매우 컸다. 자산과 부채가 현격하게 불일치한 상태였다고 할 수 있다. 이러한 수출에 의한 매출액과 파생상품 잔액의 차이로 인해 해외로 자금을 빼돌렸다는 의혹이 제기되기도 했다.

2007년부터 시작된 글로벌 금융위기는 2008년 하반기 전 세계 실물경기 침체로 급속히 전파되었다. 특히 경기에 민감한 자동차 산업은 이에 대한 영향으로 금융위기의 진원지인 미국을 비롯하여 서유럽 선진시장에서 가장 먼저 타격을 입었다.

〈그림 3-5〉 전 세계 연간 자동차 판매 추이

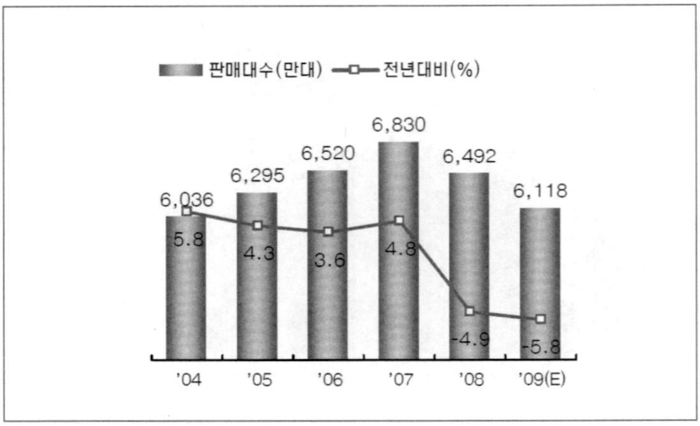

자료 : 한국자동차산업연구소(2010)

〈그림 3-6〉 미국의 연간 자동차 판매추이

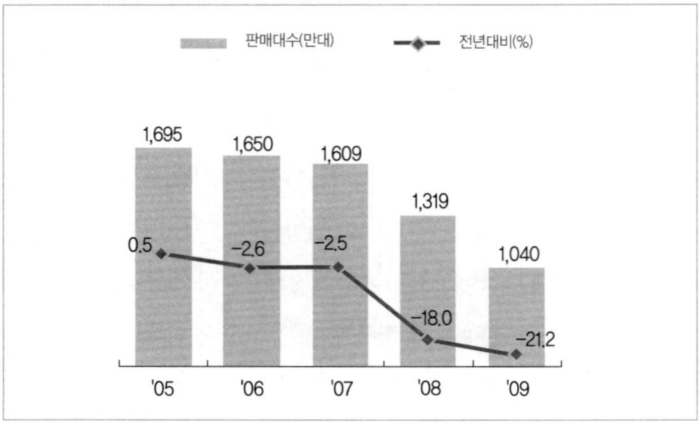

자료 : 한국자동차산업연구소(2010)

국내 자동차업계 역시 쌍용차가 법정관리에 들어갔고, GD모터스도 유동성 악화에 처했다. 현대 · 기아차도 자동차 판매량 감소로 어려움을 겪는데 예외는 아니었다.

특히, GD모터스는 자동차시장 상황이 나빠진 차원 이외에 전적으로 미국의 본사 때문에 재무상태가 더욱 악화되었다. 미국의 본사는 당시 파산 또는 법정관리 등 존폐의 기로에 서 있었다.

GD모터스의 모기업은 여러 번의 위기를 맞이하면서 노조의 요구와 경영진의 단기적인 수익창출을 위하여 복지비용을 확대하였다. 전미자동차노조(United Automobile Workers, UAW)는 산별노조 입장으로 개별 회사의 재무상황을 이해하지 않고 복지비용을 올려 줄 것을 지속적으로 요구해왔고, 이 비용은 모기업 회생의 걸림돌이 되었다. 생산성이 낮고 시장상황에 맞는 제품개발이 부진한 모기업의 제품이 소비자들의 외면을 받으며 최악의 위기에 처했다.

GD모터스의 매출은 수출 물량의 대부분이 미국 본사의 채널을 통해서 이루어지는데, 미국 본사가 생사의 기로에 섰으니 당연히 회수되어야 할 GD모터스의 수출대금이 들어오지 못하였다. 채권회수 부진이 선물환 결제연장을 요청하게 된 또 하나의 요인이 되었다.

3-3. 환위험 손실허용 한도관리 실패

환위험관리는 적정시점에서 거래환율을 확정하여 손실을 최소화하거나 관련수익을 확보하는데 있다. 환위험관리의 기본사항은 포지션을 헤지하지 않고 오픈포지션(open position)으로 보유할 것인지, 헤지를 한다면 어느 정도 헤지할 것인지 헤지비율산정이 중요한 선택사항이 될 것이다.

또한 현금흐름에 맞춰 헤지를 하는데 있어서 헤지수단의 손실허용한도를 어떻게 정하느냐도 매우 중요하다. 손실허용한도는 VaR(value at risk)측정을 통하여 전체 한도를 정하거나 건별 거래에 대한 한도를 부여하여 관리하게 된다. 〈그림 3-7〉은 일반적으로 사용하는 현금흐름에 의한 적정 헤지비율 산정방법을 예시한 것이다.

〈그림 3-7〉 환위험 손실허용 한도설정 흐름도

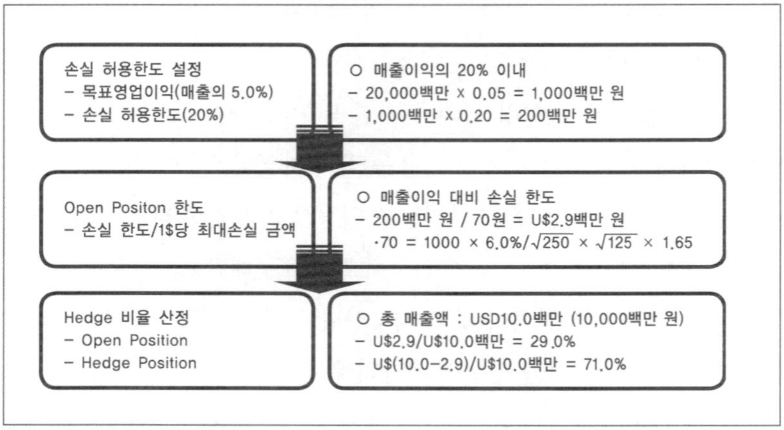

자료 : 윤병길(2008)

어느 기업에서 수출액이 200억 원, 영업이익이 5%로 10억 원이 발생한다고 하자. 손실 허용한도를 영업이익의 20%로 설정할 때 손실허용한도는 2억 원이 된다. 여기서 현물환율(1,000), 변동성(6%), 기간 6개월(125일), 신뢰구간(95%) 등의 변수를 사용해보자. 그러면 달러당 최대 손실금액은 70원(=1,000 × 6.0%/$\sqrt{250}$ × $\sqrt{125}$ × 1.65)이 된다. 따라서 추가로 매출이 발생하는 경우 포지션을 오픈할 것인지 아니면 헤지를 할 것인지 결정하여야 한다.

2008년 GD모터스에서 발생된 외환손실은 과거 약정한 거래로부터 발생하였다. 이는 2008년 중 달러당 원화가치가 연초 900원대에서 3분기말 1,200원대로 올랐기 때문이다. 2008년 환율은 정부의 고환율정책 하에서 고공행진을 기록하였다. 2008년 우리나라 경상수지가 64.1억 달러 적자를 기록하였으며, 글로벌 금융위기 이후 외국인이 지속적으로 주식을 매도하였고, 중소기업의 KIKO거래에 따른 결제 수요 증가 등 여러 요인이 환율 상승에 복합적으로 영향을 주었다.

〈표 3-5〉 2006~2010년 중 GD모터스의 수출매출액 규모

구분	수출 매출액		연평균환율
	원화기준(억 원)	외화기준(백만 달러)	(원/달러)
2006	79,782	8,355	954.86
2007	108,670	11,695	929.15
2008	110,394	10,022	1,101.44
2009	79,916	6,263	1,276.00
2010	108,401	9,374	1,156.37

주) 1. 수출매출액(원화기준)은 금감원 공시 감사보고서 자료 기준
2. 외화는 원화기준 수출 매출액을 평균환율로 나누어 산출
3. 연평균환율은 Bloomberg 고시환율 기준

그런데 달러의 경우 계약 당시 대부분 900원대로 체결되었으며 2009년 2월말 GD모터스가 보유한 선물환계약의 평균환율은 1,022원 수준이었다. 수출대금이 입금되지 않는 경우 외환시장에서 매수해야 하는 현물환율은 2009년 2월말 달러당 1,516.40원이었다. 실수요를 수반하지 않은 선물환 매도거래에서 환율의 상승은 설령 손실한도를 설정했다고 하더라도 통제 불가능한 상태였다고 할 수 있다.

L*금속의 동 선물거래

제4장

파생상품 거래손실 사례분석

제1절
사건 개요

제2절
L*금속 선물거래 구조

제3절
L*금속의 동 선물거래 손실원인

제1절 * 사건 개요

L*금속은 1998회계연도에 동(copper) 선물거래 관련 평가손실 US$278백만 달러(3,347억 원 상당)[1]가 발생하여 매출원가에 계상하였다. 이에 앞서 1997년 1월 L*금속은 시장가보다 상당히 낮은 가격에 동 선물을 매도하였으나 동 현물가격이 상승하여 만기가 도래하면 현물을 비싼 값에 구매하여 상환해야 하는 부담을 안게 되었다. L*금속이 선물매도거래를 시작한 1996년 10월 이후 동 선물가격이 23% 올랐기 때문이었다. 재정경제원(이하 재경원)은 L*금속이 영국 런던금속거래소(LME)에서 동 선물거래를 하다 거액의 손실을 본 것으로 밝혀져 투기적 거래여부에 대한 조사에 착수하였다. 국내기업이 해외선물거래를 하다 거액의 손실을 보아 재경원으로부터 조사받기는 처음 있는 일이었다. 당시 선물거래법의 해외선물거래규정에서는 실수요거래만을 허용하고 있었다.

1996년부터 1998년 기간에는 동 가격의 변동성이 매우 컸다. 일본 스미토모상사의 동 선물거래 손실이 세상에 알려졌고, 아시아 금융위기로 태국, 인도네시아, 말레이시아, 한국 등의 환율이 상승하여 국제상품가격의 변동성에 영향을 미쳤다. 1996년 상반기 US$2,500/t을 상회하던 동 가격은 그해 하반기에 US$ 2,000/t 이하로 떨어졌다. 이후 1997년 상반기에 US$2,500/t

1) 한국은행 고시기준 1998.12.31. 원/달러 환율 1,204원 적용

이상으로 다시 상승하였으나 또다시 상승세를 멈추고 하락하기 시작하여 1998년 말 US$1,473/t까지 하락하였다.

L*금속은 1996년 회사 경상이익의 5배가 넘는 선물거래이익 393억 원을 실현하였다. 경영진은 이후 선물거래에 업무역량을 집중시켜 신사업으로서 과도한 익스포져를 보유하게 했다. 그러나 선물가격은 L*금속의 예측과는 달랐고, 1998회계연도에 선물거래 관련 평가손실 US$278백만 달러를 매출원가에 계상하게 되었으며, 1999년 1/4분기말 관계사인 LG산전에 합병되기에 이르렀다.[2)]

2) 1999년회계연도 LG산전 분기보고서에 따르면 LG산전이 관계회사인 (주)L*금속과 1998년 12월 11일자로 합병계약을 체결하고 1999년 2월 20일 주주총회 결의를 거쳐 1999년 4월 1일자로 회사 주식 1주에 대해 LG산전 보통주식을 0.7729주를 교부하는 방식으로 흡수합병하였다.

제2절 * L* 금속 선물거래 구조

2-1. L*금속의 수익구조와 사업리스크

가. L*금속의 수익구조

L*금속은 동 광산에서 채굴된 동정광을 제련(smelting)을 통해 99.5% 이상의 정제조동(Anode)을 만들고, 이를 다시 99.99% 이상의 순수한 동(전기동, electrolytic copper cathode)으로 생산해 내는 제련사업을 주요 사업으로 하였다.

제련사업(smelting)이란 제련소로 운송된 동정광을 자체 함유된 철, 유황과 산소를 순간적으로 결합시켜 발생하는 열을 통해 광석을 용해, 즉 건식제련을 하여 동 순도를 높이는 과정을 말한다. 동 광산에서 채굴된 광석을 여러 공정을 거쳐 제련함으로써 99.5% 이상의 Anode를 만드는 것이다. 이 과정에서 발생하는 아황산가스를 이용해 각종 화성제품을 생산한다. 이때 Slime류[3]로부터 귀금속, IT 등 첨단산업에 필요한 희소금속을 생산하는 것도 하나의 제련사업의 일부분이다.

전련(refining)은 제련공정이 끝난 Anode를 전기분해를 통해 순도가 더욱 높은 전기동으로 변환시키는 공정을 말한다. 제련공장에서 자용로 공법과 미츠비시 연속 공법으로 만들어

3) 슬라임(slime)은 침전된 점액성 물질, 가라 앉은 찌거기를 말함

진 순도 99.5%의 Anode는 전련공장으로 옮겨진 뒤 전기분해 과정을 거쳐 99.99% 이상의 고순도 전기동으로 다시 태어나게 된다.

동제련의 마지막 공정에서 순도 99.99% 이상의 귀금속 제품(precious)인 금과 은을 생산하며, 제련 부산물로부터 셀레늄, 텔루륨, 조황산니켈 등과 같은 희소금속(rare metals)을 제품화하게 된다.

〈그림 4-1〉 비철금속시장 구분

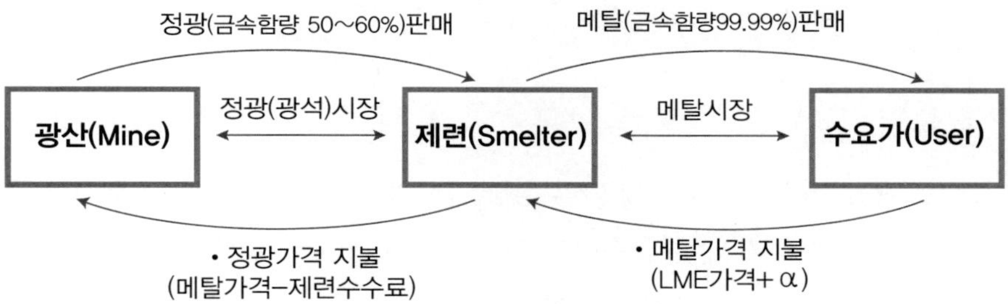

자료 : 이종영(2020)

L*금속은 전기동 제품의 수익을 위해 협력사 등에 가격을 전가하는 메커니즘을 갖고 있다. 전기동의 판매단가는 LME Copper Cash Settlement Price의 월 평균가격을 기준으로 결정되며, 내수판매분은 전월의 전신환(TTS, telegraphic transfer selling rate) 평균환율이 반영된다. 원료가격 변동폭은 모두 제품가격에 흡수될 수 있는 구조를 가지고 있다.

판매경쟁이 치열한 산업의 경우 제품가격에 원가상승분을 반영하지 못하고 출혈판매하는 경우도 있으나 L*금속이 국내 유일의 전기동 생산업체이고 국내 전기동 자급률이 높지 않아 대부분 원료가격 상승분을 제품가격에 전가하고 있다.[4)]

L*금속의 내수판매단가 산정 방식
= (해당월 LME cash AVG + premium) × 관세 × 해당월 외환은행 고시 최초 TTS AVG

4) 하나금융경영연구소(2007)

나. L*금속 사업리스크

L*금속은 현물거래를 하면서 다양한 사업 익스포져를 보유하게 된다. 대부분이 사업리스크가 될 수 있는데 이를 몇 가지로 나눠 설명하면 다음과 같다.

① 구매/판가 차이(LME 차이)

구매하는 가격과 판매하는 가격 조건 차이로 인한 가격 차이를 의미한다. 국제가인 LME[5] 가격의 하락으로 판매가가 구매가보다 낮은 경우 손실이 발생한다. 이는 근원적인 Risk라 할 수 있다.

② Free Metal

Free Metal이란 기술능력에 따라 정광 가치의 인정비율 이상으로 회수한 금속으로, 원가를 지불하지 않은 금속이기 때문에 Free Metal이라고 한다. 예를 들어, 품위[6]가 50%이고 인정비율이 90%인 금속은 정광의 45%만큼을 추출할 수 있는 것으로 간주 된다. 그러나 실제로는 제련사의 기술수준에 따라 이보다 더 추출하는 부분이 있는데 이것이 Free Metal이 된다. 이렇게 회수한 금속은 광산지불비용 계산시에 고려되지 않기 때문에 원재료 비용이 들지 않는다.[7] 다시 말해 [채취량-지불율]로 계산되는 별도의 원가가 없는 차액이라고 할 수 있다. 예를 들어, 원재료에 함유되어 있는 구리의 물량이 100t이라고 가정하고 여기서 구리에 대해 지불하는 지불량이 98t, 생산할 수 있는 구리의 채취율이 99t이라고 하면 Free Metal은 1t이 된다.

5) LME(London Metal Exchange)는 우리나라가 선물거래제도를 도입한 이래 가장 많이 이용하고 있는 선물시장으로서 국내의 비철금속 가격은 주로 LME 가격을 기준으로 산출되며 국내에서 활용하고 있는 비철금속 선물거래의 대부분이 LME에서 발생하고 있다.
6) 가치가 있는 금속 함유율을 말함, 즉 광석의 비철금속 함유량
7) 서울대 투자연구회 SMIC(2012)

③ 환율변동

원재료 구매 및 제품 판매가 모두 국제가격에 연동되는 거래로서 환율변동에 따라 수익 변화가 크다고 할 수 있다.

④ T/RC(treatment & refining charge)

원재료 구매 시 구매가에서 공제되는 가격을 의미한다. T/RC는 제련소의 기본적인 수익이다. 제련소는 제련 및 전련 기능이 없는 원재료 판매업체, 즉 광산 등에서 제조비(T/RC)를 제외한 금액으로 원재료를 구매하며, T/RC보다 낮은 비용으로 제품을 생산하는 것이 기본적인 수익모델이라 할 수 있다. 동의 경우 대략 ~$50/t 수준에서 결정된다.

⑤ 판매 Premium

전기동을 판매할 때 받는 Premium이다. 대략 $50~$100/t 수준에서 결정된다.

L*금속은 보통 전기동을 생산하기 위해 2배가 넘는 동정광을 수입하였다. 동정광 가격은 전기동 가격의 변동에 연동되어 결정되지만, 원료의 도입과 제품의 판매에 약 2~3개월의 시차가 존재하므로 가격변동에 따른 리스크가 존재하게 된다.

〈그림 4-2〉 L*금속의 매입 · 매출 관련 자금결제 흐름도

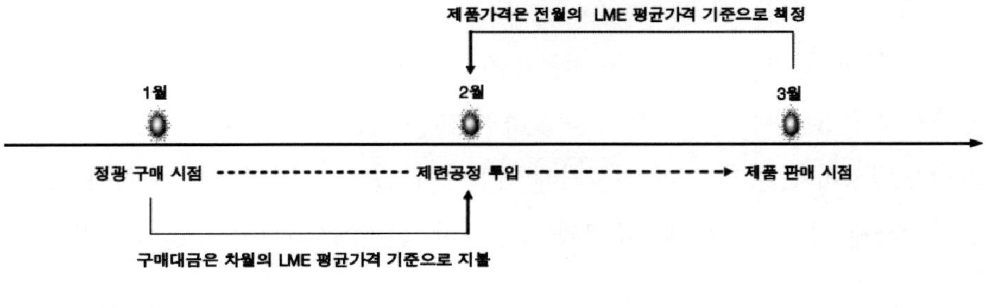

자료 : 이근식(2011)

만약 실물이 인수도되는 시점에서 대금결제가 이루어진다면 LME가격이 상승하는 시점에는 재고평가이익이 발생하므로 이익이 급증하게 되지만 반대로 LME가격이 하락하는 국면에서는 비싸게 매입한 원재료재고를 낮은 가격에 판매하므로 손실은 피할 수 없다. 이런 손익 변동은 철강업종 특성상 어찌할 수 없는 사업익스포져이자 사업리스크로써 선물 등 파생상품거래를 수반할 수밖에 없게 한다.

2-2. 선물거래를 활용한 Risk Hedge전략

가. Price Fixing Hedge

Price Fixing Hedge는 미래의 실물판매가격을 현재 가격으로 Fix하는 Hedging방법을 말한다.

· 예시) 1월 가격으로 Fix, 3월 제품 판매 시 (LME 가격 하락 Case)

Date	Physical Contract	Future Contract	Remark
1/1		Sell 1Mt Cu, at $8,000, 만기 4/15	
3/30	Sell 1Mt Cu, at $7,500	Buy 1Mt Cu, at $7,500, 만기 4/15	
손익		+$500	+$30 Contango Gain -$5 bid/ask loss -$7.5 선물 수수료

· 예시) 1월 가격으로 Fix, 3월 제품 판매 시 (LME 가격 상승 Case)

Date	Physical Contract	Future Contract	Remark
1/1		Sell 1Mt Cu, at $7,500, 만기 4/15	
3/30	Sell 1Mt Cu, at $8,000	Buy 1Mt Cu, at $8,000, 만기 4/15	
손익		-$500	+$30 Contango Gain -$5 bid/ask loss -$7.5 선물 수수료

예를 들어, 만약 1월 1일에 동 선물 1Mt, 만기 4월 15일, $8,000에 매각하였다고 하자. 3월 30일에 현물가격이 동일 조건하에서 $7,500으로 하락했다면 이익은 $500가 발생하게 된다. 이때 선물거래 과정에서 bid/ask 가격 차이는 거래비용으로 부담하게 되고 선물거래수수료가 발생하며, 한편에서는 Contango[8]이익이 발

8) 선물가격이 기대 미래현물가격보다 낮은 상황을 백워데이션(backwardation)이라고 하고 선물가격이 기대 미래현물가격보다 높은 상황을 콘탱고(contango)라 한다.

생하게 된다.

또한 만약 1월 1일에 동 선물 1Mt, 만기 4월 15일, $7,500에 매각하였다고 하자. 3월 30일에 현물가격이 동일 조건하에서 $8,000으로 상승했다면 손실은 $500가 발생하게 된다.

나. Price Offset Hedge

시점 차이로 인한 가격변동 Risk를 없애기 위해 실물과 반대의 선물포지션을 취하는 Hedging방법이다.

· 예시) 1월 원재료 구매, 3월 제품 판매 시 (LME 가격 하락 Case)

Date	Physical Contract	Future Contract	Remark
1/1 3/30	Buy 1Mt Cu, at $8,000 Sell 1Mt Cu, at $7,500	Sell 1Mt Cu, at $8,000, 만기 4/15 Buy 1Mt Cu, at $7,500, 만기 4/15	
손익	-$500	+$500	+$30 Contango Gain -$5 bid/ask loss -$7.5 선물 수수료

· 예시) 1월 원재료 구매, 3월 제품 판매 시 (LME 가격 상승 Case)

Date	Physical Contract	Future Contract	Remark
1/1 3/30	Buy 1Mt Cu, at $7,500 Sell 1Mt Cu, at $8,000	Sell 1Mt Cu, at $7,500, 만기 4/15 Buy 1Mt Cu, at $8,500, 만기 4/15	
손익	+$500	-$500	+$30 Contango Gain -$5 bid/ask loss -$7.5 선물 수수료

예를 들어, 만약 1월 1일 동 현물 1Mt을 $8,000에 매입하고 만기를 4월 15일로 하는 동 선물을 매도하는 반대거래를 하였다고 하자. 3월 30일에 동일 조건하에서 동 현물과 선물이 $7,500로 하락하게 되면 현물을 매각하여 발생된 손실 $500는 선물을 매입하여 발생되는 $500의 이익과 상쇄된다.

또한 만약 1월 1일 동 현물 1Mt을 $7,500에 매입하고 만기 4월 15일로 하는 동 선물을 동일한 가격으로 매도하였다고 하자. 3월 30일에 동일 조건하에서 동 현물과 선물이 $8,000으로 상승하게 되면 현물을 매각하여 발생된 이익 $500은 선물을 매입하여 발생되는 $500의 손실과 상쇄된다.

다. Margin Hedge

Free Metal의 가격하락 Risk, 즉 채취량과 지불률과의 차이를 제거하기 위해 구매/판가(LME) 차이가 목표치보다 높은 경우 Price Fixing을 위해 실행한다.

예를 들어, 만약 1월 10일 동 선물 1Mt, 만기 11월 15일, $8,000에 매도하였다고 하자. 10월 10일 선물가격이 $9,000으로 상승할 때 선물포지션은 반대거래를 통해 정리하면 $1,000의 손실이 발생하지만 동 현물 1Mt을 $9,000에 매각하게 되면 전체적으로 1Mt거래를 $8,000에 거래하게 된다.

또한 만약 1월 10일 동 선물 1Mt, 만기 11월 15일, $8,000 매도하였다고 하자. 10월 10일 선물가격이 $7,000으로 하락하였을 때 선물포지션은 반대거래를 통해 정리하게 되면 $1,000의 이익이 발생하지만 동 현물 1Mt을 $7,000에 매각하게 되면 전체적으로 1Mt거래를 $8,000에 거래하게 된다.

· 예시) LME 가격 상승 Case (수수료, Spread 및 Bid-Ask 추가 발생)

Date	Physical Contract	Future Contract
1/10 10/10	Sell 1Mt Cu, at $9,000	Sell 1Mt Cu, at $8,000, 만기 11/15 Buy 1Mt Cu, at $9,000, 만기 11/15
손익	+$9,000	-$1,000
계	+$8,000	

· 예시) LME 가격 하락 Case (수수료, Spread 및 Bid-Ask 추가 발생)

Date	Physical Contract	Future Contract
1/10 10/10	Sell 1Mt Cu, at $7,000	Sell 1Mt Cu, at $8,000, 만기 11/15 Buy 1Mt Cu, at $7,000, 만기 11/15
손익	+$7,000	+$1,000
계	+$8,000	

라. Full Hedge

귀금속(금, 은)의 원재료 구매, 제품 판매 시점 차이에 따른 가격변동 Risk를 회피하기 위해 Full Hedge거래를 실행한다.

· 예시) 1~3월 거래 Case (수수료, Spread 및 Bid-Ask 추가 발생)

구분		1월	2월	3월	Total
실물	구매(Toz)	10	10		20
	가격($/Toz)	1,000	1,200		
	판매(Toz)		10	10	20
	가격($(Toz)		1,100	1,300	
선물 거래		Sell 10	Sell 10 Buy 10	Buy 10	Sell 20 Buy 20
실물손익(a)			10*(1,100-1,000) =+1,000	10*(1,300-1,200) =+1,000	+2,000
선물손익(b)			10*(1,000-1,100) =-1,000	10*(1,200-1,300) =-1,000	-2,000
Total(a+b)		-	-	-	-

예를 들어, 1월 실물 10 Toz[9]를 $1,000, 2월에 실물 10 Toz를 $1,200에 구매하고 이들 구매물량과 동일하게 해당월에 각각 선물 매도거래를 한다고 하자. 실물 1월 매입분은 2월에 판매하고 2월 매입분은 3월에 판매하며, 선물 1월 매도분은 2월에 매입하고 2월 매도분은 3월에 매입하여 청산한다고 하자.

실물거래(a)에서는 2월과 3월에 각각 $1,000씩 총 $2,000의 이익이 발생하나 선물거래(b)에서는 각각 $1,000씩 총 $2,000의 손실이 발생하게 되어 총 손익은 같게 된다.

마. Balance Hedge

전기동의 원재료 구매, 제품 판매 시점 차이에 따른 가격변동 Risk를 회피하기 위해 Balance Hedge를 실행한다.

9) 트로이 온스(troy ounce)는 금, 은 등 값비싼 금속의 중량단위이다. 1트로이 온스는 31.1034768g에 해당한다. 영국에서 쓰기 시작하여 현재는 세계적으로 사용되고 있다.

· 예시) 1~3월 거래 Case (수수료, Spread 및 Bid-Ask 발생)

구분		1월	2월	3월	Total
LME Price($/T)		8,000	8,500	7,800	
실물	구매(T)	10	10		20
	판매(T)		10	10	20
Balance(구매-판매)		구매 10		판매 10	
선물 거래		Sell 10		Buy 10	Sell 10 Buy 10
실물손익(a)			10*(8,500-8,000) =+5,000	10*(7,800-8,500) =-7,000	-2,000
선물손익(b)				10*(8,000-7,800) =+2,000	+2,000
Total(a+b)		-	+5,000	-5,000	-

예를 들어, LME 톤당 가격이 1월 $8,000, 2월 $8,500, 3월 $7,800이라고 하고 실물은 1월 10t, 2월 10t으로 총 20t을 구매하고, 판매는 2월 10t, 3월 10t으로 총 20t을 판매한 경우 Balance는 1월 구매 10t, 3월 판매 10t이 기록된다. 이때 선물거래는 1월 10t 매도, 3월 10t 매입하면 된다. 따라서 실물은 2월 $5,000 이익, 3월 $7,000 손실 등 총 $2,000 손실이 발생하며, 선물은 3월 $2,000 이익으로 나타낸다. 이들을 합하면 2월 $5,000이익, 3월 $5,000 손실을 기록하게 된다.

바. FX Hedge

원재료 구매시점과 제품 판매시점의 환율 차이로 인해 발생하는 USD Exposure를 제거(price offset)하기 위해 거래한다. 그 대표적인 Hedge 방법으로는 재고자산과 Usance기간 Matching거래를 들 수 있다.

〈그림 4-3〉 FX Hedge거래 구조도

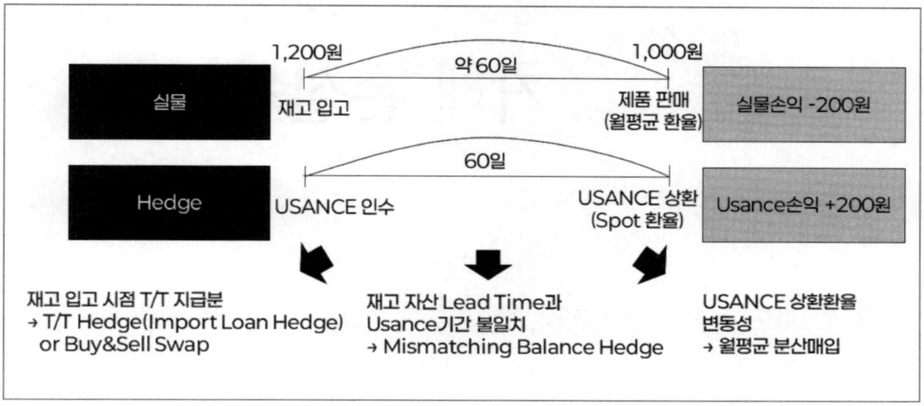

예를 들어, 실물 재고 입고 시 원/달러 환율이 1,200원이고 Usance기간은 60일, 제품판매 시점에 월평균 환율이 1,000원이라고 하면 실제 실물로부터 발생되는 환손실은 200원이 된다. Usance Hedge방법을 활용하면 Usance 인수시점에 전신환매도율(TTS)을 적용하여 외화결제자금을 차입하거나 스왑시장에서 Buy & Sell Swap를 실행하게 된다. Usance만기에 결제환율은 시장환율을 적용하는데 Usance기간 중 환율 변동성은 월중 분산 매입하여 월평균 환율을 산출하고 환손실은 Usance손익에 200원을 추가하면 제거된다. 이때 재고자산과 Usance기간이 불일치하는 경우 Balance Hedge를 병행할 수도 있다.

제3절 * L* 금속의 동 선물거래 손실원인

3-1. 과도한 선물 투기거래

철강, 구리 등 금속거래는 현물거래에서 발생되는 사업익스포져를 없애기 위해서 다양한 방법을 통해 리스크관리를 하게 된다. 일반적으로 Free Metal익스포져에 대해서는 Margin Hedge거래를 하고, 구매/판가(LME) 차이에 대해서는 Full Hedge나 Balance Hedge거래를 하며, 환율변동에 대해서는 FX Hedge거래를 하게 된다.

〈그림 4-4〉 사업 익스포져의 헤지방안

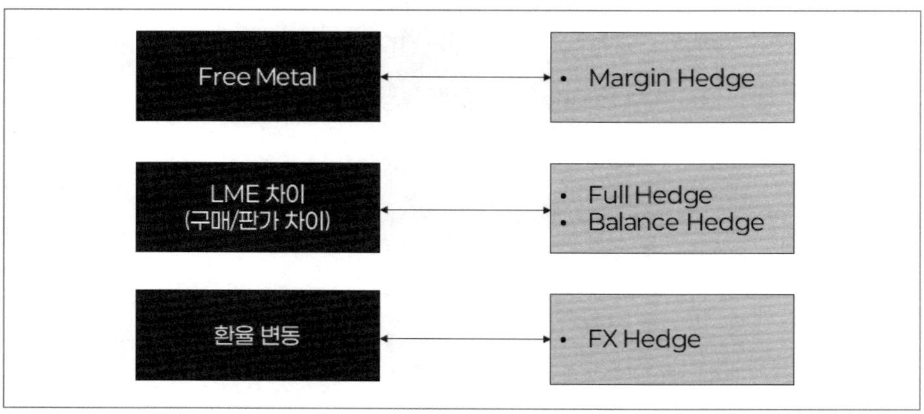

우리나라 금융기관 및 파생상품 거래기업은 금융위기 이전에는 위와 같이 다양

하고, 구체적인 리스크관리 방안을 마련하지 못하였다. 선물거래제도 또한 제도적으로 완비가 되질 않아 한도관리, 손절매 등 일부 소극적 리스크관리 차원에 머물렀고, 실물의 재고량을 조절하여 시세변동에 맞춰 물량을 늘렸다 줄였다하는 방법으로 손익을 관리하였다. 동 선물거래는 가격변동리스크는 물론 원재료 품위 변동에 따른 현물과 선물의 물량 차이를 수반할 수 있다.

L*금속은 1995년, 1996년 말 선물거래이익이 각각 140억 원, 393억 원 대규모로 발생하였는데 이는 경상이익의 29%, 517%를 각각 기록하였다. 선물거래로부터 많은 이익을 거둬들여 경영진은 자연스럽게 신사업이라고 할 수 있는 선물거래 영역에 업무역량을 집중시켰다.

〈표 4-1〉 1995년 및 1996년 선물거래 손익

	제35기 (1996. 1. 1~1996. 12. 31)	제34기 (1995. 1. 1~1995. 12. 31)
		(단위 : 원)
Ⅵ영업외수익	121,050,632,065	59,615,700,777
8.선물거래이익	79,942,407,616	17,828,995,432
Ⅶ.영업외비용	130,772,775,634	45,442,188,360
10.선물거래손실	40,579,114,293	3,826,044,912
선물거래이익(B)	39,363,293,323	14,002,950,520
Ⅷ.경상이익(A)	7,609,662,690	48,391,572,404
선물이익비중(B/A, %)	517.28	28.94

자료 : L*금속 1998년회계연도 사업보고서

그러나 1997년 1월말경 L*금속이 영국 런던 LME에서 동 선물거래를 하다 거액의 손실을 본 것으로 알려졌다. L*금속이 1996년 4/4분기 이후 런던선물거래소에서 동 가격하락이 예상될 것으로 판단하여 선물매도를 하였으나 오히려 선물가격이 상승하여 대규모의 손실을 본 것이다.

재정경제원은 즉시 L*금속의 투기적 거래에 의한 손실여부를 판단하기 위해 조사에 착수하였다. 1996년부터 시행된 선물거래법의 해외선물거래규정[10]에서는 실수요거래만을 허용하고 있었는데 L*금속에 대한 투기적 거래여부를 파악하게 된 것이다. 국내기업이 해외선물거래를 하다 거액의 손실을 보아 재경원으로부터 조사받기는 L*금속이 처음이었다. 재경원은 LG, 한국, 동양선물 등 국내선물거래중개사가 L*금속의 선물거래를 해외선물회사에 중개한 실적을 부분적으로 조사한 결과 1천 8백만 달러(약 1백 50억 원 상당)의 손실이 발생한 것으로 확인하였다. 이후 L*금속으로부터 정확한 사고경위와 피해규모를 보고 받아 집중적으로 조사하게 되었다.[11]

〈표 4-2〉 국내기업의 전기동 해외선물거래 실적

	거래량(계약*건수)	계약금액(백만 달러)
1997.1~12	709,936	41,603
1998.1~12	995,844	52,872

* 1계약/25t
자료 : 한국선물협회

10) 선물거래법 제32조 (거래등의 제한) 위원회는 선물시장의 질서를 유지하기 위하여 대통령령이 정하는 바에 의하여 회원 및 위탁자의 선물거래 규모의 제한등 필요한 조치를 할 수 있다.

· 해외선물규정 제3조 (수탁등의 한도) ② 금융감독위원회는 모든 선물거래업자로 하여금 당해 위탁자로부터의 신규거래의 수탁등을 일정기간 동안 또는 일정 범위내로 제한하도록 명할 수 있다.

2. 위탁자의 해외선물거래가 국내외의 법규에 위반되거나 그 규모가 과도하여 해외선물거래의 질서유지 또는 공익보호를 위하여 필요하다고 인정되는 경우

· 해외선물거래규정 제4조 (자기거래한도등) ① 선물거래업자는 다음 산식에 의하여 산정한 금액(자기거래위험)이 자기자본의 20%를 초과하지 아니하는 범위내에서 자기거래를 할 수 있다. 다만, 외국환은행에 대하여는 적용하지 아니한다.

자기거래위험액 = 자기거래관련증거금액 + 자기거래에 따른 손실액 및 부대비용 − 자기거래에 따른 이익액 및 부대이익

· 해외선물거래규정 제10조 (위탁자관련정보의 파악의무) ① 선물거래업자는 위탁자와 계좌설정계약을 체결하는 때에는 위탁자로부터 다음 각호에 관한 사항(7. 해외선물거래의 목적)을 서면으로 확인받아 당해 계좌 폐쇄 후 5년 이상의 기간 동안 보관 · 유지하여야 한다.

· 부칙 제1조 이 규정은 1998년 4월 1일부터 시행한다.

11) 한국경제신문(1997.2.5.), https://www.hankyung.com/article/1997020500031

국내기업의 전기동 해외선물거래는 1997년 709,936계약, 거래금액은 41,603백만 달러, 1998년 995,844계약, 52,872백만 달러로 나타났다. 단순 평균하면 1997년 매월 평균 150만 톤, 1998년 207만 톤이 거래된 것이다. 국내기업의 전기동 해외선물거래는 대부분 L*금속 거래분이라고 해도 무방하다.[12] 1997년 L*금속 전체가 연간 판매한 전기동은 약 30만t 수준이었으므로 L*금속의 전기동 해외선물거래는 연간 전기동 판매량을 훨씬 초과한 것으로 볼 수 있다. 초과한 선물거래 규모는 실물거래를 수반하는 헤지용을 넘어서 투기적 거래에 해당한다고 할 것이다.

한편, 1998년 후반기부터 LME 재고증가세가 두드러져서 1998년 9월에는 106,675톤의 재고가 증가하였으며, 4/4분기에는 180,000톤 이상 재고가 증가하였고, 1998년 12월 말 재고량은 592,425톤을 기록하였다. 재고량 증가는 칠레산 수출물량 증가, 중국과 일본기업의 재고 밀어내기 등의 영향이 컸다. 이런 LME 재고량 증가는 가격하락에 영향을 미쳐 L*금속에게 매우 치명적이었다.

〈표 4-3〉 전기동 월별 재고 증가량 추이

(단위 : 톤)

구분(말일 기준)	LME 총재고량	재고 증가량
1998.6월	248,900	
7월	260,700	11,800
8월	307,400	46,700
9월	414,075	106,675
10월	460,625	46,550
11월	511,450	50,825
12월	592,425	80,975
1999.1월	610,000	17,575

자료 : 한국선물협회

12) L*금속이 국내 유일의 전기동 생산업체이다. (주석 4 참조)

3-2. 기초자산 가격예측 실패

〈그림 4-5〉 1995~1998년 동 가격 추이

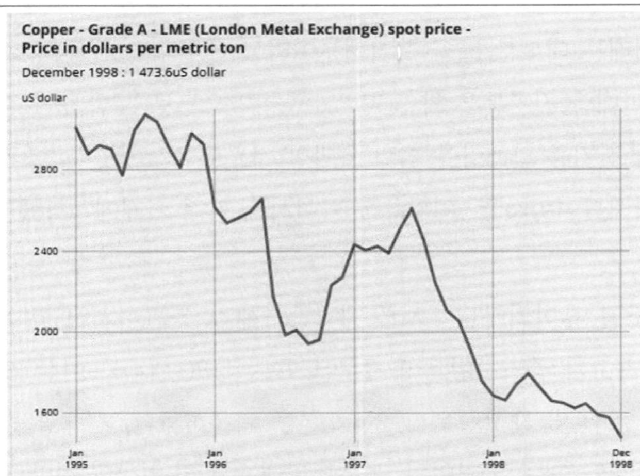

동 실물거래는 그림에서 보는 바와 같이 1995년 1월 US$2,800/t 이상에서 이루어졌고, 1996년 1월 US$2,600/t, 1997년 1월 US$2,400/t 가격대를 형성하였으며, 1998년 하반기 이후 US$1,600/t 이하에서 이루어졌다. 그런데 이런 가격 하락 추세에서 동 가격의 변동성은 매우 높게 나타났다. 즉 1995년 상반기에 US$2,800/t 이상이던 동 가격이 1995년 하반기부터 시작하여 1996년 상반기까지 하락해 US$2,400/t 아래로 떨어졌고, 1996년 하반기에는 US$2,000/t 이하까지 내려갔다. 그러다 이후 상승하기 시작하여 1997년 상반기에 US$2,400/t 이상으로 올랐으며, 이후 1997년 하반기부터 또다시 하락하기 시작하여 1998년 말 US$1,473/t 이하까지 폭락하게 되었다.

L*금속은 1996년 4/4분기 이후 런던선물거래소에서 동 가격하락이 예상될 것으로 판단하여 선물매도를 하였으나 오히려 선물가격이 상승하였고, 1998년 하반기에 동 가격이 하락하고 있었으나 지나치게 많은 LME 재고량을 보유한 것으로

볼 수 있다.

그 결과 L*금속은 1998년 회계연도 278백만 달러의 선물평가손실을 매출원가에 계상[13]하였을 뿐만 아니라 이후 1999년 1/4분기 말에도 4,469천달러의 손실이 발생하였다.[14] L*금속의 자기자본은 1996년 말 1,667억 원에서 1998년 말 6,535억 원의 자본잠식 상태에 빠지게 되었다.[15]

〈표 4-4〉 요약 대차대조표

(단위 : 백만 원)

	1998년	1997년	1996년
자산	1,344,979	1,767,752	975,591
유동자산	557,760	1,056,117	672,716
고정자산	787,219	711,635	302,875
부채	1,998,493	1,754,224	808,820
유동부채	1,356,548	1,282,008	696,602
고정부채	641,945	471,668	112,218
자본	−653,514	13,528	166,771
자본금	60,000	60,000	60,000
자본잉여금	0	0	54,770
이익잉여금	−711,532	−44,118	52,001
자본조정	−1,982	−2,354	0

13) L*금속 1998 사업연도 사업보고서
주석사항 3. 우발채무 등, 다. 기타의 우발채무 등
(2) 당사는 1998회계년도에 선물거래와 관련한 평가손실 US$278Mil을 매출원가에 계상하였습니다.

14) 1998년 회계연도 L*금속 사업보고서상의 공시(990329)
[주식회사 L*금속, 선물거래 손실설]
"주식회사 L*금속의 공시책임자 상무 OOO입니다. 당사의 선물거래손실설과 관련하여 다음과 같이 공시하겠습니다.
1.거래대상물 : 구리 외 선물 2종목
2.실현손실금액 : 4,469천불
3.발생일 : 1999년 1월 1일 부터 1999년 3월 29일 정산분까지
이상은 주식회사 L*금속 공시책임자 상무 OOO이 말씀드렸습니다."

15) 1998회계연도 감사보고서를 주석사항에 우발채무로 기재. 다만, L*금속 보유 동 실물 재고량과 파생상품거래 내용 등을 기재하지 않았음

〈표 4-5〉 요약 손익계산서

(단위 : 백만 원)

	1998년		1997년		1996년
매출액	2,289,936		2,019,293		1,619,632
매출원가	2,629,758	**선물손실**	1,896,941	**선물손실**	1,115,880
매출총이익	−339,821		122,351		
판매비와 관리비	54,965		48,514		
영업이익	−394,786		73,838		17,332
경상이익	−754,139	**금융비용, 외환손실**	−135,091	**금융비용, 외환손실**	7,610
당기순이익	−782,578		−147,289		7,892

자료 : 이욱영(2024)
1998년 회계연도 사업보고서 및 감사보고서 요약

이 시기에 동 가격의 변동성이 컸던 이유는 두 가지로 요약된다. 첫 번째, 1996년 스미토모사태[16]이다. 일본의 스미토모상사는 LME를 통해 엄청난 양의 동을 사재기해 국제시장에서 동 수급상황을 왜곡시켰다. 이후 이런 과도한 포지션을 청산하기 위해 선물 반대거래(sell-stop)를 하자 가격이 US$1,780/t선까지 하락하였다.[17] 두 번째, 아시아 금융위기이다. 금융위기 초 외환위기, 주식시장 폭락, 금리급등 등의 복합적인 요인은 아시아 국가의 경제상황을 불안하게 만들었다. 태국, 인도네시아, 말레이시아, 한국 등 아시아 주요국 통화의 변동성이 매우 커졌다.[18]

18. 우발채무의 금액과 내용 (1) 당사는 원재료등 재고자산의 안정적인 가격유지를 위하여 동양선물(주) 등 7개사와 선물거래를 하고 있으며, 선물거래로 인한 손익을 선물거래정산일이 속하는 회계연도의 매출원가에 반영하고 있으며, 당기말 현재 가격변동에 대한 보증금 1,090억 원을 예치하고 있습니다.

16) https://www.mk.co.kr/news/economy/1620127, 1996년 6월 15일 스미토모상사의 비철금속부장이 과거 10년간 런던금속거래소(LME)를 통해 동 거래를 하면서 18억달러에 달하는 손실을 회사에 입혔다.

17) 한국선물협회(1997.2)

18) 달러화 대비 아시아주요국 환율(1995~2000년 말 기준)

설정일	1995	1996	1997	1998	1999	2000
태국바트/달러	25.13	25.56	46.85	36.66	37.39	43.35
인도네시아루피아/달러	2,284	2,361	5,470	8,000	7,101	9,625
말레이지아링기트/달러	2.55	2.53	3.89	3.80	3.80	3.80
원/미국달러(매매기준율)	774.70	844.20	1,415.20	1,207.80	1,145.40	1,259.70

자료 : 한국은행

외환위기는 각국의 환율을 상승시켰고 우리나라 원화가치도 급락하였으며, 전반적인 경제 불황과 기업들의 재무상태를 극도로 악화시켰다. 아시아 금융위기는 세계경제에 불확실성을 증폭시켰으며, 금속 및 원자재 가격을 급격하게 변동시켰다. L*금속의 선물손실은 이처럼 1997년 아시아 금융위기와 밀접한 관계가 있었다.

3-3. 손실은폐, 허위공시 등으로 손실 확대

금융기관, 대기업 등이 시장성 금융상품 또는 파생상품거래를 하는 경우 리스크관리를 위해서는 리스크 인식, 리스크 측정, 리스크 통제, 보고 등의 단계와 절차를 정하여 운영한다. 1990년대 후반기에는 2020년대와 같은 파생상품거래에 대한 리스크관리를 기대하기 어려웠겠지만 한도관리, 손절매 등 기초적 수준의 리스크관리를 수행하였다.

L*금속의 선물거래에서 손실이 확대되고 있을 즈음 국내외 언론기사에는 다양한 루머들이 흘러나왔다.

로이터통신은 L*금속이 런던금속거래소에서 1998년 2월 19일 청산되는 전기동 선물에 10만~20만t 정도의 매도포지션을 취했으나 국제 전기동 가격이 올라 큰 손실이 우려된다고 보도했다. 그러나 회사측은 오히려 증권거래소 공시를 통해 선물거래에서 지난해 394억 원의 이익을 얻었고 1997년 1월 현재 손실이 발생하지 않았다고 밝혔다.[19)]

L*금속이 투기적 전기동 선물거래로 큰 손실을 입을 것이라는 소식이 일부 외신을 통해 전해지면서 하한가로 곤두박질쳤다. L*금속 주가는 1997년 1월 29일 상한가를 기록하였다. 1997년 1월 30일 주식시장에서 L*금속이 10만~20만t의 전기동 선물매도포지션을 가지고 있으나 전기동 가격이 연초 t당 2,200달러에서 2,500달러로 올라 엄청난 손실이 불가피하다는 소문이 돌아 대량거래 속에 하한

19) 매일경제(1997.1.31), https://www.mk.co.kr/news/economy/1735530

가로 급락했다. 그러나 회사는 런던금속거래소의 트레이더들이 악의적인 의도로 퍼뜨린 소문일 뿐 전혀 근거가 없다고 일축했다.

또한 L*금속의 선물거래팀장은 지난 94년부터 전기동 가격변동에 따른 위험회피 목적으로 선물거래를 시작했으며, L*금속 전체가 연간 판매하는 전기동이 30만t 정도이기 때문에 선물포지션을 20만t이나 보유한다는 것은 논리적으로 말이 되지 않는다고 말하기도 하였다. L*금속의 또 다른 관계자도 재고 물량의 위험회피 차원에서 매도포지션을 가지고 있으나 현물가격이 올랐기 때문에 전체적으로는 손실이 없다고 주장하였다. 하지만 정확한 매도포지션 규모를 밝히지는 않았으나 L*금속의 전기동 재고물량은 4만~5만t 정도인 것으로 알려졌다. 아울러 선물거래팀장은 런던금속거래소에는 주기적으로 선물거래 성적이 좋은 동양계 투자가들을 음해하는 소문이 돌곤 하는데 중국과 일본에 이어 한국이 이 같은 음해대상이 된 것 같다고 말했다.[20]

월스트리트저널 유럽은 L*금속이 동 선물거래에서 상당한 손실을 입게 될 것이라고 보도했다. 이 신문에 따르면 런던금속거래 전문가들은 L*금속이 지난 수개월간 현시가보다 상당히 낮은 가격에 동 선물을 매도하였고, 만기도래 시 비싼 값에 동 현물시장에서 구매하여 상환해야 하는 부담을 안게 됐다고 분석했다. 이들 전문가들은 L*금속이 본격적인 매도를 시작한 1996년 10월 이후 동 선물가격이 23% 올랐으며 3개월물일 경우 동 프리미엄이 t당 350달러에 이를 것으로 추정했다. 이 시기에 전문가들은 L*금속 관련 루머와 관계없이 3개월물 동 선물가격은 현재 t당 2,160달러에서 2,450달러까지 치솟을 것으로 전망하기도 했다. 이 신문은 또 'L*금속이 우리는 실수요자이며 선물거래의 조작에 참여한 적이 없고 런던금속거래소에 자금지원을 요청한 적도 없다고 밝혔다' 고 보도하면서 LME도 L*금속이 처한 상황을 밝히지 않고 있다고 덧붙였다. 런던금속거래소에서는 L*금속이 매도미결제약정(short position) 때문에 동은 10만t에서 최대 20만t 분량의 손실을 입게 될

20) 서울경제신문(1997.1.31), https://m.sedaily.com/NewsView/1HSNLWLBOD#cb

것이란 루머가 확산되고 있었다. 그러나 L*금속은 이러한 루머를 모두 부인하였다.[21)]

L*금속은 1996년도에 많은 선물거래이익을 실현하면서 동 선물거래를 회사의 중점수익사업으로 정하였다. 하지만 1997년 초 국제 금속시장에서 많은 루머가 터져나오고 손실이 일부 현실화되고 있는 시점에 선물거래 한도관리, 손절매 실시 등 적절한 리스크관리방안을 마련하여 수행하지 않았다. 2년여 동안 L*금속은 손실 은폐, 허위공시 등으로 일관하다 동 가격의 변동성이 확대되어 손실을 감내할 수 없게 되자 1998년 말 선물거래 평가손실을 장부에 계상하게 된 것이다.

21) 한국경제신문(1997.2.2), https://www.hankyung.com/article/1997020200101

Options

TS엘시디의 KIKO거래

제5장

파생상품 거래손실 사례분석

제1절
사건 개요

제2절
KIKO거래의 주요내용

제3절
대규모 환차손 발생원인

제1절 * 사건 개요

외환거래를 통해 환헤지를 하고자 했던 기업들은 2008년 글로벌 금융위기의 여파를 실감하였다. 수출기업들이 은행과 체결한 통화옵션거래에서 많은 손실이 발생하였는데 중소기업의 경우 그들의 생사여탈이 걸린 문제로까지 번졌다.

중소기업들은 KIKO 피해기업 공동대책위원회를 구성하여 은행이 KIKO계약을 불공정하게 체결하였다고 주장하면서 대내외 전문가를 불러 세미나는 물론 법적투쟁을 강도 높게 하였다.

〈그림 5-1〉 KIKO 피해 현황

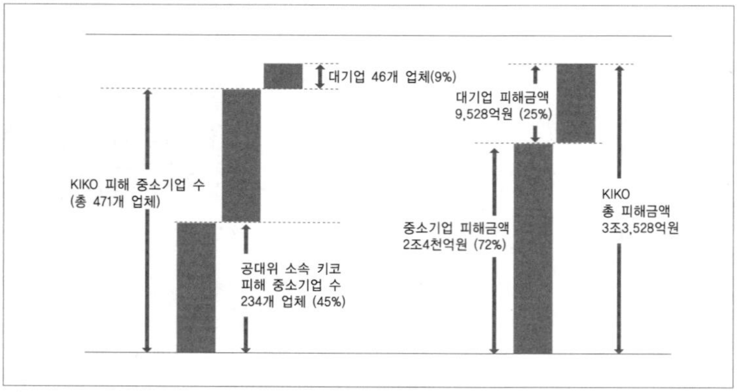

자료 : KIKO피해기업 공동대책위원회 홈페이지

KIKO피해의 대표적 중소기업은 TS엘시디라고 할 수 있다. TS엘시디는 노트북, 모니터, TV에 사용되는 LCD광원 장치인

백라이트 유닛(BLU)을 생산 · 판매하는 코스닥 등록기업이다. 그러나 2008년초 KIKO, 피봇(PIVOT), 스노우볼(Snowball) 등 파생상품거래에 따른 환차손의 영향으로 흑자 도산하였다. 2009년 1월 채권은행이 1~2차 출자전환[1]을 하여 극적으로 회생하였으나 TS엘시디의 경영권은 은행으로 넘어갔다. 그 원인이 모두 KIKO 등의 거래와 직접적으로 관련되었다.

제2절 * KIKO거래의 주요내용[2]

2-1. KIKO거래 배경

TS엘시디의 매출은 대부분 수출로부터 발생하였다. 뿐만 아니라 국내 매출의 상당 부분도 달러로 결제되고 있었다. 전체 매출액의 95% 이상과 전체 매입액의 75% 정도를 외화로 결제하였다. 따라서 영업성과는 환율변동에 따라 크게 좌우되었다. 원화가치가 증가하고 원/달러 환율이 떨어지면 수출대금을 외화로 받기 때문에 원화로 환전했을 때 금액이 줄어들어서 회사입장에서는 손해를 보게 되어 경우에 따라서는 열심히 수출을 하고도 오히려 적자가 발생할 수도 있었다. 또한 원화가치가 상승하면 달러표시 제품의 단가가 상승하여 제품의 가격 경쟁력이 떨어지게 되었다.

1) 2009년 12월말 4,754억 원, 2010년 6월말 1,413억 원의 출자가 이루어졌다.

2) 최종학 · 권혜진(2011). TS엘시디의 KIKO관련 손실이 재무제표에 미친 영향. 한국회계학회

외환위기 및 IMF구제금융 이후 한국경제는 그동안의 어려움을 극복하고 꾸준히 성장하였다. 자동차 및 조선업 등의 호황으로 수출이 증가하였으며, 주식시장에는 외국인의 투자자금이 쏟아져 들어왔다. 이렇듯 달러의 공급이 늘어나자 원/달러 환율이 지속적으로 하락하여, 2006년 중에는 900원대 중반까지 내려갔다.

TS엘시디의 2005년 매출액은 3,773억 원이었으나 2006년에는 거의 6,000억 원에 달할만큼 급증하였는데, 오히려 당기순이익은 163억 원에서 111억 원으로 감소하였다. 당기순이익 감소는 환율변동이 가장 큰 원인이었다.

〈그림 5-2〉는 TS엘시디의 2003년부터 2006년까지 4년간의 매출액과 매출총이익, 영업이익, 당기순이익의 변동을 나타낸 것이다. 2005년까지 매출총이익과 영업이익은 증가하였으나 2006년 당기순이익이 감소하였다. 그 이유는 영업외비용 중 외환관련 손실이 전년도 대비 급격히 증가했기 때문이다. 원/달러 환율은 2004년 말 1,043.80원, 2005년 말 1,013.00원, 2006년 말 929.60원으로 원화절상 추세가 지속되었다. 달러화로 매출이 일어나는 TS엘시디의 경우 매출이 늘어난 만큼 원화 환산 매출액이 늘어나지는 않았다. 반면 매출원가는 상당부분이 달러화로 발생하여, 상대적으로 큰 폭으로 늘어나게 되었다. 그 결과 매출액 대비 매출원가율이 2004년 90.27%, 2005년 93.69%, 2006년 96.11%로 급속히 증가하였다. 이런 이유에서 2006년 매출액이 증가했음에도 불구하고 이익은 감소한 것이다.

〈그림 5-2〉 TS엘시디의 영업성과 추이

(단위 : 억 원)

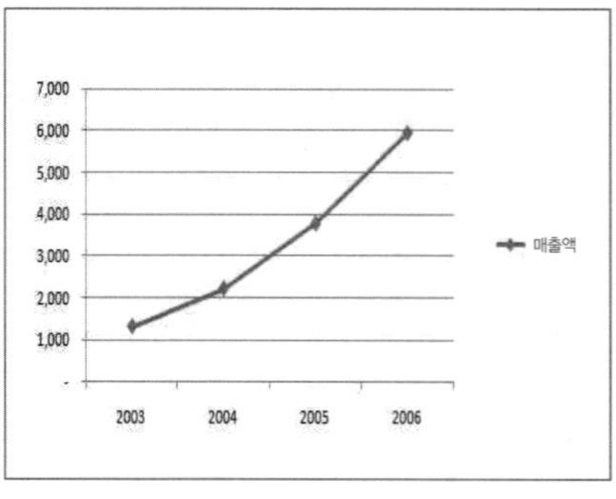

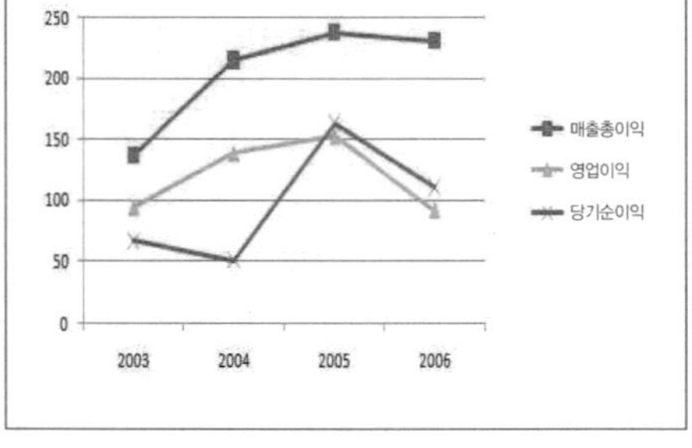

그렇기 때문에 TS엘시디 경영진의 입장에서는 환율변동에 대처하는 것이 가장 큰 관심사 중의 하나였다.

그런가 하면, 2007년 하반기 이후 조선업종 등의 활황으로 선물환 매도가 증가하면서 선물환율과 현물환율의 차이인 스왑포인트[3]가 하락하게 되었다. 〈그림 5-3〉에서 알 수 있듯이 원/달러 환율은 2001년 연 10%를 넘던 내재변동성이 2007년 하반기에는 3%대까지 떨어지는 하향 안정세를 이어가는 가운데 선물환율이 크게 하락하였다. 이런 상황에서 대부분의 기관들이 2008년 중 원/달러 환율의 하향 안정을 예상했다. 그러므로 환위험을 헤지할 수 있는 맞춤 선물환을 선호하게 되었다.

〈그림 5-3〉 원/달러 환율 내재변동성 추이

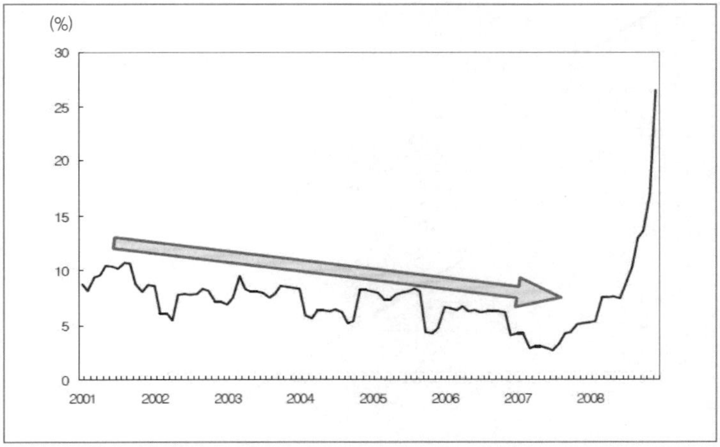

주) 월별 변동성을 연율로 환산
자료 : 브룸버그, 이상제 · 김영도(2009)

대기업들은 자체적으로 환율변동에 대한 헤지(hedge)를 할 만큼 충분한 인력이나 전문성을 보유하고 있으나 TS엘시디 같은 중소기업은 그렇지 못했다. 당연히 거래 금액이 크지 않고 거래 횟수가 많지 않아 거래환율을 결정하는데 대기업보다는 불리한 입장에 놓이게 된다.

3) 스왑포인트는 2007년 7월말 -9.73, 2007년 10월말 -11.89, 2007년 12월말 -12.00 수준이었다.

일반적으로 환리스크 헤지를 위해 널리 사용되는 통화선도(foreign exchange forward)계약은 기업에서 상당한 금액의 수수료를 부담해야 한다. 그러나 대다수의 중소기업에서는 경영형편상 이런 부담을 지려고 하지 않는다. 이에 반해 KIKO[4]는 명시적인 수수료가 존재하지 않는 무비용상품(zero-cost product)의 특징이 있기 때문에 기업들 입장에서는 유리하게 보이는 측면이 있다. 환율변동 정도에 따라서는 기업들이 오히려 이익을 볼 수도 있다.

〈그림 5-4〉 합성 선물환

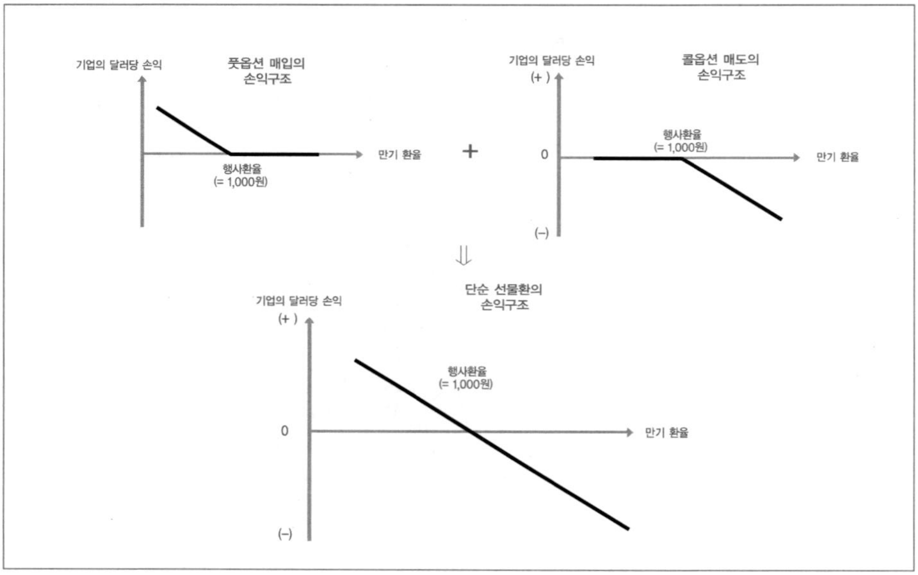

은행들이 이러한 중소기업들의 구미에 맞는 다양한 파생상품거래를 권유하면서 굳이 KIKO 등과 같은 옵션거래를 왜 포함시켰는지 알아보자.

선물환 매도계약에 따른 손익구조를 분해하면 행사가격이 동일한 풋옵션 매입과 콜옵션 매도거래와 같다.[5]

4) KIKO는 2005년에서 2006년 사이에 한국시티은행에서 국내에 처음 판매됐다. 2008년에는 국내의 모든 은행이 KIKO를 판매할 정도로 보편화되어 전체 통화관련 파생상품 거래액의 50% 정도를 차지하기에 이르렀다(한경비지니스 2008년 12월 16일자).

5) 이상제 · 김영도(2009). 키코 상품의 이해. 한국금융연구원

예를 들어 선물환율 1,000원에 달러를 매도한 선물환거래는 행사환율을 1,000원으로 한 풋옵션 1개를 매입하고 동시에 동일한 가격으로 콜옵션을 1개 매도한 거래와 같다. 이 경우 풋옵션 매입에 드는 옵션비용(프리미엄)이 콜옵션 매도에서 얻는 프리미엄과 상쇄되기 때문에 계약 체결 시 아무런 비용을 지급하지 않는 무비용거래가 된다.

보유한 현물 또는 향후 수취할 외화에 대한 환리스크 헤지를 위한 선물환거래는 환산액이 확정되어 있기 때문에 환율변동에 따른 기회이익을 실현하거나 기회손실을 줄일 방법이 없다. 따라서 향후 일정 기간 환율이 어떤 방향으로 어느 정도 움직일 것인가에 대한 기대를 가지고 있는 시장참여자는 선물환 방식의 헤지에서 탈피하여 이러한 기대를 바탕으로 기회이익을 누리거나 기회손실을 줄일 수 있는 보다 유리한 구조를 찾게 된다. 이런 경우를 위해 사용하는 구조화 선물환거래의 종류를 알아보면 다음과 같다.

범위 선물환(Range Forward)

향후 환율이 일정 범위 내에서 움직일 것으로 예상되는 경우 그 상한 환율을 행사가격으로 콜옵션을 매도하고 하한 환율을 행사가격으로 풋옵션을 매입[put(k_1)-call(k_2), $k_2 > k_1$]하여 일정 범위 내에서는 포지션을 노출하여 환율 상승 시 기대했던 이익을 실현하고 반대로 하락 시에는 손실을 감수하는 구조를 선호할 수도 있다. 일정 범위를 벗어나서 상승할 경우 콜옵션이 행사되어 단순 선물환보다는 유리한 상단환율에 달러를 매도하게 되지만 더 큰 추가이익은 제한된다. 일정 범위를 벗어나 하락할 경우는 풋옵션을 행사하여 달러를 매도할 수 있기 때문에 추가적인 손실을 피할 수 있다. 대칭적인 경우 풋과 콜의 가격이 같으므로 무비용상품이다. 여기서 콜옵션 매도금액을 풋옵션 매수금액보다 더 크게 할 경우 풋옵션 행사가격을 보다 더 유리하게 끌어 올릴 수 있지만 환율이 상승하면 손실도 더 커진다.

인핸스드 선물환(Enhanced Forward)

행사가격 k_1에 풋옵션을 매도하고 동시에 이보다 높은 행사가격(k_2)의 풋옵션 매입과 콜옵션 매도계약을 거래[$-put(k_1)+put(k_2)-call(k_2)$, $k_2>k_1$]하는 구조화 선물환 상품이다. 일정 환율 이하에서는 이익을 포기하는 대신 일반 선물환보다 더 높은 계약환율로 달러를 매도할 수 있는 상품이다. 여기서도 콜옵션 매도금액을 풋옵션 매수금액보다 가령 두 배로 할 경우 행사가격 k_2를 더 높일 수 있다.

타겟 선물환(Target Forward)

행사가격 k_2의 풋옵션을 매입하고 이보다 더 많은 일정 배수 금액의 콜옵션을 동일한 행사가격 k_2에 매도하는[$put(k_2)-a\times call(k_2)$, $a>1$] 구조의 상품이다. 선물환율보다 더 높은 행사환율을 얻지만 만기 시 환율이 상승하여 콜옵션이 행사될 때 발생하는 손실은 만기 시 환율이 하락하여 풋옵션 행사를 통해 얻은 이익보다 배수 a만큼 커진다. Target Forward는 주로 1:2의 비율로 이용되나 1:3의 비율로 이용되는 경우도 종종 있다.

녹아웃 선물환(Knockout Forward)

녹아웃 풋을 매입하고 동시에 동일한 조건의 녹아웃 콜을 매도하여 환율이 배리어(barrier)에 도달하면 모든 옵션이 소멸하여 헤지효과가 사라지는 구조화 선물환 상품이다. 배리어에 닿지 않는 경우 선물환 매도에 비해 더 높은 환율로 매도할 수 있는 점이 특징이다.

기본적으로 배리어 옵션은 콜과 풋에 대해 인(In), 아웃(Out), 업(Up), 다운(Down) 등 4가지 조건을 붙인 8가지 형태가 있다. 인(In)은 환율이 배리어에 닿아야 효력이 생겨나는 옵션이고, 아웃(Out)은 반대로 배리어에 닿지 않은 동안만 옵션의 권리가 살아 있고 배리어에 닿는 순간 권리가 사라져버리는 옵션을 가리킨다. 업(Up)은 가격 변동이 밑에서 위로 상승하면서 배리어에 닿은 옵션이고, 다운(Down)은 위에서 아래로 하락하면서 배리어에 닿은 옵션이다.

키코 선물환(Knock-in Knock-out Forward, KIKO Forward)

녹아웃 풋 매입과 녹인 콜 매도를 결합한 구조이다. 향후 환율 움직임에 대한 기대에 맞춰 상한 및 하한 배리어 수준, 행사환율, 풋옵션 및 콜옵션의 금액 등을 두 옵션의 가치가 서로 일치하도록 구조화한 무비용 상품이다. 환율이 녹아웃 환율과 녹인 환율 사이에서 거래될 때에는 높은 행사가격에 풋옵션을 행사할 수 있다. 환율이 상승하여 녹인 배리어를 넘어서서 매도했던 콜옵션이 행사되더라도 행사환율이 일반 선물환 매도 때보다 더 높기 때문에 선물환보다 더 유리한 환율로 달러를 매도한 효과를 누릴 수 있다. 물론 현물 포지션보다 더 많은 콜옵션을 매도했을 경우는 부족한 달러를 시장에서 비싼 가격에 사서 이보다 싼 행사가격에 인도해야 하기 때문에 큰 손실을 보게 된다. 즉 콜옵션 매도금액을 커버할 수 있는 충분한 현물 포지션을 가지고 있거나 만기 이전에 들어올 수출대금의 환위험을 헤지하기 위해 선물환 매도거래의 대체용으로 이 상품을 활용하는 한 환율상승에 따라 손실을 볼 위험은 없다. 반대로 환율이 하락하여 녹아웃될 때는 풋옵션의 헤지효과가 사라지는 위험이 있다.

〈그림 5-5〉 구조화 선물환거래의 종류

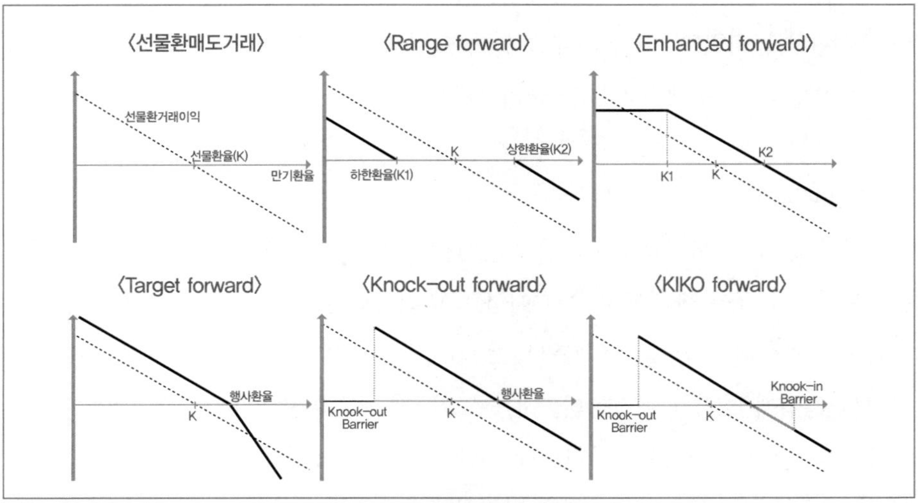

주) 굵은 선 : 구조화 Forward의 손익구조, 점선 : 선물환거래의 손익구조

구조화 선물환의 경우 헤지목적을 달성하기 위해 윈도우 배리어(window barrier)와 소프트 배리어(soft barrier)를 활용하기도 한다. 윈도우 배리어는 배리어가 일정 기간 동안만 작동하는 것으로 관찰기간의 길이는 계약기간 내에서 자유롭게 설정할 수 있다. 일반적으로 1개월 단위를 많이 사용하며 이를 통상 Window KIKO Forward(윈도우 키코)계약이라고 한다. 수출기업 입장에서는 매월 입금되는 현금흐름과 대응되도록 설계할 수 있다는 이점이 있어 선호하는 형태다.

소프트 배리어는 만기 환율에 따라 옵션의 결제금액이 달라지는 구조이다. 환율이 녹아웃 배리어에 닿기까지 머무른 기간에 비례해서 결제금액이 통상 약정금액의 50%를 하한으로 해서 정률로 감소하여 배리어에 닿더라도 약정금액의 50%는 헤지 목적이 달성된다. 환율이 상승하는 경우 환율이 녹인 배리어에 닿기까지 머무른 기간에 비례해서 결제금액이 통상 약정금액의 200%를 상한으로 정률로 증가하여 배리어에 닿은 최악의 경우 결제금액이 약정금액의 두 배가 되는 구조이다.

2-2. TS엘시디의 KIKO 등 거래구조

TS엘시디가 거래한 파생상품은 주로 KIKO, 피봇(PIVOT), 스노우볼(Snowball) 등이었다. 이들 거래를 통하여 환리스크관리를 하면서 대규모 손실을 보게 되었는데 그 구체적 사례를 들어보기로 한다.

키코(KIKO)

〈표 5-1〉과 같이 원/달러 환율 1,000원을 기준으로 한 KIKO 계약의 한 예를 들어보자. 원/달러 환율이 930원 이하로 내려가면 Knock-out 조건에 해당되어 계약이 무효화된다. 환율이 930원을 초과해서 1,000원까지는 약정환율 1,000원에 기업이 은행에 달러를 매각한다. 예를 들어, 현물환 환율이 1,000원이라면 1,000원에 달러를 매각하므로 아무런 이익이나 손실이 발생하지 않는다. 그러나 현물환 환율이 950원이라면, 수출대금을 달러로 받은 기업이 은행에 달러당 1,000원에

〈표 5-1〉 일반적인 KIKO거래 구조

환율구간	계약내용
FX ≦ 930	한 번이라도 930원 이하로 내려가면 Knock-out 조건에 해당하여 계약무효
930 < FX ≦ 1,000	약정환율인 1,000원으로 달러를 은행에 매도하여 이익 발생
1,000 < FX ≦ 1,070	만기일의 환율로 달러를 은행에 매도하여 손익이 발생하지 않음
1,070 < FX	한 번이라도 1,070원을 넘어가면 Knock-in 조건에 해당하여 만기일의 환율로 약정금액의 두 배를 매도함으로써 대규모의 손실발생

매각하므로 기업 입장에서는 달러당 50원의 이익이 발생하고, 은행은 50원의 손실이 발생하게 된다.

환율이 약정환율인 1,000원을 넘어서서 1,070원 수준에 있을 때는 현물환율 그대로 달러를 은행에 매도함으로써 이익이나 손실이 발생하지 않는다. 그러나 환율이 1,070원을 넘어서면 Knock-in 상태가 되어 계약한 금액에 두 배의 달러를 약정환율로 은행에 매각해야 한다. 환율이 1,200원일 때 수출대금으로 받은 달러를 1,000원에 매각한다면 기회손실, 즉 200원은 발생하지만 실질적인 손실이 발생하지 않는다. 그러나 KIKO 계약조건에 따라 이와 동일한 금액의 달러를 은행에 추가로 1,000원에 매각해야 하므로 달러당 200원의 손실이 발생하는 것이다.

이런 구조를 그림으로 나타내면 〈그림 5-6〉과 같다. 여기서 〈그림 5-6a〉는 수출대금의 일반적인 손익구조를 나타내며 〈그림 5-6b〉는 KIKO 거래를 통한 손익구조를 나타낸 것이다.

시장 환율이 930원이라면 그림에서 보는 것처럼 달러당 70원의 이익이 발생하며, 시장 환율이 930원으로부터 1,000원에 접근함에 따라 이익은 점차 감소한다. 시장 환율이 1,000원이 되면 시장에 파는 금액이나 KIKO 계약은행에 파는 금액이 같기 때문에 이익과 손실이 0이 된다. 시장 환율이 1,000원에서 1,070원 사이에서 움직이면, 그 환율 그대로 은행에 매도하기 때문에 손익이 발생하지 않는다.

그리고 시장 환율이 1,070원을 넘어서면 KIKO계약에 따라 수출대금으로 받은 달러보다 두 배에 해당하는 달러를 은행에 매각해야 한다.

〈그림 5-6〉 KIKO계약의 Payoff

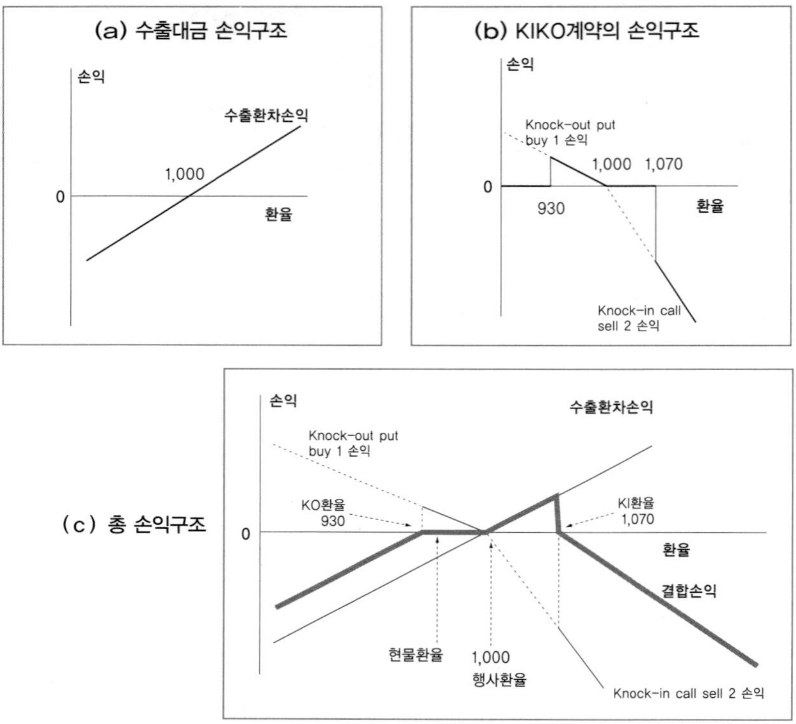

〈그림 5-6a〉와 〈그림 5-6b〉의 손익구조를 모두 합하면 〈그림 5-6c〉의 형태가 된다. 즉, 환율이 930원에서 1,000원까지 변하면 회사 입장에서는 손실이나 이익이 발생하지 않는다. 반면, 환율이 1,000원에서 1,070원까지 변하면 소규모의 이익이 발생한다. 그러나 환율이 1,070원을 넘어서거나 930원 이하로 내려가면 매우 큰 손실이 발생하게 된다.[6]

6) TS엘시디의 2008년 반기보고서에 의하면 KIKO 계약은 약정환율 926.04원에 약정금액 3억 7,740만 달러였다. 이 계약을 맺은 상대방은 외환, 산업, 하나, 국민, 신한 등 5개 시중 은행이다.

피봇(PIVOT)

TS엘시디는 2008년 1분기에 475백만 달

러의 KIKO 계약잔액을 보유하였다. 그 결과 거래손실 44억 원, 평가손실 132억 원을 기록하였다. 그러자 경영진은 이 손실을 만회하고자 또 다른 파생상품거래를 구상하였다. 이때 거래은행과 새롭게 시작한 파생상품이 피봇계약이다. 피봇은 용어에서 알 수 있듯이 거래의 기준이 되는 피봇환율에서 기업이 달러를 매도 또는 매수하는 거래구조를 말한다. 피봇거래는 PIVOT축을 중심으로 하단부 환율과 상단부 환율을 설정해놓고 거래구간을 벗어나는 경우 2배에 상당하는 레버리지거래를 하게 된다. 피봇은 KIKO와 유사한 통화관련 파생상품이지만 환율변동에 따라 기업이 얻을 수 있는 손익의 변동은 KIKO보다 더 큰 것이 특징이다. 다음은 TS엘시디의 피봇거래에 나타난 계약조건을 요약한 것이다.

TS엘시디의 원/달러 피봇 계약조건(예시)

- Put 매입 2백만 달러, Call 매도 4백만 달러, Strike at 1,030
- Call 매입 2백만 달러, Put 매도 4백만 달러, Strike at 980
- PIVOT Rate : 1,005
- Knock-out 결정 : 만기일 종가
- 계약기간 : 1~12개월(총 12회)
- 옵션유형 : European Option
- 결제 방법 : 실물인수도
- 프리미엄 : 없음
- 만기 환율별 거래내용

만기환율	spot<980	980≦spot<1,005	1,005≦spot<1,030	1,030≦spot
거래내용	4백만 달러 매수 @980원	2백만 달러 매수 @980	2백만 달러 매도 @1,030	4백만 달러 매도 @1,030

만약 매월 결제환율이 980~1,005원 사이에 있으면 TS엘시디는 2백만 달러를 980원에 매입하여 이익을 보게 되고, 1,005~1,030원 사이에 있으면 2백만 달러를 1,030원에 매도하여 이익을 보게 된다.

〈그림 5-7〉 피봇거래 Payoff

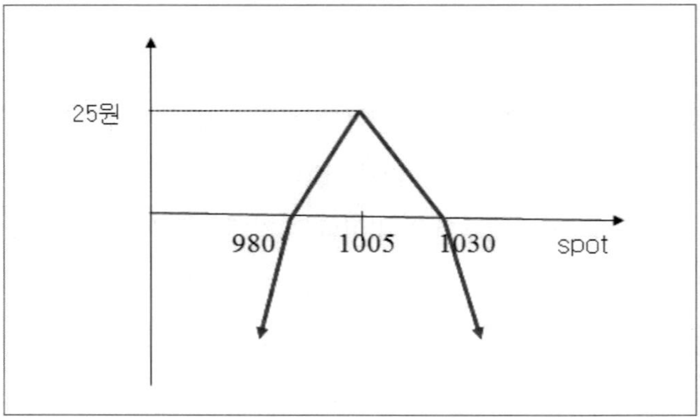

그런데 KIKO의 경우 환율이 980원 이하로 내려가더라도 아무런 손실을 보지 않지만 피봇의 경우 계약금액의 두 배에 해당하는 달러를 매수하여야 하며, 환율이 1,030원 이상 상승하면 역시 계약금액의 2배에 해당하는 4백만 달러를 1,030원에 매도해야 하므로 큰 손실을 보게 된다. 이를 그림으로 나타내면 〈그림 5-7〉과 같다.

실제 TS엘시디의 피봇계약은 2008년 4월에 체결되었는데 그 규모는 14억 40백만 달러로 나타났다. 계약기간은 최대 3년 6개월에 이르렀다. 계약환율은 피봇축 1,005원, 하단부 환율 980원, 상단부 환율 1,030원이었다. 따라서 환율이 980~1,030원 사이에 있을 때 TS엘시디가 이익을 보며, 환율이 그 범위를 넘어서면 거래은행이 이익을 보는 구조이다.[7]

스노우볼(Snowball)

스노우볼은 KIKO와 마찬가지로 선도거래에서 파생된 상품이며, 초기 일정 기간 동안 높은 행사 환율로 정산을 하고 그 후부터는 매월 행사 환율이 변하는 특징이 있다. 다음은 TS엘시디의 스노우볼거래에 나타난 계약조건을 요약한 것이다.

7) 박연희 등(2009). 환헤지 통화옵션 상품의 손실현황과 대응방안. 한국회계학회

TS엘시디의 원/달러 스노우볼 계약조건(예시)

- Reference Spot : 950
- Base(최초 1개월) Strike Rate : 990
- 계약기간 : 1~12개월(총 12회)
- 계약금액 : 1백만 달러(또는 2백만 달러)
- 월별 매도환율(Adjusted Strike, Dragon Strike, Reset Strike)
  ① 처음 1개월 : 990
  ② 2~12개월 : 전월 매도환율 + Min{(990 − Monthly Fixing 환율), 0}
- 매도금액(Leverage), if FX ≧ Strike, 2배, if FX < Strike, 1배)
  ③ 매월 Fixing 환율이 매도환율 미만이면 1백만 달러를 매도환율에 매도
  ④ 매월 Fixing 환율이 매도환율 초과하면 2백만 달러를 매도환율에 매도
- 만기내재가치(Expiry Intrinsic Value, EIV) : Max[(Strike−매월 Fixing 환율), 0]
- Knock-out 조건 : $\sum_{i=1}^{12} EIV_i \geq 120$ per USD

	FX Fixing	Adjusted Strike	Monthly EIV	Sum of EIV	Settlement (USD Sell)	
1M	950	990	40	40	1M	990
2M	980	990	10	50	1M	990
3M	1,000	980	0	50	2M	980
4M	1,050	920	0	50	2M	920
5M	980	920	0	50	2M	920
6M	900	920	20	70	1M	920
:	:	:	:	:	:	:

예를 들어 3개월째 FX Fixing환율이 1,000원이라고 하자. 결제를 위한 Adjusted strike는 980원이 되고 만기내재가치(EIV)는 0이 된다. 이때 FX Fixing 환율이 980원보다 높기 때문에 매도금액은 2백만 달러가 된다.

그런가 하면 6개월째 FX Fixing환율이 900원이라면, 결제를 위한 Adjusted strike는 920원이 되는데, 이 때 만기내재가치(EIV)는 20원이 되어 합계 만기내재가치(sum of EIV)는 70원이 된다. 누적이익이 120원에는 못 미치므로 Knock-out 조건에 해당되지 않아 통화옵션계약은 지속된다.

Adjusted Strike 980 = 전월 매도환율 + Min{(990 − Monthly Fixing 환율), 0}
= 990 + Min{(990 − 1,000), 0}
EIV 0 = Max[(Strike − 매월 Fixing 환율), 0] = Max[(980 − 1,000), 0]

스노우볼거래에 대한 거래규모는 TS엘시디의 공시자료에 나타나지 않아 정확한 규모를 알 수 없으나 대략 계약기간 2~3년에 걸쳐 매월 4백만 달러 수준을 매도하여 374백만 달러를 계약하였으며 그 손실규모는 720억 원 정도로 알려졌다.

제3절 * 대규모 환차손 발생원인

3-1. 환율변동성에 대한 경영진의 판단 착오

TS엘시디는 2007년 이전부터 은행들과 통화선도거래를 하였다. 2006년 말 대차대조표에는 54백만 달러의 통화매입 계약과 335백만 달러[8]의 통화매도계약을 은행들과 맺고 있었다. 2006년 기준 매출액이 약 6천억 원 수준이므로 전체 매출액 중 절반 이상의 선물환 매도계약을 맺고 있던 셈이었다.

이런 상황에서 TS엘시디는 2007년 거래은행과 KIKO 계약을 맺었다. 2007년에는 환율이 약정환율 주변에서 큰 변동 없이

8) 원화로 약 3,111억 원 수준(335백만 달러 × 929원 = 3,111억 원)이다.

움직였기 때문에 KIKO 거래로 인한 소규모의 이익을 기록했다. 문제는 2008년에 발생했다. 2008년 후반 글로벌 금융위기로 인해 그동안 한국의 주식시장에 투자해 왔던 많은 외국 자본이 회수되면서 원화를 달러로 환전하려는 수요가 증가했다. 단기 외화부채를 많이 보유한 기업과 은행으로서는 외화자금 확보에 비상이 걸렸다. 외화를 차입한 과정에서 국내외환시장을 이용하여 원/달러 스왑을 해왔던 기업들에게도 환율의 변동성이 커지자 외화자금조달이 더욱 어렵게 되었다. 은행은 자금을 대출해 준 기업의 경영상황이 어려워지면서 자금의 회수가 불확실하게 되었다. 이러한 대내외 불확실성 요인으로 원/달러 환율이 상승하기 시작했으며 환율이 1,100원을 돌파하여 2008년 말에는 1,500원 수준까지 치솟았다.

〈그림 5-8〉 원/달러 환율 추이

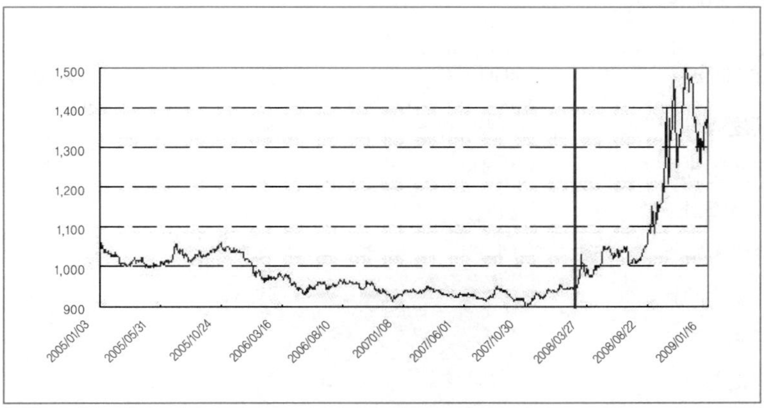

이는 KIKO계약을 맺은 TS엘시디가 전혀 예상하지 못한 상황이었다. 환율이 Knock-in 환율을 넘어섰기 때문에 약정 환율에 계약금액의 두 배의 달러를 매도해야 했다. 또한 환율이 예상을 벗어나 달러당 1,200원을 넘어서게 되고 1,500원대에 이르게 되자 TS엘시디는 피봇계약에 따라 막대한 손실을 입었다.

2008년 한 해 동안 무려 약 2,200억 원의 파생상품 거래손실과 약 5,300억 원의 파생상품 평가손실을 기록했다. KIKO, 피봇, 스노우볼 등 파생상품거래로 인해 2008년 한 해 동안 약 7,500억 원의 손실이 발생한 것이다. 2008년 TS엘시디의 매출액이 7,821억 원인데 반해 KIKO 등으로부터 발생한 손실은 약 7,500억 원으로 당기순손실 총 7,682억 원의 대부분을 차지했다. 파생상품의 손실규모는 회사가 부담할 수 있는 수준을 넘어섰다. 2007년 말 현재 TS엘시디의 총자산 2,064억 원, 자본 625억 원인 점을 고려하면 당기순손실이 얼마나 큰 규모인지를 짐작할 수 있다. 2008년초 환율의 변동성이 커진 혼란한 상황 하에서 대규모 피봇거래를 체결한 경영진의 판단이 잘못되었다. 환율의 변동이 불과 50원 이내에 있을 것으로 오판한 셈이다. 〈표 5-2〉, 〈표 5-3〉은 2006년부터 2008년까지의 TS엘시디의 요약 대차대조표와 손익계산서이다.

〈표 5-2〉 요약 대차대조표

(단위 : 억 원)

회계연도	2006	2007	2008
유동자산	808	848	648
비유동자산	1,241	1,216	1,234
자산총계	2,049	2,064	1,882
유동부채	855	1,014	5,246
비유동부채	508	426	3,634
부채총계	1,363	1,440	8,880
자본총계	686	625	(7,000)

〈표 5-3〉 요약 손익계산서

(단위 : 억 원)

회계연도	2006	2007	2008
매출	5,946	6,343	7,821
매출총이익	231	126	445
영업이익	92	15	253
파생상품거래손실	(8)	(7)	(2,239)
파생상품평가손실	(16)	(21)	(5,349)
당기순이익	111	(65)	(7,682)

주) 통화옵션관련 미지급금 1,621억 원은 포함되지 않음

3-2. 수출대금에 대한 과도한 파생상품 헤지

TS엘시디는 2008년 1분기까지 KIKO관련 거래손실 44억 원, 평가손실 132억 원 등 총 176억 원의 손실이 발생하였다.[9] 경영진은 이를 만회하기 위하여 2008년 2분기에 D은행과 14억 40백만 달러의 피봇상품을 계약하였다. 2007년도 TS엘시디의 연간 매출액은 6,343억 원인데 비해 이러한 피봇계약은 기존의 KIKO계약으로부터 막대한 손실을 겪고 있는 상황에서 환헤지 목적으로 가입하기에는 지나치게 많은 금액이었다. 박연희 등(2009)은 새로운 파생상품인 피봇에 가입함으로써 헤지금액이 1조 1,618억 원으로 늘어나면서 연간 매출액보다 5,275억 원만큼 오버헤지된 것으로 추정하였다.

9) 금융감독원 DART시스템, 2008년 3월

〈표 5-4〉 구조화 선물환 계약형태별 손익구조

대상통화	거래상대방	계약일	만기일	약정환율	계약금액	평가손익	대금수수방법	계약내용
USD KIKO	B은행	'07.10 ~ '08.06	'08.12 ~ '11.09	926.04	374,400 천 달러	39,374 백만 원	차액정산 혹은 총액수수	달러매도
	C은행							
	D은행							
	E은행							
	F은행							
USD PIVOT	D은행	'08.04	'11.11	1,005	1,440,000 천 달러	14,210 백만 원		달러매도 달러매입

자료 : 금융감독원 DART시스템(2008년 반기보고서)

WS에셋자산운용의 Strangle매도

제6장

파 생 상 품
거 래 손 실
사 례 분 석

제1절 * 사건 개요

2010년 11월 11일 옵션쇼크라고 불릴 정도로 대형의 금융사고가 터졌다. WS에셋자산운용이 설정한 파생상품펀드에서 888억 원이라는 대규모 손실사건이 발생한 것이다.[1] 그런데 금융당국은 단순한 금융사고가 아니라 금융기관의 리스크관리의 실패와 더불어 시장교란행위가 배후에 있다고 발표하였다. WS에셋자산운용이 자본금 대비 펀드규모를 73배 이상 무리하게 레버리지 투자하였으며, De은행 및 소속계열사 등이 전략적 자산운용에 의해 KOSPI200 주가지수를 의도적으로 하락시킨 것으로 조사되었다. 결국 WS에셋자산운용의 인가가 취소되었는데 이는 2009년 2월 4일 「자본시장법」이 시행된 이후 처음이라서 시장에 많은 충격을 안겨주었다.

1) 2010.11.16., 2010.11.20. 일자 한국경제신문 등을 참조하였다.

제2절 * 파생펀드의 옵션거래

WS에셋자산운용은 2008월 10월 2일 파생펀드인 『현대와이즈다크호스 사모파생상품투자회사 1호(이하 '다크호스 파생펀드')』를 설정하였다.

〈표 6-1〉 다크호스 파생펀드

상 품 명	현대와이즈다크호스 사모파생상품 투자회사1호		
상품 유형	파생상품, 투자회사, 폐쇄형		
설정일	2008.10.2.		
설정액	497.3억 원		
수익자	WS에셋(40억) 외 개인 수익자 10명		
수탁회사	00은행	판 매 회 사	3개 증권사

WS에셋자산운용은 이 펀드의 운용사로서 2010년 11월 11일 옵션만기일에 코스피200 콜옵션 7만 계약을 행사가격 257.5에 매도하고, 풋옵션 18만 계약을 행사가격 252.5에 매도하는 포지션을 보유하였다. 스트랭글(strangle) 매도전략을 취한 것이다.

이 옵션 매도전략은 기초자산인 코스피200 지수 가격이 크게 변동하지 않으면 이익이 발생하는 구조다. 통상 주가는 현재 가격에서 벗어나 움직일 가능성보다 일정 범위 내에서 움직일 가능성이 크다. 따라서 옵션 매도 포지션을 취하는 경우 시간이 경과하기만 하면 손쉽게 이익을 볼 수 있다는 판단에 따른 것으로 기관투자자들이 주로 사용하고 있다.

우선 옵션 스트랭글거래에서 발생되는 Payoff에 대해 알아보자. 스트랭글 매수전략은 동일 만기에 행사가격이 상이한 풋옵션(97.5)과 콜옵션(102.5)을 동시에 매입하는 전략으로 시장가격의 방향성이 불분명하고 변동성이 크게 확대될 것으로 예상되는 경우에 사용한다. 두 가지 옵션을 매입하면서 가격과 비용 등이 합산되기 때문에 손익구조는 굵은 선으로 나타난다.

스트랭글 매도전략은 동일만기에 행사가격이 상이한 풋옵션(97.5)과 콜옵션(102.5)을 동시에 매도하는 전략으로 기초자산 가격이 매도한 콜옵션과 풋옵션의 가격대 안에서 움직이는 경우 매도 프리미엄이 고스란히 이익으로 발생하나 그 범위를 벗어날 경우 손실이 무제한 확대되는 구조이다. 이는 투자하고자 하는 포지션의 일정부분에 해당하는 증거금만으로 거래가 가능하기 때문에 적은 투자비용으로 높은 투자수익을 노리는 전형적인 레버리지거래라고 할 수 있다.

〈그림 6-1〉 옵션 스트랭글거래(strangle) Payoff 구조

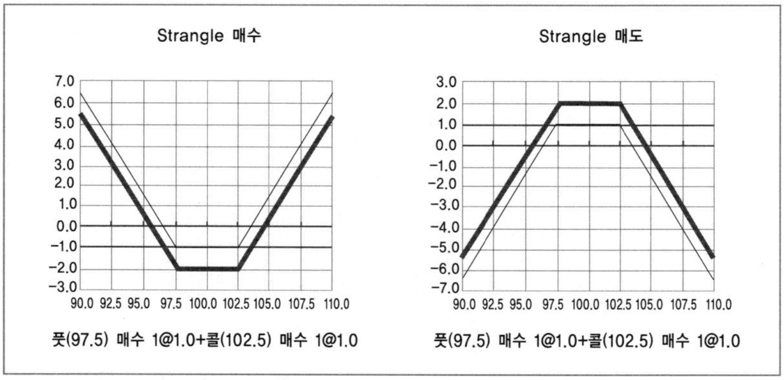

자료 : 한국거래소(KRX) 홈페이지

특히, 옵션은 다른 조건이 일정하다면 만기가 짧아질수록 가격이 하락하여 가치가 감소하는 자산(decaying asset)이다. 옵션의 가치는 내재가치와 시간가치로

이루어져 있으며 옵션 만기가 가까워질수록 시간가치는 하락한다. 따라서 기관투자자들이 옵션의 시간가치 소멸을 통한 이익을 창출하기 위해 옵션 매도전략을 주로 사용한다.

옵션은 콜옵션과 풋옵션 모두 잔존기간이 길수록 유리하여 프리미엄이 높게 형성된다. 기초자산의 가격이 상승하거나 하락할 시간적인 여유를 주기 때문에 옵션 만기까지의 잔존기간은 양(+)의 가치를 가지게 된다. 따라서 나머지 조건이 동일하다면 잔존기간이 짧은 옵션보다 잔존기간이 긴 옵션의 가치가 높게 형성된다. 그렇다고 잔존기간과 옵션의 가격이 정비례하지는 않는다. 만기까지의 기간이 많이 남아 있는 경우 시간의 흐름에 따라 옵션의 가치하락은 천천히 이루어지는데 반하여 만기가 얼마 남지 않은 경우 옵션의 가치는 빠른 속도로 하락하기 때문이다.

〈그림 6-2〉 옵션의 시간가치의 변화

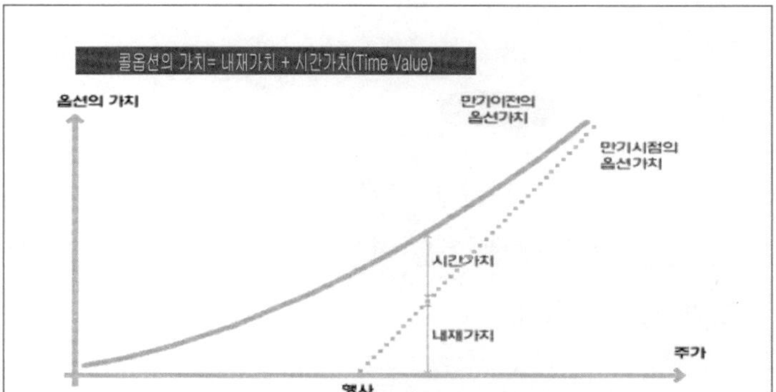

다크호스 파생펀드는 이러한 스트랭글 매도전략을 통해 옵션 프리미엄을 얻고자 하였다. WS에셋은 당시 옵션만기일에도 코스피200지수가 안정적일 것으로 판단하고 대규모 스트랭글 매도포지션을 구축하였다. 특히 옵션 매도에 따라 얻게 되는 이익은 옵션 프리미엄으로 한정되기 때문에 옵션 프리미엄 이익을 극대화하기 위해서 대규모 옵션 매도 포지션을 구축할 필요가 있었다.

그런데 옵션 만기일 장 종료 전 10분간(2시50분~3시) 실시되는 동시호가에서 DE증권 창구를 통한 1조 6,000억 원 상당의 대규모 주식 매도로 인해 코스피200 지수가 2시 50분 254.62p에서 3시에 247.51p로 7.11포인트 하락하였다.

〈그림 6-3〉 2010년 11월 11일 KOSPI200지수 추이

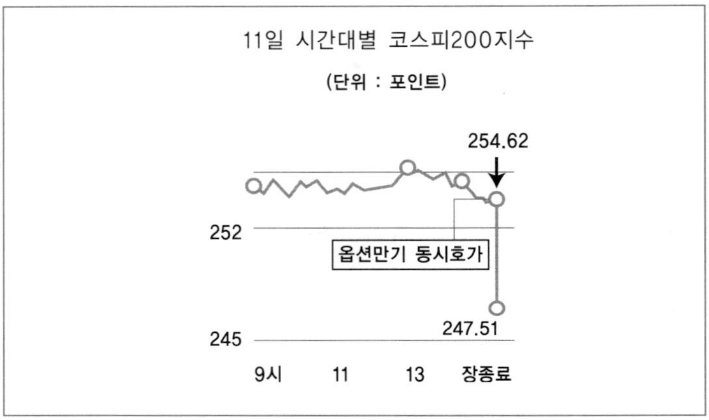

그 결과 다크호스 파생펀드는 풋옵션 매도포지션에서 898억 원의 손실이 발생하였으며, 다른 옵션거래를 통해 얻은 이익을 감안하면 당일 중 옵션거래로 총 888억 원의 손실이 발생하였다.

〈표 6-2〉 2010년 11월 11일 다크호스 파생펀드 상품별 손익내역

(단위 : 억 원)

주식	선물	옵션			총계
			풋 252.5	그 외 옵션	
0.6	△3.3	△885.3	△898	12.7	△888

주) (최종지수 − 매도옵션 행사가격) × 옵션계약수 × 옵션승수
= (247.51 − 252.5) × 180,000 × 100,000 = △898억 원

〈그림 6-4〉 스트랭글(strangle) 매도거래의 실현 손익

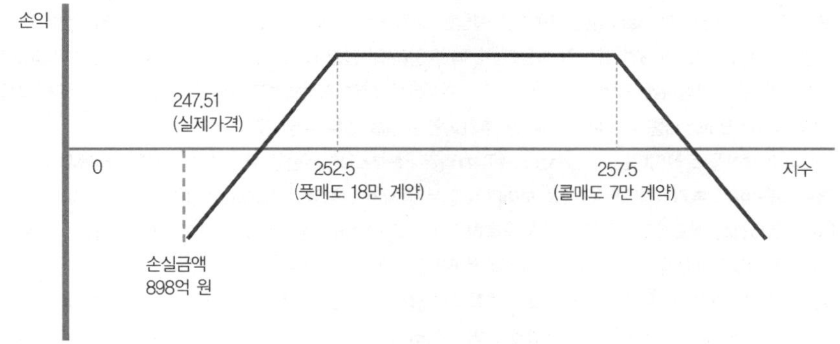

2010년 11월 10일 다크호스 펀드의 순자산가치(net asset value, NAV)는 124억 원이었기 때문에 손실규모가 순자산의 7배를 초과하였으며 2010년 11월 11일 순자산은 764억 원의 마이너스를 기록하게 되었다. 이러한 거래는 그 유명한 Barings 옵션거래 손실과 가격만 상이하게 적용하였을 뿐 투자전략이 유사하다고 할 수 있다.

〈해외사례〉 Barings Leeson의 주가지수 매도스트래들

1995년 영국 상업은행 Barings는 1992년 설립한 싱가포르 자회사(BFS)에서 파생상품거래로 인해 대규모 손실이 발생하였다. 그 규모가 9억 27백만 파운드(약 14억 달러)에 달해 Barings 그룹 전체 자기자본(4.4억파운드)을 완전 잠식하여 결국 파산하게 되었다. Barings의 주주지분은 전액 소각되었고, 채권자는 달러당 5센트를 지급받았으며, 이후 ING가 Barings를 1달러에 인수하고 추가적인 손실을 일부 부담하였다.

BFS의 파생상품 트레이더는 N. Leeson으로 차익거래를 하도록 권한을 위임받았다. 차익거래에서 나름대로 수익을 거둔 그는 점차 투기거래에도 관심을 보이다가 일본 증시가 안정적일 것으로 예상하고 1994년 이후 약 3만 계약의 Nikkei225선물 매도스트래들 포지션을 구축하였다. 그러나 1995년 1월 고베 대지진 이후 5일간 Nikkei225지수가 1,500포인트 하락함에 따라 보유한 포지션에서 68백만 파운드의 손실이 발생하였다.

그는 손실을 만회하기 위해 비밀리에 고유계좌 자산으로 더 많은 Nikkei225선물옵션을 거래하였다. 대량으로 매수한 Nikkei225선물에서 마진콜이 발생하였고 이에 응하기 위해 본사에 7억 42백만 파운드의 자금지원을 요청하였다. 이런 자금지원 과정에서 본사가 그의 사기행위를 적발하였는데 그 거래방법이 주가지수 매도스트래들이었다.

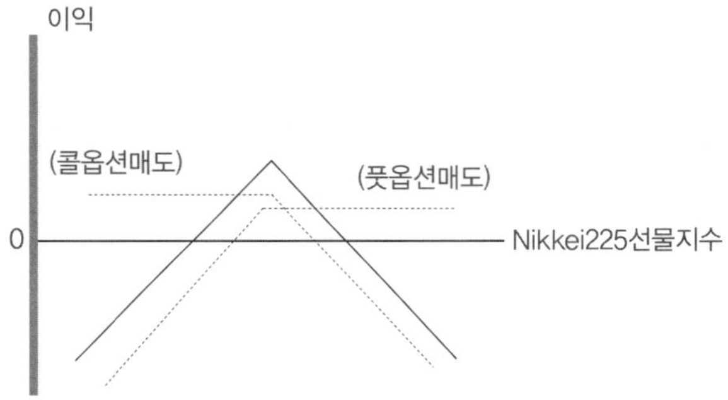

제3절 * 파생펀드의 대규모 손실원인

3-1. 다크호스 파생펀드의 과도한 레버리지 투자

다크호스 펀드는 「간접투자자산운용업법」[2]의 적용을 받기 때문에 펀드 자산의 5배까지 투자할 수 있다. 그러나 법에서 허용하는 투자 한도를 73배나 웃도는 불법적인 옵션 투자로 파국을 맞았다. 펀드 설정 당시 500억 원 수준으로 출범한 뒤 만기일 전까지 자산이 75%나 줄어들자 법규를 무시하고 위험한 도박을 한 데서 사태가 시작됐다.

2) 「자본시장법」 부칙(법률 제8635호, 2007.8.3.) 제28조 (간접투자기구 등에 관한 경과조치) ① 이 법 시행 당시 종전의 「간접투자자산 운용업법」에 따라 설정 또는 설립된 투자신탁(보험회사가 설정한 특별계정을 제외한다) 및 투자회사에 대하여는 종전의 「간접투자자산운용업법」에 따른다.
그러나 현행 「자본시장법」에는 파생상품거래에 대해 다음과 같이 운용을 제한하고 있다.
첫째, 「자본시장법」 제81조제1항제1호마목 파생상품의 매매에 따른 위험평가액이 대통령령으로 정하는 기준을 초과하여 투자하는 행위로서 '대통령령으로 정하는 기준' 이란 각 집합투자기구의 자산총액에서 부채총액을 뺀 가액의 100분의 100을 말한다. 다만, 적격투자자대상 사모집합투자기구의 경우에는 이를 100분의 400으로 한다.
둘째, 「자본시장법」 제166조의2(장외파생상품의 매매 등)에 따라 투자매매업자 또는 투자중개업자는 장외파생상품을 대상으로 하여 투자매매업 또는 투자중개업을 하는 경우 영업용순자본이 총위험액의 2배에 미달하는 경우에는 그 미달상태가 해소될 때까지 새로운 장외파생상품의 매매를 중지하고, 미종결거래의 정리나 위험회피에 관련된 업무만을 수행하도록 정하고 있다.

펀드 자산이 124억 원이기 때문에 최대 투자규모는 5배에 해당하는 620억 원이 위험 부담액이었다. 그러나 이러한 투기거래로 인해 다크호스가 부담해야할 만기일 위험평가액은 4조 5,000억 원대로 73배에 달했다. 옵션거래의 위험평가액은 '계약 수 × 코스피지수 × 10만 원' 으로 산출하기 때문에 무리한 베팅이라고 할 수 있다.

이 옵션의 매매 주문은 중개회사인 하나대투증권에서 이루어졌는데 아무런 통제가 없었다. 주문이 홈트레이딩시스템(HTS)으로 들어와 체결되었기 때문에 관여하기 힘든 상황이었다. 하나대투증권은 시장규칙에 따라 다크호스 펀드의 손실 중 760억 원을 풋옵션 매수자들에게 먼저 결제하였다. 비록 소송을 통해 이들 문제를 해결하였으나 자본거래의 근간을 흔들 만한 사건이었다.

3-2. De은행 및 계열사의 시세조정 행위[3)]

금융감독당국이 2010년 11월 11일 장마감 동시호가 시간 중 사상 최대 규모의 프로그램 매도물량이 출회되어 KOSPI200 지수가 2.79% 급락한 사건에 대한 조사 결과 De은행(주)(De-Bank AG)의 계열사 직원들이 시세조종한 사실을 확인하였다.

De은행 또는 계열사 소속인 甲(홍콩지점 지수차익거래자), 乙(홍콩지점 담당 임원), 丙(홍콩지점 거래 및 리스크 담당 Head), 丁(뉴욕 글로벌 지수차익거래 담당 Head), 戊(한국 파생상품 담당 임원)는 상호 협의 또는 보고를 하고, 당일 동시호가 직전인 14:19:50~14:49:59 시간 중 정상적인 지수차익거래 포지션을 초과하여 당일 만기가 도래하는 2010년 11월물 KOSPI200 옵션으로 합성선물을 매도(call option 매도 + put option 매수)하고 Put option을 매수하는 투기적 포지션을 구축하였다. 이 거래는 2010년 중 지수차익거래를 통해 보유하고 있던 삼성전자 등 KOSPI200 구성종목 199개 주식 전량, 즉 2조 4,424억 원 상당의 대규모 자금을 장마감 동시호가

3) 2011.2.23.일자 금융위원회 · 금융감독원 보도자료 등을 참조하였다.

시간에 직전가 대비 4.5~10.0% 낮은 가격으로 총 7회 분할 매도하는 방법 등으로 KOSPI200 지수를 장마감 동시호가 직전 대비 2.79%, 즉 7.11p(254.62p→247.51p) 급락시킴으로써 총 448억 7,873만 원의 부당이득을 취득하였다.

〈그림 6-5〉 De은행 및 계열사의 전략적 주식거래

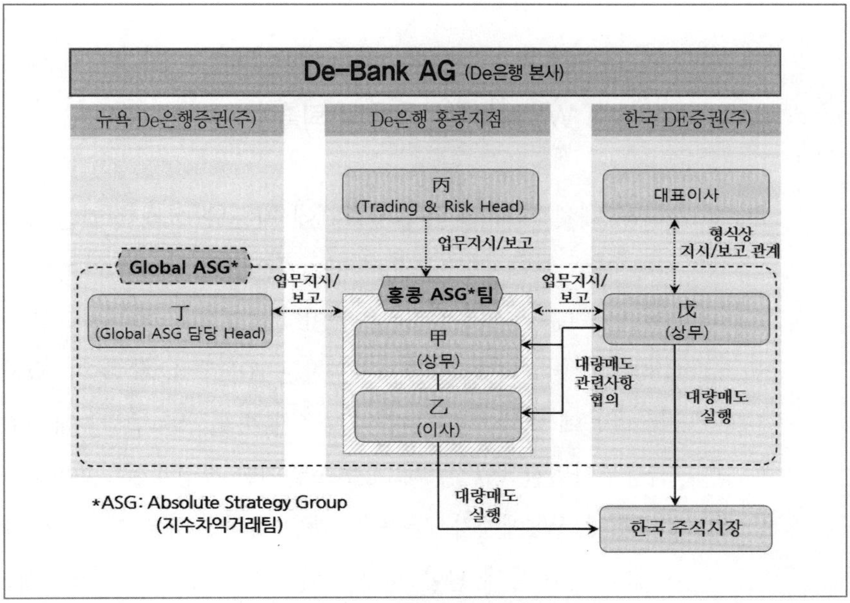

주) 甲 : De은행㈜ 홍콩지점 지수차익거래 운용팀 팀장 겸 담당 상무, 국적 영국
乙 : De은행㈜ 홍콩지점 담당 이사, 국적 프랑스
丙 : De은행㈜ 홍콩지점 거래 및 리스크 담당 Head, 국적 호주
丁 : 뉴욕 De은행증권㈜ 글로벌 지수차익거래 담당 Head, 국적 미국
戊 : 한국 DE증권 파생상품 담당 상무
자료 : 금융감독원

비록 본사 차원의 개입은 확인되지 않았으나 De은행의 시세조종 행위는 그룹 내 홍콩지점의 지수차익거래팀이 주도한 것으로 나타났다. 또한 한국 DE증권이 파생상품운용을 사실상 책임지고 있는 戊가 법인의 업무와 관련하여 본건 시세조종에 가담하였고, 법인의 고유계정으로 풋옵션을 매수하여 이익을 취득하였다.

제4절 * 옵션사태의 파급효과

4-1. WS에셋자산운용의 퇴출[4)]

WS에셋자산운용은 옵션쇼크에 따른 손실과 장기간 영업정지에 따른 수익 감소 등으로 자기자본이 급감하였으며, 2011년 10월말 기준 영업용순자본비율이 118.57%로 재무건전성 요건(150%)에 미달되었다. 금융위원회는 2011년 12월 28일 WS에셋자산운용에 대해 『금융산업의 구조개선에 관한 법률』 제10조 및 『금융투자업감독규정』 제3-27조에 의한 경영개선요구조치를 의결하였다. WS에셋자산운용은 1개월 이내에 자본금의 증액, 합병 · 제3자인수 등에 관한 계획을 마련해야 했다. 경영개선계획서에는 영업용순자본비율 150% 이상, 최저자기자본 요건 유지계획이 포함되어야 하며 이를 금융감독원장에게 제출하고 금융위원회의 승인을 받아야 했다.

그러나 WS에셋자산운용은 2012년 3월 21일 금융위원회로부터 경영개선계획이 승인되지 않아 한 단계 높은 조치인 경영개선명령 조치를 받았으며 2012년 3월 22일부터 6개월간 펀드 신규설정, 투자일임 · 자문 신규계약 등 영업의 일부가 정지되었다. 또한 자본금 확충시한인 2012년 6월 30일까지 영업용순자본비율 150% 이상 및 최저자기자본요건을 유지하는 조건을 이행해야

4) 2011.12.28.일자 금융위원회 · 금융감독원 보도자료 등을 참조하였다.

했다. 그러나 2012년 6월 20일 금융위원회로부터 경영개선계획이 또다시 승인되지 않아 WS에셋자산운용은 2012년 8월 22일 금융투자업 인가가 취소되고 1개의 MMF에 대한 신탁계약 인계명령 조치를 받았다.

4-2. 금융기관의 법률리스크 발생

한국거래소는 2010년 11월 국내 증시에 옵션쇼크를 초래했던 한국 DE증권에 제재금 10억 원을 부과하였다. 증권선물위원회는 관련자에 대하여 검찰고발, 정직요구, 영업정지 등의 엄중한 제재를 부과하기로 결정하였다. 금융위원회는 홍콩 증권선물위원회(SFC) 등의 협조를 얻어 현지 출장 조사를 실시한 결과 한국 DE증권에 대해 6개월 일부 영업정지 처분을 내리고 불공정거래 혐의를 적용하여 De은행 계열사 직원 5명과 함께 검찰에 고발하였다. 그런가 하면 WS에셋자산운용 및 HD증권은 De은행과 DE증권회사를 상대로 각각 760억 원대의 손해배상 소송을 제기하였다.

4-3. 옵션거래 제도적 보완[5)]

이러한 옵션거래로 인하여 금융사의 결제리스크가 발생하고 시장충격이 과도하였으며, 과도한 투기성 거래로 인해 금융기관의 건전성에 문제가 발생하는 등 옵션시장의 취약성이 노출되어 다음과 같은 옵션시장의 제도적 보완이 이루어졌다.

가. 결제리스크 감소 방안

은행, 보험사, 금융투자업자, 여신전문회사, 집합투자기구, 연기금 등 적격기관투자자 중 자산총액 5천억 원 미만 또는 금융투자업자가 운용하는 집합투자재산의 전체 합계액이 1조 원 미만인 경우 사전위

5) 2011.1.11. 옵션만기일('10.11.11) 주가지수 급락 관련 추진 현황 및 제도개선 방안에 대한 금융위원회 · 금융감독원 보도자료 등을 참조하였다.

탁증거금을 부과하였다. 또한 금융투자협회는 위탁자별로 일중 주문한도 설정을 의무화하는 모범규준을 마련하고 증권사가 이에 따른 내부기준을 마련하도록 하였다.

나. 시장충격 완화 방안

한국거래소(KRX)는 장 마감시점(14:55~15:00)에 개별종목 기준으로 5분 동안 최고(최저) 예상체결가격과 잠정종가 간에 ± 5% 차이가 발생하는 경우 5분 이내의 임의시간 동안 호가접수 시간을 연장하던 것을 잠정종가가 직전가(14:50) 대비 ± 3% 이상인 경우 호가접수 시간을 5분 이내 임의시간 동안 연장하는 임의종료(random end) 제도로 개선하였다. 또한 장 마감거래 신고시한(14:45)까지 신고된 프로그램 매수–매도 금액 간 일정수준 이상으로 불균형이 발생하면 이러한 불균형을 해소하는 방향으로 제시되는 프로그램매매 호가(상대호가)의 추가참여를 허용하였다.

다. 건전성 제고방안

KOSPI200 선물의 투기성 거래에 한해 매일 장종료 후 미결제약정을 제한하였으나 KOSPI200 옵션거래 전체와 KOSPI200 선물의 헤지 · 차익거래도 미결제약정을 제한하였다. 평일에 선물 · 옵션의 차익 · 헤지거래는 제한하지 않으나 투기거래에 대해서는 10,000계약[6]으로 제한하고, 만기일에는 개인의 경우 5,000계약으로 유지하되 선물 · 옵션의 투기 · 헤지 · 차익거래 등 모든 거래의 최대 출회 물량을 10,000계약으로 제한하였다. 또한 금, 돈육선물 등 상품선물에 대해서만 대량보유 및 변동보고 제도[7]를 운영하였으나 KOSPI200 선물 · 옵션에 대해서도 대량보유 및 변동보고 제도를 도입하였다[8].

6) 선물과 옵션의 순포지션 델타를 합산하는 경우 주식거래대금 약 1조 3,000억 원에 상당한다.
7) 「자본시장법」 제173조의2에 따라 대량보유보고는 금 30건, 미니금 300건, 돈육 300건, 변동보유보고는 금 6건, 미니금 60건, 돈육 60건을 허용하고 있다.
8) 대량보유보고는 선물 · 옵션을 합산하여 5,000계약 이상으로 하고 변동보유보고는 선물 · 옵션을 합산하여 1,000계약 이상으로 한다.

〈참고〉 KOSPI200 상품개요

기초자산	코스피200지수
거래단위	코스피200선물가격×50만(거래승수)
결제월	3, 6, 9, 12월
상장결제월	1년 이내의 4개 결제월
가격의 표시	코스피200선물 수치(포인트)
호가가격단위	0.05 포인트
최소가격변동금액	25,000원 (50만 원×0.05)
거래시간	09:00 ~ 15:15 (최종거래일 09:00 ~ 14:50)
최종거래일	각 결제월의 두 번째 목요일(공휴일인 경우 순차적으로 앞당김)
최종결제일	최종거래일의 다음 거래일
결제방법	현금결제
가격제한폭	기준가격 대비 상하 ± 10%
단일가격경쟁거래	개장시 (08:00~09:00) 및 거래종료시 (15:05~15:15)
필요적 거래중단(Circuit Breakers)	선물가격/현물가격 급변시 선물거래 일시중단

Madoff 폰지스킴의 Bull Spread전략

제7장

파 생 상 품
거 래 손 실
사 례 분 석

제1절 * Madoff 폰지스킴의 개요

2008년 금융위기로 최악의 한 해를 보낸 미국 월가는 대규모 금융피라미드 사기사건에 휘말려 홍역을 치렀다.[1] 주인공은 2008년 12월 투자사기 혐의로 체포된 Bernard Madoff 전 나스닥증권거래소 위원장이며 피해자는 명사들은 물론 대형 금융회사, 헤지펀드, 각종 재단 등으로 광범위했다. 그런데도 투자가들이 꼼짝없이 속은 것은 Madoff가 매년 6~10%가량의 수익을 보장하고 그가 운용한 Fairfield Sentry펀드가 1990년 12월 펀드설립 이후 월간기준으로 단 16차례만 손실을 내면서 투자자들의 신뢰를 쌓았기 때문이다.

Bernard Madoff

자료 : richguysclub.com

1) 황문연 · 최영덕(2009). 금융감독원 리스크리뷰지(2008년 겨울호)의 기고문을 재구성하였다.

미국 언론에 따르면 금융사기의 피해자는 수천 명에 이르고 피해금액은 자그마치 500억 달러(약 69조 원 상당)에 달한다. Madoff는 1960년 자신의 이름을 따 설립한 증권사인 Madoff LLC를 통해 별도의 헤지펀드를 만든 뒤 최근 20년간이나 사기 행각을 벌인 것으로 드러났다. 사기수법은 고수익을 미끼로 투자자들을 끌어들인 뒤 나중에 투자하는 사람의 원금으로 앞 사람의 수익을 지급하는 이른바 '폰지스킴(Ponzi scheme)' 방식으로 이뤄졌다. Madoff는 50년에 달하는 자신의 월가 경력과 연 6~10%의 지속적인 수익을 내세웠기 때문에 투자자들을 끌어 모으는 데 수월하였다.

우리나라도 Madoff 금융사기의 피해에서 예외일 수 없었다. Madoff 금융사기에 국내금융기관 등이 투자한 금액은 9,510만 달러(1,307억 원 상당)에 달하였다. DH생명이 5,000만 달러를 직접 투자하였으며, 그 밖에 자산운용회사 6개가 연기금 2개와 금융기관 4개 등으로부터 수탁받아 4,510만 달러를 투자한 것으로 밝혀졌다.[2)]

2) 2008.12.15. 금융감독원 보도자료 및 매일경제 등 뉴스를 참조하였다.

제2절 * 폰지금융의 이론적 고찰

Minsky(1992)는 금융불안가설(Financial Instability Hypothesis)에서 조달자금규제의 이론적 근거를 제공하고 있다. 그는 경제문제를 자원의 배분이라기보다는 자본발달에 두고 경제시스템에 대한 부채의 충격과 이를 유효하게 활용할 수 있는 방법이 필요하다고 하였다. 그는 재화시장보다는 자금시장의 현금흐름을 중요시하였고 수익이 기대되면 장래에 투자가 이루어지고 실현수익은 투자에 의해 결정되며 부채의 조달형태를 투자의 형태와 연관하여 그 구조를 헤지금융(hedge finance), 투기적 금융, 폰지금융(Ponzi finance)[3] 등으로 구분하였다.

먼저 예상되는 총이윤을 AQ라 하고 지불해야 할 부채총액을 PC라 하자. 총이윤 중 자본비용$AQ(a)$을 제외한 순이익$AQ(y)$, 부채 중 원금$PC(a)$를 제외한 이자부분을 $PC(y)$로 나타내면 각각의 현금흐름은 다음과 같다.

$$AQ(y) = AQ - AQ(a)$$

$$PC(y) = PC - PC(a)$$

첫째, 헤지금융은 예상되는 총이윤이 지불해야 할 부채를

3) 일반적으로 폰지스킴은 사기를 일컫지만 폰지금융은 적자금융에 해당되는 금융업에서 사용되는 말로써 폰지스킴과는 다른 의미로 사용된다.

초과하도록 부채가 조달되는 경우이다.

$$AQ_i > PC_i \text{ (모든 } i\text{에 대해)}$$

기업가치(E)는(이때 정부지출 및 세금 무시)

$$E = \sum_{i=1}^{n} k_i (AQ_i - PC_i)$$

로 나타낼 수 있으며, 이것은 현금의 자본화가치라고 할 수 있다. 여기서 i는 매기를 나타내며 k_i는 i기에서의 기업의 현금흐름에 대한 불확실성을 나타내는 일종의 할인율 변수로써 서로 다른 위험과 불확실성을 갖는 자산의 시장이자율에 의존한다. 이러한 자금조달형태를 갖는 기업의 현재가치는 항상 0보다 크며 또 이자율이 변하더라도 그 크기가 부(−)가 되지 않는다. 따라서 헤지금융을 이용하여 자금을 조달하는 기업의 현재가치는 항상 양의 값을 가지므로 안전한 자금조달방식이다.

둘째, 투기적 금융은 아주 짧은 시기까지는 예상이윤이 금융비용보다 적다할지라도 곧 예상이윤이 금융비용을 초과하게 되는 자금조달방식이다. 이 경우 처음의 m기까지는 순이익이 부채의 이자지급금액에 미달되기도 하지만 아주 짧은 시기에 해소되고 이후에는 부채총액이 이익보다 큰 시기이나 이자지급은 순이익으로 충당할 수 있으며 부채의 원금은 화폐자산이나 새로운 부채조달을 통해 상환된다.

$$AQ_i < PC_i \ (i = 1, \cdots, m, m\text{은 매우 작은 수})$$

$$AQ_i > PC_i \ (i = m+1, \cdots n)$$

$$\sum_{i=1}^{n} AQ_i (y) > \sum_{i=1}^{n} PC_i (y)$$

투기적 금융방식의 조달이 이루어지는 경우 기업의 현재가치(E)는 할인율k_i에 크게 의존한다. 헤지금융 조달기업은 어떤 이자율에 대해서도 항상 양의 가치를 갖지만 투기적 금융조달기업은 장기운영과 단기차입의 자산부채 만기불일치로 인해 현재가치가 음이 될 수 있다. 투기적 금융을 특성화하는 기업은 은행, 여타금융기관, 은행부채 및 상업채권을 발행하는 정상적인 기업 등이다.

셋째, 폰지금융형태는 마지막 기를 제외하고는 모든 기의 예상이윤이 금융비용 크기보다 적은 경우이다.

$$AQ_i < PC_i,\ AQ_i\,(y) < PC_i(y)\ (i = 1,2,3, \ldots n-1)$$
$$AQ_i > PC_i,\ AQ_i\,(y) > PC_i(y)\ (i = n)$$

이 경우 n기를 제외하고는 이자지불마저도 자신의 수입으로 충당할 수 없다. 폰지금융기업은 영업활동 후 현금흐름으로 차입원금과 이자를 상환하지 못하여 자산을 매각하거나 새로운 차입을 통하여 이자를 지급하게 된다. 폰지금융기업은 이자가 부채로 전환되므로 채권자의 안전을 위협하게 된다. 그러므로 폰지금융은 투기적 목적에 의한 자금조달기업, 채무조정기업, 채권양도양수기업 등이 해당된다. 폰지금융기업의 부채잔액은 시간이 경과함에 따라 증가하며 기업의 현재가치는 이자율에 매우 민감하다. 왜냐하면 n기를 제외하고는 순이익이 이자지급액보다 작은 상태에서 이자율상승은 부채의 부담을 더욱 크게 할 뿐만 아니라 이미 투자한 자본자산의 가치가 이자율상승에 따라 저하된다. 또한 폰지금융기업은 금융을 일으키기 위해 단기자금시장을 이용하고 많은 금액의 단기자산을 보유한다. 따라서 차입금리의 상승은 금융회사의 재무상태, 리스크프로파일, 금융회사의 리스크증가 및 부도가능성 등으로 나타난다.

제3절 * Madoff의 폰지스킴

3-1. Fairfield Sentry Fund

Madoff는 자신이 운용한 헤지펀드의 투자자금 중 일부를 1990년 12월에 설립한 Fairfield Sentry Fund를 통하여 모집하였는데 펀드의 규모는 2008년 11월말 73억 달러에 달하였다. 그러나 이후 미국증권선물거래위원회(Securities Exchange Committee, SEC)가 Madoff와 그가 설립한 증권사 Madoff LLC를 폰지스킴에 의한 금융사기로 기소한 사실이 전 세계에 알려졌을 때 펀드의 잔고는 3백만 달러에 지나지 않았다.

Fairfield Sentry Fund의 개요

- 펀드명 : Fairfield Sentry Limited
- 운용사(investment manager) : Fairfield Greenwich (Bermuda) Ltd.
- 수탁은행 : Citco Bank Netherland
- 사무관리회사 : Citco Fund Services (Europe) B.V.
- 펀드 회계감사인 : PWC Canada
- 펀드설정일 : 1990년 12월
- 펀드규모 : 73억 달러 (2008.11월말)
- 투자대상 : S&P100 주식 관련 현물 및 주가지수옵션
- 운용보수 : 기본보수 연간 1%(monthly)+성과보수 20%(quarterly)
- 환매조건 : 매월말 NAV기준(15일 전 사전통지)
- 상장 : Irish Stock Exchange

Fairfield Sentry Fund의 PPM(private placement memorandum)에 의하면, 펀드모집 등 판매회사(placement agent)는 Fairfield Greenwich Ltd.(FGG)가 담당하였고, 운용사(investment manager)는 FGG의 계열회사인 Fairfield Greenwich (Bermuda) Ltd.가 담당하였으며, 운용자산에 대한 수탁회사는 Citco Bank (Nederland)가 담당하도록 되어 있었다. 이를 그림으로 나타내면 Fairfield Sentry Fund의 주요 운영구조는 〈그림 7-1〉과 같다. 그러나 PPM상으로 운용사인 Fairfield Greenwich(Bermuda) Ltd.는 BLM LLC에 자산운용을 재위탁하고, 실질적인 펀드운용은 하지 않았던 것으로 밝혀졌다. 동 펀드 운용자산의 95% 이상은 Madoff가 설립한 BLM LLC에 의해 운용되었으며, 이 전략에 의해 운용되는 자산에 대한 수탁도 BLM LLC에 의해 이루어졌다. 이는 감독규제를 받지 않는 사모펀드인 헤지펀드의 특성을 감안하더라도 간접투자자산 운영상 투자자보호 및 이해상충 방지를 위해 자산운용과 수탁 직무를 구분할 필요가 있다는 점에서 특이한 운영구조로 보인다.[4]

〈그림 7-1〉 Fairfield Sentry Fund의 운영구조

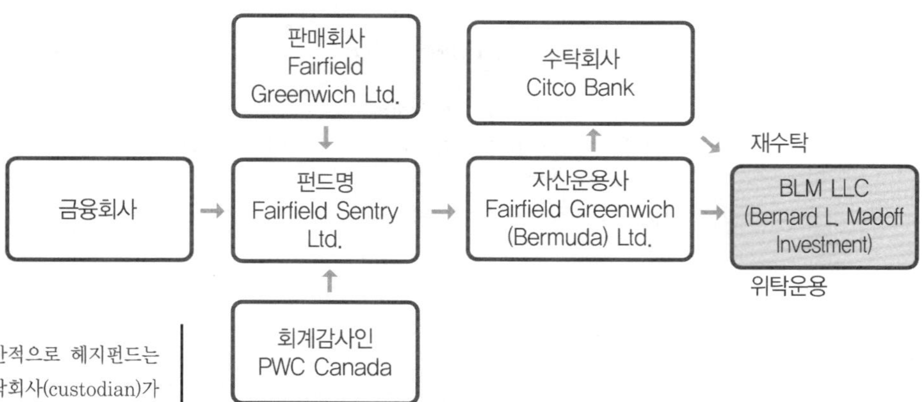

4) 일반적으로 헤지펀드는 수탁회사(custodian)가 재수탁회사(sub-custodian)를 지정할 수도 있으나 재수탁회사가 펀드운용까지 겸임하는 경우는 이례적이다.

3-2. Madoff가 제시한 투자전략과 성과

Fairfield Sentry펀드는 Split-strike Conversion을 주요 투자전략으로 사용하였는데, 이는 헤지펀드 투자전략[5] 중 하나로 일종의 옵션을 이용한 차익거래[6]와 유사한 형태로써, 기본적으로 아래 세 가지 포지션을 합성한 소위 "Bull Spread" 전략으로 알려져 있다.

· S&P100 주가지수와 상관관계가 높은 주식 35~50개의 현물주식을 각 주식이 인덱스에서 차지하는 비중만큼 매입

· S&P100 주가지수를 기초자산으로 하는 외가격 풋옵션을 현물주식매입규모와

5) 헤지펀드 투자전략에 대한 표준적인 개념 및 구분기준은 없으나 Hedge fund research Inc.가 발표하는 HFRX Global Hedge Fund Indices 구성을 기준으로 헤지펀드 투자전략을 구분하면 아래 8가지 투자전략으로 구분된다.

① Convertible Arbitrage전략 : 전환사채 등 Convertible Securities를 매수하고, 이에 내재된 옵션의 기초자산인 주식을 매도하여 위험을 헤지하고, 두 유가증권 가격의 상대적인 비효율성을 이용하여 차익을 추구하는 전략이다.

② Distressed Securities전략 : 심각한 재무적 · 사업적 곤경에 처하여 부채 Restructuring, 대규모 감액상각 등이 예정된 기업이 발행한 유가증권에 투자하고, 그 과정에서 발생하는 가격비효율성을 이용하여 수익을 추구하는 전략이다.

③ Equity Hedge전략 : 주식에 대한 매입포지션과 주식 또는 주가지수옵션 매도포지션을 동시에 구축하며, 시장상황에 따라 Net Long(예를 들면, Bullish Market이 예상되는 경우) 또는 Net Short 포지션을 구축하여 수익을 추구하는 전략이다.

④ Equity Market Neutral전략 : 주식 매입 및 매도포지션에 대한 전체 포지션인 Net Exposure를 0으로 만들어 주식시장의 상승, 하락과 상관없이 꾸준한 성과를 추구한다. 즉, 동일한 규모의 주식 매입포지션과 매도포지션을 동시에 구축하여 시장위험(systematic risk)을 헤지(neutralize)하는 전략이다.

⑤ Event Driven전략 또는 Corporate Life Cycle Investing전략 : 개별기업의 고유한 이벤트로 인한 주식가격영향을 예측하여 적정한 가격과 타이밍을 통해 거래하여 수익을 추구하는 전략이다. 예를 들면, Spin-Offs, M&A, Liquidations, Reorganizations, Bankruptcies, Share Buybacks과 같은 비정상적인 이벤트를 수익추구의 기회로 활용한다.

⑥ Macro전략 : 주로 Top-down Global Approach를 이용하여 글로벌 거시경제지표나 정치적 이벤트가 주식, 금리, 환율, 상품가격에 미치는 영향을 예측하여 예상되는 가격변화에 대응하는 포지션을 구축하여 수익을 추구하는 전략이다.

⑦ Merger Arbitrage 또는 Risk Arbitrage전략 : 기업의 인수합병을 수익추구의 기회로 활용하는 전략이다. 피인수기업의 주식을 매수하고 인수기업의 주식을 매도하는 것이 전형적인 전략이다. 따라서 인수합병이 계획되거나 예상되는 기업의 주식을 거래하여 실제 인수합병을 통한 기업가치의 영향이 주가에 반영될 경우 그 차익을 획득하게 된다.

⑧ Relative Value Arbitrage전략 : 매우 다양한 전략들을 포괄하는 개념인데, 시장추세보다는 가격상관성이 있는 두 유가증권이 수학적으로 또는 역사적 상관계수를 고려하여 일시적으로 가격이 비정상적인 상황을 포착하여 고평가된 유가증권을 매도, 저평가된 것을 매수하고, 두 유가증권 가격이 정상으로 회복될 경우 그 차익을 추구하는 전략이다.

6) 옵션을 이용한 차익거래는 콜옵션과 풋옵션을 이용해서 선물과 동일한 수익곡선을 만들어낼 수 있다. 즉, 콜옵션 매도와 풋옵션 매수를 통해 합성선물 매도포지션을 구성한다.

동일한 약정규모로 매입함으로써 투자포트폴리오가치의 하락위험(downside risk)을 일정 수준에서 제한

〈그림 7-2〉 Madoff의 Bull Spread전략

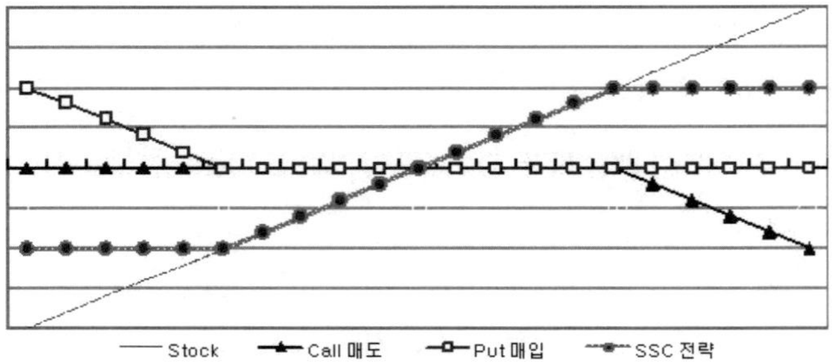

투자계약서(private placement memorandum)상의 투자전략

INVESTMENT POLICIES

The Fund seeks to obtain capital appreciation of its assets principally through the utilization of a nontraditional options trading strategy described as "split strike conversion", to which the Fund allocates the predominant portion of its assets. Set forth below is a description of the "split strike conversion" strategies ("SSC Investments").

The establishment of a typical position entails (i) the purchase of a group or basket of equity securities that are intended to highly correlate to the S&P 100 Index, (ii) the purchase of out-of-the-money S&P 100 Index put options with a notional value that approximately equals the market value of the basket of equity securities, and (iii) the sale of out-of-the-money S&P 100 Index call options with a notional value that approximately equals the market value of the basket of equity securities. An index call option is out-of-the-money when its strike price is greater than the current price of the index; an index put option is out-of-the-money when the strike price is lower than the current price of the index. The basket typically consists of between 35 to 50 stocks in the S&P 100 Index.

The primary purpose of the long put options is to limit the market risk of the stock basket at the strike price of the long puts. The primary purpose of the short call options is to largely finance the cost of the put hedge and to increase the stand-still rate of return.

This position in its entirety could be characterized as a bull spread which, presuming the stock basket highly correlates to the S&P 100 Index, is intended to work as follows: (i) it sets a floor value below which further declines in the value of the stock basket is offset by gains in the put options, (ii) it sets a ceiling value beyond which further gains in the stock basket are offset by increasing liability of the short calls, and (iii) defines a range of potential market gain or loss, depending on how tightly the options collar is struck.

The degree of bullishness of the strategy can be expressed at implementation by the selection of the strike prices in the S&P 100 Index put and call options. The farther away the strike prices are from the price of the S&P 100 Index, the more bullish the strategy.

The Split Strike Conversion strategy is implemented by Bernard L. Madoff Investment Securities LLC ("BLM"), a broker-dealer registered with the Securities and Exchange Commission, through accounts maintained by the Fund at that firm. The accounts are subject to certain guidelines which, among other things, impose limitations on the minimum number of stocks in the basket, the minimum market capitalization of the equities in the basket, the minimum correlation of the basket against the S&P 100 Index, and the permissible range of option strike prices. Subject to the guidelines, BLM is authorized to determine the price and timing of stock and option transactions in the account. The services of BLM and its personnel are essential to the continued operation of the Fund, and its profitability, if any.

The options transactions executed for the benefit of the Fund may be effected in the over-the-counter market or on a registered options exchange.

· 풋옵션 매입에 따른 프리미엄을 충당하기 위한 자본조달수단(financing)으로 외가격 콜옵션을 매도하여 일정수준 이상의 가격상승가능성(upside potential)을 포기

Fairfield Sentry Fund는 투자성과에서 Madoff의 투자전략에 따라 장기간 동일전략을 구사하고 전문성을 보유하여 1990년 12월 펀드 설정 이후 2007년 6월까지 레버리지를 통한 차입 없이도 연평균 10.9%의 운용성과와 약 2.5%의 낮은 변동성을 기록하였으며, Irish Stock Exchange 상장, Price Waterhouse Coopers(PWC)에 의한 감사, Citico Global Custody에 의한 예탁 등 투명한 펀드를 운용하는 것으로 알려졌다.

위험을 감안한 성과지수인 Sharpe Ratio[7]도 2.78로 비교대상인 S&P100 주가지수(0.52) 및 Lehman Brothers채권지수(0.80)의 그것을 훨씬 상회하며, 손실위험을 나타내는 최악의 월중 수익률(worst drawdown)도 -0.64%에 불과하는 등 장기간 놀라운 성과를 보여왔다.

〈표 7-1〉 Madoff가 제시한 투자성과

구분	Fairfield Sentry	S&P100	Lehman Agg
수익률	10.94%	11.36%	6.98%
변동성	2.50%	14.15%	3.74%
Sharpe ratio	2.78	0.52	0.80
Worst Drawdown	-0.64%	-49.37%	-5.15%
% Up Months	92.50%	63.30%	70.40%

주) 대상기간 : 1990년 12월 ~ 2007년 6월

7) Sharpe ratio는 위험을 감안한 성과지수(risk-adjusted performance measures) 중 하나로서, 포트폴리오의 위험 단위당 초과수익률의 비율로 측정한다. 따라서 일반적으로 Sharpe ratio가 높을수록 위험을 감안한 성과가 높다고 평가된다. 다만, 헤지펀드의 경우 수익률분포의 왜도(skewness), 첨도(kurtosis)가 정규분포와 다르므로 Sharpe ratio에만 의존한 성과평가는 위험을 과소평가할 소지가 있다.

$$\text{Shape Ratio} = \frac{r - r_f}{\sigma_p}$$

where : r = 포트폴리오 수익률, r_f = 무위험수익률
σ_p = 포트폴리오 표준편차

또한 약 18년이라는 오랜 기간 동안 매년 최소 6.4%, 최고 17.6%의 수익률을 꾸준히 기록한 것으로 알려졌다. 주가지수의 부침에도 불구하고 Madoff 투자전략의 성과는 시장수익률 추세에 큰 영향을 받지 않았으며, 특히 2000~2002년 기간 중 S&P500 주가지수가 연평균 -15.5%의 부진한 수익률을 기록하던 시기에도 9.6%의 높은 수익률을 과시하였다.

〈그림 7-3〉 Madoff의 투자성과와 S&P500지수와의 비교

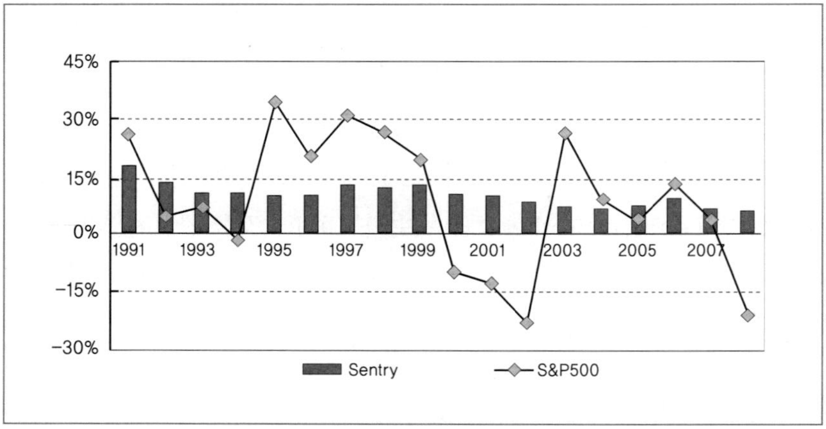

제4절 * 금융기관, 기관투자가 등의 투자실패원인

18년간 지속되었던 Madoff의 금융사기는 글로벌 금융위기로 궁지에 몰리게 되었다. 특히 2008년 11월 중 미국 주가지수 수익률이 연초 대비 40% 이상 폭락하면서 Fairfield Sentry펀드에도 투자자들의 환매요청이 급증하였지만 펀드잔액은 환매에 응하기에는 턱없이 부족했다. 이와 함께 동년 12월 11일 미국증권선물거래위원회(SEC)가 Madoff와 그가 설립한 증권사 Madoff LLC를 폰지스킴에 의한 금융사기로 기소한 사실이 전 세계에 알려지면서 피해규모가 500억 달러에 달한 것으로 밝혀졌다.

예컨대, Fairfield Greenwich Group(75억 달러), Kinggate Management(35억 달러), Tremont Capital Management(31억 달러), Banko Santander of Spain(31억 달러), Medici of Austria(21억 달러), Ascot Partners Hedge Fund(18억 달러), Access International Advisors of New York(14억 달러) 등 수많은 은행, 펀드오브헤지펀드, 보험회사 등이 피해를 입은 것으로 알려졌다. 한편, 국내 금융회사 등은 그 규모가 상대적으로 크지는 않지만 9,510만 달러의 피해를 본 것으로 알려졌다.

영국 FSA(Financial Services Authority)는 헤지펀드 투자

〈그림 7-4〉 Madoff 금융사기로 인한 피해현황(2008년 12월)

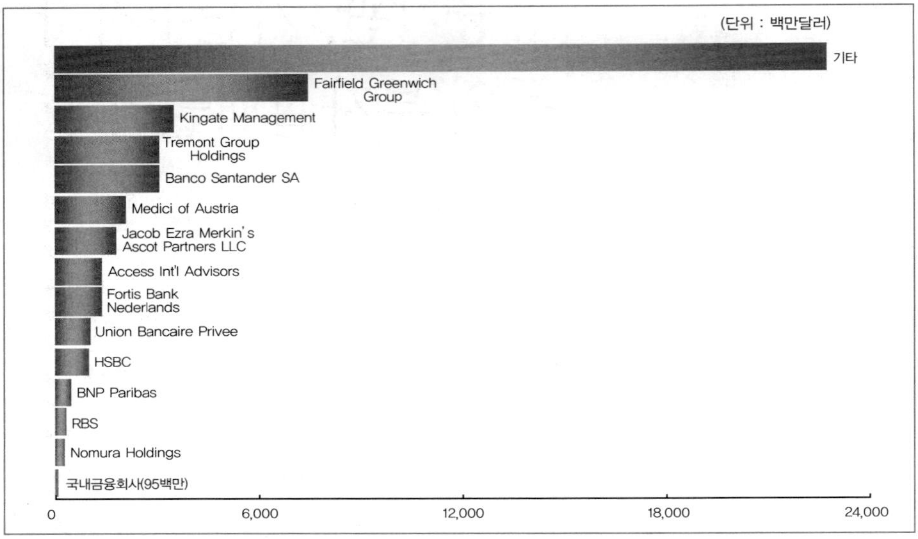

자료 : Bloomberg

와 관련하여 시장참여자들 입장에서 헤지펀드의 보수체계(fee structures) 등과 관련된 투자자와 펀드매니저 간의 이해상충(conflicts of interest), 사기(fraud), 자산가치평가(valuation)의 객관성 등 10개의 리스크요인을 제기한 바 있다.[8] 이와 동일한 맥락에서 Madoff 금융사기로 인한 금융회사의 헤지펀드 투자실패의 원인도 대체로 세 가지 관점에서 접근해볼 수 있다.

첫째, 금융기관이 헤지펀드에 투자할 경우 이해상충소지(potential conflicts of interest)가 있는지를 면밀히 검토하고, 이와 관련된 리스크를 완화하기 위한 대책이 없으면 투자에 신중해야 함에도 이에 대한 실사(due diligence)가 미흡한 측면이 있다.

Fairfield Sentry펀드의 경우 펀드 운영구조를 보면, Madoff LLC가 Split-strike Conversion 전략을 구사하는 자산운용과 동 자산에 대한 수탁회사 역할을 겸임하고 있어 이해상충소지가 있었음에도 Chinese wall 운영상태 등 내부통제

8) "Hedge funds: A Discussion of Risk and Regulatory Engagement"(FSA, 2005)

에 대한 실사를 충분하게 하지 못했다. 또한 언론매체 등을 통해 알려진 바에 따르면, Fairfield Greenwich Ltd.(FGG)는 Fairfield Sentry펀드 등으로 모집한 투자금을 Madoff LLC에 운용을 맡긴 대가로 5억 달러를 받은 것으로 알려졌는데, FGG는 이 중 약 1%만을 Madoff가 운용하는 헤지펀드에 투자했던 사실이 밝혀졌다. FGG는 투자계약서상 판매회사이자 운용사(investment manager) 역할을 수행하였으나 사실상 Madoff의 헤지펀드 운용을 돕는 자문사(advisor)의 기능을 수행하고 그 대가를 받았으며, Madoff가 운용한 헤지펀드의 우수한 운용성과를 근거로 투자자를 모집하면서 동 헤지펀드에 대한 자신의 투자 익스포져는 오히려 최소화하였다. FGG와 투자자 간에도 이해상충소지가 다분히 내재되어 있었다.

둘째, 투자계약서 상에 명시된 회계감시인, 수탁회사 등 펀드운영의 서비스제공자들은 펀드의 품질관리에 소홀했다. Fairfield Sentry펀드의 회계감사인은 PWC로 되어 있지만 실제 Madoff LLC가 운용한 헤지펀드의 회계감사인은 직원이 불과 3명인 소규모 회계법인(Friehling and Horowitz, NY)이었던 것으로 알려졌다. PWC가 펀드의 회계감사를 수행하면서 실제 운용자산의 존재 여부를 실사하지 않았고, 헤지펀드에 투자한 금융회사들은 PWC의 회계감사과정에 대해 충분한 검증을 하지 않은 측면이 있었다. 또한 투자계약서에는 수탁회사(Citco Bank)가 재수탁회사를 지정할 경우 이들에 대해 주기적으로 적정한 수준의 감독의무를 다한다고 명시하고 있으나 이 역시 어떤 과정을 통해 어떤 주기로, 어떤 내용을 점검하였는지 알 수가 없었다.

셋째, 금융기관들이 Madoff 투자전략의 성과에 신뢰와 찬사를 보냈던 반면, 투자성과에 대한 검증(verification)방안에 대해 소홀했다. 헤지펀드 운용특성상 운용자산내역을 공개하지 않기 때문에 펀드 운용자가 운용내역에 대한 실사를 허용하지 않을 경우 투자성과의 검증은 현실적으로 힘들다.

특히 Madoff의 투자전략은 사기라는 주장[9]이 오래전부터 제기된 바 있었으나 투자자들은 이러한 주장들에 귀를 기울이지 않았고, 동일한 투자전략을 추구하는 Peer Group간 성과비교 등의 방법을 통해서 Madoff 투자전략의 성과를 검증하지 않았다.

〈해외사례〉 주요 해외 폰지스킴 사례

■ The South Sea Bubble

South Sea Bubble은 1710년 런던에서 영국정부의 채무를 갚기 위한 과정에서 만들어졌다. 정부는 South Sea Company에게 정부채권에 대한 할인매매특권을 부여하고 정부의 채권보유자에게 회사주식을 교환할 수 있는 기회를 주었다. 정부는 채권에 대해 약간의 이자를 지급하였는데 그 차액은 회사의 트레이딩 이익으로부터 충당하였다. 그러나 실제 회사는 서아프리카에서 노예를 사서 미국에 파는 일을 하였고 유일한 매매는 자기 회사의 주식이었다.

South Sea Company 주가 추이

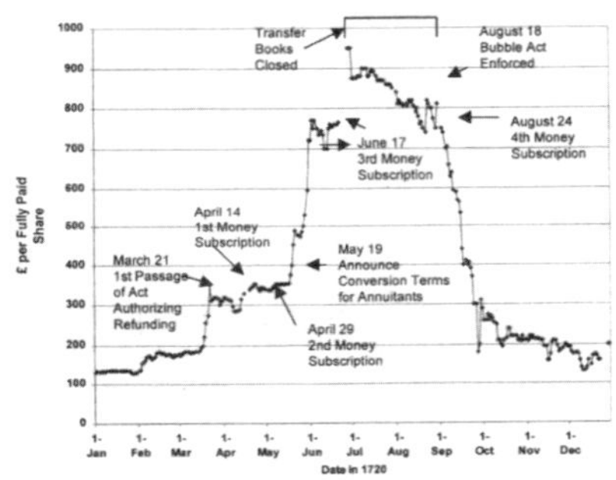

Daily South Sea Share Prices, 1720. Data courtesy of Larry Neal.

South Sea Company는 주가를 끌어올리기 위해 주주들에게 새로운 주식을 살 수 있도록 은행 및 정부로부터 차입한 자금을 대출해 주었다. 투자자는 정치인과 심지어 왕도 포함되었고 주가를 끌어올리기 위한 자금은 7,000만 파운드에 이르렀다. 주가가 지속적으로 상승하는 한 모든 투자자는 만족했는데 1720년 1월 주당 128파운드에서 8월에는 1,000파운드까지 치솟았다. 그런데 투자자들이 주식을 팔아 치우기 시작하자 주가는 하락하기 시작하여 9월에 150파운드로 떨어졌다. 결국 South Sea Company는 배당금을 지급하지 못하고 파산에 이르렀고 대출을 해준 은행은 대출금을 회수하지 못하였으며 많은 투자자들이 피해를 입었다.

■ Charles Ponzi

1919년 12월 미국 보스톤에서 찰스 폰지는 800달러 상당의 Note를 발행하여 미국의 이민자에게 국제우편에 동봉된 답신우편의 쿠폰(international reply coupons, IRC)에 투자하게 하였다. 제1차 세계대전 이후 국가 간 인플레이션 차이에 따라 이탈리아에서 구입하는 미달러 표시 IRC의 우편요금이 상대적으로 쌌기 때문에 처음에는 국제적인 가격차이를 이용한 Arbitrage에 이용되었다. 미국에서 IRC매입대금을 이탈리아 대리인에 보내주면 그 자금으

9) Madoff와 경쟁관계에 있던 투자회사에 근무했던 Harry Markopolos라는 사람이 2000년부터 SEC에 Madoff는 폰지스킴을 이용한 금융사기임을 주장한 바 있었다. (『Preventing Madoff-style Ponzi enabled by Jewish Reputation, Incompetent Regulators and Auditors』, H. D. Vinod, Dec. 2008)

로 상대적으로 가격이 싼 이탈리아에서 IRC를 사고, 이것을 다시 미국으로 보내 높은 가격으로 매각하는 방법으로 많은 돈을 벌게 되었다.

그는 더 많은 돈을 벌기 위해 친구 및 지인들을 포함하여 40,000명의 투자자로부터 45일에 50%의 수익을 보장하면서 15,000,000달러를 모집하였다. 그는 Securities Exchange Company를 소유하였다. 그러나 이 회사를 유지하기 위해서는 160,000,000 Postal reply coupons이 유통되어야 하나 27,000 Coupons만이 유통되고 있었다. 이런 사실이 외부에 알려지면서 투자자들이 자금인출을 요청하게 되어 폰지스킴사기로 밝혀졌다. 이 사건을 계기로 투자자의 이익금을 다른 투자의 납입금으로 지급하게 하는 투자행태를 가리켜 폰지스킴이라고 한다.

Charles Ponzi

■ 러시아 MMM

'MMM' 이라는 회사는 1989년 설립되어 처음에는 컴퓨터와 사무기기 수입업을 영위하였다. 그러나 1992년 세금포탈혐의로 인해 수출입사업에 자금지원을 담당하던 은행이 파산하면서부터 최고 1,000%에 달하는 연수익률을 제시하면서 일반인을 대상으로 자금을 모집하는 등 폰지스킴을 이용한 자금조달에 나서게 되었다. 1994년 2월부터는 1,000%의 배당률을 내용으로 TV광고까지 공격적으로 시작했다. 투자자들에게 주어지는 주식은 세계 어떤 증권거래소에서도 거래되지 않는 것이므로 MMM이 스스로 주가를 결정했고, 매년 1,000%씩 주가가 견조하게 상승하도록 만들었는데, 이것이 오히려 일반 투자자들에게는 MMM이 발행하는 주식에 투자하는 것은 안전하고 수익률이 높은 투자로 인식되었다. 그 결과 MMM의 자금모집규모는 급격하게 커졌고, 한창 때에는 매일 11백만 달러 이상의 자금이 모집되기도 하였다. 그러나 MMM의 성공으로 일반인을 상대로 하여 높은 수익률을 보장하고 이를 공격적으로 광고하는 회사들이 많이 생겼다. 심지어 어떤 회사는 연 3만%의 수익률을 보장하기도 했다. 이런 현상이 나타나자 당시 Boris Yeltsin 러시아 대통령은 일반인을 상대로 예상수익을 광고하는 것을 금지시켰고, 1994년 7월 경찰은 세금포탈혐의로 MMM사무실을 폐쇄시켰다. 이에 따라 MMM의 폰지스킴에 의한 자금모집이 중단되었고 MMM의 금융사기가 알려졌는데, 그 피해규모는 5,000만 달러에서 15억 달러에 이르는 것으로 추정되었다.

■ 알바니아의 폰지스킴

알바니아는 1996~1997년 기간 중에 수많은 폰지스킴에 의한 사기가 성행했다. 무역제재에 따라 수입이 금지된 물품의 밀수 사업을 위한 투자자금 모집, 슈퍼마켓이나 상가 등 건축사업을 위한 투자자금 모집, 심지어 별도의 투자계획도 없이 자금만을 모집하는 경우 등 사기수법도 다양했다. 오랜 공산주의 계획경제에 익숙해있던 일반인들은 투자에 있어 예상수익률과 위험의 관계를 이해하지 못했고, 보유하고 있던 자금을 마땅히 예치할 금융시스템도 발전하지 못했었다. 그 결과 자연스럽게 사금융시장의 발전으로 이어졌고, 이에 대한 시장규제도 없는 상황에서 폰지스킴을 이용한 사기가 성행하게 된 것이다. 알바니아의 경우 폰지스킴도 매우 일반적이고 단순한 것이었다. 1991년 시작한 최초 사례는 1995년까지 월 4~5%의 높은 이자율을 제공하고 자금을 모집한 사건이었다. 생산시설에 대한 투자 또는 불법투자에 사용된 자금으로 투자자에게 약속한 이율을 보장하였는데 장기적으로는 지속될 수 없었다. 당시 폰지스킴에 의한 피해규모는 알바니아 국가 경제규모를 감안할 때 매우 심각한 수준이었다. 가장 성행했던 시점의 폰지스킴에 의한 부채규모는 거의 알바니아 국가 전체 GDP의 50%수준에 달하여 사기가 밝혀진 후 반정부시위 등 심각한 문제를 야기했다.

HM투자증권의 옵션 차익거래

제8장

파 생 상 품

거 래 손 실

사 례 분 석

제1절 * 사건 개요

증권회사는 선물 · 옵션 주문을 받는데 대부분 초고속 직접주문전용선(DMA방식)[1]을 사용한다. HM투자증권[2]은 이러한 직접주문전용선을 사용하고 있었으나 KOSPI200 선물 · 옵션 주문과정에서 2013년 12월 12일 9시경 대량의 착오거래를 하게 되었다. 거래시간은 09:00~09:02:23 동안 그야말로 3분이 채 안 되는 시간에 프로그램매매로 발생한 것이다. KOSPI200 주가지수선물 1종목, 옵션 42종목에 대한 38,426건의 주문이 시가와 상당히 괴리된 가격으로 36,161건 체결되어 466억 원의 손실이 발생하였다.

당시 HM투자증권은 자본금 268억 원에 불과하였다. 자본금보다 큰 손실이 발생한 것이다. 선물 · 옵션의 결제 시한은 그 해 12월 13일 오후 4시까지였으며 결국 거래소에 결제대금 570억 원을 납부하지 못해 파산위기를 맞았다.[3]

1) DMA(Direct Market Access)은 주문처리 작업(증거금 등) 절차 없이 증권사 시스템을 통해 바로 거래소로 주문이 전달되는 방식으로 일종의 병목이 없는 고속주문방식이다.
2) HM투자증권은 선물회사에서 전환한 증권사다. 1991년 4월 설립된 진로그룹 계열 우신선물이 모태다. 1998년 회사 이름을 HM선물로 바꾼 데 이어 2009년 종합증권사 인가를 받아 HM투자증권으로 다시 변경하였다.
3) 금융감독원의 검사결과 HM투자증권(주)은 2013년 12월 13일 기준으로 부채가 자산을 311억 원을 초과하여 「금융산업의 구조개선에 관한 법률」 등 관계 법규에 따라 부실금융기관으로 지정되었고, 영업용순자본비율은 △734.25%로 경영개선명령 요건에 해당되어 금융위원회는 경영개선명령 조치를 내리고 2014년 1월 15일 15시부터 2014년 7월 14일 24시까지 6개월간 고객예탁증권, 고객예탁금 반환 업무 등을 제외한 영업정지를 취하였다. 임원은 경영 정상화 관련 업무를 제외하고 직무집행정지 되었고 이와 더불어 관리인 선임이 이루어졌으며, 자본금 증액 등을 통해 부채초과상태를 해소하고 영업용순자본비율 150% 이상 및 최저 자기자본요건을 유지할 수 있는 수준의 자본을 확충하도록 하였다.

한국일보 2013년 12월 14일 토요일 A12면 경제

'선물옵션 주문 실수' HM투자증권 460억 손실… 사실상 파산

한겨레 2013년 12월 17일 화요일 018면 경제

단한번 주문 실수에 증권사 파산 내몬 '옵션'

옵션, 수익률 높지만 위험성 커
1994년 영 베어링은행 파산 대표적

업계, 매수를 매도로 잘못 주문 추정
취소 어려운 '초단기 거래' 방식인
'알고리즘 매매'도 사고 원인 꼽혀
한맥쪽 "이자율에 '0' 실수로 입력"
매수·매도쪽 짜고 거래 가능성도

거래소, 한맥에 570억 구상권 청구

〈그림 8-1〉 2013년 12월 12일 9시경 KOSPI200 주가지수 옵션가격 추이

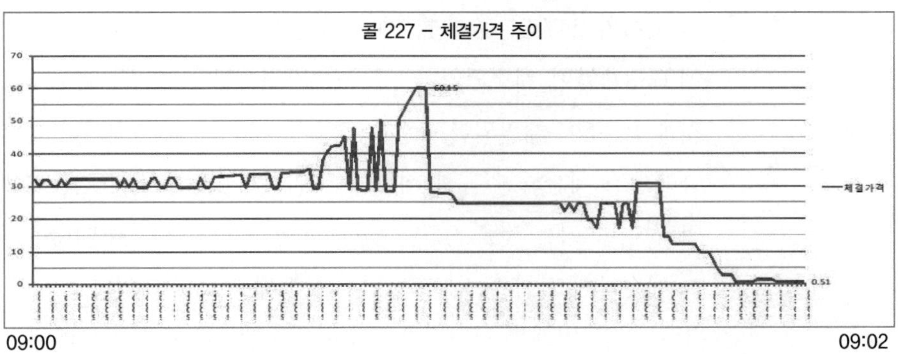

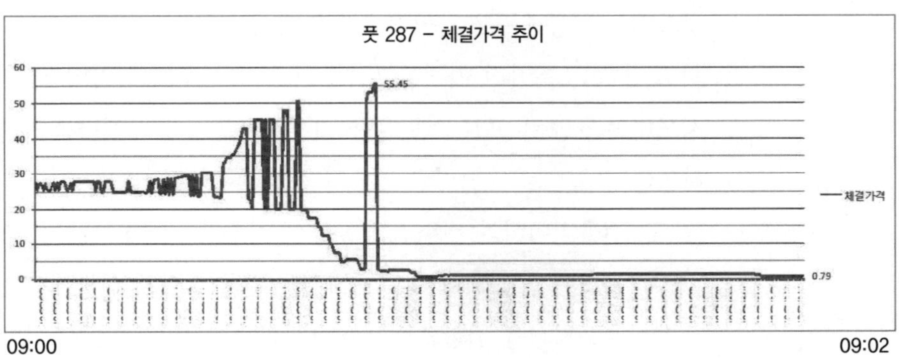

제2절 * HM투자증권의 옵션거래

착오거래는 콜옵션 215~250까지의 행사가와 풋옵션 270~287.5까지 행사가에서 발생하였으며 콜과 풋옵션 선물 등 43종목에 걸쳐 46개사와 이루어졌다.

당시 사고 주문의 한 예를 들어보면, 코스피200 콜옵션 12월물 행사가 247.5는 9시 1분에 종가는 10.75인데도 최고가 40.15에 633계약이 체결되었다. 즉 매수가격으로 10.75만 줘도 되는 것을 40.15에 체결되어 높은 가격으로 매수하게 된 것이다. 실제 금액으로 계산하면 옵션 계약당 50만 원, 633계약, 10.75로 34억 원이면 되는 것을 127억 원(50만 원×633계약×40.15)을 주고 매수하게 되어 무려 93억 원이나 손해를 보게 되었다.

이러한 거래는 HM투자증권이 시스템트레이딩 자동매매 프로그램을 이용해 옵션차익거래를 한데 있었다. 선물·옵션시장에서 발생하는 순간적 가격불균형을 이용하여 무위험·차익거래를 시도하는 구조로 프로그램 운용 기본전략은 2가지 전략을 구사하였다.

i) 선물리버설과 컨버전 : 콜옵션 매수와 풋옵션 매도를 이용하여 합성선물 매수 포지션을 만들고 실제 선물에서 반대포지션을 취함으로써 발생하는 차익을 얻는 구조이다.

〈표 8-1〉 옵션 만기별 시세표

	콜 현재		16:38 24	풋 현재	고/시/저
11.50 8.80 7.30	9.00	**258**			
		5	**290**	#N/A	#N/A #N/A #N/A
40.15 10.00 7.95	10.75	**247**			
		5.375	#N/A		
42.65 14.60 0.31	12.55	**245**	**287**	28.55	57.95 28.00 1.33
		6.275			
45.15 17.05 0.51	16.05	**242**	14.28		
		8.025	**285**	26.45	55.45 27.55 0.79
59.65 17.50 0.51	17.75	**240**			

또 콜옵션 매도와 풋옵션 매수를 이용하여 합성선물 매도 포지션을 만들어 이용하기도 한다. 이때 반대의 수익구조(payoff)를 가진 선물·옵션은 이론적으로 "0"이 되어야 하는데 거래과정에서 일시적으로 "+"가 되는 경우가 발생할 수 있다. 이런 경우 차익거래가 이루어진다.

〈그림 8-2〉 선물리버설 구조

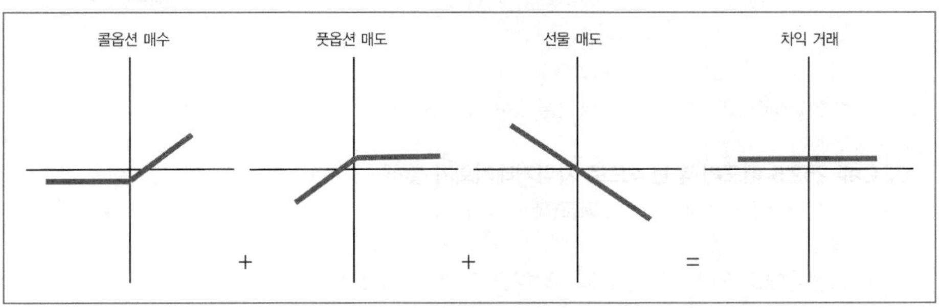

ii) 옵션박스전략 : 콜옵션매수와 풋옵션매도를 통해 합성선물 매수거래를 하게 되고, 콜옵션매도와 풋옵션매수를 통해 합성선물 매도를 하면서 그 차이

로부터 이익을 얻는 구조이다.

옵션박스 전략 예시

A. 시세 변동 전 BOX구성 종목의 호가테이블

call 252.5				put 252.5			
매도		매수		매도		매수	
수량	가격	가격	수량	수량	가격	가격	수량
30	3.35			30	0.86		
30	**3.30**			30	0.85		
		3.20	30			**0.84**	**30**
		3.15	30			0.83	30

Call 252.5 매도호가 변동으로 차익거래 기회 발생

call 252.5			
매도		매수	
수량	가격	가격	수량
30	3.30		
30	**3.25**		
		3.20	30
		3.15	30

B. 차익거래 기회 발생 전 계산

- 합성선물매도 : call 257.5 매도(매도가능 가격 0.74) / put 257.5 매수(매수가능 가격 3.30)
  합성선물매도 가능가격은 254.94 (257.5+0.74−3.30)
- 합성선물매수 : call 252.5 매수(매수가능 가격 3.30) / put 252.5 매도(매도가능 가격 0.84)
  합성선물매수 가능가격은 254.96 (252.5+3.3−0.84)
- 합성선물매도(254.94) − 합성선물매수(254.96) 이므로 차익거래 불가능

C. Call 252.5 매도가격 변동으로 차익거래기회가 발생

- 합성선물매도 : call 257.5 매도(매도가능 가격 0.74) / put 257.5 매수(매수가능 가격 3.30)
  합성선물매도 가능가격은 254.94 (257.5+0.74−3.30)
- 합성선물매수 : call 252.5 매수(매수가능 가격 3.25) / put 252.5 매도(매도가능 가격 0.84)
  합성선물매수 가능가격은 254.91 (252.5+3.25−0.84)

옵션박스 전략 예시

- 합성선물매도(254.94) − 합성선물매수(254.91) = 0.03 즉 1만 5천 원 차익발생

D. 주문순서

- 입력한 목표 차익금액(예를 들어 0.02)보다 크면 주문을 낸다. 위의 경우 차익이 0.03 이므로 주문을 발생시킨다.
- 이때, 차익거래기회가 발생한 BOX종목 중 가격이 가장 높은 종목의 주문이 먼저 IOC조건(Immediate_Or_Cancel Order, 주문 즉시 체결 그리고 잔량 자동취소)으로 나간다. 위의 경우 put 257.5 매수가격이 3.30으로 가장 높으므로 put 257.5 매수가격 3.30 IOC조건의 주문이 나간다.
- 체결이 되면 BOX구성 종목의 나머지 3종목에 대한 주문을 Normal로 나타낸다.
- 2초 후까지 Normal주문이 체결 안되면 주문가격을 바꿔 정정주문을 낸다.

프로그램 로직으로는 시세정보를 수신하여 각 종목의 매수·매도호가와 수량을 바탕으로 차익거래 기회를 포착하는데 있다. 여기서 차익은 신규 주문과 잔고유지에 소요되는 증거금에 대해 발생하는 이자비용과 취하고자 하는 마진의 합[4]보다 높으면 발생되며 이때 최종 주문이 이루어진다. 이 경우 증거금의 이자비용은 (i) 영업일수, (ii) 거래의 잔존일수를 넣어 산출한다.

(산식) 총이자비용 = 증거금필요액 × 이자율(연) × 잔존일수/영업일수

사후위탁증거금을 이용하는 증권회사의 경우 증거금과 관련하여 발생하는 이자비용을 고려할 필요가 없다. 선물·옵션거래에서 증거금납부는 일반투자자에게 거래 전 필수적 요건에 해당한다. 증거금은 일일정산을 위해 필요하며, 개시증거금, 유지증거금, 초과증거금 등[5]으로 나뉜다. 그러나 HM투자증권은 증권사인데도

4) 사고 당일에는 2만 원이었다.
5) 증거금(margin)은 일일정산으로 마진콜 등에 따라 발생될 수 있는 계약불이행을 방지하기 위한 수단으로 예치해야 하는 현금 또는 현금등가물(유가증권 등)을 의미한다.
① 개시증거금(initial margin)은 고객이 신규 또는 추가적으로 선물을 매수 또는 매도할 때 선물중개회사에 예치하는 증거금이다. 이는 선물회사마다 다르게 적용된다.
② 유지증거금(maintenance margin)은 고객이 자신의 선물거래포지션을 유지하는데 필요한 최소한의 증거금이다.
③ 초과증거금(excess margin)은 증거금이 개시증거금 수준을 초과하는 경우로써 투자자의 필요에 따라 개시증거금 초과금액은 인출할 수 있다.

불구하고 Default 값이 20/365으로 설정되어 운영되고 있었다. 이 Default 값은 잔존일수(20), 영업일수(365)로 각각의 셀에 기본값으로 설정되어 있었다. 그 이유는 외부업체로부터 외주를 받아 차익거래 프로그램을 그대로 사용하고 있었기 때문이었다.

제3절 * 대규모 손실사고 발생원인

3-1. 프로그램 운영자의 변수 입력오류

HM투자증권은 외부업체인 ㈜와OO시스템트레이딩으로부터 KOSPI200 선물 · 옵션 자동매매주문 프로그램을 구매하고, 이 업체는 향후 프로그램에서 발생하는 운용 수익을 5:5로 배분하기로 하는 계약을 체결하고 자동매매주문 프로그램의 관리와 운영을 전담하였다.

이 착오주문사고는 외주업체의 프로그램운영자가 거래당일 초기변수를 입력하는 과정에서 '365'를 입력했어야하나 '0'으로 잘못 입력한 데서 비롯되었다. 이자비용 계산과정에서 영업일수의 입력이 필요하며 '0'을 입력하게 되면, 프로그램 로직으로는 모든 호가를 차익기회로 판단하여 시가와 괴리된 호가에 대해서 주문이 나가게 된다. 특히 외국인 등은 프로그램매매를 하는 동

사고 당일 자동매매 프로그램 기초변수 입력

- Default 값은 RD가 20, BD가 365로 각각의 셀에 기본값으로 설정되어 있음
- RD를 클릭하여 20을 0으로 바꾼 후, 다시 BD를 클릭하여 365를 0으로 변경함

*RD(Remaining days) : 잔존일수, BD(Business days) : 영업일수

Default 값

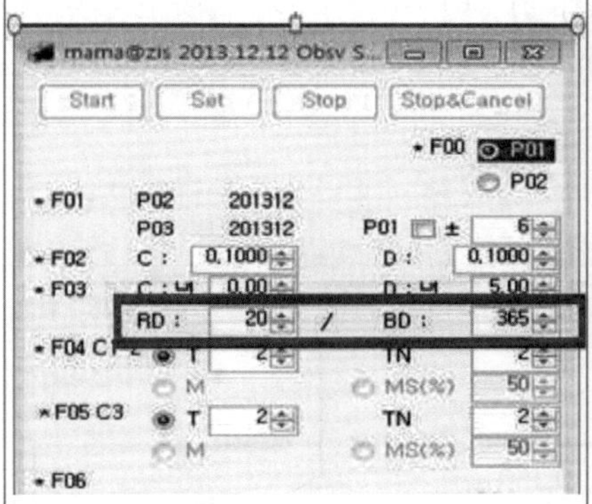

2013.12.12. 변수변경 결과

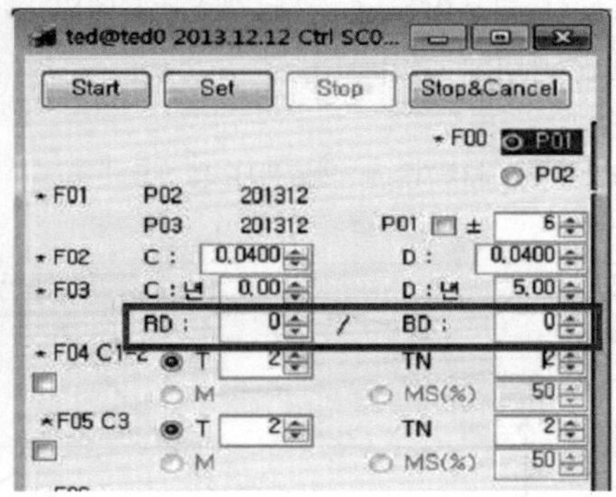

안 이상호가에 미리 주문을 내고 대기하여 차익을 실현하고자 하였다.

3-2. 리스크관리 및 내부통제 부실

HM투자증권은 외부업체에 위탁하여 DMA방식 매매를 하였다. 그러나 이와 관련하여 사고발생위험 등에 대비한 내부통제가 미흡하였고 그 운영기준도 마련되지 않았다. 이를 구체적으로 살펴보면 다음과 같다.

첫째, 주문수량한도 및 손실한도 관리가 미흡하였다.

주문수량한도는 선물 100개, 옵션 5,000개로 설정되어 있었다. 그러나 수량 계산방식에 오류[6]가 있었고, 거래당일 일시에 다수의 주문이 나감에 따라 주문계약 수를 계산하는 근거가 되는 주

6) 서로 다른 옵션 종목의 매수 · 매도 포지션을 교차 차감하는 방식으로 구성되어 박스전략으로 대칭되는 거래를 하는 프로그램의 경우 항상 계약수량이 0에 가깝게 되는 오류가 발생하였다.

원장(PowerBase)의 업데이트가 지체되어 결과적으로 주문차단에 실패하였다. 또한 손실한도는 5천만 원으로 설정되어 있었다. 그러나 이마저도 전산상으로는 자동 차단되는 시스템을 구축하고 있지 않았다.

둘째, 매개변수 변경에 대한 제3자 검증 또는 승인절차가 미비되었다.

거래당일 프로그램 변수 설정을 위해서는 HM투자증권 IT팀의 검증 또는 승인절차가 필요하였다. 그런데 이에 대한 제3자 검증이 이루어지지 않았고 승인절차도 마련되어 있지 않았다.

〈그림 8-3〉 HM투자증권 자동주문시스템 개요

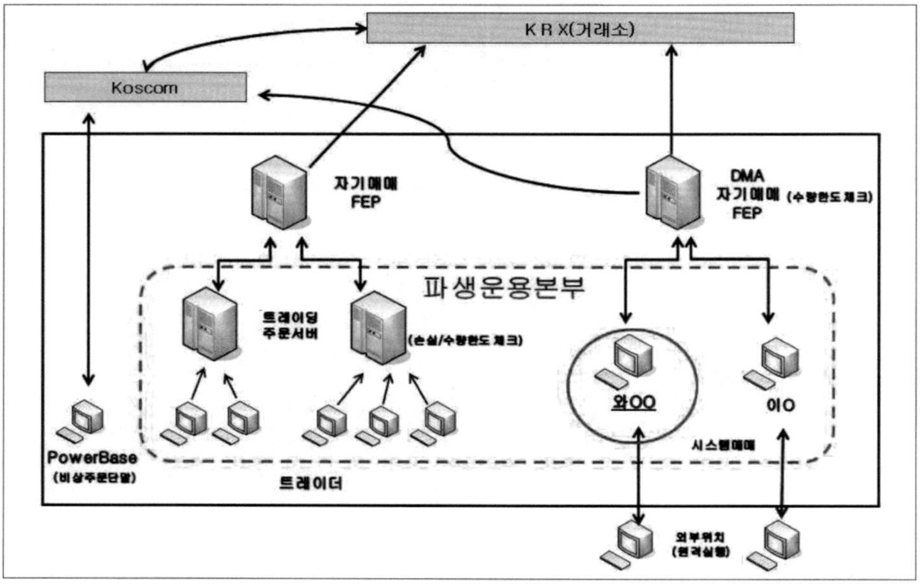

3-3. 거래소의 착오매매 구제제도 미비

우리나라 거래소는 직권으로 착오거래의 정정 · 취소를 할 수 없었다. 만약 거래가 착오로 이루어져 정정이나 취소를 하려면 까다로운 요건을 충족하는 경우에만 가능하게 되었다.

착오거래 구제요건은 다음과 같다.

ⅰ 착오거래자의 신청

ⅱ 체결가격이 해당시점의 적정가격과 크게 괴리될 것

ⅲ 착오거래로 인한 예상손실액이 10억 원 이상일 것

ⅳ 장종료 후 15분 이내에 거래상대방의 동의를 구할 것

2013년 12월 12일 HM투자증권이 착오거래에 대한 구제신청을 하였으나, 전산오류로 1건만 등록되었으며, 이마저도 예상손실금액이 10억 원에 미달하여 승인처리되지 않았고, 상대회원사와의 합의도 이루어지지 않았다.

이때 착오거래구제신청 시스템 하에서는 3만건이 넘는 매매 건이 있었다. 이들을 일일이 시스템에 등록하고 상대회원사를 확인한 후 장 종료 후 15분 이내에 합의하는 것은 현실적으로 불가능하였다.

〈그림 8-4〉 착오매매 구제신청 절차

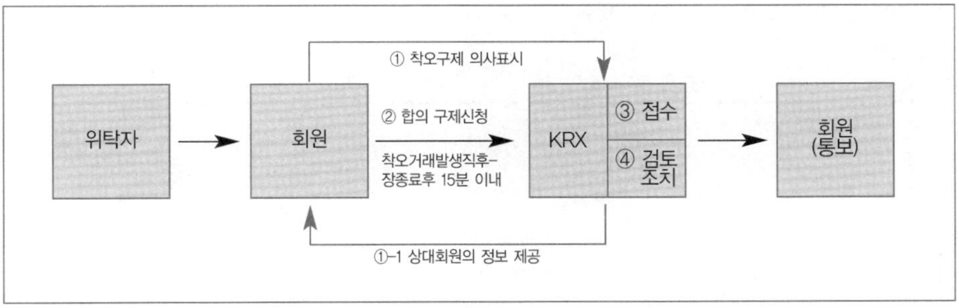

① 착오회원이 착오구제 의사표시(파생상품시스템에 등록)

② 거래소는 착오구제요건에 해당하는 경우, 상대회원의 정보를 착오회원에 제공

③ 장종료 후 15분 이내에 착오회원과 상대회원이 합의하여 거래소의 파생상품시스템에 착오구제신청

④ 거래소는 착오거래를 검토하여 합의결과에 의거 구제조치

한편 EUREX나 CME에는 이미 이러한 착오거래에 대한 구제제도가 마련되어 있었다.

〈표 8-2〉 해외의 착오거래 구제제도

구 분	CME(미)	EUREX(독)
처리방법	가격정정(원칙) (거래 안정성>공정가격 형성)	거래취소(원칙) (거래 안정성<공정가격 형성)
도입시기	1992년 12월	2005년 1월
요건	① 체결가격이 착오거래구제제한범위(0.5%)를 넘고 ② 착오거래 발생후 8분이내 신청* *당사자간 합의신청의 경우 장종료시점(16시30분)까지 가능	① 체결가격이 착오거래구제제한범위(1.5%)를 넘고 ② 착오거래 발생후 30분 이내 신청* *예상손실금액이 25,000유로를 초과하는 경우 착오거래발생 후 3시간까지 가능
신청주체	① 착오회원(신청) ② 착오거래 당사자(합의·신청) ③ CME(직권)	① 착오회원(신청) ② Eurex(직권)
발생건수	일평균 0.5 건	일평균 4~5 건
신청방법	전화	전화, 팩스, 이메일
공표	검토여부 · 결과를 시장 및 당사자에 공표	결과를 당사자에게만 공표
손실보전	있음	없음
수수료	500달러(약 60만 원)	500유로(약 75만 원)

Swaps

Diamond Fund의 Total Return Swap & S그룹회계분식

제9장

파 생 상 품

거 래 손 실

사 례 분 석

제1절 * 사건 개요

다이아몬드펀드는 1997년 2월 S증권, 한남투자신탁, LG금속 등 3개사가 말레이시아 라부안에 설립한 역외펀드로서 총 8,740만 달러를 인도네시아 루피아 연계채권에 투자하였다.[1] 이 과정에서 S증권, 한남투자신탁, LG금속은 각각 200억 원, 50억 원, 50억 원을 출자하여 3,440만 달러를 조성하였으며 JP Morgan의 자회사인 Morgan Guaranty Trust of New York[2]과 신용파생상품의 일종인 총수익스왑(total return swap, TRS)거래를 통해 5,300만 달러를 차입하였다. 결국 아시아 통화위기로 인해 차입과 투자 양면에서 다이아몬드펀드는 총 1억 8,614만 달러에 달하는 손실을 입었다. 이는 초기 출자액 3,440만 달러 대비 541%에 달하는 규모였다.

1996년 상반기 국내 금융시장은 금리의 하락세가 지속되어 투자자의 해외투자욕구가 급증하고 있는 상황이었다. 원화설정 해외투자펀드의 순조로운 판매는 해외투자의 시대적 분위기를 고조시키고 있었다. 이런 시대적 조류에 따라 S증권 국제영업부는 해외자금의 국내유치라는 기존의 영업방식에서 탈피하고 국내자금의 해외투자로 업무를 확대하기 위해 해외투자팀을 신설하였다. 해외투자팀은 국내자금의 해외투자중개업무를 담당하고 있었고, 국내 대형투자자를 대상으로 개별자금보다는 펀드를 통한 업

1) 김형태 · 이현진(2003). 장외파생상품 실패사례 분석과 시사점. 한국증권연구원

2) 이하 Morgan Guaranty Trust of New York 대신에 JP Morgan 또는 JP라고 명기한다.

무를 추구하며 외국계 유수 금융기관의 상품을 중개하는 전략을 수립하였다.

당시 투신사들은 국내 수익증권의 수익률 12~13%보다 3~4% 높은 수익을 내는 Brady bond[3]편입형 수익증권을 판매하고 있었기 때문에 16% 이하의 해외상품은 국내에서의 판매가 어려운 실정이었다. 해외투자상품은 이런 Brady bond를 통해 채무불이행위험을 피할 수 있는 여러 가지 구조화과정을 거쳐 상품화(structured product)하였다. 이 같은 국내 상황에서 이자율이 낮은 엔화자금을 차입해 해외상품에 투자하고 엔/달러 환위험은 태국 바트화로 헤지하면 안정적인 고수익을 창출할 수 있다는 아이디어가 외국계 투자은행에 의해 제시되었다. 우리나라의 해외투자욕구를 감지한 Lehman Brothers가 S증권을 통해 국내 기관투자자에게 엔화자금조달-바트화 헤지구조가 포함된 채권을 소개하였다.

S증권은 엔화는 되도록 싸게 조달하고 바트화 헤지를 보다 효율적으로 하기 위해 좀 더 다양한 외국계 금융기관과 거래하기를 원했다. JP Morgan이 자금조달능력이 뛰어나고 이러한 구조에 관심을 보이고 있었기 때문에 S증권은 엔화자금조달-바트화 헤지구조를 이용한 상품개발을 의뢰하였다. 그 결과 한남투신, LG금속과 함께 해외투자펀드인 다이아몬드펀드를 설정하게 되었다. JP Morgan상품은 JP Morgan이 다이아몬드펀드의 주식을 매입하지만 TRS계약을 통해 그 위험을 다이아몬드펀드에게 전가한다는 점에서 Lehman Brothers상품과는 구별되었다. 다이아몬드펀드 입장에서는 주식을 팔았지만 실제로는 자금을 차입한 것과 같고, JP Morgan입장에서는 투자를 하였지만 그 효과는 일정 원금을 보장받는 대출과 동일하였다.

TRS계약 체결 당시 JP Morgan은 일본엔화를 차입해 달러표시 태국채권에 투자하고 있었고 인도네시아 루

3) 1980년대 후반 미국 재무장관이던 니콜라스 브래디가 중남미 외채위기국의 채무부담을 덜어주고 이들 국가에 자금조달의 길을 열어주기 위해 고안한 채권이다. 이러한 채권은 후에 개도국 외채문제 해결을 하는데 주로 활용되었다.

피아채권에도 투자하고 있는 상황이었다. 그 당시 엔화이자율은 낮고 달러표시 태국채권이자율은 높은 상황이었으며, 바트/달러 환율은 안정적이었기 때문에 JP입장에서 엔화를 차입한 후 이를 달러로 바꿔 태국채권에 투자함으로써 이익을 얻을 수 있었다. 또한 JP는 당시에 동남아시아시장에서 매우 높은 포지션을 보유하고 있어서 이를 축소하려는 유인을 갖고 있었다.

이 사건에서 우리나라 금융기관들은 파생상품구조에 대한 분석능력과 지식이 부족하여 큰 손실을 입었지만 S증권을 중심으로 파생상품에 내포된 위험을 충분히 설명해주지 않았다는 이유로 JP를 상대로 소송을 제기하였으며 세간의 관심 속에 재판이 진행되었으나 결국 당사자 간 합의로 해결되었다. 그러나 세월이 흘러 그 해결과정에서 손실 분담방식과 관련한 부당내부거래 및 분식회계가 불거져 이 사건은 S그룹의 재벌총수 등이 형사 처벌되는 결과로 이어지고 말았다.

제2절 * Diamond Fund의 TRS거래[4]

2-1. 총수익스왑(TRS) 구조 분석

다이아몬드펀드와 JP 간에 체결된 장외파생상품의 구조를 분

4) 이부분은 주로 김인준 · 변석준 · 윤창현(1998)을 참고하였다.

석하면 다음과 같다. 첫째, JP는 다이아몬드펀드의 주식을 받고 다이아몬드펀드에 5,300만 달러를 투자하였다. 다이아몬드펀드가 체결한 TRS계약은 1997년 2월 JP가 다이아몬드펀드에게 5,300만 달러를 대출하고 받은 주식을 기초자산으로 하여 그 총수익을 만기인 1998년 2월 대출상환액과 교환하는 방식이다. 실제로는 JP와 다이아몬드펀드가 직접적으로 TRS계약을 맺지는 않았다. JP와 국내은행이 직접 TRS계약을 체결하고 국내은행이 다이아몬드펀드와 반대의 TRS계약을 체결해 국내 은행이 보증하는 형태로 이루어졌다. 더불어 보증은행은 S증권, 한남투신, LG금속으로부터 보증서(4:1:1 비율)를 징구하였다.

둘째, 다이아몬드펀드는 S증권 등이 투자한 3,400만 달러와 JP의 투자액 5,300만 달러를 합하여 인도네시아 루피아화 연동채권에 투자하였다. 투자성과는 루피아화의 평가절상 또는 평가절하 정도에 따라 결정된다. 루피아화가치가 상승하면 투자 이익이 발생하고 루피아화가치가 하락하면 투자손실이 발생하는 구조이다.

셋째, 만기에 다이아몬드펀드의 주식가치는 루피아연동채권 투자성과를 반영하여 결정되는데 그 가치가 어떻게 변하든 관계없이 JP는 주식을 펀드에 반환하고 [0.97×5,300만 달러$-\alpha-\beta$]를 받는다. 우선 α항과 β항을 무시하고 생각하면 이는 0.97×5,300만 달러, 즉 5,141만 달러를 수취하는 계약이다. JP입장에서는 처음에 다이아몬드의 주식에 투자하였지만 다이아몬드펀드의 투자성과와 관계없이 일정금액을 보장받는 계약을 체결한 것이다. 결국 JP 입장에서는 투자라기보다 대출을 수행한 것이고 다이아몬드펀드입장에서는 차입을 행한 것이다. 다이아몬드펀드 입장에서는 만기에 [0.97×5,300만 달러$-\alpha-\beta$]를 상환해야 한다.

다이아몬드펀드와 JP가 체결한 계약은 기초자산에서 발생하는 모든 경제적 성과인 총수익(total return)을 고정적인 현금흐름과 교환하는 신용파생상품의 일종인 총수익스왑(TRS)계약이다. 신용디폴트스왑(credit default swap, CDS)이 신용사건(credit event)의 발생에 근거하여 교환이 이루어지는데 반해, TRS에서는 신용사건 발생 여부에 관계없이 계약 당사자 간에 지급이 발생한다. 이 TRS계약에서 JP는 TRS지급자(payer)로서, 다이아몬드펀드에서 발생하는 총수익을 TRS 수취자(receiver)[5]인 다이아몬드펀드에게 지급하고, 5,141만 달러의 고정된 금액을 수취하게 된다. 물론 정확히는 [0.97×5,300만 달러−α−β]를 수취하는데, α는 태국 바트화에 대한 5배수 선물환을, β는 엔통화옵션을 의미한다. 이상에서 설명한 다이아몬드펀드와 JP간 TRS 구조를 요약하여 표현하면 다음 〈그림 9-1〉과 같다.

5) TRS지급자(payer)는 위험회피자이고 TRS 수취자(receiver)는 위험부담자이다.

Total Return Swap 계약서 내용(요약)

1997년 1월 29일

총 대출금(Notional Amount) : US$ 53,000,000

대출자(Part A) : 뉴욕소재의 Morgan Guaranty Trust사

지급보증인(Party B) : 보람은행 홍콩지사

계약일(Trade date) : 1997년 1월 29일

효력발생일(Start date) : 1997년 2월 12일

효력만기일(Termination date) : 1998년 2월 12일

기초자산(Underlying asset) : 다이아몬드 펀드의 주식

대출자의 지불내역(Party A Pays) : 기초자산가치에 대한 U$지급

지급보증인의 지불내역(Party B Pays) : 총금액=

$$\text{원금} \times \left\{97\% - 1 \times \text{MAX}\left[0.00\%, \frac{(¥\ \text{Mat} - ¥\ \text{spot})}{¥\ \text{Mat}}\right] - 5 \times \left[\frac{(\text{BAHT spot} - \text{BAHT Mat})}{\text{BAHT Mat}}\right]\right\}$$

태국 바트貨 현물(BAHT spot) 25.884

태국 바트貨 현물(BAHT spot) 태국 바트貨 미국 달러환율은 만기이틀 전 싱가포르 시간으로 11시를 기준으로 고시되는 매도 및 매수환율의 중간환율을 말한다. (Telerate 44175 페이지 참조)

일본엔화 현물환율(¥ spot) 122.00

일본 엔화 Mat(¥ Mat) 일본 엔화 대 미국달러환율은 만기 이틀 전 싱가포르 시간으로 11:00시를 기준으로 고시되는 환율을 말한다. (Reuters 페이지 JPNN 참조)

자료 : 이상빈(1999)

〈그림 9-1〉 다이아몬드펀드와 JP 간 TRS거래 구조

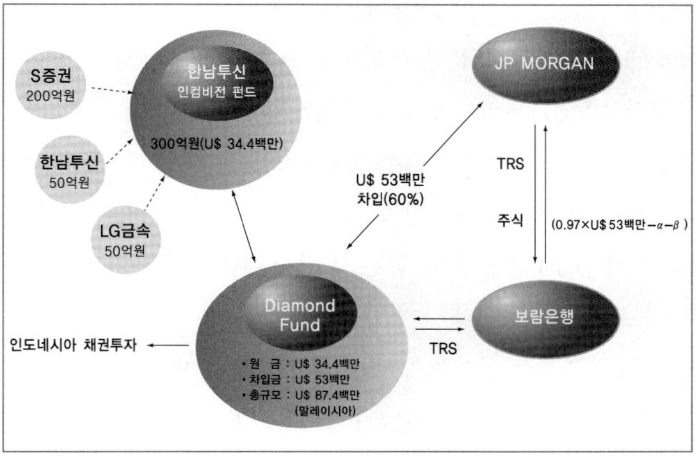

$$\alpha = \text{원금} \times 5(\frac{B_s - B_m}{B_m}),\ \beta = \text{원금} \times Max(0,\ \frac{Y_m - Y_s}{Y_m})$$

B_s : 계약 시 바트화 현물환율(25.88), B_m : 만기 바트화 현물환율
Y_s : 계약 시 엔화 현물환율(122.00), Y_m : 만기 엔화 현물환율

2-2. 루피아연동채권의 구조 분석

다이아몬드펀드는 조달된 자금 8,700만 달러를 NatWest와 Rovert Fleming이 발행한 인도네시아 루피아연동채권에 투자하였다. 다이아몬드펀드가 투자한 인도네시아 루피아연동채권은 일종의 통화연계채권(currency-linked note)이다. 쿠폰이자율의 기준은 20.15%로 당시 인도네시아 이자율이 12% 수준임을 감안할 때 상당히 높은 수준이었다. 이 채권은 1년에 두 번 다음 식에 의하여 이표[6]를 지급하고 만기에 원금을 지급하는 구조로 설계되었다.

$$C_s = 20.15\% \times \frac{2{,}371}{R_s},\ C_m = 20.15\% \times \frac{2{,}371}{R_m}$$

$$P = \text{Max}[0,\ (1 + \frac{2{,}371 - R_s}{2{,}371} + \frac{2{,}371 - R_m}{2{,}371}) \times \frac{2{,}371}{R_m}]$$

6) 쿠폰이자율은 모두 연수익률로 표시하였다.

여기서 C는 이표를 나타내며 R_s는 첫 번째 이자지급일인 1997년 7월말의 루피아/달러 환율이고, R_m은 만기인 1998년 1월말의 루피아/달러 환율이다.

앞의 식에서 우선, 이표 부분을 분석해보자. 채권매입 당시 루피아/달러 환율은 2,371, 즉 1달러당 2,371루피아였다. 만일 6개월 후에 루피아화의 가치가 두 배 증가(1달러=1,186루피아)하면 이표 C_s는 20.15%의 두 배인 40.3%가 된다. 그러나 만일 6개월 후에 루피아화의 가치가 반으로 하락(1달러=4,742루피아)하면 이표 C_s는 20.15%의 50%인 10.08%가 된다. 다시 말해 루피아화의 가치변동에 따라 엄청난 레버리지가 포함된 구조이다.

다음으로, 원금 부분을 알아보자. 만일 루피아환율이 처음 6개월간 변한 후 고정되어 있다고 가정하자(R_s=R_m). 이 경우 원금은 $P = Max[0,\ 3\times(\frac{2{,}371}{R} - \frac{2}{3})]$이 된다. 즉, 6개월 후 루피아의 가치가 1/2 이상 하락(1달러 ≧ 3,556루피아)하여 만기까지 고정되어 있으면 다이아몬드펀드가 지급받을 수 있는 원금은 0이 된다. 물론 6개월 후 루피아의 가치가 1/2 미만으로 하락하거나 반대로 상승하면(1달러<3,556루피아) 3배의 레버리지 상승효과를 통해 많은 이익을 얻을 수 있다.

이 같은 구조의 루피아연동채권에 투자한 것은 투자라기보다 투기에 가까웠다. 루피아화의 폭락에 따라 다이아몬드펀드는 총투자액 8,700만 달러의 88%인 약 7,700만 달러의 손해를 보았다. 5,300만 달러를 투자하여 다이아몬드펀드의 지분을 60% 보유한 JP도 실질적으로 4,600만 달러의 손해를 입었다. 그러나 TRS계약을 통해, 손실을 보고 남은 700만 달러가치의 주식을 다이아몬드펀드에 이전하고 자신은 5,141만 달러를 획득하였다. 만일 JP가 루피아포지션을 보유하고 있었다면, 다이아몬드펀드와의 거래를 통해 환위험을 모두 다이아몬드펀드에 전가하고 동시에 자신의 투자원금도 보전할 수 있었다.

2-3. 태국바트화 선물환 구조 분석(α)

다이아몬드펀드와 JP와의 TRS 계약구조를 보면, TRS지급자(payer)인 JP는 인도네시아 루피아연동채권 투자성과를 다이아몬드펀드에게 이전하고 [0.97× 5,300만 달러$-\alpha-\beta$]를 수취하게 된다. 여기서 α는 태국 바트화에 대한 5배수 선물환, β는 엔통화옵션을 의미한다. 먼저 태국 바트화에 대한 5배수 선물환을 분석해보자.

선물환거래의 구조를 살펴보면 α = 원금×5 $(\frac{B_s - B_m}{B_s})$의 형태로 되어 있다. 여기서 B_s는 계약 시의 바트화 현물환율(25.88바트/달러)이고, B_m은 만기시의 바트화 현물환율이다. 다이아몬드펀드의 입장에서는 원금의 5배에 해당하는 바트화선물을 매입한 것이다. 즉 5,300만 달러를 JP에게 주고 1년 후 5,300만 달러의 5배에 해당하는 바트화를 받기로 하는 계약이다. 선물환 교환환율은 바트화 현물환율인 25.88바트/달러로 정해졌다. 이때 α는 JP가 수취하는 금액에서 차감항목으로 포함되어 있기 때문에 다이아몬드펀드 입장에서는, α가 (+)이면 이익이 발생하고 α가 (−)이면 손해가 발생한다. α의 부호는 달러화 대비 바트화의 평가절상 · 절하 여부에 의해 결정된다. 바트화가 평가절상되면 바트화의 만기 시 환율이 25.88바트/달러보다 작아지기 때문에 α가 (+)가 된다. 즉 다이아몬드펀드에게 이익이 된다. 바트화가 평가절하되면 반대로 다이아몬드펀드에게 손실이 발생한다. 특히 레버리지 계수가 5배이므로 당연히 이익과 손실의 폭도 5배로 확대된다.

〈그림 9-2〉 바트화가치의 변화와 S증권 측의 손익

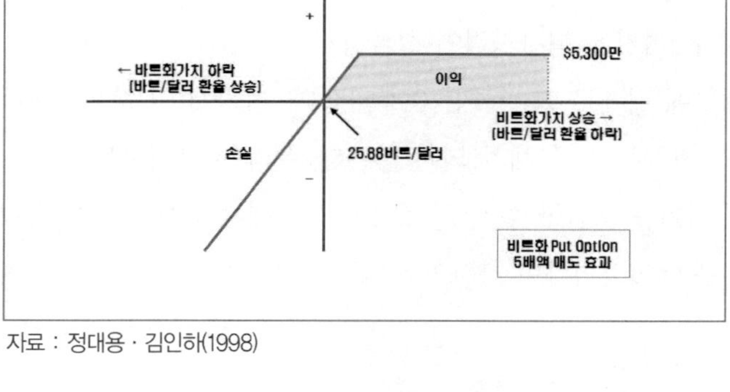

자료 : 정대용 · 김인하(1998)

TRS구조에 이 같은 선물환이 포함된 것은 당시 바트화와 루피아화 거래비중이 높았던 JP가 동남아포지션을 축소시키기 위한 헤지전략의 일환으로 해석할 수 있다. JP는 바트화를 포함한 동남아 포지션을 축소하기 위해 장외파생상품을 활용한 것이다. 당시 JP입장에서는 다이아몬드펀드가 위험헤지보다는 고수익추구에 전념하였고 장외파생상품 구조 설계에 대한 전문성이 부족하기 때문에 최적의 거래 대상이었다. JP는 다이아몬드펀드와 TRS계약을 맺고 여기에 선물환구조를 포함시킴으로써 보다 효율적으로 동남아포지션을 헤지할 수 있었다.

그런데 이 선물환구조의 가장 큰 문제점은 비대칭적 구조에 있었다. 바트화가 절상(절하)되면 다이아몬드펀드가 이익(손실)을 보고 JP가 손실(이익)을 보는 구조인데 다이아몬드펀드가 이익을 보는 경우에 대해서만 캡이 씌워져 있었다. 즉, 다이아몬드펀드의 이익(JP의 손실)을 5,300만 달러로 제한하는 조항이 삽입되어 있었다. 다이아몬드펀드의 이익이 5,300만 달러가 되는 환율은 21.56바트/달러이다. 이는 현물환율 25.88바트/달러 대비 20%정도 절상된 수준이다. 바트화가 이 수준 이상으로 절상되어도 다이아몬드펀드의 이익, 즉 JP의 손실은 고정된다. 반면에 바트화의 가치하락 시 다이아몬드펀드의 손실규모에는 제한이 없다.

달리 해석하면 다이아몬드펀드가 JP에게 행사가격이 21.56바트/달러인 콜옵션을 매각한 것이다. 계약체결 당시 환율이 25.88바트/달러였으므로 이는 외가격옵션(out-of-money option)이 된다. 그렇다면 다이아몬드펀드는 적정한 가격을 받고 콜옵션을 매도하였는가? 실제로 다이아몬드펀드는 이에 대해 특별한 대가를 받지 않았다. 그런데 계약체결시점 기준으로 과거 5년간 환율의 변동성은 0.0284에 불과하였다. 여기에 행사가격이 현물가격보다 20%정도 하회하는 외가격 콜옵션이었기 때문에 실제로 그 가치는 0에 가깝다. 따라서 이 같은 옵션을 별 대가 없이 매도한 것 자체는 큰 문제가 되지 않는다. 문제는 다이아몬드펀드도 자신의 손실, 즉 JP의 이익을 제한할 수 있는 조항을 삽입해야 했다는 점이다. 다이아몬드펀드도 풋옵션을 매입하였다면 자신의 손실을 일정규모로 제한할 수 있었다.

2-4. 엔통화옵션 구조 분석(β)

다이아몬드펀드는 앞에서 설명한 바트선물환 외에 엔통화옵션을 보유하고 있었다. 이제 엔통화옵션의 구조를 살펴보자. 엔통화옵션의 구조를 보면 $\beta = \text{원금} \times \text{Max}\left[0, \frac{Y_m - Y_s}{Y_m}\right]$ 의 형태로 설계되어 있다. 여기서 Y_s는 계약시의 달러 대비 엔화 현물환율(122.00엔/달러)이고, Y_m은 만기시의 달러 대비 엔화 현물환율이다. 이는 행사가격이 122엔인 달러콜-엔풋옵션으로 이해할 수 있다.[7] 엔화 평가절하 시, 엔화로 지급되는 수익을 만기시점의 현물환율을 이용하여 달러로 교환하는 구조이다.

엔풋옵션매입이란 만기 시 엔을 기준환율(Y_s=122.00)로 팔 수 있는 권리의 매입을 의미한다. 만기 시 엔 환율이 기준환율보다 커질 경우, 즉 엔화가 평가절하된 경우에는 풋옵션을 행사하여 그 환율차이만큼 이익을 취하게 된다. 만기 시 엔환율이 기준환율보다 낮은 경우, 즉 엔화가 평가절상된 경우에는 실익이 없으므로 풋옵션을 행사하지 않는다. 결국 엔화가 평가절하되면 β>0이 되어 TRS계약에서 JP가 수취하는 금액이 β만큼 감소된다. 이 경우 다이아몬드펀드 입장에서는 지급금액이 감소되어 유리하다. 반대로 엔화가 평가절상되면 β<0이 되어 JP가 수취하는 금액

〈그림 9-3〉 엔화가치의 변화와 S증권의 손익

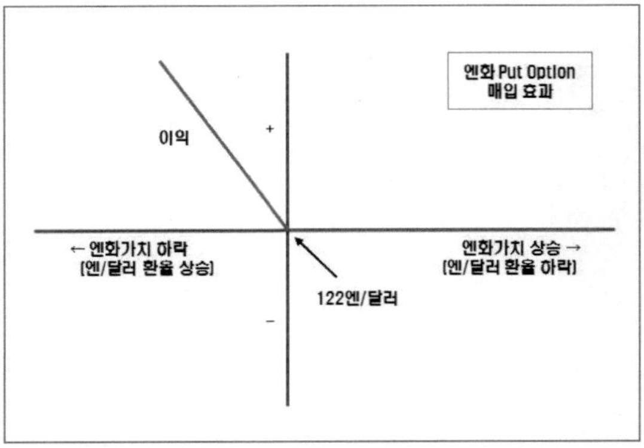

자료 : 정대용 · 김인하(1998)

7) 달러에 대한 콜옵션(풋옵션)은 엔화에 대한 풋옵션(콜옵션)과 동일하다. 왜냐하면 통화옵션은 그 특성상 특정 통화(예: 달러화)를 매입할 경우 다른 통화(예: 엔화)를 지급하게 되고 반대로 특정통화(예: 달러화)를 매각할 경우 다른 통화(예: 엔화)로 수취하기 때문이다. 따라서 특정통화 매입권한을 나타내는 통화콜옵션(예: 달러콜옵션)은 지급대상 다른 통화에 대한 풋옵션(예: 엔화풋옵션)과 동일하다.

이 β만큼 증대된다.

옵션을 매입하기 위해서는 옵션프리미엄을 지급해야 한다. 그런데 다이아몬드펀드는 바트화선물환계약을 체결함에 있어 선물환프리미엄이 없는 현물환율에 의해 선물환계약을 체결하였기 때문에 선물환프리미엄만큼 손해를 보았다. JP는 다이아몬드펀드가 옵션프리미엄의 지급 없이 엔옵션을 매입할 수 있게 함으로써 바트화선물환계약 관련 손해를 보전해준 셈이다. 바트선물환은 적정가격 대비 4%만큼 고평가된 선물환율을 사용하였다. 그런데 바트선물환은 원금의 5배를 대상으로 했으므로 원금기준으로는 약 20%의 손실을 보는 선물환계약을 체결하였다. 이 20% 중 일부는 3%만큼 원금을 탕감해 주는 (-)펀딩 구조설계에, 일부는 옵션프리미엄에 사용되었다. 만기에 엔화가 123.17엔/달러로서 계약시점에 비해 평가절하되었기 때문에 다이아몬드펀드는 풋옵션을 행사하였다.

바트선물환과 엔풋옵션을 결합하여 생각하면, 5,300만 달러를 차입하여 엔풋옵션을 매입하고, 동시에 5,300만 달러의 5배에 해당하는 바트선물환을 매입함으로써 바트화변동위험을 최소화하려 했다.

다이아몬드펀드는 엔화풋옵션 행사로부터 약 50만 달러 정도의 이익을 획득했다. 5,300만 달러의 3%에 해당하는 (-)펀딩으로부터의 이익은 159만 달러 정도이다. 그러나 바트선물환에서는 1억 3,000만 달러 이상의 손실을 보았다.

제3절 * TRS거래 소송과 S그룹회계분식

3-1. 대규모 파생상품 손실발생

동남아시아 경제위기로 다이아몬드펀드에게 최악의 경우가 발생하였다. 태국 정부는 바스켓환율방식을 채택하고 있었기 때문에 무역수지 적자로 인한 바트의 평가절하 시 외환보유고를 동원해 달러매수로 바트환율을 엔환율에 인위적으로 연동시킬 수 있었다. 그러나 1997년 5월 엔의 급격한 평가절상과 외환보유고 부족으로 바스켓통화방식을 유지하기 어렵게 되자 관리변동환율제로 전환하였다. 결국 엔화가 평가절하되어 다이아몬드펀드가 소량의 이익을 얻었으나, 바트화의 평가절하폭은 이보다 훨씬 커 다이아몬드펀드는 약 1억 3,000만 달러의 손실을 보게 되었다. 또한 다이아몬드펀드가 인도네시아 루피아연계채권에 투자한 기간 동안 루피아화의 급격한 평가절하로 약 7,700만 달러의 손실을 입게 되었다.[8] 만기상환공식에 포함된 파생상품으로 인해 레버리지가 발생하여 인도네시아 일반 채권에 투자했을 경우보다 2배 이상의 손실이 발생한 것이었다. 결국 다이아몬드펀드는 아시아 통화위기로 인해 차입과 투자 양면에서 총 1억 8,614만 달러에 달하는 손실을 입었다. 초기 출자액 3,440만 달러 대비 541%에 달하는 규모였다.

8) 다이아몬드펀드 만기에 적용할 현물환율(1998. 2.10.)은 달러 대비 엔화 123.17, 바트화 44.95, 루피아화 7,650을 기록하였다.

〈그림 9-4〉 달러 대비 엔, 바트, 루피아의 변동추이(%)

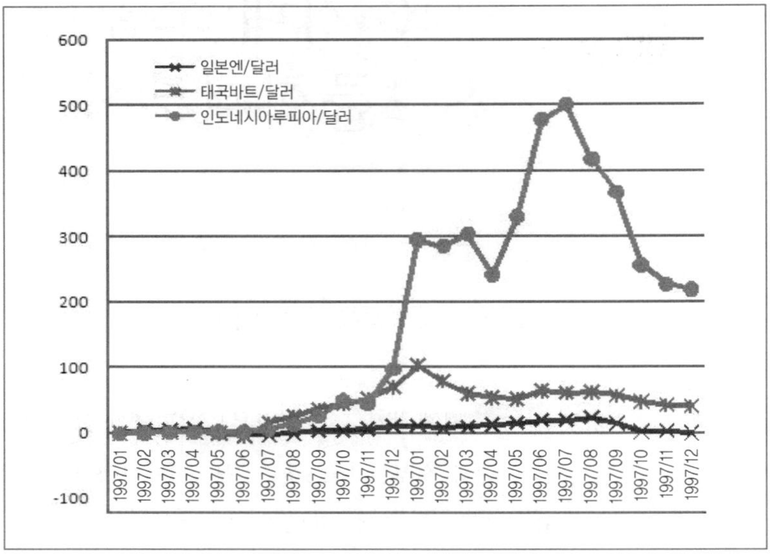

역외펀드의 경우 거래당사자가 파산해도 거래에 지급보증을 한 국내 은행이 손실을 부담하였기 때문에, 역외펀드의 손실은 은행 부실채권 증가의 한 원인으로 작용하였다. 역외펀드가 파생상품을 잘못 활용함에 따라 국내 금융기관의 부실화를 심화시키는 결과가 초래되었다.

1998년 2월 12일 계약 만기일이 돌아오자 JP Morgan은 지급보증기관이었던 보람은행에 대해 손실금액의 지급을 요청하자 S증권은 보람은행을 상대로 '채무이행금지 가처분신청' 을 내었고 법원이 이를 받아들였다.

3-2. S증권와 JP 간의 소송[9)]

S증권은 JP를 대상으로 거래의 불공정성, 중요정보 고지의 무위반, 신의성실 원칙과 권리남용 방지원칙의 위반 등으로 소송을 제기하였다.

9) 정대용 · 김인하(1988). S증권-JP Morgan 법정분쟁의 교훈. 한화증권

첫째, 거래의 불공정성은 TRS계약에 포함된 바트선물환계약의 비대칭성과 거래상대방으로서의 능력과 정보의 불균형에 근거하였다. S증권은 "이 계약은 한국금융기관이 엔화로 차입하는 것과 같은 낮은 금리로 자금을 조달하는 것이다. 만에 하나 위험이 있다면 바트화의 바스켓 구조가 깨지는 것인데 우리의 예측에 의하면 1년 내에 그런 사태가 발생할 수 없다"는 JP측의 진술을 신뢰하였으며, JP의 국제적인 명성과 제공한 정보와 자료에 전적으로 의존하여 계약을 체결했다고 주장하였다.

둘째, S증권은 중요정보에 대한 고지의무를 위반하였다고 주장하였다. 이러한 내용은 P&G, Gibson Greetings와 BT의 소송에서도 이슈가 되었다. 당시 법원은 해당 스왑의 가치에 영향을 미치는 변수들에 대한 민감도를 나타내는 표, 변수들의 변동성을 나타내는 표 등을 제공해야 한다고 판시하였다. 또한 뉴욕주 판례법에 의하면, 계약당사자 일방이 월등한 정보와 지식을 보유하고 있고, 상대방이 그 정보를 용이하게 획득할 수 없으며, 상대방이 잘못된 정보와 지식에 입각하여 의사결정을 한다는 사실을 알고 있을 경우에는 상대방에게 중요한 정보를 고지할 암묵적 의무가 있다고 판시하였다.

S증권은 한국 당사자들과 JP Morgan 간에 달러화, 엔화, 바트화 등 3개 통화의 환율과 이자율의 차이, 첨단 파생상품에 대한 지식과 정보 및 경험에 있어서 현저한 차이가 있었으며, JP Morgan측은 한국 당사자들이 본 계약에 내재되어 있는 위험의 심각성을 전혀 모르고 있다는 사실을 알면서도 그 위험이 현실화될 가능성이 전혀 없는 것으로 안심시켰다고 주장하였다.

셋째, S증권은 JP Morgan이 동남아 통화가치의 하락을 예측하고 이와 같은 거래를 유도했을 뿐만 아니라 신의성실의무(fiduciary duty)를 지키지 않았기 때문에 원래의 거래는 무효라고 주장하였다. JP Morgan이 바트화의 가치가 폭락할 가능성이 있다는 정보를 가지고 있었음에도 불구하고 이러한 정보를 제공하지 않았고, 반대로 과거의 환율 추이 및 태국정부의 정책에 비추어 볼 때 바트화의 가치가 급락할 위험이 없다는 정보를 제공하였다고 주장하였다.

〈해외사례〉 P&G와 BTC의 Swap거래

Proctor & Gamble과 Bankers Trust Company(BTC)는 소위 '5/30' 스왑이라는 특이한 계약을 체결하였다. 이 스왑계약은 6개월마다 현금흐름을 교환하고 만기 5년, 액면금액 2억 달러로써 BTC는 P&G에게 연 5.3%를 지급하고 P&G는 BTC에게 [CP 30일 평균금리 − 75bp + 스프레드]를 지급하도록 되어 있었다. 여기서 CP 30일 평균금리는 지급일 전 경과기간(accrual period) 동안 매일 관찰된 30일 CP금리의 평균치이다. 스프레드는 첫 지급일, 즉 1994년 5월 2일에 0이었으며 남은 9개 지급일의 스프레드는 다음 식에 의하여 결정되었다.

$$\max\left[0, \frac{9.85\left(\frac{5\text{년만기 } CMT\%}{5.78\%}\right) - (30\text{년 만기 } TSY\text{가격})}{100}\right]$$

여기서 5년 만기 CMT(constant maturity treasury yield)는 중앙은행(Federal Reserve)이 발표하는 5년 만기 국채수익률이다. 30년 만기 TSY가격은 2023년 8월에 만기가 되는 T-bond의 액면이자율 6.25%에 대한 현금가격(cash price)의 매수 · 매도 호가의 중간가격이다.

그런데 P&G는 계약 당시 스프레드가 0이 되어 5.3%의 고정금리를 CP금리보다 75bp 낮은 금리로 교환하게 되기를 희망하고 있었으나 1994년 초에 이자율이 급격하게 상승하여 채권가격이 하락하는 바람에 스왑거래에서 실로 엄청난 손실, 즉 1억 6백만 달러의 손실에 직면하였다. P&G는 상품구조 및 금리결정방식에 대한 충분한 설명이 이루어지지 않았다고 소송을 제기하였으며 BTC는 평판 악화를 우려해 재판 없이 화해를 통해 해결하였다.

3-3. TRS소송 합의구조와 S그룹회계분식[10)]

S증권와 JP의 소송은 실제로는 끝까지 진행되지 않았고 중도에 양자의 합의에 의해 해결되었다. JP가 S그룹의 유상증자에 참여하는 방식을 통해 타협이 이루어졌다. 그러나 이와 관련한 S그룹계열사의 부당내부거래가 S그룹회계분식사건의 단초가 되었다.

S증권이 JP모건을 상대로 법정소송을 진행하던 중 1999년 10월에 실시한 S증권의 제3자 배정 유상증자에 JP모건이 참여하게 되었다. 그 당시 S증권은 금융감독위원회로부터 1999년 9월 30일을 기한으로 경영개선명령을 받은 상태로써 만약 JP모건에 현금으로 바로 손해배상을 할 경우 그 명령을 제대로 이행하지 못하게 되어

10) 서울지방법원 제22형사부 판결 2003고합237, 대법원 제1부 판결 2005도4640 등을 참고하였다.

S증권뿐만 아니라 S그룹 계열사 전체에 대한 신인도 추락까지 예상되는 상황에 있었다.[11)]

JP모건은 상장법인의 할인 최고한도인 20%를 할인한 가격인 주당 4,920원으로 인수가를 결정하였다. 유상증자 참여와 함께 일정 기간 경과 후 JP모건이 S그룹 2개 해외 현지법인에 일정한 가격으로 S증권 주식을 팔 수 있는 풋옵션계약을 체결하도록 요구하였다. S증권이 JP모건의 요구를 받아들여 JP모건과 사이에 손해배상소송에 관한 화해계약을 체결하면서 S증권이 JP모건에게 지급하는 손해배상금[12)] 3억 2,000만 달러 중 합계 1억 7,000만 달러[13)]에 대하여는 JP모건이 손해배상금을 지급받아 S증권의 유상증자에 참여하기로 하되 그 사실을 외부에 공개하지 않는다는 합의 하에 이면계약을 체결하게 되었다.

이 과정에서 JP모건은 S증권과 JP모건 사이의 TRS 관련투자나 화해계약과는 업무상 아무런 관계가 없는데도 S그룹 싱가폴 법인, S그룹 미국 법인을 풋옵션(put option) 당사자로 요구하였고 이들과는 2차례에 걸쳐 풋옵션계약이 이루어졌다.

첫 번째는 1999년 10월 14일 JP모건이 싱가폴 법인에 대해 3년 후 S증권 유상증자분 중 10,416,128주, 주당 4.79달러로 합계 49,912,778달러에, 그리고 미국법인에 대해 2년 후 유상증자분 중 1,838,140주, 주당 4.79달러로 합계 8,782,199

11) IMF구제금융사태에 즈음하여 금융감독위원회는 S증권을 비롯한 4개 증권사에 대하여 영업용 순자산비율 및 재산채무비율을 일정한 수준 이상으로 유지하는 등 안정적인 경영기반을 구축할 수 있도록 1998. 9. 19.까지 경영개선계획을 제출하도록 명령하였고 그와 같이 마련된 경영개선계획에 따라 영업용 순자산비율 등이 1999. 9. 30.을 기한으로 일정 수준 이상이 되어야 하는데, S증권은 엎친 데 덮친 격으로 1998. 1. 13. JP모건이 파생금융상품 거래계약을 해지하면서 JP모건과 각종 소송에 휘말려 거액의 손해배상책임을 질 수도 있는 상황이었다.

12) S그룹에 대한 회계분식과 관련한 법원 판결문에 따라 1999년 9월경 S증권이 Morgan Guaranty Trust Company Of New York, (JP모건)와 사이에, TRS(Total Return Swap)를 이용하여 JP모건으로부터 차입한 자금으로 태국 바트화 및 인도네시아 루피아화 관련 채권에 투자하였다가 발생한 손해 3억 5,600만 달러 상당을 JP모건에 배상하여야 하는지 여부를 둘러싸고 미국과 우리나라에서 소송을 진행하였으며, S증권이 JP모건의 요구를 받아들여 JP모건과의 사이에 손해배상소송에 관한 화해계약을 체결하면서 S증권이 JP모건에게 지급해야 하는 손해배상금이 3억 2,000만 달러로 정확히 알려지게 되었다.

13) 1999. 9. 17., 1999. 11. 3. 두 차례 각각 8,500만 달러 화해계약을 체결하였다.

달러에 각각 되팔 수 있는 풋옵션 등이 포함된 옵션계약을 체결하였다.

두 번째는 1999년 11월 30일 JP모건이 싱가폴 법인에 대해 3년 후 유상증자분 중 10,034,060주를 주당 4.97달러씩 합계 49,898,131달러에, 그리고 미국 법인에 대해 2년 후에 유상증자분 중 1,770,716주를 주당 4.97달러씩 합계 8,783,676달러에 각각 되팔 수 있는 풋옵션 등이 포함된 옵션계약을 체결하도록 하였다.

반면 JP는 풋옵션과 아울러 해외법인들이 주당 4.08달러 또는 4.24달러에서 시작하여 기간의 경과에 따라 일정한 금리를 가산한 금액으로 만기 전 언제든지 주식을 매수할 수 있는 콜옵션 약정도 포함시켰다. 당시 S증권의 주가는 옵션계약 체결일인 1999년 10월 14일 6,400원, 1999년 11월 30일 7,000원으로 만기 후의 풋옵션 행사가격을 다소 상회하고 있었다.

그런가 하면 S증권은 JP모건의 요구에 따라 옵션계약 체결 무렵인 1999년 10월 13일과 1999년 11월 26일 두 차례에 걸쳐 JP모건의 자회사로부터 합계 8,500만 달러의 신용연계채권(credit linked note, CLN)을 매입하여 JP모건에게 옵션계약 중 싱가폴 법인과 관련된 부분의 이행 담보로 제공하면서 싱가폴 법인이 이 사건 옵션계약을 이행하지 않을 경우 담보로 제공된 CLN의 원리금이 JP모건에 귀속되도록 하는 조건을 부기하였다.[14)]

그런데 2001년 10월 S증권은 미국 법인의 손실이 예상되자 만기를 연장하였으며, 싱가폴 법인이 JP모건과 체결한 옵션거래 만기(2002.10)가 도래하자 비밀옵션계약이 드러날 것을 염려해 S그룹은 JP모건으로부터 S증권의 전량을 매입하고 해외 현지법인이 매입시가와 옵션행사가격과의 차액을 현금으로 보전해주는 계약에 대한 협상을 벌이게 되었다.

그러나 S증권은 국내 증권거래법 및 관련 규정상 해외법인들이 JP모건으로부터 S증권의 주식을 직접 취득할 수 없게 되

14) S증권이 CLN을 매입하려면 외국환관리규정에 의하여 한국은행 총재의 허가를 받아야 하고, 이행보증 조건이 부과되어 있는 경우에는 분기보고서 및 재무제표의 주석에 그 취지를 기재하여야 함에도 이러한 조치를 취하지 않았다.

〈그림 9-5〉 S증권-JP Morgan 주식 이면거래 구조

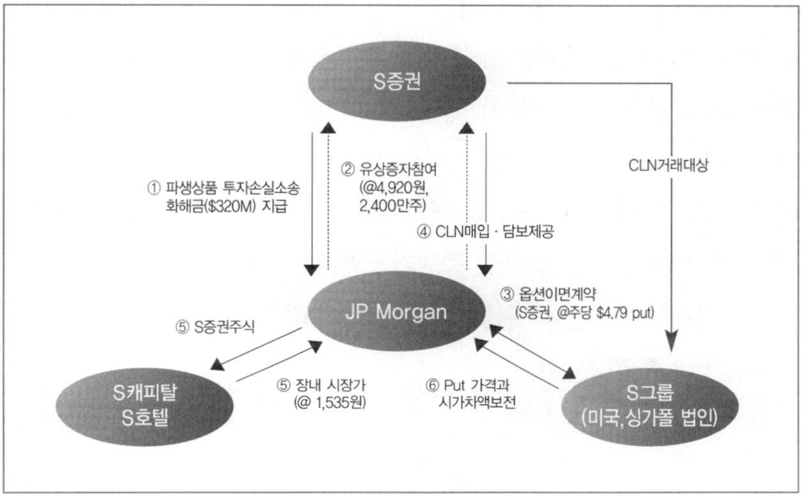

자 S캐피탈과 S호텔이 2002년 10월 11일 JP모건의 자회사인 Morgan Guaranty가 보유하고 있던 S증권 2,405만 주를 시간외 대량매매를 통해 인수하였다. 동시에 해외법인들이 JP모건에 대하여 S증권 주식을 되사는 콜옵션을 행사하여 해외금융기관으로부터 차입하여 싱가폴 법인이 99,452,822달러, 미국 법인이 18,140,169달러를 JP모건에게 각각 지급하였다. 이때 S그룹 본사는 이들 법인의 해외차입을 위해 지급보증을 하였다.

S그룹은 옵션계약의 당사자가 아닌 다른 계열사인 S호텔과 S캐피탈로 하여금 JP모건으로부터 S증권 주식을 당시 증권거래소 장내 가격인 주당 1,535원으로 총 369억 원에 매수하도록 한 후 JP모건이 수수한 S증권 주식대금을 2002년 10월 15일 싱가폴 법인에게 24,792,240달러, 미국 법인에게 4,375,101달러를 되돌려 지급하였다. 해외법인들이 S증권 주식을 장내에서 시장가격으로 취득하는 것은 옵션계약에 어긋나고, 장외에서 옵션가격대로 취득하는 것은 금융감독원장의 사전신고사항이므로 사실상 만기 전 콜옵션을 행사하는 것은 어려운 상태였다. 따라서 계열사인 S캐피탈과 S호텔에 부탁하여 콜옵션을 행사할 수밖에 없었다.

다시 말해 해외법인들로 하여금 S증권은 싱가폴 법인에게 그 차액인 74,660,582달러(941억 원 상당), 미국법인에게 13,765,068달러(173억 원 상당) 등 합계 88,425,650달러(1,114억 원 상당)를 부담하게 하는 방법으로 옵션계약을 이행하였다. S증권이 손실을 모면한 대신 JP모건에 대한 손해배상 책임과 무관한 S그룹의 싱가폴 및 미국법인에게 거액의 재산상 손해를 입혔다. 이와 관련해서 2008년 5월 29일 대법원은 S그룹 회계분식사건에 대해 특정경제범죄 가중처벌 등에 관한 법률위반, 업무상배임, 증권거래법위반, 사문서위조, 위조사문서행사, 주식회사의 외부감사에 관한 법률위반 등으로 피고인들의 상고를 기각하여 최종적으로 유죄를 인정하였다.

G은행의 Credit Default Swap

제10장

파 생 상 품

거 래 손 실

사 례 분 석

제1절 * 사건 개요

신용디폴트스왑(credit default swap, CDS)은 금융시장의 원천적인 공포, 즉 돈을 떼이는 두려움을 해소하는 획기적 발명품으로 평가받은 적 있다. 자산담보부증권(collateral debt obligation, CDO)은 한때 20세기 후반 최고의 금융상품으로 평가되었으며 그린스펀 전 미국 연방준비제도이사회(Federal Reserve Board, FRB) 의장도 극찬하였다.

그러나 신용위험을 기초로 설계된 신용파생상품은 신용위험의 분산 및 이전, 신용위험의 상품화 등 금융시장에 미치는 순기능이 매우 많지만 서브프라임 사태의 주요 원인 중 하나로 지목되면서 역기능이 강조되었다.

미국의 주택가격지수가 2006년 8월부터 10년만에 하락하기 시작하였고 경기도 하향 추세를 나타내면서 서브프라임 모기지 사태로 이어졌다. 여기에다 등급이 하향된 기업들은 자금조달을 원활하게 하지 못해 파산신청이 급속히 증가하였다.

Bear Stearns, Lehman Brothers, AIG, Citibank 등 대형 금융기관이 파산하거나 미국정부의 구제금융을 받았다. 대마불사(too-big-to-fail)의 논리가 깨지면서 급기야는 시스템리스크를 초래하였다. 이들은 대부분 CDS의 보장매도자 역할을 통해 막대한 수수료 수입을 올리다가 신용경색이 되자 파산에 이르게 된 것이다.

우리나라 금융기관도 예외는 아니었다. G은행은 〈표 9-1〉에서와 같이 2008년 12월말 기준 18억 20백만 달러의 CDO · CDS에 투자하였다. 이 가운데 CDO는 65건, 1,195백만 달러, CDS는 16건 625백만 달러 등인데, CDO거래에는 대부분 CDS거래가 포함되어 있었다. 투자결과 손실규모는 1,408백만 달러(1조 6,324억 원 상당)로써 각 상품별 가중평균치로 계산했을 때 손실률이 77.3%에 달하였다.

금융당국에서는 투자실패에 대한 책임을 규명하여 관련임직원에 대해 제재를 가했을 뿐만 아니라 기관에 대해서도 제재를 취하였다. 이에 대해 일부 해당 임직원은 행정소송을 통해 자신들의 명예를 회복하려고 했지만 무리한 투자에 따른 손실책임은 피할 방법이 없게 되었다. 비록 가장 큰 이유는 미국의 서브프라임사태로 인해 발생된 불가항력적인 일이지만, 그 손실 규모를 고려했을 때 개별은행이 지나치게 많은 CDO · CDS 투자로 큰 손실을 가져온 측면이 있다.

〈표 10-1〉 G은행 CDO · CDS 투자현황

(단위 : 건, 백만달러, bp, 년)

구 분		건수	매입금액(a)	손실금액[1](b)	손실률(b/a×100)	평균수익률[2]	평균만기	평균신용등급[3]
CDO (65)	모기지 CDO	33	493	486	98.7	L + 181	40.9	A
	Trups	7	118	111	94.1	L + 135	32.0	A+
	CLN	3	100	14	14.0	L + 170	5.1	AA−
	CLO	3	42	28	66.7	L + 123	13.8	A
	합성 CDO	13	304	274	90.1	L + 99	6.9	AA
	PPN	4	95	24	25.3	14.0%(고정), L + 25	9.8	AA+
	수익증권	2	43	44[4]	103.7	15.0%(고정), Euribor + 200	8.5	−
CDS (16)	CDS of CDO	11	500	423	84.6	57	7.4	AAA
	Single name CDS	5	125	4	3.2	27	5.2	A
합 계 (평 균)		81	1,820	1,408	77.3	−	23.2	A+

주) 1) '08.12월말 기준
2) 각 상품별 가중평균치
3) 각 상품별 매입시점 기준 신용등급을 산술평균하여 산출
4) 달러/유로 환율 변동에 따라 투자손실(달러 기준)이 매입가(달러 기준)를 초과

자료 : 예금보험공사

제2절 * G은행의 CDS거래 내용

2-1. Single Name CDS거래

신용파생상품 중 가장 큰 비중을 차지하는 기본적인 상품으로써 CDS는 전통적인 지급보증의 진화된 형태라고 할 수 있다. 보장매입자(protection buyer, 자산보유자, 위험회피자)가 보장매도자(protection seller, 위험인수자)에게 정기적으로 일정한 수수료를 지급하는 대신 어떠한 신용사건이 발생할 경우 약정된 금액을 지급받는 계약을 말한다. 보장매도자는 자기자금의 부담 없이 수수료수익과 포트폴리오의 신용위험을 함께 인수하게 된다. 이때 보장금액은 보장매입자가 보유하고 있는 준거자산의 신용사건이 발생하면 손실을 보상해주어야 하는 금액이라고 할 수 있다. 다만, 준거자산에 내재된 신용위험만을 헤지하며, 금리변동과 같은 시장위험은 여전히 보장매입자에게 남아 있게 된다. 이는 일종의 보험가입에 따른 보험금과 유사하다.

CDS계약은 구조화를 하는데 있어서 거래당사자 그 누구도 손해를 보지 않도록 공정하여야 한다. 그러기 위해서는 당사자들이 기대하는 이익과 동등한 선에서 그 가치가 결정되어야 한다. 따라서 CDS프리미엄은 현금흐름의 현재가치와 신용사건이 발생하는 경우 손실액의 현재가치가 같다.

CDS프리미엄 = 예상손실률(expected loss)
= 신용사건 발생확률 × (1－회수율) × 현재가치할인요소
= 신용사건 발생확률 × 손실률 × 현재가치할인요소

위 식에서 보듯이 준거기업 또는 준거자산의 신용사건으로 인하여 회수율이 낮아지거나 신용사건 발생확률이 높아질 경우 CDS프리미엄은 상승한다.

G은행은 미국의 서브프라임사태로 125백만 달러를 Single Name CDS에 투자해서 4백만 달러의 손실을 초래하였다. G은행이 보장매도자로서 위험회피자에게 신용사건이 발생하면 손실금액을 지급하기로 약정하고 그에 따른 수수료를 연간 15bp 수취하는 구조였다. 이러한 단순 CDS거래에서는 3.2%수준의 손실이 발생한 것으로 전체 손실규모에 비해 그리 많지는 않았다.

〈그림 10-1〉 Single Name CDS거래

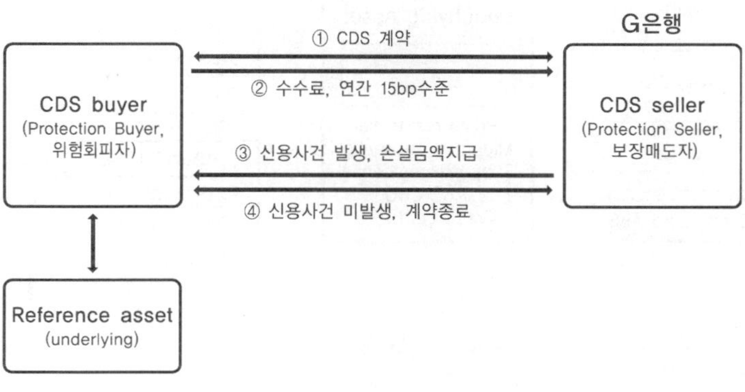

자료 : 예금보험공사

2-2. Synthetic CDO(Funded Synthetic CDO)

자산담보부증권(CDO)은 회사채, 대출채권 등 기업 또는 기관 차입채무를 Pooling한 후 이로부터 발생하는 신용위험 및 현금흐름을 기초로 하여 발행한 유동화증권을 말한다. 일반적으로 CDO는 다른 유동화증권과 마찬가지로 유동화를 위해 설립된 특수목적법인(special purpose company, SPC)을 통해 발행된다.

G은행은 모기지 CDO에 493백만 달러를 투자하여 486백만 달러의 손실이 발생하였는데 그 손실률이 98.7%에 이르렀다. CDO투자는 대부분 수익성을 앞세워 후순위비율이 낮은 하위등급 CDO에 집중 투자하였다. 투자건수 기준으로 A등급 이하가 56.8%에 이르렀다. 그림에서 알 수 있듯이 G은행이 투자한 모기지 CDO보다 열위에 있는 후순위비율은 겨우 7.7%에 불과하였다.

〈그림 10-2〉 CDO거래 구조

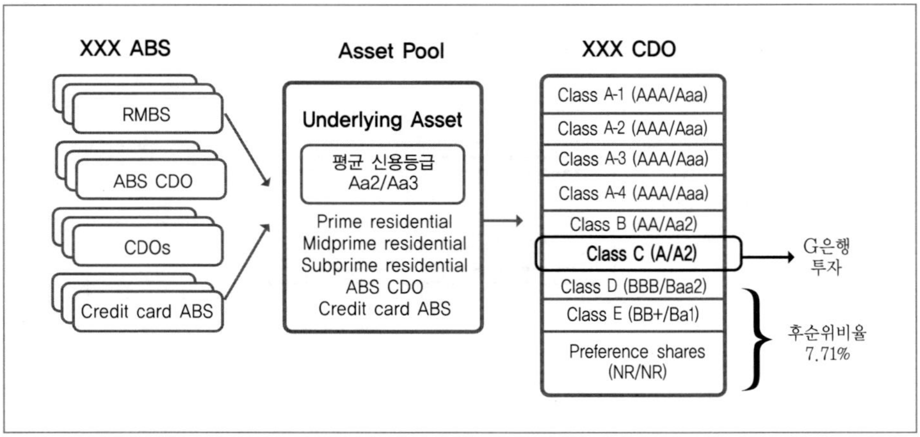

자료 : 예금보험공사

CDO는 위험이전의 형태에 따라 Cash CDO와 Synthetic CDO로 나뉜다. Cash CDO는 자산보유자가 보유하고 있는 자산을 실제 매각을 통해 유동화회사에 위험을 전가한다. 반면 Synthetic CDO는 자산보유자가 자산을 매각하지 않고 계속 보유하면서 신용위험만을 유동화회사에 이전한다. 이때 자산보유자는 특정 자산에서 손실이 발생할 경우 이를 유동화회사로부터 보전받는 내용의 CDS거래를 체결함으로써 신용위험을 이전할 수 있다.

따라서 Cash CDO와 Synthetic CDO 간의 큰 차이점 하나는 소위 "발행(issue) vs 발행자(issuer)"의 문제라고 할 수 있다. Cash CDO는 특정 회사채를 매입하여 실물을 유동화하는 구조이지만 Synthetic CDO에서는 CDS를 통해 어느 기업의 일반적인 채무를 유동화한다. 다시 말해 CDS계약에서는 어느 기업의 특정채무가 아니라 어느 기업이냐가 신용사건의 판단 기준이 된다. 발행(issue) 자체가 아니라 발행자(issuer)에 대한 중요한 문제가 대두되는 것이다.

신용파생상품을 활용한 신용위험 이전거래를 Synthetic CDO라고 부르는 이유는 거래 매커니즘이 현물과 옵션의 합성(synthetic) 포지션으로 이해될 수 있기 때문이다.[1] Synthetic CDO 거래구조를 살펴보면, SPC는 CDO 발행대금으로 국공채와 같은 신용도가 우량한 담보자산을 매입하고, 동시에 보장매입자와의 CDS 계약을 통해 준거자산의 신용위험을 인수한다.

〈그림 10-3〉 합성(synthetic) 포지션의 도해

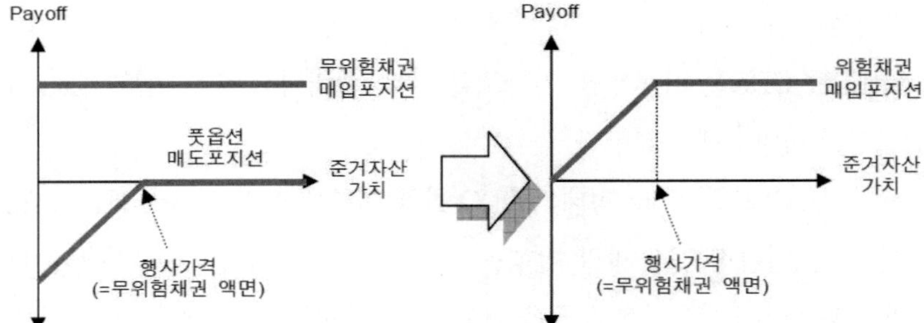

1) 이종석 · 김혜순(2010). Synthetic CDO 평가방법론. 한국기업평가

이러한 거래구조는 SPC가 무위험채권(risk-free bond)에 대한 매입포지션(long position)과 무위험채권의 액면을 행사가격으로 하는 풋옵션에 대한 매도포지션(short position)을 동시에 취한 것과 동일한 경제적 효과를 가진다. 담보자산 매입은 무위험채권에 대한 매입포지션으로, CDS 계약을 통한 준거자산에 대한 보장매도는 무위험채권의 액면을 행사가격으로 하는 풋옵션에 대한 매도포지션으로 해석할 수 있다.

합성 포지션은 준거자산의 신용위험과 연계된 위험채권(risky bond)인 Synthetic CDO를 보유하고 있는 것과 동일한 Payoff를 가진다. 옵션의 만기(CDS 만기)에 준거자산의 가치가 행사가격을 상회하면 풋옵션의 가치가 영(zero)이 되어 투자자는 무위험채권의 액면에 해당하는 금액을 받게 되고, 신용사건 발생으로 준거자산의 가치가 행사가격을 하회하면 투자자는 준거자산에서 발생한 손실만큼 Payoff가 감소하게 된다. 이러한 합성테크닉이 투자자로 하여금 준거자산을 직접 보유하지 않고도 준거자산의 신용위험만을 인수하는 효과를 가져다준다.

Synthetic CDO의 일반적인 구조에서 보장매입자가 되는 금융기관은 CDS의 거래상대방으로서의 역할을 수행하기 위한 SPC를 설립한다. SPC는 투자자들에게 CDO를 발행함으로써 자금을 조달한다. 이때 SPC는 보장매입자와 CDS를 체결하는 당사자이므로 보장매도자가 되거나 다른 보장매도자와 보장매입자를 중개하는 역할을 하게 된다.

Synthetic CDO는 거래유인, 자금조달 여부, 준거자산 운용 여부, CDS 계약방식 등에 따라 다양하게 구분된다.

Synthetic CDO는 Note 형태의 CDO 발행 여부에 따라 Funded와 Unfunded로 구분된다. 일반적으로 채권 발행을 통해 조달한 자금은 투자자에게 매각한 CDO의 신용등급에 상응하는 등급을 가진 유가증권에 투자하게 된다. 이러한 유가증권을 담보(collateral)라 한다. Collateral은 투자자에게 지급할 이자와 원금을 담보하는 역할을 하며 CDO의 신용등급이 보장매입자인 금융기관의 신용도와 상

〈표 10-2〉 Synthetic CDO의 유형

분류기준	특징	유형
거래유인	• 규제자본 경감 및 신용위험 관리 • 차익거래	• Balance Sheet • Arbitrage
자금조달 여부	• CDO 발행을 통한 자금조달 • CDO 미발행	• Funded • Unfunded
준거자산 운용 여부	• 준거자산 운용(trading) 불가 • 운용기준에 따라 준거자산 운용	• Static • Managed
CDS 계약방식	• 1개 거래상대방과 단일 계약 • 다수의 거래상대방과 다수의 계약	• Portfolio CDO • Portfolio CSO

주) CSO(collateralized swap obligation)

관관계를 단절하는 구실을 한다. 이러한 Synthetic CDO를 Funded Synthetic CDO라고 한다.

이때 SPC가 발행하는 CDO 발행규모에 따라 Fully Funded Synthetic CDO와 Partially Funded Synthetic CDO로 세분할 수 있다. Fully Funded Synthetic CDO는 SPC가 CDS 계약금액과 동일한 규모의 CDO를 발행함으로써 SPC의 CDS 계약상 손실보전의무가 전액 담보자산에 의해 보장되는 구조이다.

반면 Partially Funded Synthetic CDO에서 SPC는 CDS 계약금액보다 적은 규모의 CDO를 발행하기 때문에 SPC의 CDS계약상 손실보전의무는 부분적으로만 담보자산에 의해 보장된다. 따라서 Partially Funded Synthetic CDO에서는 CDO 발행규모를 초과하는 수준의 신용사건이 발생하는 경우를 대비하여 SPC 또는 보장매입자가 별도의 CDS를 체결하기도 한다.

G은행은 Funded Synthetic CDO에 304백만 달러를 투자하여 274백만 달러의 투자손실이 발생하였는데 그 손실률은 90.1%에 이르렀다.

〈그림 10-4〉 Funded Synthetic CDO 투자구조

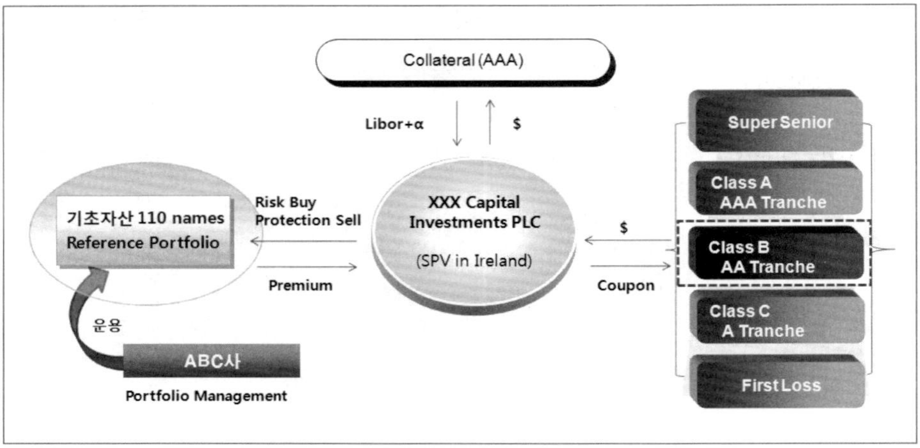

자료 : 예금보험공사

2-3. CDO의 CDS거래(Unfunded Synthetic CDO)

Unfunded Synthetic CDO에서는 CDO를 발행하지 않고 준거자산의 신용위험이 CDS계약에 의해 이전된다. 어떤 준거자산에 대하여 보장매입자가 CDO 발행기관이 되는 유동화회사와 CDS를 체결하며, 유동화회사는 개별 투자자와 또 다른 CDS를 체결하는데, 이때에는 유동화회사가 보장매입자가 되는 형태이며, 투자자는 준거자산에 대한 최종적인 보장매도자가 된다. Unfunded 구조에서는 준거자산에서 신용사건이 발생할 때마다 투자자들이 이에 대한 손실을 부담하는 형태를 취한다.

최초 거래시점에는 별도의 자금거래가 수반되지 않는다. 따라서 보장매도자 입장에서는 CDO인수대금 납입을 위한 별도의 자금조달이 필요치 않으며, CDS계약만으로 준거자산의 신용위험에 대한 투자를 통한 CDS프리미엄을 얻을 수 있다. 보장매입자가 지불하는 스왑 프리미엄은 일정한 시점마다 유동화회사를 거쳐 투자자들에게 지급된다. 이때 가장 선순위 투자자일수록 프리미엄을 우선적으로 수취

할 권리를 가지게 된다. 만약 준거자산에서 신용사건이 발생하면 보장매입자가 지급하는 프리미엄은 줄어들게 되고, 후순위 투자자는 처음에 약정된 프리미엄을 받지 못할 수도 있다. 준거자산의 신용사건으로 인해 손실이 발생하기 시작하면, 투자자들이 보장매입자에게 그 손실을 보상하는 신용사건지급이 이루어진다.

반면, 보장매입자 입장에서는 신용사건이 발생하면 손실보전액 지급재원이 사전적으로 확보되지 않는 구조이기 때문에 보장매도자의 손실보전의무 불이행위험과 관련한 거래상대방위험에 노출될 수 있다.

G은행은 Unfunded Synthetic CDO거래로 인해 500백만 달러를 투자하여 423백만 달러의 투자손실을 입게 되어 그 손실률이 84.6%에 이르렀다.

〈그림 10-5〉 Unfunded Synthetic CDO 구조도

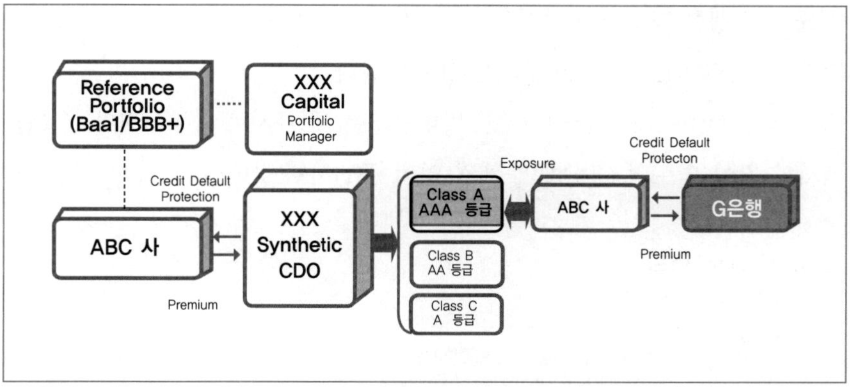

자료 : 예금보험공사

2-4. Basket CLN(Credit Linked Notes)

신용연계채권(CLN)은 신용파생상품을 증권화한 것으로 일반적인 채권과 달리 이자나 원금의 지급 조건이 통상 신용사건의 발생 유무 및 회수율 등 준거채무의 성과에 따라 달라지는 채권이다. CLN 발행자(보장매입자)는 CDS가 내포된 신용

연계채권을 발행하고 이를 투자자에게 매도하여 매각대금을 수취한다. CLN 투자자(보장매도자)는 약정이자를 받고 신용사건이 발생하지 않으면 정상적으로 원금을 받지만 정해진 신용사건이 발생하는 경우 기초자산의 손실을 부담한다. CLN 투자자는 자산의 직접 구매 없이 그에 대한 투자효과를 누릴 수 있으며 발행자는 신용위험의 헤지 또는 규제자본의 조정 등의 혜택을 누릴 수 있다.

바스켓 CLN의 발행구조는 일반적인 CLN이나 Funded Synthetic COD의 구조와 유사하다. 단지 몇 번째 자산에서 신용사건이 발생할 때 신용사건지급을 할 것인가에 따라 CLN의 현금흐름이 결정된다는 특징을 가지고 있다. CDS의 신용사건지급은 준거자산 중 N번째로 신용사건이 발생할 때 이루어지며 바스켓 CLN의 투자자는 신용사건지급이 발생할 때 손실이 발생한다. 따라서 투자자는 N-1개까지 부도가 발생하는 것은 아무 상관이 없으며, N+1개 부도가 발생하더라도 N개에서 부도가 발생한 경우와 손실액은 동일하다. 이러한 형태의 바스켓 CLN을 N번째 부도관련 CLN(Nth-to-default CLN)이라 한다.

전형적인 Nth-to-default CLN 발행구조는 두 가지로 나누어진다. 〈그림 10-6〉에서와 같이 별도의 CDS계약 체결 없이 증권사(보장매입자) 등이 직접 발행하

〈그림 10-6〉 CLN 구조도

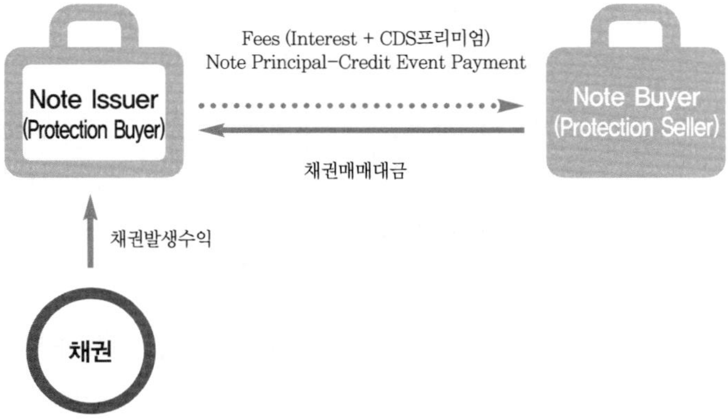

자료 : 김형석(2010)

여 투자자에게 매도하는 구조가 있다. CLN 발행자(보장매입자)는 CDS가 내포된 신용연계채권을 발행하고 이를 투자자에게 매도하여 매각대금을 수취한다. CLN 투자자(보장매도자)는 채권에서 발생된 이자와 CDS프리미엄을 받는 대가로 신용사건이 발생하는 경우 기초자산의 손실을 부담한다.

또 다른 형태는 〈그림 10-7〉에서와 같이 SPC를 설립하여 스왑거래상대방과 스왑계약을 체결하고 이를 CLN 투자자에게 매도하여 리스크를 전가하는 방법이다.

〈그림 10-7〉 SPC를 이용한 CLN 구조도

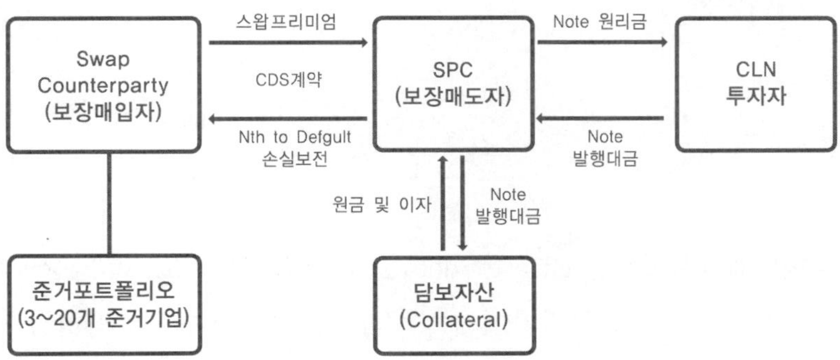

자료 : 이종석 · 김혜순 (2010)

바스켓 CLN을 매입한 투자자는 기본적으로 2개 이상의 준거자산으로 구성된 풀의 신용위험에 노출되며, CLN 발행자, Collateral의 신용도 등으로부터 영향을 받게 된다. 바스켓 CLN은 준거자산에서 몇 번째 부도가 발생하느냐에 따라 1번째 부도관련 CLN(First-to-default CLN), 2번째 부도관련 CLN(2nd-to-default CLN) 등으로 나눠진다.

만약 Basket 내 자산이 서로 100% 부도상관관계(correlation)가 있을 때 Basket은 하나의 자산처럼 움직이며 보장매도자(protection seller)는 Basket 자산 중 가장 높은 CDS Spread를 FTD(First to Default) 프리미엄으로 받을 것이라 기대한다. 그러나 만약 부도상관관계가 전혀 없을 때, 즉 0% 상관관계에서 Basket은 자산 간의 상관성 없이 독립적으로 움직인다. 보장매도자는 Basket의 CDS Spread의 합을 FTD 프리미엄으로 받을 것으로 기대한다.

〈그림 10-8〉 부도Correlation과 FTP프리미엄과의 관계

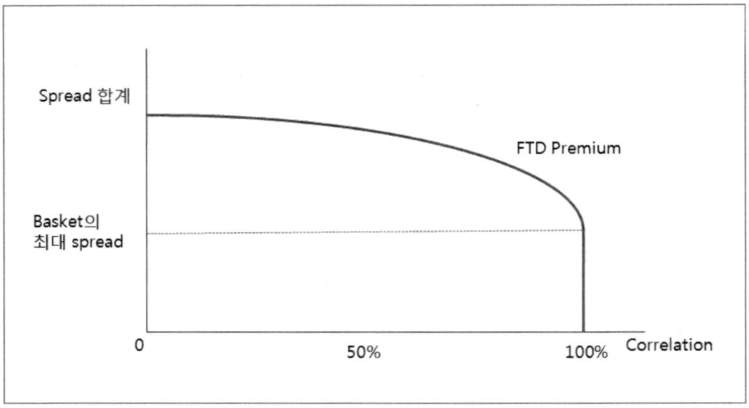

한편 해외에서 발행되는 Nth-to-default CLN은 FTD CLN이 가장 보편적인 것으로 알려졌다. CLN 투자자에게는 FTD CLN 투자를 통해 하방 리스크(downside risk)를 어느 정도 제한할 수 있기 때문이다. FTD CLN 투자자 입장에서 부담하는 손실은 액면금액에서 부도 후 회수금액을 차감하는 금액에 해당하며, 이 금액은 동일한 자산을 매입하여 보유하고 있을 경우 부담하는 손실과 동일하기 때문이다.

G은행은 〈그림10-9〉에서와 같이 해외에 있는 특수목적법인(special purpose vehicle, SPV)이 발행한 Basket CLN 구조에 100백만 달러를 투자하여 14백만 달러의 손실을 초래하였다.

〈그림 10-9〉 CLN의 Basket CDS 구조도

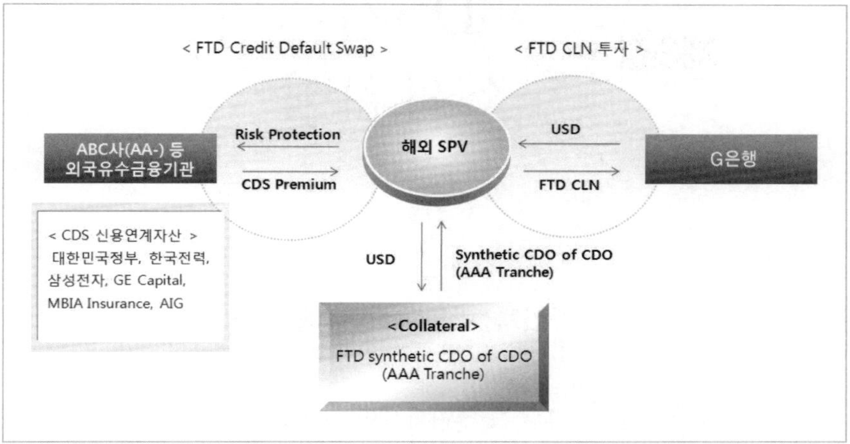

자료 : 예금보험공사

〈해외사례〉 AIG와 Citi Group의 서브프라임관련 부실

AIG

AIG는 Financial Products Corp(AIG-PF)와 Trading Group(AIG-TG)을 통하여 CDS관련 투자를 2006년 4,836억 달러, 2007년 5,618억 달러, 2008년 3,055억 달러로 확대하였다. 2008년 9월 AIG의 당기영업손실은 482억 달러로써 대부분 AIG-PF(손실률 48.3%, 233억 달러)에서 발생하였다. 이와 같은 영업손실은 AIG-FP와 CDS 보장매도계약을 체결한 금융회사의 기초자산의 부실 등에 따른 대규모 상각처리, 담보실행 등이 주요인이었다.

FRB와 미국정부는 보험계약자를 보호하고 AIG와 CDS계약을 체결한 금융회사로의 위험확산을 방지하기 위해 2008년 9월 이후 3차례에 걸쳐 공적자금을 투입할 수밖에 없었다. AIG의 공적자금 수혜규모는 2008년 9월 850억 달러 상당의 Credit line제공을 시작으로 2008년 10월 378억 달러, 2008년 11월 1,525억 달러 등 총 2,753억 달러에 달했으며 2009년 3월 미재무부는 신규발행 우선주 300억 달러 매입, 기존 매입한 우선주 400억 달러의 비누적적 우선주로 전환하고, SPC를 설립하여 AIG의 생명보험 자회사(AIA, ALICO) 지분을 넘기는 등 추가적으로 공적자금을 투입하였다.

Citi그룹

Citi그룹은 2003년 이후 기관투자본부(institutional clients)의 구조화투자회사(structured investment vehicle)를 중심으로 CDO시장에 공격적으로 진출하였다. Citi그룹의 CDO 발행규모는 2004년말 86억 달러에서 2007년말 493억 달러로 증가하였다. 그러다가 2008년 12월말 82.9억 달러의 당기 영업손실을 기록하였는데, 이 손실은 구조화투자회사가 보유하고 있는 서브프라임 모기지 채권의 대규모 상각, 담보실행 등으로부터 발생하였다.

한편, FRB와 미국 정부는 Citi그룹이 파산할 경우 금융시장에 미치는 파장을 감안하여 2008년 10월 긴급경제안정화법안에 기초하여 250억 달러 규모의 유동성을 지원하였다. 미국 정부의 유동성 지원에도 불구하고 2008년 11월 21일 Citi그룹의 주가가 3.77달러로 급락하여 16년 내 최저치를 기록하였고 Citi그룹의 재무위기가 지속되었다. 이러한 1차 유동성 지원에도 과도한 CDO 투자에 따른 부외부채가 실현되어 대규모 손실이 발생할 경우 Citi그룹에 대규모의 자본이 소요되리라 예상한 미국정부는 2008년 11월 Citi그룹에 2차로 공적자금을 투입하였다. 정부가 3,060억 달러 상당의 부실자산을 보증하였고, Citi그룹 우선주 발행금액 70억 달러에 대한 27억 달러의 신주인수권을 정부에 부여하는 것을 포함하여 현금 200억 달러 상당을 추가로 투입하였다.

제3절 * CDS거래의 손실원인[2]

3-1. 준거자산의 신용등급에 대한 과신

CDS투자는 그 준거자산의 신용도에 따라 안정적인 수익이 담보된다. CDO 또한 기본적으로 준거자산의 신용도에 따라 현금흐름의 지속여부를 좌우한다. 따라서 신용파생상상품에 대한 투자결정은 신용사건 판단의 기준을 어떻게 정하느냐가 매우 중요하다. 신용파생상품의 신용사건은 ISDA의 정의를 대부분 그대로 사용한다. IDSA에서 정의한 신용사건은 파산(bankruptcy), 지급실패(failure to pay), 채무재조정(restructuring), 계약의무불이행(obligation default), 기한이익상실(obligation acceleration), 국가 대외채무이행거절/모라토리엄선언(repudiation/moratorium) 등으로 분류하고 있다.

국채, 일반회사채의 신용등급은 채권 자체에 대한 신용은 물론 발행자에 대한 신용을 고려해서 등급을 부여하는 반면 CDO는 기초자산의 현금흐름을 토대로 등급을 부여한다. 동일등급의 다른 채권에 비해 CDO신용등급에 대한 투자가 수익률이 월등히 높은 이유이며 그만큼 잠재적 위험이 높다.

그런데 G은행은 수익성 등을 앞세워 하위등급 CDO에 집중적으로 투자하였다. CDO의 A등급 이하가 56.8%나 되었으며 G

2) 금융감독원 보도자료(2009.9.9), 예금보험공사 보도자료(2009.9.25) 등을 참고하여 정리하였다.

은행이 투자한 모기지 CDO보다 열위한 후순위비율은 7.71%에 불과하였다. 국채나 회사채 등은 A등급의 경우 투자대상으로 그리 나쁘지 않은 등급에 해당한다고 할 수 있다. 그러나 CDO의 A등급은 후순위 바로 윗 단계에 해당하여 거의 투기등급에 해당한다. 신용파생상품의 준거자산 신용등급에만 지나치게 의존한 투자가 대규모 손실의 주원인이라고 할 수 있다.[3)]

3-2. 과도한 자산성장 경영정책

비정상적인 자산성장정책은 동서고금을 막론하고 금융기관의 건전성을 해친다는 것을 여러 사례에서 찾아 볼 수 있다. G은행 역시 예외는 아니었다. IB부문에 대한 과도한 성과목표 부여가 그것이다. 은행장은 IB본부장과 성과목표 계약서에 CDO, CDS, CLN 등 외화구조화증권에 대한 투자 확대를 지시하고, IB본부의 자산성장목표 및 수익목표를 과도하게 높게 부여하여 CDO · CDS에 대한 투자 확대를 유도하였다. 은행의 자산증대 목표는 이사회에서 전체 자산증대 목표보다 10.5~17.7% 이상 높게 부여하였고, 2006년 IB부문에 대해서는 전년 대비 자산 98% 성장 및 수익 63% 확대를 목표로 과도하게 설정하였다.

〈그림 10-10〉 IB본부 자산 · 수익 증대 목표

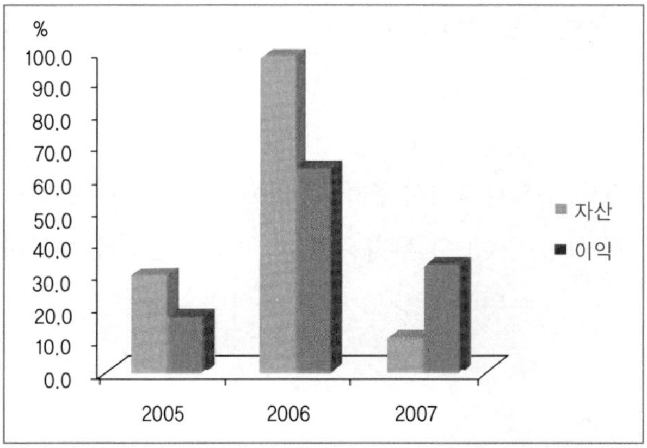

3) 2009년 10월 23일 2009년 국정감사장에서 은행장은 그 당시 투자를 우량투자대상인 더블A, 트리플A급 우량채권이라고 밝힌 바 있다.

한편, 블룸버그통신에 의하면 A등급 미국 우량 회사채의 2006년도 평균 수익률은 [Libor + 17bp] 수준에 불과하였다. 당시 G은행의 신용등급은 S&P기준 A-로 조달 금리는 [Libor + 100bp] 내외로 형성되었다. 높은 신용등급의 외화 회사채에 투자하는 경우 수익률이 낮아 사실상 투자수익을 거의 얻을 수 없었다.

이런 이유로 위험은 높지만 수익률이 높은 CDO 등 신용파생상품 투자가 불가피하였고, 수익목표 달성을 위해 외화 자금조달의 필요 없이 수수료 수입이 가능한 지급보증 성격의 CDS매도에 무리하게 투자하였다.

3-3. 리스크관리 및 내부통제 문제

2006년 3월 경영진은 신용연계채권에 대한 투자적시성 확보가 곤란하고 우량자산 증대에 장애가 된다는 사유로 종전에 운영되던 신용연계채권 및 CDS투자에 대한 리스크관리협의회 사전 심의 절차를 폐지하고, IB본부장 전결로 건별 50백만 달러까지 투자할 수 있도록 허용하는 등 리스크관리체계를 사실상 무력화하였다.

CDS투자는 CDO의 트렌칭(tranching) 기법 및 레버리지 효과로 인해 기초자산의 부도율이 일정구간인 해당 트렌치의 손실부담비율을 초과할 경우 전액 손실이 발생하는 고위험거래이므로 원금손실 가능성이 높다. 특히 기초자산이 해외에 존재하는 경우 신용리스크에 대한 모니터링도 어렵다. 이런 복잡한 손실구조에 대한 정확한 이해가 부족한 상태에서 특별한 리스크관리기법을 마련하지 않고 대규모 투자를 실행하였다.

그런가 하면, CDO · CDS 투자과정에서 총 28건의 656백만 달러가 당초 품의서와 상이하게 이루어졌다. Cash CDO 투자품의 후 합성 CDO에 투자하였고, CDS 준거자산의 금액, CDO 후순위비율 등도 당초 품의내용과 다르게 투자하였다.

은행의 상근감사는 CDS · CDO 투자에 대해 수익률이 높으나 유동성이 떨어지므로 안정성과 유동성에 큰 비중을 두고 주기적으로 점검하여 시장상황에 적극 대처하라고 주문하였다. 여신감리부는 신용파생상품 Pricing 기준을 마련하고, 투자의사결정의 체계를 정비하고, 투자에 대한 한도관리를 하도록 요청하였으나 IB본부에서는 이에 대한 적절한 대처를 하지 않았다.

3-4. 유동성리스크 간과

CDO · CDS거래는 장외 신용파생상품으로 다수의 시장참여자가 존재하는 유통시장이 형성되어 있지 않아 본질적으로 유동성이 매우 낮은 상품 특성을 갖고 있다. 특히 은행의 CDO거래 계약서(offering memorandum)에는 유동성이 매우 낮은(highly-illiquid) 상품이며, 통상 30~40년까지 보유할 위험을 감수하는 경우에만 투자할 것으로 명시되어 있었다.

Limited Liquidity and Restriction on Transfer

There is currently no market for the Notes. …중략… There can be no assurance that a secondary market for any of the Notes will develop. Consequently, an investor in the Notes must be prepared to hold its Notes for an indefinite period of time or untill the Stated Maturity of the Notes. (Source : Offering Memorandum)

상품 특성상 만기 전에 현금화하는 것은 사실상 발행자가 재매입하는 경우에만 가능하였으며, 이마저도 발행자가 재매입하는 경우 대부분 외국계 투자은행이었다. 실제로 G은행이 2006년~2007년 동안 CDO 3건을 매각하였으나, 3건 모두 매입 당시 거래상대방이 재매입한 것으로 밝혀졌다.

또한, CDS는 계약 당사자 간 일종의 지급보증계약으로 당사자 합의 없이 거래를 제3자에게 이전시키는 것이 사실상 불가능하다. 특히 CDS는 파산위험을 보증하는 상품이므로 파산위험이 증대될 경우 피보증자가 계약을 해지하거나 이전시킬 유인이 거의 없다.

결국 CDO · CDS 등은 유동성이 극히 제한된 상품으로, 위험이 증대되는 경우 가격이 급락하며 처분이 매우 곤란하다. 그런데도 G은행은 특별한 근거 없이 시장 매각이 가능하다고 판단하는 등 유동성리스크에 대한 검토가 미흡한 상태에서 대규모 투자를 실행하였다.

3-5. 거래상대방리스크 발생

거래상대방리스크는 하나 또는 여러 개의 거래와 관련된 거래상대방이 최종 결제 전에 부도가 발생함으로써 동 거래로부터 발생하는 현금흐름이 이루어지지 않아 손실이 발생할 리스크를 말한다. 이 경우 투자자가 입게 되는 경제적 손실은 다른 거래상대방과의 계약이 부도시점에 양(+)의 경제적 가치를 가질 경우에만 발생한다.[4)]

CDO투자는 보장매입자의 프리미엄 지급이 현금흐름을 담보하는데 매우 중요한 요소이다. SPC를 통해 CDO가 발행될 때 보장매입자의 신용도가 CDO의 목표등급에 비해 낮은 경우 CDO발행 자체가 안될 수 있다. 일반적으로 CDO의 최선순위 트렌치(tranche) 목표등급은 보장매입자의 신용등급에 상응하도록 설정하며, 만약 목표등급이 다소 높은 수준이라면 보장매입자는 신용도가 높은 다른 금융기관 등과 새로운 스왑을 체결하여 프리미엄의 현금흐름을 목표등급과 동일한 수준으로 가져간다.

CDO매각을 통해 투자자로부터 받은 자금으로 매입한 Collateral에서 발생하는 현금흐름도 중요하다. CDO발행을

4) 문종진 등(2011). 거래상대방리스크관리. 한국금융연수원

통해 확보한 자금은 신용도가 높은 자산에 투자해야 한다. Collateral은 투자자에게 지급할 현금흐름의 원천일 뿐만 아니라, 신용사건 지급의 원천이다. 신용사건이 발생하지 않는 경우 Collateral에서 수취한 현금흐름은 투자자에게 약정된 원리금 등을 지급하는데 사용하게 된다. 신용사건이 발생하면 이에 해당되는 준거자산과 Collateral을 현물로 결제하거나 Collateral을 매각하여 보장매입자에게 손실액만큼 현금결제를 하게 된다.

CDO에 대한 원리금 지급의 적시성을 확보하기 위해서는 보장매입자가 지급하는 프리미엄과 Collateral로부터의 현금유입 시점을 투자자에 대한 현금유출 시점과 일치시켜야 한다. 보장매입자로부터 받는 프리미엄은 장외시장에서 개별적으로 체결하는 스왑을 통해 결정되기 때문에 현금유입 시점을 자유롭게 가져갈 수 있다. 그러나 Collateral은 사모 매입보다는 유통시장에서 매입하는 경우가 많기 때문에 현금흐름 스케줄에 괴리가 발생할 수 있다. CDO와 Collateral이 동일한 3개월 이표채일지라도 이자지급 시기가 다를 수 있으며, Collateral이 6개월 또는 1년 복리채권이거나 할인채권일 수도 있다. 이러한 현금흐름의 기간 불일치를 해결하기 위해서는 Collateral의 발행회사와 새로운 스왑을 체결하거나, Collateral과 동일한 신용등급을 가진 다른 거래상대방을 찾아 스왑을 체결하여 CDO의 현금흐름과 시기를 맞추어야 한다.

글로벌 금융위기 전까지 CDO거래에 수반되는 CDS거래도 급속도로 증가하였다. 그러나 한편으로는 글로벌 금융위기에서 미국의 금융당국조차도 파생상품에 대한 포지션이나 익스포저를 정확히 파악하지 못했다. AIG, Lehman Brothers 등 CDS매입자, 매도자로서 대규모 거래를 수행했던 유수금융기관이 파산에 이르면서 서브프라임관련 CDO · CDS거래에서 연쇄적인 손실이 발생하였으며, 거래상대방에 대한 리스크관리가 전혀 되지 않았다. G은행도 CDO · CDS거래로부터 발생된 거래상대방리스크의 희생양이라고 할 수 있다.

N은행의 이자율스왑거래

제11장

파생상품 거래손실 사례분석

제1절
사건 개요

제2절
이자율 파생상품거래 조작내용

제3절
손실발생 및 사고원인

제1절 * 사건 개요

N은행 자금운용부 파생상품 딜러 차장 조OO이 스왑 및 해외 금리선물 등을 거래하는 과정에서 고의적으로 거래조건을 바꾸거나 가공의 거래를 전산에 입력하는 방법으로 손익을 조작하였다. 이 사고는 이자율스왑, 통화스왑, 유로달러 금리선물, 달러 LIBOR스프레드거래 등 다양하게 이루어졌으며, 위반회수도 469회, 사고 관련 명목금액 또는 계약금액은 20조 원을 훨씬 넘었다. 그 결과 파생상품 손익왜곡이 1,335억 원에 이르고 손실금액도 215억 원 발생하였다.

이 사고자는 은행이 취급을 제한한 파생상품거래를 하면서 은행에 손실을 끼쳤는데 은행에서는 이러한 손익조작행위가 장기간 지속되었으나 파생상품 딜러에 대한 통제는 물론 프론트오피스에 대한 관리와 감독이 부실하였고, 리스크관리부서 및 백오피스에 대한 내부통제기능도 미흡하였으며, 준법감시인 등의 내부 감시기능도 취약하여 사전에 사고를 예방하거나 조기에 적발하지 못하였다.

〈표 11-1〉 파생상품 딜러의 사고내용

거래대상	행위유형	위반회수	명목금액	손익왜곡금액(억 원)	손실금액(억 원)
이자율 (통화)스왑	미래현금 흐름 조작	33	6,079억 원	19	
이자율 스왑	고정금리 조작	47	1조 2,033억 원	8	
	가공거래 입력	4	800억 원	0.068	
유로달러 금리선물	거래조건 조작	179	11,591계약	1,222	6
	가공거래 입력	32	4,540계약	69	
달러 LIBOR 스프레드	취급제한 파생상품거래	146	4,110백만 달러		209
	고정금리조작	28	685백만 달러	17	
합 계		469		1,335	215

제2절 * 이자율 파생상품거래 조작내용

2-1. 이자율 스왑거래 조작

사고 딜러는 자신이 관리하는 계정의 손실금액이 연간 한도를 초과하여 딜러업무가 정지되는 것을 회피하고자 하였다. 2010년 6월 9일부터 2011년 1월 7일 기간 중 이자율스왑과 통화스왑거래에 대한 미래 현금흐름을 33회, 명목금액 6,079억 원을 조작하여 19억 원의 손익을 과대 계상하는 방법으로 딜러 성과평가를 왜곡하였다. 손익조작하는 방법은 아주 간단하였다. 이자율스왑거래와 통화스왑거래에서 지급금리를 낮게 하거나 수취금리를 높게 하는 방법을 사용하였다.

또한 사고자는 딜러 성과평가를 왜곡하기 위해 2010년 7월 21일부터 2011년 10월 24일 기간 중 이자율스왑계정 등을 운영하면서 47회, 8억 원의 손익을 조작하였다. 특히 리스크관리부의 비시장가격 점검을 회피하거나 손실규모를 축소하기 위해 이자율스왑거래 후 당일 고정금리를 허위로 입력하고, 다음날 정당 금리로 정정하는 수법을 사용하였다.

〈그림 11-1〉 이자율스왑거래 조작 절차

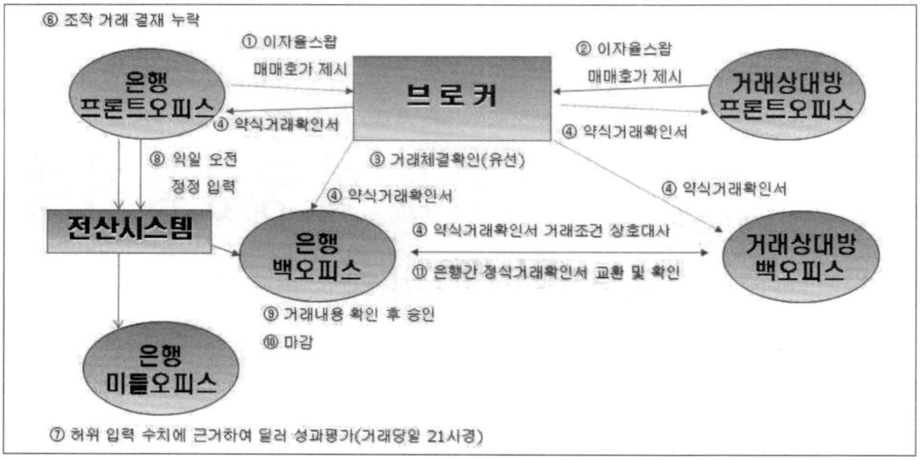

그런가 하면 사고 딜러는 손실규모를 축소할 목적으로 2011년 6월 7일부터 2011년 8월 23일 기간 중 이자율스왑거래에서 가공거래를 하였다. 그는 실제로 발생하지 않은 가공의 이자율스왑거래 4건, 명목금액 800억 원을 전산 입력하여 당일 리스크관리부서(middle office)에서 실시하는 딜러 성과평가를 받고, 다음날 아침 사후관리부서(back office)에서 해당 거래 승인(verify) 전에 가공입력거래를 취소 처리하는 수법을 사용하였다.

2-2. 해외 금리선물거래 조작

사고 딜러가 운용하는 이자율스왑계정의 연간 손실 한도는 20억 원으로 정해져 있었다. 그는 한도 초과로 인한 해당 계정의 청산을 회피하기 위해 2011년 3월 14일부터 2011년 11월 23일 기간 중 해외 금리선물거래의 계약 수와 거래가격을 179회 조작하여 1,222억 원의 손익을 왜곡하였다. 정당하게 관리되었다면 2011년 8월 5일 기준으로 발생된 손실액은 25억 원으로 연간 한도를 초과하여 딜러업무를 중단했어야 했다. 이렇게 Middle office에서 실시하는 딜러 성과평가를 왜곡하여 조작행위 발견일, 즉 2011년 11월 23일까지 딜러 업무를 계속 수행하였다.

〈그림 11-2〉 해외 금리선물거래 조작 절차

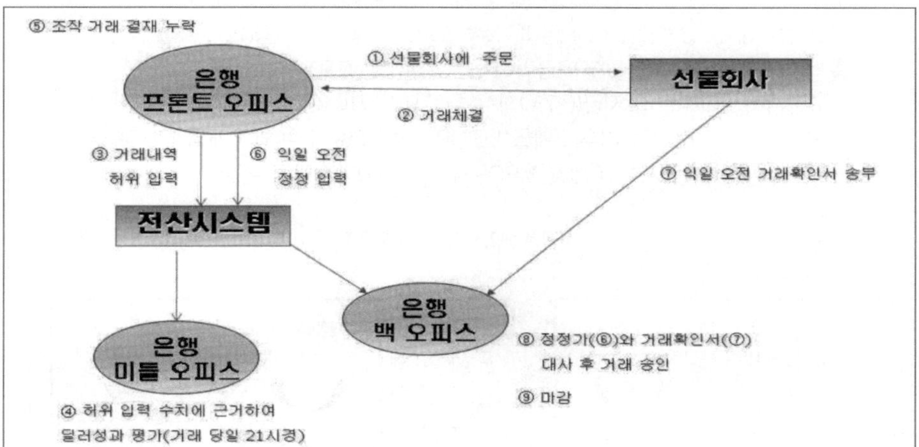

그런가 하면 사고 딜러는 2010년 1월 22일부터 2011년 9월 26일 기간 중 손실규모를 축소할 목적으로 해외 금리선물거래에서 69억 원의 손익을 조작하고, 실제로는 발생하지 않은 가공의 해외 금리선물거래 32건, 4,540계약을 전산에 입력하여 딜러 성과평가를 왜곡하였다. 이런 방법으로 당일 Middle office에서 실시하는 딜러 성과평가를 받고 익일 오전 Back office에서 해당 거래 승인하기 전 입력한 거래를 취소

처리하였다.

2-3. 취급제한 파생상품거래 및 손익 조작

N은행은 스왑북을 이용해 금리리스크를 관리하고 있었다. 스왑북딜러는 기간물 금리간 차이가 없거나, 차이가 있다고 하더라도 베이시스가 안정적으로 일정하게 움직일 때 커버거래는 물론 차익거래를 위해 트레이딩을 하기도 한다. 이런 거래를 통해 적절한 수익을 얻는 것이 통상적인 스왑북운영의 한 방법이라고 할 수 있다.

3-6개월 베이시스 스왑거래구조

- 2개의 이자율스왑 거래에 대하여 매수 및 매도를 동시에 실시하는 구조이며 다음과 같이 스왑거래 2건을 체결했다고 가정 (명목원금 각 1천만 미달러)
  ① 스왑거래 1 : 3개월 LIBOR금리 수취, 고정금리 0.7% 지급(1년 만기)
  ② 스왑거래 2 : 6개월 LIBOR금리 지급, 고정금리 0.9% 수취(1년 만기)
  - 고정금리 : 고정금리 지급(0.7%)과 수취(0.9%) 차이(0.2%)만큼 이익
  - 변동금리 : 거래시점 이후 3개월 LIBOR금리(0.5% 수취)와 6개월 LIBOR금리(0.7% 지급) 확정시 3-6개월 LIBOR금리 차이(0.2%)만큼 손실

3-6개월 베이시스스왑거래 구조

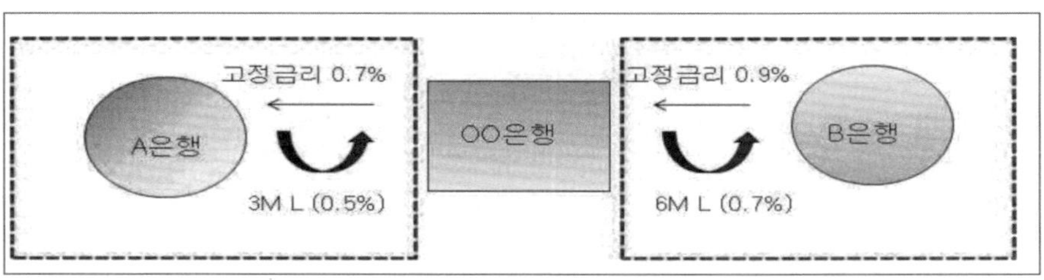

- 거래 이후 3개월 LIBOR금리-6개월 LIBOR금리가 확대되면 손실규모는 커지나, 3개월 LIBOR금리-6개월 LIBOR금리가 축소되면 손실규모는 줄어드는 구조

달러 LIBOR스프레드 거래는 주로 3-6개월 베이시스 스왑거래구조하에서 이루어졌다. 예를 들어 보면, 고정금리차이는 0.20%(0.90-0.70)로써 거래시점에 이자율스왑 평가이익은 2천만 원이 발생하였다고 하자. 이후 3개월 LIBOR(0.5%)와 6개월 LIBOR(0.7%)이 확정되면 이자율스왑 평가손실 2천만 원이 발생하게 된다. 따라서 평가이익과 평가손실이 동일하게 되므로 은행의 파생상품 손익은 없는 것으로 설계된다.

〈그림 11-3〉 및 〈그림 11-4〉는 부당하게 거래한 기간의 스프레드 추이를 나타내는 그래프이다. 사고 딜러는 당시에 스프레드가 안정적으로 움직여 달러 LIBOR스프레드거래에 대한 많은 유혹을 느꼈을 것으로 보인다.

〈그림 11-3〉 3년만기 1-3개월 LIBOR스프레드 추이

〈그림 11-4〉 3년만기 3-6개월 LIBOR스프레드 추이

그러나 은행은 달러 LIBOR스프레드 거래에 대한 리스크관리가 어렵다고 판단하여 취급을 제한하고 있었다. 사고 딜러는 2011년 3월 15일부터 2011년 9월 14일 기간 중 146회, 명목원금 4,110백만 달러의 달러 LIBOR스프레드 거래를 실행하여 209억 원의 손실을 초래하였다. 이 과정에서도 2011년 3월 15일부터 2011년 9월 14일 기간 중 리스크관리부의 비시장가격 점검 회피 및 손실규모 축소 등을 위해 28회에 걸쳐 달러 LIBOR스프레드 거래를 당일 고정금리로 허위 입력하고, 다음 날 정당 자료를 입력하기 위해 정정하는 수법으로 17억 원의 손익을 조작하여 딜러 성과평가를 왜곡[1]하였다.

1) 이러한 모든 행위는 사후관리부서가 익일 승인(verify)하기 전 허위 입력된 수치를 정정하여 재무회계에는 정상 수치가 반영되었다.

제3절 * 손실발생 및 사고원인

3-1. 파생상품거래 담당 기능별 내부통제기능 미비

내부통제 기능은 〈그림 11-5〉에서와 같이 거래실행부서(front office), 리스크관리부서(middle office), 후선부서(back office) 등이 견제와 균형이 되도록 유기적으로 이루어져야 한다. 또한 준법감시부문(compliance)은 내규에 따라 이들의 견제와 균형이 원활하게 이루어지는지 살펴보고 적절하게 통제되어야 한다. 이 은행의 파생상품거래 담당 기능별로 부족했던 부분을 정리하면 다음과 같다.

〈그림 11-5〉 기능별 내부통제기능

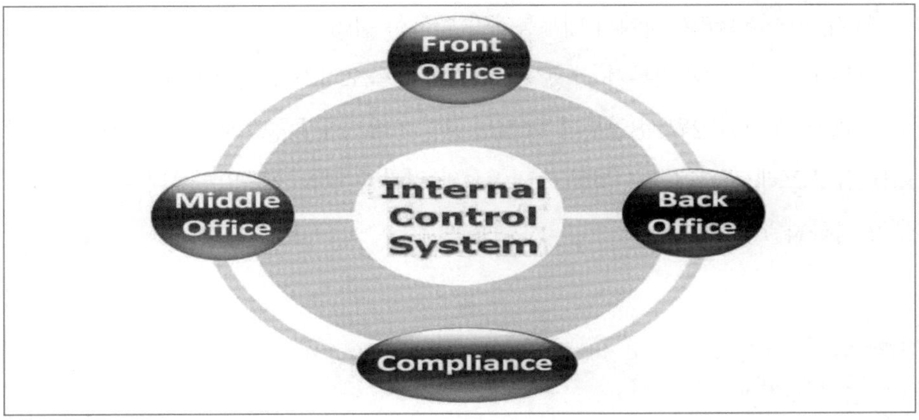

첫째, 파생상품거래 부서에서 내부통제가 미흡한 점이다.

N은행은 파생상품거래 실행부서로서 자금운용부를 두고 있었다. 일반적으로 딜링룸에서 파생상품 거래가 이루어지는 경우 파생상품딜러는 브로커나 거래상대방으로부터 확인된 거래확인서 또는 Deal Ticket을 거래일보에 첨부하고 파생상품거래 수기기록부를 작성하여 책임자의 결재를 받게 된다.[2] 그러나 N은행의 거래부서에서는 이러한 절차가 누락되는 등 파생상품 딜러의 거래내용에 대한 감독을 소홀히 하였다.

〈그림 11-6〉 사고거래 흐름도

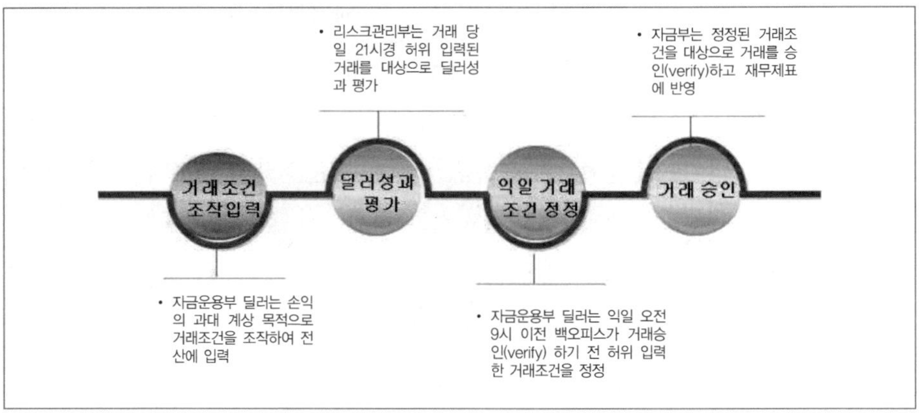

둘째, 리스크관리부서에서 내부통제가 미흡한 점이다.

N은행은 리스크관리부가 파생상품거래의 미들오피스를 담당한다. 이 부서는 사고 딜러가 2011년 2월 18일부터 2011년 9월 14일 기간 중 취급이 제한된 미달러 LIBOR 스프레드 거래를 수행하고 딜러성과 평가를 왜곡하고 있었으나 이러한 사실을 인지하지 못하였다.

2) 금융기관에 따라 파생상품 관련 거래절차, 거래방법, 심지어는 용어 및 부서명 등이 서로 상이할 것이다. 여기에서는 N은행 기준으로 작성하였다.

2009년 미달러 LIBOR스프레드 거래로 거래실행부서에서 거액의 손실이 발생하자 리스크관리부가 이들 파생상품의 리스크를 적절히 통제하기 어렵다고 판단하여 자금운용부에 시행문서를 송부하여 취급을 제한하였다. 그러나 사고 딜러는 리스크관리부에 해당거래에 대한 취급가능 여부를 문의도 하지 않은 채 취급이 제한된 파생상품을 대규모로 거래하였는데 리스크관리부는 이를 모니터링하지 않았고 딜러성과 평가과정에서조차 사고자가 취급이 제한된 파생상품거래를 한 사실을 알아내지도 못하였다.

그런가 하면 이자율스왑손실한도는 60억 원이 배정되었으나 파생상품 가치평가를 위해 사용하는 할인율커브를 모두 3개월 금리구간(term structure)을 사용하였다. 다시 말해 3개월, 6개월 기간금리를 명확히 구분하지 않고 동일하게 파생상품 가치평가에 적용한 것이다. 이렇게 두 기간금리를 동일하게 사용함으로써 금리변동에 따른 평가손실이 금리차이로 인해 발생하고 있었으나 그 원인이 취급제한된 거래라는 사실을 확인하지 못했던 것이다.

또한 리스크관리부는 파생상품딜러의 이자율스왑계정 및 이자율옵션계정에 대한 민감도 한도(PVBP)[3]를 부여하면서 내규에 따라 원화 및 달러 각각의 통화별로 한도를 부여하였으나 배정한 전체 통화를 합산기준으로 관리하였다. 그 결과 정당하게 민감도 한도관리가 되었다면 발견되었을 이자율스왑에서 148회, 이자율옵션에서 58회 한도초과를 발견하지 못하게 되었다.

셋째, 사후관리부서에서 내부통제가 미흡한 점이다.

N은행은 자금부를 두어 후선업무(back office)를 수행하였다. Back office는 대체로 자금운용부 딜러가 입력한 주요 거래조건의 일치여부를 확인한다. 이 과정에서 사고딜러가 이자율스왑거래 및 통화스왑거래에 대한 미래 현금흐름의 변수를 조작한 사실을 미처 발견하지 못하고 해당 거래를 승인하였다.

3) PVBP(Present Value per Basis Point 또는 Price Value per Basis Point)는 금리 1bp 변화에 대한 채권가격의 변화량을 말한다.

자금부는 파생상품딜러가 거래내용 또는 거래조건에 대한 정정이나 변경거래 등을 요청하는 경우 정정요청서를 받아 정정 사유의 적정성을 확인한 후 재승인하여야 한다. 거래 당일 발생한 수정이나 정정 등은 예외일 수 있겠지만 거래 익일 이후에도 이러한 절차를 이행하지 않았다. 또한 사고 딜러가 이자율스왑거래 등을 실행하고 거래 당일 Middle office로부터 성과평가를 받은 후, 거래 익일 Back office의 승인 전 거래의 취소나 정정이 있는 경우 거래확인용 간이확인서(deal slip)가 추가로 전달되지 않으면 그 원인을 파악하여야 하나 이를 소홀히 하였다. 이처럼 정해진 절차를 모두 이행하지 않았다.

넷째, 준법감시부문에서 내부통제가 미흡한 점이다.

자금운용부, 리스크관리부, 자금부는 모두 부서내 준법감시담당자를 두고 있었다. 그럼에도 불구하고 자금운용부 파생상품 딜러의 손익조작 등 부당행위가 장기간에 걸쳐 발생하고 있는데도 준법감시 체크리스트, 내부통제이행사항 점검항목 등 내부통제기준 준수 여부를 형식적으로 점검하였다. 그리고는 내부통제기준을 위반한 사실이 없는 것으로 계속해서 해당 부서장에게 보고하였다.

3-2. N은행의 파생상품 리스크관리 수단 부재

은행은 2008년 글로벌 금융위기 전 대고객 장기 선물환 거래로 발생한 포지션을 헤지하기 위하여 3-6개월 달러 LIBOR스프레드거래를 실행하였다. 그러나 글로벌 금융위기로 인해 3개월 LIBOR 변동금리와 6개월 LIBOR 변동금리 간 스프레드가 큰 폭으로 확대되어 이자율스왑계정에서 108억 원의 손실이 발생한 바 있다.

따라서 내부문서를 통해 변동금리에 대한 포지션을 축소하는 등 스왑베이시스 관리를 강화하였다. 리스크관리부는 이자율스왑북의 손실 한도를 축소하여 그 동안 운용하던 70억 원의 손실한도를 60억 원으로 축소하고 대고객거래 커버 목적의 신규거래만을 할 수 있도록 제한하는 등 리스크관리를 강화하였다. 또한 달러 LIBOR스프레드거래와 관련하여 이자율스왑북에서 2009년 9월부터 추가 포지션을 차단하고, 신규 개설된 대고객 거래 커버계정은 운영목적에 따라 최소한의 포지션을 유지하되 종전의 3-6개월 LIBOR 변동금리 간 스프레드 확대로 인한 손실이 확대되지 않도록 포지션관리를 하도록 요구하였다. 이처럼 N은행은 3-6개월 달러 LIBOR스프레드거래에 수반되는 리스크를 적절히 통제하기 어렵다고 판단하여 취급을 제한하였다. 은행이 자체적으로 이자율파생상품에 대한 리스크를 통제 및 관리하기에 불가능하다고 판단한 것이다.

그런데 3-6개월 달러 LIBOR차이는 글로벌 금융위기 전 평균 7bp 수준을 안정적으로 유지해 왔으나 리먼 파산 이후 이 스프레드차이가 최고 20~30bp수준으로 확대되었다. 2011년 이후 또다시 10bp수준 이하로 떨어져 이 시점에 사고자가 3-6개월 달러 LIBOR스프레드거래를 실행하였다. 그러나 3-6개월 달러 LIBOR스프레드는 이후 15~20bp수준으로 확대되었다.

〈그림 11-7〉 3-6개월 LIBOR금리 차이 추이

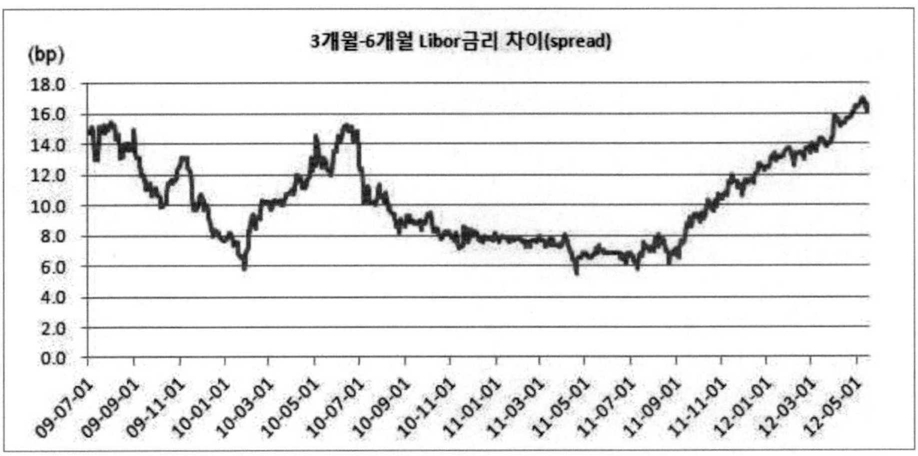

한편, 은행에서는 리먼 파산 이후 3개월 LIBOR와 6개월 LIBOR차이 확대로 인해 큰 손실이 발생한 경험이 있었다. 또한 2011년 이후 또다시 3개월 LIBOR와 6개월 LIBOR와 이자교환시점의 추정값의 괴리가 발생하고 있었다. 그럼에도 불구하고

시장상황을 제대로 반영하지 못하는 3개월 LIBOR를 스왑거래의 공정가액 평가에 모두 사용하고 있었다. 그 결과 3-6개월 달러 LIBOR스프레드거래에서 209억 원의 손실이 발생하게 되었다. 이렇듯 N은행은 사전에 손익조작의 예방은 물론 손실발생에 대한 사실을 파악조차 하지 못하고 있다가 몇 건의 손익왜곡을 발견하여 사고 보고[4)]한 이후 감독당국에 의한 검사과정에서야 손실발생 사실을 확인하게 되었다.

4) 금융기관 검사 및 제재에 관한 규정 제41조에 따라 금융기관은 그 소속 임직원이나 소속 임직원 이외의 자가 위법 · 부당한 행위를 함으로써 당해 금융기관 또는 금융거래자에게 손실을 초래하게 하거나 금융질서를 문란하게 한 경우에는 이를 즉시 감독원장에게 보고하여야 한다.

HD그룹 주식스왑거래

제12장

파생상품 거래손실 사례분석

제1절 * 사건 개요

파생상품거래는 대체로 금융상품 관련 각종 위험을 헤지하거나 수익을 얻기 위해 트레이딩을 목적으로 한다. 하지만 HD그룹은 2006년 HD상선(주)와 관련한 HD중공업 등과의 경영권 분쟁[1]으로 파생상품을 이용해 자금부담 없이 우호지분 확보를 추진하였다. HD그룹은 HD엘리베이터를 통해 HD상선 보통주, HD증권 우선주 등을 기초자산으로 하는 주식파생상품계약을 국내외 업체와 체결하였다. 이를 위해 HD상선 보통주를 발행하여 거래상대방에게 양도하고 주식 관련 차액정산옵션, 주식스왑, TRS, 풋옵션거래 등을 통해 이들이 보유한 의결권을 확보하였다.

이들 거래는 〈표 12-1〉에서 보는 바와 같다. 홍콩에 있는 Cape Fortune과 301만주에 대해 차액정산옵션거래를 하고, 아일랜드에 있는 Nexgen Capital과 713만주에 대해 주식스왑거래를 하였다. 그리고 국내의 N투자증권 등 3개 기관과 811만주에 대해 TRS거래를 하였고, DW조선해양과는 287만주에 대해 풋옵션 매도거래를 하였다. 이들 거래를 통해 HD그룹은 HD상선 보통주 약 2,112만주의 우호지분을 확보하여 경영권을 안정적으로 유지하게 되었다. 또한 HD상선, HD엘리베이터, HD유앤아이 등을 통해 자베즈 PEF와 HD증권 우선주 752만주에 대한

1) HD그룹의 범HD가와의 경영권 분쟁은 2003년 주총대결(시숙의 난)을 시작으로 시동생의 난, 전환사채발행 등 2013년까지도 지속되었다.

TRS거래를 하여 우호지분을 확보하였다.

이로써 HD상선 지분은 2013년 9월말 현재 범HD가에서 29.1%를 확보하였으나 HD그룹이 44.3%[2]를 확보하여 안정적인 지배구조를 구축하게 되었고 범HD가의 경영권 관심이 줄어들게 되자 경영권 분쟁이 잦아들었다. 하지만 이와 관련한 주식파생상품거래에서 4,153억 원의 평가손실이 발생하였다.

〈표 12-1〉 HD엘리베이터의 주식파생상품거래 현황(2013년말 현재)

계약종류	계약상대방	계약구분	대상주식	계약주수	기준가(원)	평가액(백만원)
옵션	Cape Fortune B.V	차액정산	HD상선 보통주	3,011,798	52,129	(138,056)
스왑	Nexgen Capital Ltd	주식스왑 Transaction	HD상선 보통주	7,132,742	25,698~ 49,500	(140,811)
	N투자증권 등 3개사	TRS	HD상선 보통주	8,112,900	23,600	(104,160)
	자베즈 제1호 PEF	TRS	HD증권 우선주	7,525,800	8,500	(11,527)
풋옵션	DW조선해양	풋옵션매도	HD상선 보통주	2,865,464	23,650~ 27,850	(32,281)

2) HD엘리베이터 및 특수관계인 27.6%, 파생계약 관련 우호세력 16.7%

제2절 * HD엘리베이터의 주식파생상품거래

2-1. 차액정산 주식옵션

HD엘리베이터는 Cape Fortune B.V사가 보유한 HD상선(주) 보통주를 기초자산으로 하는 차액정산옵션계약을 체결하였다. 이 옵션계약에는 Cape Fortune B.V가 HD상선의 주요주주로서 보유하고 있는 3,011,798주에 대하여 매각을 제한하고 차액현금정산을 요구하는 권한이 부여되었다. 취득가액과 처분가액의 차이는 상호 정산하는 방법을 택했다. 즉 15거래일간의 가중평균주가에 산정기간 종료일부터 정산일까지의 연 7.5% 복리로 계산하고 실매수가격과 거래수수료를 더한 장내매수가격에 매수일로부터 정산일까지 연 7.5% 복리이자를 더한 금액으로 결정한다. 만약 손실이 발생하는 경우 HD엘리베이터가 Cape Fortune B.V에게 부족금을 보존해주는 파생상품이라고 할 수 있다.

차액정산 주식옵션거래

① 기초자산 : HD상선(주) 보통주식
② 정산방법 : 현금정산
정산금액 =
i) (총 조정처분가액 + 총 조정배당금) 〉 총 조정기준가액
⇒ Cape Fortune B.V.사가 HD엘리베이터에게 초과금 지급
ii) (총 조정처분가액 + 총 조정배당금) 〈 총 조정기준가액
⇒ HD엘리베이터가 Cape Fortune B.V.사에게 부족금 지급

- 총 조정처분가액 : 정산일전 15거래일간의 가중평균주가(누적거래금액/누적거래량) + 산정기간종료일부터 정산일까지의 연 7.5% 복리
- 총 조정기준가액
  - 장내매수분 : (실매수가격 + 거래수수료) + 매수일부터 정산일까지 연 7.5% 복리이자
  - 유상증자분 : 주당 15,750원 + 매수일부터 정산일까지 연 7.5% 복리이자
- 총 조정배당금 : 세후 배당금 + Cape Fortune B.V. 계좌로 송금되어 예치된 날부터 정산일까지 연 7.5% 복리이자

〈그림 12-1〉 차액정산 주식옵션거래 구조도

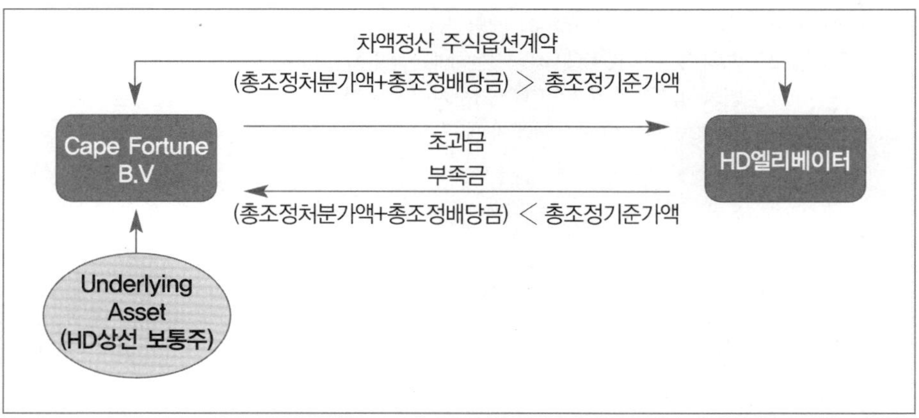

2-2. 주식스왑거래

HD엘리베이터는 Nexgen Capital과 주식스왑거래를 체결하였다. 기초자산은 HD상선 보통주이며, 만기에 HD상선 최종주가와 건별 취득가(기준주가)와 정산차액을 현금으로 정산하거나 현물정산하는 방법을 선택할 수 있도록 하였다. 차익은 HD엘리베이터와 Nexgen Capital이 8:2의 비율로 배분하도록 되어 있으며 기준주가가 최종주가보다 높아 손실이 발생하는 경우 HD엘리베이터가 전액 부담하는 구조였다. 또한 주식스왑계약에는 HD그룹이 현금이나 주식을 추가적으로 담보로 제공하도록 되어 있었다.

주식스왑거래

① 기초자산 : HD상선(주) 보통주식
② 정산방법 : 만기 현금 또는 현물정산, 제3자 인수 현물정산
정산금액 = 최종주가 − 기준주가
i) 최종주가 > 기준주가, 차익배분 : HDE 80%, Nexgen Capital Ltd 20%
ii) 최종주가 < 기준주가, HD엘리베이터 전액 부담
③ 추가조건
• 현금담보 : 주식매입금액의 35%에 해당하는 현금담보를 제공
• 주식담보 : 계약주수의 10%에 해당하는 HD상선(주) 보통주식에 대해 질권 설정
변동지급액(계약주수 × 기준가격 × 변동요율)에 해당하는 금액을 Nexgen Capital Ltd에게 매분기 지급

〈그림 12-2〉 주식스왑거래 구조도

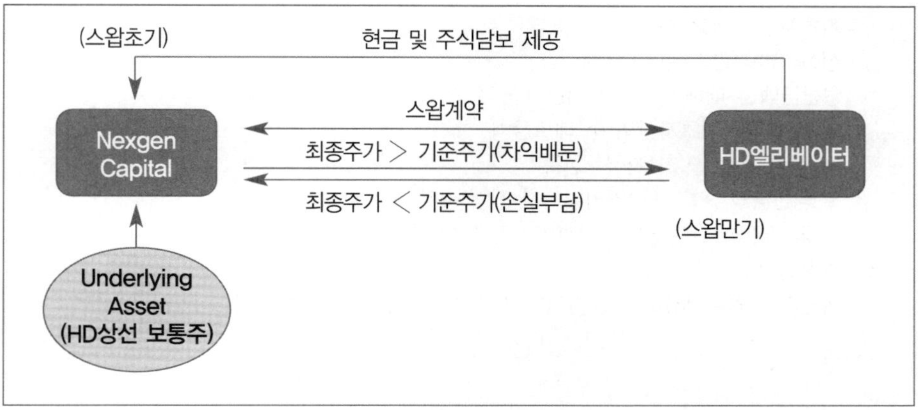

2-3. 주식총수익스왑(Total Return Swap)거래

HD엘리베이터는 N투자증권 등과 주식관련 TRS거래를 체결하였다. 기초자산은 HD상선 보통주와 HD증권 우선주였다. 차액 정산은 만기에 매매가가 정산기준가보다 높을 경우 HD엘리베이터가 이익을 보지만 반대의 경우는 HD엘리베이터가 전액 부담하는 계약내용이었다. 또한 매분기 계약주식(수)×기준가격×연α%를 N투자증권 등에게 지급하는 추가조건이 붙어 있었다. 여기서 α는 연 5.4%, 7.5% 등을 적용하였다. 이때 N투자증권은 ELS를 발행하여 일반투자자에게 판매하여 자금을 마련하였다.

주식 총수익수왑거래

① 기초자산 : HD상선(주) 보통주식
② 정산방법 : 만기 현금정산
정산금액 = 매매가 − 정산기준가 + 순배당금
- 매매가 : 기초자산의 순 매도금액
- 정산기준가 : 기초자산 취득가
* 정산금액 > 0, HD엘리베이터 전액 소유
정산금액 < 0, HD엘리베이터 전액 부담
③ 추가조건
매분기 계약주식(수)×기준가격×연α%, N투자증권 등에게 지급

〈그림 12-3〉 HD엘리베이터의 주식TRS거래 구조도

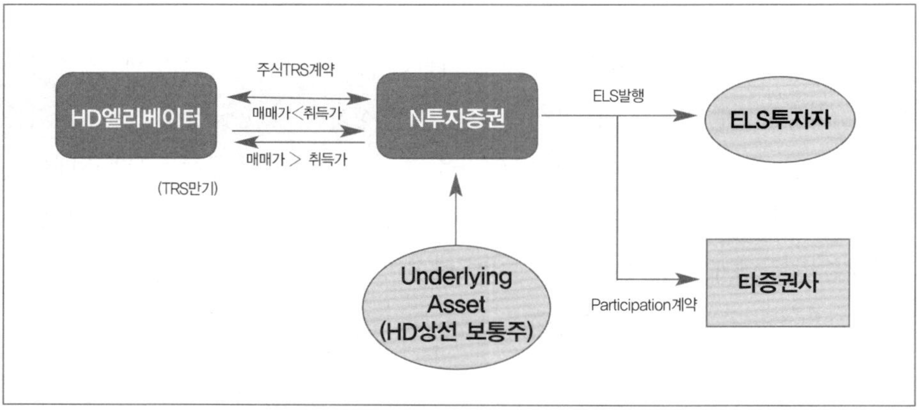

2-4. 풋옵션거래

HD엘리베이터는 2011년 8월 23일 DW조선해양(주)과 HD상선 보통주식 2,865,464주를 대상으로 주주간 계약을 체결하였다. 이 계약은 DW조선해양이 HD상선 주식을 취득하고 취득일로부터 3년이 되는 만기일(2014.12.18)에 23,650원 및 27,850원을 행사가격으로 하는 2건의 풋옵션매도계약이었다. 이 옵션매도

계약에는 해당 주식에 대한 의결권 행사와 관련한 합의 및 병행매도권 보유 조항이 포함되어 있었으며 DW조선해양에게는 계약 만기까지 해당 주식을 매도할 수 없도록 하는 조건이 부여되어 있었다.

〈그림 12-4〉 HD엘리베이터의 풋옵션매도거래

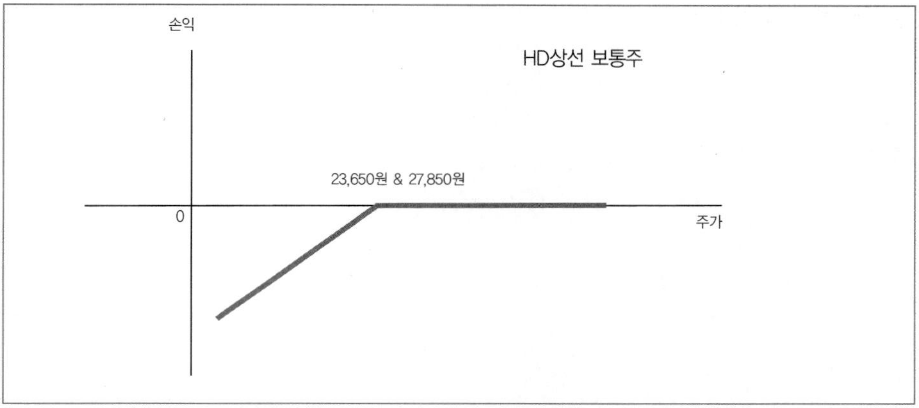

풋옵션매도계약을 분석해 보면 t시점에서의 HD상선 주가를 St, 행사가격을 K라고 하면 계약만기(T)에 DW조선해양과 HD엘리베이터의 1주당 현금흐름은 다음과 같이 표현된다.[3]

$$S_T + Max(K - S_T,\ 0) \quad - ①$$

$$- Max(K - S_T,\ 0) \quad - ②$$

식 ①에 따르면 DW조선해양이 HD상선의 주가하락 위험에 노출되어 있으나 주가가 만기에 행사가격(K)인 취득원가를 하회할 경우 풋옵션을 행사함으로써 최소한 투자원금은 확보할 수 있다.

식 ②에 따르면 HD엘리베이터의 풋옵션매도 포지션이다. DW조선해양은 S_T < K인 경우에만 풋옵션을 행사하게 되므로

3) 오종문(2013)

HD엘리베이터는 일방적인 의무만 부담한다. HD엘리베이터가 이러한 의무를 부담하는 것은 HD상선에 대한 우호지분을 확보하여 그룹 지배구조의 안정성을 제고하고자 했기 때문이다.

주주간 계약서에 따르면 DW조선해양은 풋옵션계약이 체결된 주식에 대하여 자신의 이익에 반하지 않는 경우 HD엘리베이터 측과 동일한 방식으로 의결권을 행사하기로 하였다.

제3절 * HD그룹의 주식 관련 파생상품거래의 문제점

3-1. 경영권 방어용 주식 관련 과도한 파생상품거래

HD상선은 지속적으로 당기 순손실을 기록하고, 그룹차원에서 파생상품을 통해 경영권방어를 하고 있어 투자자들은 지배구조마저 불안정하다고 판단하였다. 그런 사유로 주주들은 투자에 주저할 수밖에 없었으며 주가 하락은 당연한 귀결로 이어졌다.

〈그림 12-5〉 HD상선 주가 추이

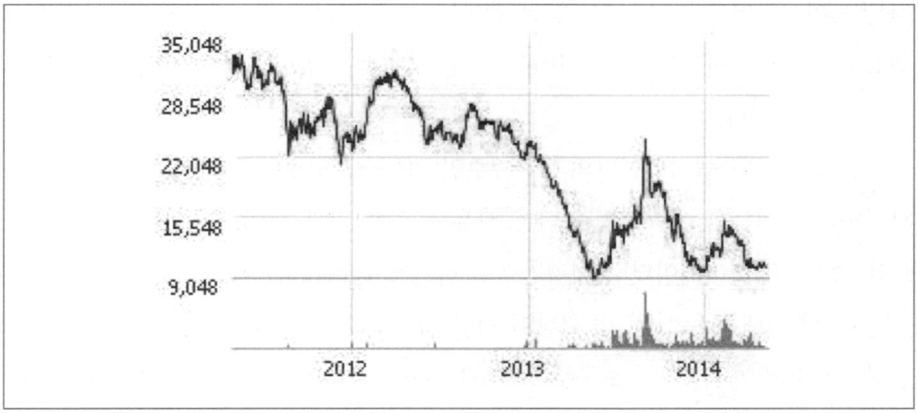

거기에다 주식파생상품거래는 HD그룹의 지배구조를 안정시켰지만 결국 기초자산인 HD상선 주가의 하락으로 거액의 손실

이 발생하였다. 2007년부터 2013년말까지 HD엘리베이터는 주식파생상품거래에서 1,124억 원의 거래손실을 시현하였고, 파생상품평가손실은 2013년말 현재 4,328억 원에 이르렀다.[4] 이러한 손실은 그룹 전체의 유동성위기로까지 이어졌다.

〈표 12-2〉 HD엘리베이터의 주식 관련 파생상품 평가손익현황

(단위 : 억 원, 매년도말 기준)

구분	2007	2008	2009	2010	2011	2012	2013
평가금액	1,669	568	(272)	305	(1,508)	(1,798)	(4,328)
거래손익	(66)	(313)	(17)	(47)	(265)	(307)	(109)

3-2. 주요주주와의 갈등 발생

HD그룹은 HD상선 및 HD증권 등 계열사 주식 관련 파생상품거래를 통해 우호지분을 확보하여 HD상선의 경영권 방어목적을 달성하였다. 이러한 주식 관련 파생상품거래에는 대부분 HD엘리베이터[5]가 거래당사자였다. 이는 지배구조와 밀접한 관계가 있었다.

이 때문에 HD엘리베이터의 1대 주주인 쉰들러홀딩스[6]는 파생상품 거액손실과 관련하여 자신들의 이익에 반한다는 사유로 소송을 제기하였다. 쉰들러는 그들이 보유 중인 HD엘리베이터 주식평가액이 하락해 손해를 입었다고 주장하였다. 즉, HD그룹의 지배주주인 현OO 회장이 계열회사인 HD상선에 대한 취약한 지배력을 강화하기 위하여 HD상선 보통주 등을 기초자산으로 계열회사인 HD엘리베이터를

4) 파생상품평가손실금액 등은 평가시점에 따라 시장가격이 달리 적용되기 때문에 그 금액이 다소 차이가 있다.
5) HD그룹 40.1%(HD로지스틱스 21.2%, 현OO 등 특수관계인 18.9%)
6) 본사 스위스 소재, HD엘리베이터 30.9% 지분보유

동원해 DS증권, N투자증권, GB증권 등과 파생상품 계약을 맺었으나, 이들 파생상품 계약은 HD엘리베이터의 실제 사업과 무관한 계약이라고 주장한 것이다. 이 계약으로 인해 HD엘리베이터가 과거 3년간 4,470억 원의 파생상품 평가손실을 입었으며, 쉰들러는 HD엘리베이터 감사위원회가 이러한 내용을 바탕으로 2013년 12월 2일 이후 30일 이내에 HD엘리베이터의 대표이사를 비롯한 임원진을 상대로 소송를 제기하지 않으면 상법 제403조에 따른 대표소송을 포함한 가능한 법적 조치를 모두 고려하겠다고 공시하기에 이르렀다.[7]

3-3. 과세당국의 거액 세금추징

HD그룹은 HD상선을 축으로 HD증권과 HD아산을 지배하고 있었다. 범HD가에서 HD상선을 손에 넣으면 HD증권과 HD아산을 손쉽게 손에 넣을 수 있는 구조이기 때문에 경영권 보호에 많은 노력을 하게 된 것이다.

2007년 초에는 경영권 방어를 위해 1,000억 원 수준의 자사주를 취득하기도 하였다. 그러나 자사주 취득은 상법 및 자본시장법상 제약[8]이 따른다. 자사주 취득 등에 비해 비용을 절감할수 있는 방법으로 주식스왑 등 파생상품을 통한 우호세력 확보방안이 마련되었다.

이 시기까지만 해도 HD상선은 2005년 3,864억 원, 2006년 1,226억 원의 파생상품거래이익을 실현하고 있었으며 자본금도 2조 원 수준을 기록하는 등 양호한 재무구조를 보유하고 있었다.

2011년부터 HD상선이 대규모 적자를 기록하며 주가가 급락하자, HD엘리베이터는 파생상품 관련 손실보전 규모가 급증하였고 2014년 3월말 현재 756억 원의 파생상품거래손실과 3,870억 원의 파생상품평가손실이 발생하였다.

7) 이민형(2014)
8) 상법 제341조, 자본시장과 금융투자업에 관한 법률 제165조의3

〈그림 12-6〉 HD그룹의 지배구조도(2013년 9월 기준)

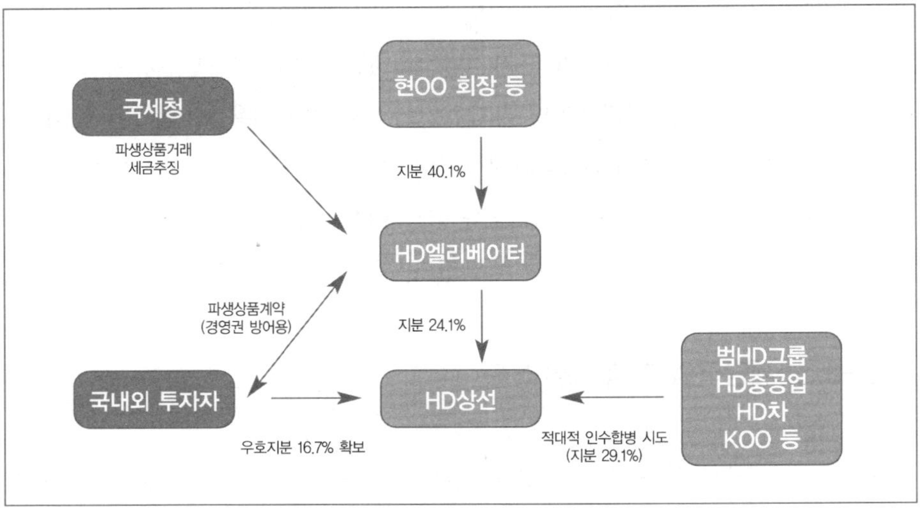

설상가상으로 국세청은 HD엘리베이터가 HD상선의 경영권 방어를 위해 주식 투자자들과 파생상품계약을 맺어 발생한 손실이 총수인 현OO 회장의 이익을 위한 것으로 간주해 손비처리를 인정하지 않기로 하였다. 또한 국세청이 2014년 11월 5일 HD엘리베이터에 파생상품계약 관련 358억 원의 세금을 추징하고자 통보하였다.[9]

국세청이 세금을 부과할 수 있는 5년의 과세제척기간에 속하는 2009~2013년 기간 발생한 파생상품거래손실은 740억 원이었다. 국세청의 세금추징은 재벌총수들이 경영권 방어를 위해 계열사를 무리하게 동원해 파생상품계약을 맺는 관행에 제동을 걸게 되는 계기가 되었다. 물론 HD엘리베이터는 국세청 세금 부과에 대한 과세전적부심사를 청구하였으며 그 결과 국세청의 추징세금액은 13억 원으로 감소되었다. 그럼에도 불구하고 파생상품을 이용한 지배구조개선과 관련된 사회적 이슈를 야기하였으며 대규모 파생상품 거래손실 및 평가손실은 피할 수가 없었다.

9) 금융감독원 공시자료 '14.11.5. 및 '15.2.17.

LM자산 파생결합펀드의 총수익스왑(TRS)거래

제13장

파 생 상 품

거 래 손 실

사 례 분 석

제1절 * 사건 개요

2019년말 현재 LM자산운용이 운용하는 4개의 모펀드 및 173개의 자펀드 총 1조 6,700억 원 규모의 환매연기가 되어 많은 투자자 피해가 발생하였다. LM자산은 자펀드가 투자자로부터 모은 자금을 모펀드에 집중하여 투자대상자산을 취득하고 운용하는 구조를 가지고 있었다.[1)]

〈표 13-1〉 LM운용의 펀드구성 현황

(2019년말, 단위: 억 원)

분류기준(자펀드)				분류기준(모펀드)		
펀드 명	펀드 수	금액		펀드 명	금액	주요 투자자산
TOP2밸런스 6M 35호 등	110	10,091	⇨	① 플루토FI D-1호	9,391	국내 사모사채
새턴 10호 등	21	3,207	⇨	② 테티스2호	2,963	국내 메자닌
무역금융밸런스 6M 5호 등	38	2,438	⇨	③ 플루토TF-1호	2,408	P-note (약속어음)
Credit Insured 1Y 1호 등	16	2,949	⇨	④ Credit Insured 1호	2,464	해외 무역채권
합 계	173	16,679	⇨	합 계	17,226	

1) LM자산운용에 대한 중간 검사결과 및 향후 대응방안(2020.2.14.), 금융분쟁조정위원회 무역금융펀드 투자원금 전액 반환 결정(2020.7.1.) 등 금융감독원 보도자료 참고

LM의 무역금융펀드는 이 투자과정에서 2017년 5월부터 총수익스왑(total return swap, TRS)계약을 이용하여 SH금투 명의로 해외 무역금융펀드에 투자하였다. 그러나 2019년 11월 26일 미국 증권거래위원회(SEC)는 LM의 무역금융펀드가 투자한 해외무역금융펀드(International Investment Group, IIG)의 투자자문업 등록을 취소하고 관련 자산을 동결하였다.[2] 이때 무역금융펀드는 2,438억 원 규모로 파악되고 이를 바탕으로 투자된 모펀드는 플루토TF-1호 2,408억 원으로 파악되기는 하였지만 회계법인의 실사에서 그 부실의 규모는 물론 실체를 파악하지도 못하게 되었다.

〈그림 13-1〉 SEC의 IIG에 대한 조치 내용

2) SEC는 IIG가 부실한 대출이 마치 정상적으로 회수된 것처럼 장부를 조작하고, 기존 투자자의 환매 요청에 응하려 새 투자자의 자금을 동원하는 수법을 썼다고 발표하였다.

그런가 하면 LM자산과 SH금투는 SEC의 조치가 있기 전 2018년 11월에 해외 무역금융펀드의 부실을 인지한 후에도 부실이 드러나지 않도록 운용방식을 변경해 가면서 펀드 판매를 계속하였다. 또한 부실이 예견된 2018년 11월 27일부터 2019년 7월 17일 기간 중 판매한 금액만도 1,611억 원에 달하였다.

결국 금융위원회는 2020년 12월 2일 LM자산운용(주)에 대한 금융투자업 등록을 취소하고,[3] 그 위법행위에 대하여 9억 5만 원의 과태료를 부과하였으며, 임직원에 대해 위법사유에 따라 직무정지, 해임요구 등의 조치를 결정하였다. 물론 TRS 거래 관련 부당한 거래행위를 한 증권사에 대해서도 제재를 취하였다.[4]

3) 자본시장법 제249조의3에 따른 전문사모집합투자업 및 제18조에 따른 투자자문업·투자일임업
4) SH금융투자에 대해서 과태료 18억 원, 업무일부정지 6월, 임직원에 대한 직무정지 3월 및 면직 상당의 조치를 하였고 K증권에 대해서 과태료 5억 5천만 원을 부과하였다.

제2절 * 무역금융펀드 관련 TRS거래[5)]

2-1. 무역금융 펀드

LM자산이 운용한 무역금융펀드 투자제안서[6)]에는 무역금융을 다음과 같이 설명하고 있다. 무역금융은 모든 무역업과 관련하여 생산자, 무역업자, 가공업자 등이 프로세스 과정에서 Financing이 필요하고, 서비스산업과는 달리 그 특징으로 명확한 계약, 담보로 설정할 수 있는 재화, 리스크별 보험시장이 존재하는 등 차이점이 있으며, 이러한 무역업 시장에서 자금수요자에게 Financing을 공급하는 것이라고 하고 있다.

무역금융의 장점으로는 다양한 지역에 분산투자하는 등 위험분산 포트폴리오를 구성하며, 단기 대출이자 수취로 금융시장의 등락과 상관관계가 낮고, 금리 상승 시 대출이자 조정으로 수익성이 확대되며, 글로벌 무역금융 대출펀드에 레버리지 파생계약으로 투자할 수 있다고 명시하고 있다. 또 부도율 측면에서 무역금융 대출이 투자자격등급 회사채보다 낮은 부도율을 보인다고 설명하고 있다. 즉 투자적격등급 회사채의 1년 미만 총손실률[7)]이

5) 무역금융 관련 TRS거래는 LM자산관련 펀드가 정상적으로 이루어졌다는 가정을 전제로 LM자산운용의 홈페이지에 게시한 설명자료를 원용하였다. 대부분의 무역금융펀드에 대한 투자제안서에도 유사하게 설명하고 있었다.

6) LM글로벌 인컴 전문투자형 사모투자신탁5호 참조

0.106%인데 비해 120일 미만 무역금융 총손실률은 0.039%라고 기술하고 있다.

한편, LM무역금융펀드는 상품 관련 무역금융펀드(goods financing)와 매출채권 관련 무역금융펀드(receivables financing)로 나뉘어 운용하였다.

먼저, 상품 관련 무역금융펀드는 그 구조가 다음과 같이 이루어졌다.

〈그림 13-2〉 상품 관련 무역금융펀드 구조도[8]

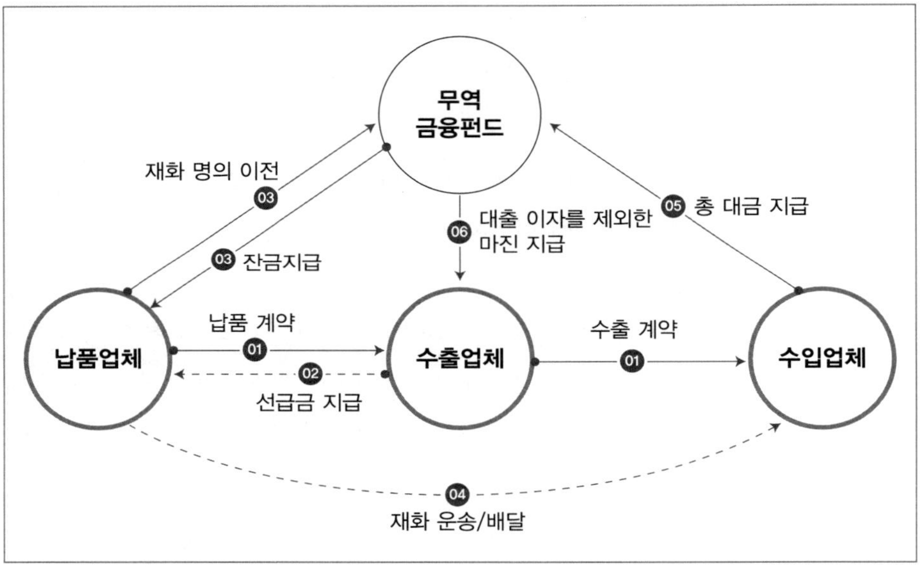

① 납품업체가 수출업체와 납품계약을 체결하고 수출업체는 수입업체와 수출계약을 체결한다. 이때 모두 고정 단가 계약을 한다.

② 수출업체는 납품업체에게 선급금을 지급한다.

③ 수출업체가 납품업체에게 지급해야 할 금액을 펀드가 대신 지급하며, 재화 명의를 펀드로 이전한다.

④ 납품업체가 재화를 수입업체에게 운송 및 배달한다.

7) 총손실률 = 부도율 × 부도시 손실률

8) LM자산운용사의 홈페이지를 참조하였다.

⑤ 수입업체가 무역금융펀드에 대금을 지급한다.

⑥ 무역금융펀드가 수출업체의 마진을 수출업체에게 지급한다. 이때 정산은 수출업자 수출가격과 납품업체 납품가격에서 대출이자를 차감하여 지급한다.

다음은 매출채권 관련 무역금융펀드로서 그 구조도는 다음과 같이 이루어졌다.

〈그림 13-3〉 매출채권 관련 무역금융펀드 구조도

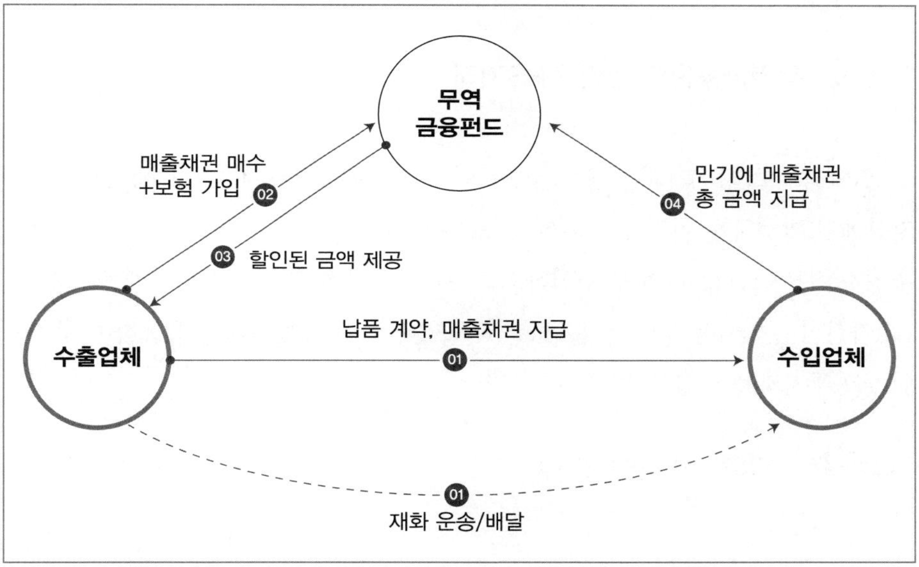

① 수출업체가 수입업체와 판매계약을 체결한다. 이때 가격이 확정(fixed)된다.

② 펀드는 수출업체로부터 매출채권을 매수하고, 매출채권에 대해 신용보험을 가입한다.

③ 펀드는 할인된 금액을 수출업체에 지급한다.

④ 수입업체는 만기에 총금액을 펀드에게 지급한다.

무역금융 투자제안서[9]에 따르면 무역금융 관련 매출채권은 싱가포르 소재 무역회사 Rhodium Resources가 수입업체로부

9) LM Credit Insures 무역금융 1Y 전문투자형 사모투자신탁 K-2호 참조

터 확보할 장래 매출채권에 대하여 LM에서 독점적으로 금융을 제공하고 매출채권 액면금액의 100%에 대하여 신용보험을 가입해 원금 회수에 안정성을 제고하는 구조였다. 이 신용보험은 S&P기준 A-등급 이상의 우량 보험사를 통해 가입하고 수입업체의 지급 능력 관련 신용도를 검증하는 것으로 되어 있었다. 이런 무역거래는 과일, 육류, 생선, 곡류 등 Soft Commodities를 배제하고 철금속, 석탄, 오일 등 Hard Commodities만을 편입하도록 되어 있었다.

2-2. 무역금융펀드 관련 TRS거래

일반적으로 TRS거래는 총수익매도자 또는 총수익지급자, TRS payer가 기초자산에서 발생하는 이익이나 손실 등 모든 현금흐름을 총수익매수자 또는 총수익수익자, TRS receiver에게 이전하고 그 대가로 약정이자를 받는 거래를 말한다. LM자산의 무역금융펀드 관련 TRS거래도 일반적인 TRS거래를 응용하여 구조를 만들고 투자자를 모집하였다.

〈그림 13-4〉 무역금융펀드 관련 TRS거래 구조도

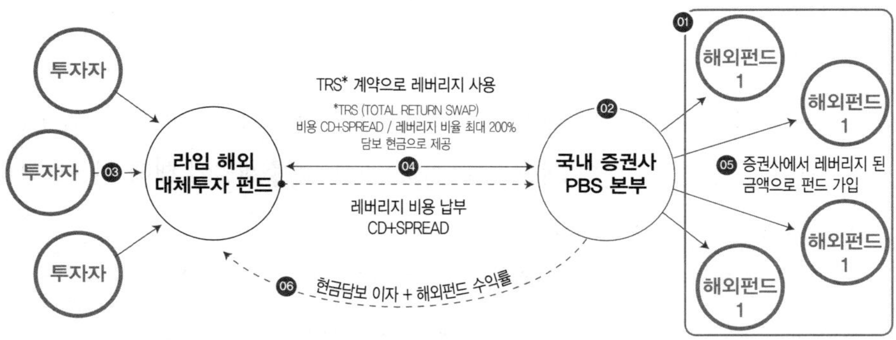

① 해외 Fixed Income형 펀드를 발굴하고, 실사를 진행한다.

② 국내증권사 PBS(Prime Brokerage Service)부서와 협력하여 Leverage사

용 가능 여부를 검토한다.

③ 펀드를 출시하고, 투자자를 모집한다. 여기서는 100억 원의 펀드를 설정하였다고 가정한다.

④ 펀드는 PBS부서와 TRS계약을 체결하고, 현금담보를 제공하면서 TRS계약을 완료한다. 이때 100억 원은 현금담보로 제공한다.

⑤ 증권사 PBS부서에서 Leverage를 일으킨 후 해당 금액을 해외펀드에 가입한다. 이때 레버리지를 2배로 가정하면 증권사가 자기자본으로 200억 원을 해외펀드에 가입하게 된다.

⑥ 거래가 종료되면 수익률을 정산한다. 이때 펀드의 최종 수익률 산식은 다음과 같다.

> (산식) = 200억 원의 펀드수익률 + 100억 원에 대한 현금담보이자 – 200억 원의 레버리지 비용 – 기타 비용
> 여기서 기타비용은 판매보수, 환헤지비용, 운용보수, 성과보수 등

이런 방법을 통해 LM무역금융펀드는 2,438억 원을 투자자들로부터 모집하였다. 그리고 이들 펀드는 TRS계약을 맺어 SH금투로부터 3,500억 원을 대출받았다. 이로써 무역금융펀드 투자규모는 총 미화 5억 달러에 이르렀고 이 자금은 해외운용사가 운용하는 해외 무역금융펀드에 편입하였다.

〈그림 13-5〉 무역금융펀드 투자 흐름도

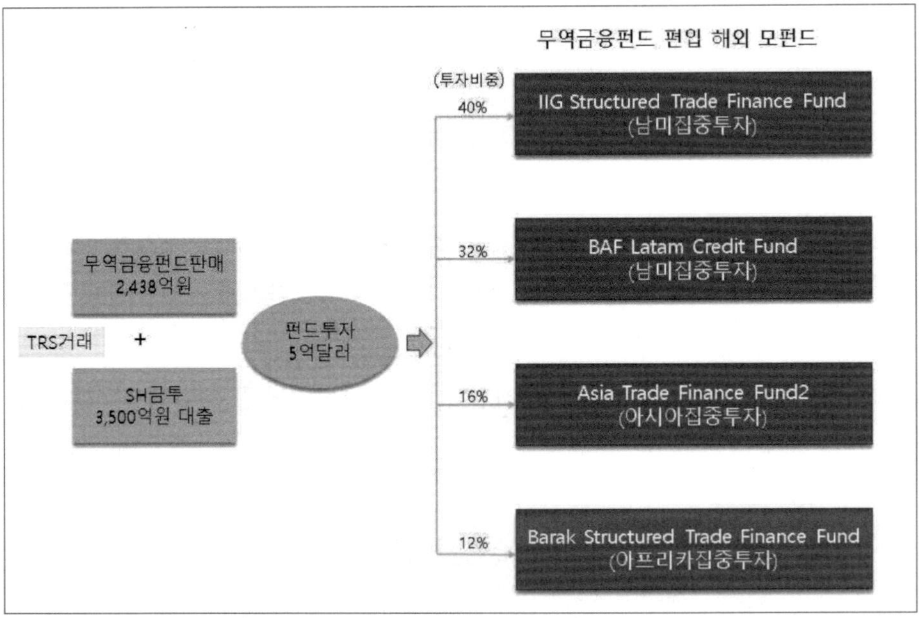

3-3. TRS의 수익구조

TRS거래를 수반하는 투자자 수익률은 투자자의 회수금에 따라 달라진다. 일반적으로 TRS거래 증권사는 운용손실이 발생하더라도 대출금을 우선 상환하는 구조로 만들게 되며, 펀드투자자 손실률은 레버리지 비율만큼 확대된다. 이때 만약 레버리지비율이 150%일 때 운용자산 수익률이 40% 이상 손실이 발생하게 되면 투자원금 전액이 손실로 나타나는 구조로 된다. 투자자 수익률을 계산하는 산식은 다음과 같이 정리된다.

투자자 수익률(F = E/A − 1)
- 운용자산(C) = 투자자 납입금(A) + TRS대출(B)
- 운용수익(D) = 운용자산(C) × 운용수익률
- 투자자 회수금(E) = C + D − TRS회수금(β)

시나리오별 레버리지 효과

- 시나리오1)

TRS레버리지가 없을 때(레버리지 0%, 투자자납입금 = 운용자산), 투자자 납입금 2,400

① 펀드운용수익률 40% 가정, 운용수익 960, 투자자 회수금 3,360
▶ 투자자 수익률 40%

② 펀드운용수익률 △20% 가정, 운용수익 △480, 투자자 회수금 2,160
▶ 투자자 수익률 △20%

- 시나리오2)

TRS레버리지가 있을 때(레버리지비율 150% 가정, 증거금율 40%), 투자자 납입금 2,400, TRS대출 3,600, 운용자산 합계 6,000

① 펀드운용수익률 40% 가정, 운용수익 2,400, TRS회수 3,600, 투자자 회수금 4,800
▶ 투자자 수익률 100%

② 펀드운용수익률 △20%, 운용수익 △1,200, TRS회수금 3,600, 투자자 회수금 1,200
▶ 투자자 수익률 △50%

③ 펀드운용수익률 △40%, 운용수익 △2,400, TRS회수금 3,600, 투자자 회수금 0
▶ 투자자 수익률 △100%

제3절 * 무역금융펀드의 손실발생원인

3-1. 손실 발생 경과

LM무역금융펀드는 2017년 5월부터 TRS계약을 이용하여 SH금투 명의로 해외 무역금융펀드(IIG 등)에 투자하였다. 그러나 2018년 6월 SH금투는 IIG 기준가 미산출 사실을 인지하고, 2018년 12월까지 매월 약 0.45%씩 상승하는 것으로 임의조정하였다. SH금투는 임의조정한 기준가를 2018년 5월부터 11월까지 채권평가사에게 제공하고 LM은 투자제안서에 반영하였다.

한편, 2018년 11월 17일 SH금투는 IIG펀드 사무수탁사로부터 IIG부실 및 청산절차 개시 통지(letter for shareholders)를 수령하였다. 그러자 IIG편입 펀드의 환매자금 마련을 위해 2018년 11월 26일 다수의 IIG편입 펀드와 IIG미편입 펀드를 합하여 모자형으로 변경하였다.[10)]

10) (종전) LM F펀드 → IIG펀드(부실펀드) 투자, LM G펀드 → BAF펀드 등 정상펀드 투자
(변경) LM F펀드 및 G펀드 → 플루토 TF-1호 펀드 투자 → IIG펀드 및 정상펀드 각각 투자

〈그림 13-6〉 LM 무역금융펀드의 구조화 흐름도

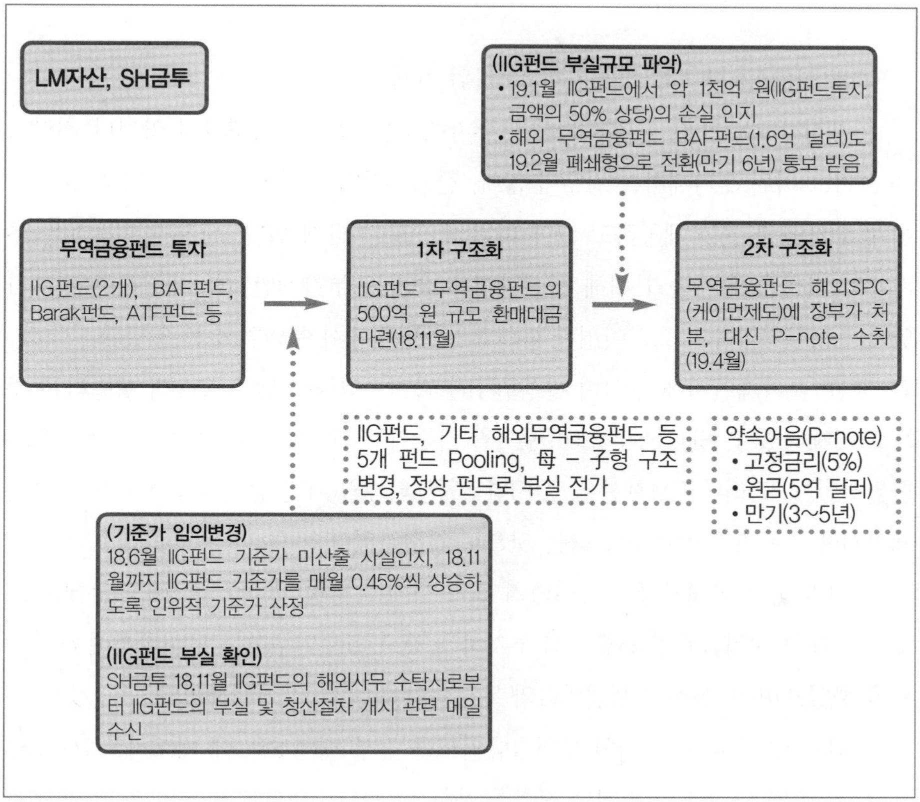

또한 2019년 1월 20일부터 1월 26일 기간 중 SH금투와 LM은 미국 출장을 통해 IIG 투자금액 2천억 원 중 약 1천억 원의 손실가능성을 파악하였다. 또한 2019년 2월 22일 SH금투는 BAF의 약 2천억 원도 폐쇄형으로 전환된다는 통보를 받아 환매대응이 곤란한 상황에 직면하게 되었다. 그러자 2019년 4월 10일 IIG 부실 및 BAF 환매 불가에 대응하기 위해 해외 무역금융펀드 매매계약을 체결하게 되었다. 이를 통해 2019년 6월 21일 펀드 수익증권을 모두 해외 SPC[11]에 매각하고 약속어음(P-note)을 수취하였다. 이 약속어음은 3~5년 만기, 원금 5억 달러, 고정금리 연 5%였다.

11) 싱가폴 소재 무역금융 중개회사인 로디움의 계열사(케이먼제도 소재)

3-2. 불완전 펀드 판매

① 수익률, 투자구조, 투자자산 등 허위 기재

불완전판매는 주로 투자제안서에 투자대상을 명확히 기재하지 않거나 취약점을 숨기고 허위로 기재하는 경우가 많다. 간접투자업은 기본적으로 수익을 내 고객에게 투자의 과실을 제공하고 그에 따른 수수료를 받게 된다. 하지만 어떻게든 투자자의 자금을 유치하기 위해 사실관계를 숨기는 투자제안서를 제시하는 경우가 있다. LM무역금융펀드도 이러한 불완전판매방법에서 예외일 수는 없었다.

우선, 투자제안서에 부실이 발생한 IIG 과거수익률을 월 0.45%씩 상승하는 것으로 기재하였다. SH금투는 2019년 1월 기준가 조작을 중단하고 원래의 가격으로 환원하였다. 그러나 LM자산은 2019년 6월부터 7월 기간 중 무역금융펀드의 투자제안서에 기준가가 계속 상승하는 것으로 기재하였다.

그런가 하면 환매자금을 돌려막기 위해 이미 모자형 구조로 변경하였는데도 불구하고 해외 무역금융펀드에 직접 투자하는 것으로 수익구조를 도식화하여 투자제안을 하였으며, 부실이 발생한 IIG의 목표수익률을 7%로 기재하였다.

그리고 IIG, BAF 등 해외 무역금융펀드를 전부 해외 SPC에 매도하고 P-note를 인수하였으나 IIG 등에 계속 직접 투자하는 것으로 기재하였다.

② 투자위험에 대한 부실 안내

첫째, 무역금융펀드의 투자제안서에는 TRS레버리지를 이용하여 투자원금의 100%까지 대출받는 것으로 기재하였으나, 실제로는 146%까지 대출을 확대하였다. TRS거래는 레버리지 자금을 제공한 금융회사에게 대출금 회수기회를 우선 주고 투자손익은 펀드에 귀속되는 구조로써 투자자 입장에서는 수익률뿐 아니라 손실률도 레버리지 비율만큼 확대된다. 이렇게 레버리지 비율만큼 손실률이 확대된다는 위험성에 대해 설명을 제대로 하지 않았다.

둘째, 운송사고, 어음부도 등 각종 사고에 대비해 보험에 가입한 무역금융에만 투자한다고 기재하였으나, 실제 보험가입 비율은 50%에 불과하였다. 나머지 50%는 수출 전 무역금융에 투자하였으나 대체로 보험에 가입되어 있지 않았다.

셋째, 펀드자산의 30%를 신용보험에 가입된 CI펀드(Credit Insured 1호)에 투자하는 것으로 기재하였으나, 실제로는 전부 무역금융펀드에 투자하였다. 즉 투자제안서에는 CI펀드 30%, 무역금융펀드 70%로 되어 있었으나 실제는 무역금융펀드에 100% 가입한 것이다.

〈표 13-2〉 LM무역금융펀드 관련 투자자 위험고지

*고령투자자(70세 이상) 및 초고령투자자(80세 이상)를 대상으로 판매하는 경우, 반드시 표준투자권유준칙에 따른 투자 권유의 적정성 등의 확인이 필요합니다.
*아래의 투자위험등급 기준은 LH자산운용의 자체적인 기준으로서 판매회사 내부기준과 상이하며, 투자자가 판단하는 기준과 일치하지 않을 수도 있습니다.

위험등급	위험정도	상세설명
1등급	매우 높은 위험	• 레버리지 등 수익구조가 특수하여 투자 시 주의가 필요한 집합투자기구 • 최대 손실률이 20%를 초과하는 파생결합증권에 주로 투자하는 집합투자기구 • 기타 이와 유사한 위험수준을 갖는 집합투자기구
2등급	높은 위험	• 고위험자산에 80% 이상 투자하는 집합투자기구 • 부동산에 투자(부동산에 투자하기 위한 자금대여를 포함한다)하는 경우로서 개발사업에 투자하거나 담보나 지급보증이 전혀 없는 부동산(실질적으로 담보나 지급보증이 전혀 없는 부동산을 포함한다)에 투자하는 경우 • 특별자산에 투자하는 경우(이 등급의 부동산에 투자의 경우를 준용한다) • 기타 이와 유사한 위험수준을 갖는 집합투자기구
3등급	다소 높은 위험	• 고위험자산에 80% 미만으로 투자하는 집합투자기구 • 최대 손실률이 20% 이하인 파생결합증권에 주로 투자하는 집합투자기구 • 동산에 투자(부동산에 투자하기 위한 자금대여를 포함한다)하는 경우로서 상가, 물류센터 등 사용 목적이 특정된 부동산에 투자하는 경우 및 담보나 지급보증이 불충분한 부동산에 투자하는 경우 • 특별자산에 투자하는 경우(이 등급의 부동산에 투자의 경우를 준용한다) • 기타 이와 유사한 위험수준을 갖는 집합투자기구

위험등급	위험정도	상세설명
4등급	보통 위험	• 고위험자산에 50% 미만으로 투자하는 집합투자기구 • 중위험자산에 최소 60% 이상 투자하는 집합투자기구 • 부동산에 투자(부동산에 투자하기 위한 자금대여를 포함한다)하는 경우로서 아파트나 오피스 등 불특정다수인과의 거래로 투자회수가 용이한 부동산에 투자하는 경우 및 투자적격회사 중 신용평가등급이 BBB- 이상인 회사가 지급보증하는 부동산에 투자하는 경우 • 특별자산에 투자하는 경우(이 등급의 부동산에 투자의 경우를 준용한다) • 기타 이와 유사한 위험수준을 갖는 집합투자기구
5등급	낮은 위험	• 저위험자산에 최소 60% 이상 투자하는 집합투자기구 • 수익구조상 원금보존추구형 파생결합증권에 주로 투자하는 집합투자기구 • 부동산에 투자(부동산에 투자하기 위한 자금대여를 포함한다)하는 경우로서 투자적격회사 중 신용평가등급이 A-이상인 회사가 지급 보증하거나 담보가 충분하여 신용평가등급이 A- 이상인 회사가 지급보증과 동일한 부동산에 투자하는 경우 • 특별자산에 투자하는 경우(이 등급이 부동산에 투자의 경우를 준용한다) • 기타 이와 유사한 위험수준을 갖는 집합투자기구
6등급	매우 낮은 위험	• 단기금융집합투자기구(MMF) • 단기 국공채 등에 주로 투자하는 집합투자기구 • 기타 이와 유사한 위험수준을 갖는 집합투자기구

넷째, TRS레버리지 운용방식 등을 고려하면 LM무역금융펀드는 1등급(매우 높은 위험)에 해당되나, 일부 펀드는 위험등급을 3등급(다소 높은 위험)으로 기재하여 고액의 투자를 유인하였다. LM의 내규에도 레버리지 등 수익구조가 특수한 경우 1등급으로 분류하도록 되어 있었다.[12)]

3-3. 모자 펀드 간 편출입 관리 미흡

LM펀드는 4개의 모펀드 및 173개의 자펀드가 모자관계구조로 설정되어 있었

12) 2021.11.25. 대법원 제3부(2021도7918)는 OO은행 본부장에게 G 등과 공모하여, F주식회사가 신규 판매할 무역금융펀드가 모펀드를 통해 해외 무역금융펀드에 투자하는 재간접 투자 방식이고 그 가입대금으로 해외 무역금융펀드에 투자하지 않고 기존 펀드의 환매자금으로 사용할 의사였음에도 불구하고, 해외 무역금융펀드에 직접 투자하는 상품인 것처럼 J펀드 등 3개의 신규 무역금융펀드를 홍보하여 투자자 64명으로부터 신규 무역금융펀드의 가입대금으로 합계 48,249,690,000원을 받아 이를 편취하고, 투자자들에게 중요사항에 관하여 거짓의 기재 또는 표시를 하여 금융투자상품을 각각 판매하였다고 판시하면서 유죄판결하였다.

다. 그런데 2017년 11월부터 연환산수익률 9.25%를 시현하고 있는 것으로 투자제안을 하였으나 모펀드는 2018년 11월에야 설정되기도 하였다. 그러면서 부실이 발생한 IIG에 40% 내외의 비중을 투자하고 있는 모펀드 기대수익률을 6% 수준으로 투자제안서에 기재하여 판매하였다.

자본시장법 제85 및 108조에 따라 자전거래[13]는 엄격하게 제한되어 있다. 신탁업자는 불가피한 경우를 제외[14]하고는 신탁재산 간 자전거래를 할 수 없다. 자전거래의 제한은 수탁자산인 펀드별로 구분관리가 되어 있어야만 자산운용사의 경영악화로부터 부실의 전가를 막고, 타펀드의 부실로부터 전염을 막을 수 있기 때문이다.

펀드 간 편출입이 자유롭게 되면 투자펀드의 원금회수를 어렵게 만들 수 있다. 그 단적인 예가 IIG편입 펀드의 환매자금 마련을 위한 행위였다. 2018년 11월 26일 다수의 IIG편입 펀드와 IIG미편입 펀드를 합하여 모자형으로 변경하였다. 하나의 모펀드에 투자하는 자펀드들을 변경하면서 정상펀드로 부실이 전가된 것이다. 이런 투자행태의 변경은 부실펀드의 손실을 정상펀드가 떠맡는 구조로 변경되면서 투자자의 투자원금 회수를 어렵게 만들었다.[15]

또 다른 문제로 펀드 간 편출입이 자유롭게 되면 정상펀드에 대한 수익률이 왜곡되어 세금산정에도 문제가 발생한다. 수익률이 정상적으로 산출되었을 때 그와

13) 일반적으로 자전거래는 펀드 상호 간에 같은 자산, 같은 수량, 같은 시기에 일방이 매도하고 다른 일방이 매수하는 거래를 말한다. 연계자전거래는 매도펀드에서 펀드 상호 간에 같은 자산, 같은 수량을 중계 증권사에 매도한 후 1영업일 후 매수펀드로부터 재매수하는 거래를 말한다.

14) 다음의 조건이 모두 충족되는 경우 예외로 한다.
1.증권시장 등을 통한 처분이 곤란한 경우 등 그 불가피성이 인정되는 경우일 것
2.부도채권 등 부실화된 자산이 아닐 것
3.당해 신탁의 수익자의 이익에 반하지 않는 거래일 것
4.당해 신탁약관의 투자목적 및 방침에 부합하는 거래일 것

15) 대법원 제3부는 OO은행 본부장에게 F 주식회사의 부사장인 G 등과 공모하여, 해외 글로벌 헤지펀드인 H펀드 등에 투자한 F주식회사의 17개 무역금융펀드가 H펀드의 유동성 문제로 부실화하자 H펀드 외의 다른 해외 글로벌 헤지펀드에 투자한 F주식회사의 다른 17개 무역금융펀드의 수익증권 등 자산을 매각하여 H투자 17개 펀드의 환매대금을 지급할 수 있도록 하기 위하여, 34개 무역금융펀드를 자펀드로, I를 모펀드로 하는 모자펀드 구조로 전환함으로써, 기타 투자 17개 펀드의 이익을 해하면서 H투자 17개 펀드의 이익을 도모하였다고 판시하면서 유죄판결하였다.

관련한 세금도 적정하게 산정된다. 그러나 LM무역금융펀드와 같이 펀드 간 편출입이 자유롭게 되고 부실이 전가되는 등 편법이 발생할 때 펀드수익률에 대한 적용세율이 투명하지 않아 적정 세금산정에도 문제가 발생하게 된다.

Structured Finance

Forwards

Swaps

Options

Structured Finance

Conclusion

Structured Finance

Credit card receivables ABS

제14장

파 생 상 품

거 래 손 실

사 례 분 석

제1절
사건 개요

제2절
Credit card receivables ABS발행

제3절
LG카드의 Credit card receivables ABS발행 실패요인

제1절 * 사건 개요

1998년 「자산유동화에 관한 법률」이 제정된 이후 1999년부터 신용카드 ABS(asset backed securities)시장은 양적인 측면에서 비약적인 발전을 거듭해 왔다. 신용카드사가 ABS발행을 많이 하는 데는 우리나라 IMF구제금융의 여파가 컸다. 많은 기업이 도산하게 되면서 은행들이 기업대출보다는 위험자산의 가중치 적용에서 유리한 가계대출 영업에 치중하였던 반면 전업카드사는 은행보다는 불리한 자금조달 · 운용여건 하에 있어서 은행의 카드업무 확대에 맞서 적극적으로 생존을 위해 신용카드시장 확대에 나서게 되었다.

또한 IMF구제금융 이후 저금리기조에 따른 자금운용방법의 변화도 한 몫을 하였다. 외환위기 직후 급등하였던 시장이자율이 점차 하락하여 조달금리가 크게 하락한 반면 신용카드관련 각종 수수료는 높은 수준을 유지하였다. 그런가 하면 정부는 카드사용을 통한 경기부양정책을 고려하던 중 조세정책의 투명화를 위해 신용카드 사용장려 정책을 시행하면서 신용카드시장이 비약적으로 커졌다.

그러나 신용카드시장의 신용경색이 발생하여 2003년 3월 신용카드사가 1차 유동성위기를 맞았다. 정부와 시장의 노력으로 가까스로 1차 유동성위기를 넘겼으나 이후 신규차입과 자산유동화는 어려운 형편에 놓이게 되었다. 2003년 3분기에는 국민카드, 2003년 4분기에는 외환카드와 우리카드 등이 각각 국민은행, 외환은행, 우리은행 등에 흡수합병되었다. 그런데 2003년 11월 다시 신용카드사의 제2차 유동성위기가 발생하였다. LG카드[1]는 외부차입은 물론 대주주의 증자가 이루어지지 않아 결국 채권단의 공동관리에 들어갔다. 이른바 LG카드사태가 발생한 것이다. LG카드는 2003년말 기준 3조 2천억 원의 자본잠식상태가 발생하였으며 급기야 채권단은 2004년초 3조 5천억 원을 출자전환하기에 이르렀다. LG카드의 부실규모가 크고 채무조정에 따른 채권단의 부담비용이 많아 금융시장에 주는 충격이 컸다. LG카드의 파산으로 인해 발생되는 사회적 비용을 감안하면 이를 신용카드시장의 실패라고 하기에 충분하였다. 그런데 LG카드의 실패에는 Credit card receivables ABS구조의 문제점에 따른 부실이 자리를 잡고 있다.

1) LG카드는 유동성사태를 맞아 산업은행을 거쳐 (2005.3.7) 신한금융그룹으로 최대주주가 변동 (2007.3.23)되었다.

제2절 * Credit card receivables ABS발행

2-1. Credit card receivables ABS 증가원인

신용카드 ABS가 국내 ABS시장에 가장 큰 부분을 차지한 시기는 2001년, 2002년이었다. 신용카드 ABS의 증가는 신용카드 사용액의 증가 때문이었다. 자본금이 한정되어 있는 카드사는 자연스럽게 부외거래를 통하여 자산을 성장시켰고 이를 위한 가장 적합한 경영정책이 신용카드 자산의 유동화였다.

〈표 14-1〉 유동화증권(ABS) 발행현황

(단위 : 조 원, %)

유동화증권종류	1999		2000		2001		2002		2003		2004	
유가증권[1]	0.5	(7.9)	28.6	(58.0)	8.7	(17.0)	1.9	(4.9)	6.9	(17.2)	3.0	(11.0)
대출채권	3.0	(44.3)	10.3	(20.9)	14.7	(28.9)	3.7	(9.3)	6.5	(16.3)	4.3	(16.0)
(NPL)	2.9	(42.2)	10.0	(20.2)	10.6	(20.8)	2.0	(5.0)	4.8	(12.1)	3.5	(13.0)
신용카드채권[2]	0.3	(3.6)	4.0	(8.0)	20.6	(40.5)	22.2	(55.7)	9.9	(24.9)	3.5	(13.0)
기타 채권	3.0	(44.2)	6.5	(13.1)	7.0	(13.7)	12.0	(30.2)	16.5	(41.6)	16.2	(60.0)
계	6.8	(100)	49.4	(100)	51.0	(100)	39.8	(100)	39.8	(100)	27.0	(100)

주 1) 회사채(기업, 금융기관), 상환우선주 등
2) 신용카드매출채권, 현금서비스채권, 카드론
자료 : 금융감독원

당시에 신용카드 사용이 크게 증가하게 된 요인을 살펴보면 다음과 같다. 첫째, 은행의 영업전략 변화와 신용카드사의 공격적인 시장 확대를 들 수 있다. 은행들은 IMF구제금융 이전에 주로 기업대출을 통해 수익성 및 안전성을 확보하였다. 그러나 IMF구제금융의 여파로 많은 기업이 도산하게 되었고 은행의 부실은 공적자금투입, 인수합병 등의 구조조정에 이르렀다. 그러므로 은행의 자금운용은 기업대출보다는 위험을 분산시키면서 수익을 극대화할 수 있는 가계대출의 확대에 주력하게 되었으며 감독당국의 자기자본규제는 은행으로 하여금 기업대출보다는 위험자산의 가중치 적용에서 유리한 가계대출 영업에 치중하게 만들었다. 또한 은행은 신용대출결과 BIS비율하락에 따른 위험자산의 보상을 위해 가산금리를 부과하거나 수수료 수입업무에 더 많은 관심을 두었다. 대부분의 은행은 위험을 줄일 수 있는 소매금융이면서 수수료수입을 극대화할 수 있는 신용카드업무를 핵심영업으로 삼았다. 따라서 은행보다 불리한 자금조달 · 운용여건 하에 있는 전업카드사는 은행의 카드업무 확대에 맞서 적극적으로 생존을 위해 신용카드시장 확대에 나서게 되었다.

둘째, IMF구제금융 이후 저금리기조에 따른 자금운용방법의 변화에서 비롯되었다. 외환위기 직후 급등하였던 시장이자율은 점차 하락하여 조달금리가 크게 하락한 반면 신용카드관련 각종 수수료는 높은 수준을 유지하였다.

셋째, 정부의 경기부양 및 조세정책의 투명화를 위한 신용카드 사용 장려정책 시행 등으로 신용카드 사용이 증가하였다. 정부는 IMF구제금융을 극복하고 소비를 진작시켜 경기를 활성화시키고자 신용카드 이용액을 늘리려는 의도가 있었으며 상거래의 투명성 확대를 통해 세수를 확보할 목적으로 신용카드 사용을 적극 권장하는 정책을 시행하였다. 우리나라 자영업자의 경우 제3자에 의한 보고제도가 없기 때문에 거래내역을 상호 대사할 수 없고 과표양성화율도 근로소득자에 비해 상대적으로 낮았다. 신용카드 사용의 활성화는 카드회사, 가맹점, 카드사용자 등 3자간의 상호검증 및 견제기능을 통해 사업자의 매출규모와 소득규모를 정확히 파악할 수 있게 하였다. 또한 현금거래업종 사업자는 대부분 신용카드 매출액만을 과세표준으로 신고하고 있어 탈세로 연결되는 현금사용분이 신용카드로 대체되면 바로 과세표준 증가로 연결되는 효과가 있었다. 따라서 정부는 1999년 9월 카드사용액에 대한 근로소득공제제도[2]를 실시하고, 1999년 12월 신용카드가맹점에 대한 세액공제정책을 확대 시행하였으며, 2000년 1월 신용카드영수증 복권제도를 도입하였다. 또한 정부는 1999년 9월 카드회원과 가맹점의 편의증진 및 가맹점에 대한 중복투자비용절감 등을 목적으로 1개 카드로 모든 신용카드 가맹점에서 카드이용이 가능하도록 가맹점공동망제도를 시행하였다. 이러한 일련의 조치는 신용카드 매출전표에 의한 과세표준 현실화에 의해 세정의 투명성을 확보하고 세제지원을 해주게 되면 바람직한 수준의 신용카드 이용을 기대할 수 있는 것으로 판단한 것이다.

넷째, 외환위기 이후 금융구조조정 과정에서 서민금융기관의 영업력이 크게 위축된 것도 대체수단으로써 신용카드사용이 급증한 요인이라고 할 수 있다. 상호저축은행(구 상호신용금고), 신협, 새마을금고 등 서민금융기관의 대출금은 1997년 57조 2,398억 원에서 2000년말 38조 2,320억 원으로 33.2%(19조 78억 원)가 감소하였고 금융기관 수는 1997년 4,640개에서 2000년 3,247개로 30.0%(1,393개)가 감소하였다. 결국 이러한 서민금융기관의 감소는 무담보여신이 가능한 신용카드의 사용을 적극적으로 이용할 수밖에 없도록 만들었다.

2-2. Credit card receivables ABS의 특징[3]

신용카드채권은 크게 신용카드매출채권과 신용카드대출채권으로 나뉜다. 신용카드매출채권(credit card receivables)은 일시불, 할부, 현금서비스 등이 이에 속하고, 신용카드대출(credit card loans)은 카드사용고객에 대한 일반대출상품이다. 현금서비스와 카드론은 카드사용고객에 대한 신용대출이라는 공통점을 가지고

2) 신용카드사용금액에 대한 근로소득공제: 봉급생활자가 신용카드로 결제한 금액이 본인의 연간 총급여액의 10%를 초과하는 경우 그 초과 사용금액의 10%를 공제 받을 수 있다. 단, 소득공제 한도는 연간 300만 원으로 한다(조세특례제한법 제126조의 2)

3) 안지은 · 문창호(2006). 신용카드 자산유동화 평가방법론. 한국신용평가

있다. 그러나 현금서비스가 정해진 한도 내에서 자유롭게 사용하고 약정결제일 내에 상환하는 일종의 회전대출인 반면, 카드론은 별도의 대출계약을 통해 대출금을 일정 기간에 걸쳐 분할 상환하는 Term loan의 일종이다. 신용카드매출채권의 특징은 다음과 같다.

i) 거래형태 : 신용카드를 통한 신용공여는 가맹점을 통해 이루어지는 일시불, 할부 등 구매거래에 대한 것과 회원과 신용카드회사 간에 직접적으로 이루어지는 현금서비스로 구분된다.

ii) 집중도 : 신용카드매출채권은 다수의 회원을 대상으로 한 소매금융자산으로 개별채권이 소액으로 이루어진다. 그러나 개별채권의 특성은 전체적인 경제상황, 가계부분의 자산 · 부채 구조, 채무지급능력 등 거시적 변수에 따라 유동화자산의 상환율, 손실률 등 실적지표에 좌우된다. 일종의 풀(pool)형태로 리스크관리가 이루어진다.

iii) 만기구조 : 신용카드회원에 대한 신용공여는 기간에 따라 차이가 있다. 일시불 및 현금서비스는 대부분 2개월 이내의 단기자산인 반면 할부와 리볼빙(revolving) 거래는 분납형태로 신용공여기간이 상대적으로 길고 자산 회전율도 낮다. 신용카드자산의 회전율은 유동화자산이 현금화되는 속도와 관련되어 유동화증권의 상환에 중요한 변수가 된다.

iv) 리볼빙(revolving) 결제 : 리볼빙 방식에 의한 결제는 구매거래 또는 여신거래에 대해 일정 상환비율을 정하여 매월 상환토록 하는 거래로써 이로 인해 신용카드회원에 대한 평균 신용공여기간이 확대되고 자산의 회전율도 낮아진다.

v) Credit Quality : 신용카드는 신용카드 용도의 다양성, 편의성으로 인해 신용카드 회원층이 최우량등급에서 하위등급까지 광범위하며, 무보증 · 무담보 신용으로 고수익 · 고위험의 특성을 지니고 있어 평균적인 손실률의 절대수준은 부동산담보대출, 보증대출 등과 같은 상품에 비해 높다. 또한 경제상황이나 금융환경 등 시장동향에 보다 민감하게 반응하는 특징이 있어 손실률의 변동폭 또한 크다고 할 수 있다.

vi) Yield : 고수익 · 고위험의 특성에 따라 유동화자산의 수익률 역시 상대적으로 높은 편이다. 일시불거래의 경우에는 신용카드회원과의 관계에서 수익이 발생하지 않으며 할부거래 및 현금서비스의 경우 할부수수료 및 현금서비스 수수료가 발생한다.

vii) 희석화(dilution) : 상거래에 해당하는 구매거래에서 발생하는 신용카드채권의 경우 매출채권과 유사한 특성을 지니고 있어 구매행위의 취소가 발생할 경우 채권이 소멸되며, 신용카드의 분실 및 도난에 의한 부정사용이 발생할 경우에는 채권 자체가 무효화될 수 있다. 이러한 Dilution이 발생하면 유동화자산이 해당금액만큼 감소되어 유동화증권의 상환원천 역시 그만큼 감소한다. 이런 위험을 흡수하기 위해 유동화자산은 일정수준의 초과자산을 포함하여 유지되도록 구조화하는 것이 일반적이다.

2-3. Credit card receivables ABS 발행구조

가. 일반적인 자산유동화 구조

일반적으로 자산유동화는 재산적 가치가 있는 자산을 담보로 증권을 발행하여 유통시키는 방법으로 대상자산의 유동성을 높이는 일련의 행위라 할 수 있다.

자산유동화증권은 부동산, 매출채권, 유가증권, 주택저당채권 및 기타 재산권

〈그림 14-1〉 자산유동화 일반적 절차

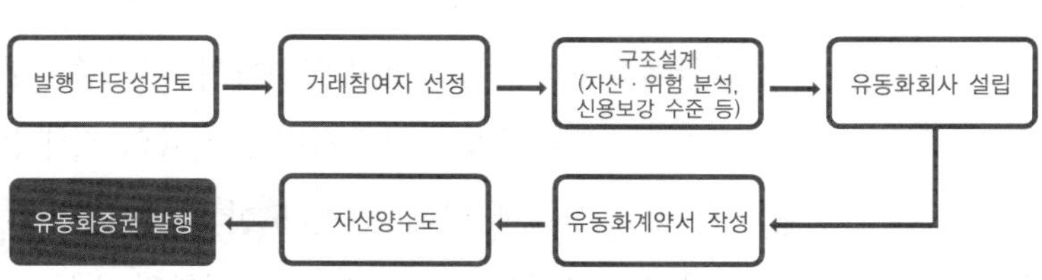

자료 : 한국기업평가

등과 같은 유형 · 무형의 유동화자산(underlying asset)을 기초로 하여 발행된 증권을 말하며, 자산유동화증권의 원리금지급능력은 주로 유동화자산으로부터 발생하는 현금흐름, 유동화자산의 재산적 가치, 신용보강 수준 및 거래참여자의 계약이행능력 등에 의하여 결정된다.

〈그림 14-2〉 자산유동화 참여기관

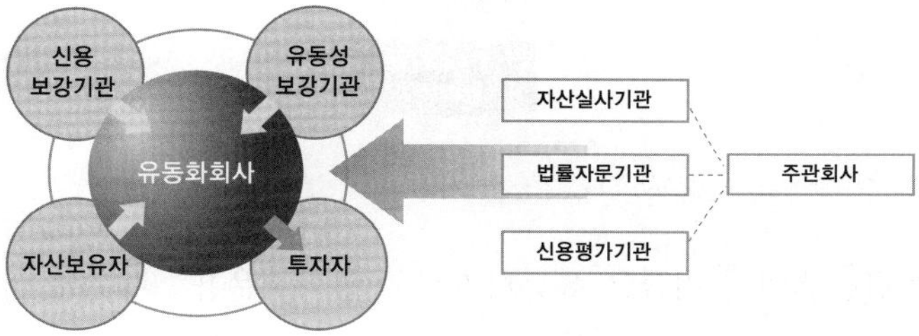

자료 : 한국기업평가

「자산유동화법」 제2조에 따르면 유동화전문회사(SPC)가 자산보유자로부터 유동화자산을 양도 · 신탁받아 이를 기초로 유동화증권을 발행하고, 당해 유동화자산의 관리 · 운용 · 처분에 의한 수익으로 유동화증권의 원리금 또는 배당금을 지급하는 일련의 행위라고 규정하고 있다. 이러한 기법을 활용함으로써 금융기관 및 기업 등은 보유자산을 유동화하여 조기에 유동성을 확보할 수 있다. 자산유동화는 다양한 자금조달 수단을 제공하며 조달비용의 절감, 구조조정 촉진 및 재무제표의 개선 등에 활용된다. 유동화전문회사는 자산보유자(originator)가 보유하고 있는 유동화자산을 양도받은 후 이를 유동화하기 위하여 설립된 특수목적법인(SPC)으로서, 유동화자산을 기초로 자산유동화증권을 발행하고 자산관리자 및 업무수탁자가 유동화전문회사를 대신하여 유동화관련 제반 업무를 수행하게 된다.

〈그림 14-3〉 유동화회사 운영

자료 : 한국기업평가

자산유동화증권의 원리금은 유동화자산의 관리 · 운용 · 처분에 의해 발생하는 수익으로 상환하게 되며, 유동화증권의 원리금지급능력을 제고하기 위하여 구조설계과정에서 다양한 신용보강(credit enhancement)이 이루어지기도 한다. 자산유동화증권은 유동화자산의 특성에 따라 ABS, MBS(mortgage backed securities), CDO(collateralized debt obligations) 등으로 불리며, 발행 유가증권의 형태에 따라 ABS, ABCP(asset backed commercial paper), 출자증권, 수익증권 등으로 구분된다.

기초자산에 따른 분류

- Mortgage-backed securities(MBS) : RMBS, CMBS
- Consumer ABS : 신용카드채권, 소액개인대출, 오토론, 오토리스
- Corporate ABS : 기업매출채권, 리스채권, 렌탈채권
- Non-performing loan ABS : 무수익여신
- CDO(collateralized debt obligations) : CBO, CLO, CDO Squared

나. 신용카드 자산유동화 구조

자산의 양도방식 : 1단계 vs 2단계 유동화

자산의 양도방식에는 유동화자산을 SPC에 양도하고 이를 담보로 SPC에서 유동화증권을 발행하는 것과 유동화자산을 신탁(1단계 유동화)하고 신탁의 수익권을 SPC가 인수(2단계 유동화)하여 해당 수익권을 담보로 유동화증권을 발행하는 2가지가 있다. 국내에서는 신탁을 통한 2단계 유동화방식이 주류를 이루고 있다.

유동화자산의 신탁은 신용카드계정의 포괄신탁방식[4)]에 의해 이루어진다. 유동화자산은 매일 발생과 회수과정을 반복하며, 회수된 금액은 유동화증권의 원리금과 제반 비용을 제외하고는 발생자산의 매입대금으로 신탁의 수익지급을 통해 자산보유자에게 지급된다.

Term loan 자산의 경우 자산의 발생이 없으므로 유동화 시점에 정해진 자산으로부터 회수된 금원을 바탕으로 유동화증권의 상환이 이루어지나, Revolving 자산의 경우 일정한 조건 하에서 회수된 자금은 신규 발생한 자산에 재투자된다. 리볼빙구조를 통해 자산보유자는 일정수준의 유동화자산을 유지하고 조기상환사유로 설정된 사건이 발생하지 않는 한 기초자산의 만기구조와 달리 장기의 자금조달 기간을 확보하게 된다.

〈그림 14-4〉 Credit card receivables 2단계 유동화구조

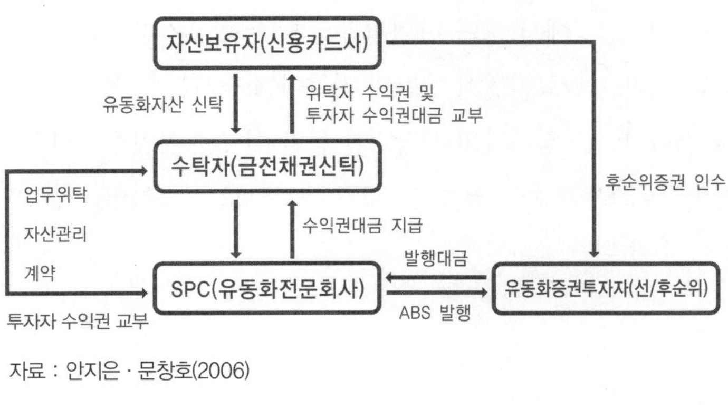

자료 : 안지은 · 문창호(2006)

4) 포괄신탁방식은 특정기간까지 특정 신용카드회원으로부터 발생하는 신용카드이용대금채권 전체를 유동화자산으로 신탁하는 방식이다.

제2단계 유동화구조에서는 유동화신탁이 2종의 수익권을 발행하여 SPC가 제1종 수익권(investor's interest)을, 신탁의 위탁자인 자산보유자가 제2종 수익권(seller's interest)을 인수하게 된다. 자산보유자는 최초 유동화 시점에 정해진 금액을 유동화증권 발행을 통해 조달하게 되며 신탁에서는 원칙적으로 제1종 수익권에 상응하는 자산을 담보(collateral)로써 지속적으로 리볼빙하여야 한다. 다만, 신용카드회원의 사용금액 증가로 유동화자산의 규모가 확대될 경우 제1종 수익권을 초과할 수 있으며 유동화자산이 제1종 수익권을 하회하거나 유동화자산 가운데 소액이나마 매출취소 등 희석화(dilution)의 사유로 향후 채권이 소멸될 가능성이 있기 때문에 이에 대비하기 위해서 의도적으로 초과분(최저 제2종 수익권지분)을 유지해야 한다.

자산의 신탁방식 : 단일신탁 vs 마스터신탁

신탁방식에는 단일신탁방식(discrete trust)과 마스터신탁방식(master trust)이 있다. 단일신탁방식에서는 원칙적으로 사전에 특정된 장래채권을 담보로 단수의 투자자수익권을 통해 유동화가 이루어진다. 반면, 마스터신탁방식은 신탁된 자산을 대상으로 투자자수익권 간 복수의 권리관계가 형성되는 구조이다. 최초 신탁설정 시점 이후에도 자산의 투자신탁이 가능하고 이에 따라 새로이 신탁된 장래채권까지를 포함한 개방형 풀을 담보로 하여 복수의 투자자수익권이 설정되며 이를 통해 수회의 자산유동화가 시차를 두고 이루어진다.

위탁자인 신용카드회사 입장에서 보면 단일신탁은 단수의 투자자수익권에 대해 정해진 방식에 의한 상환을 완료하면서 신탁의 기능이 소멸하는 일회적인 자금조달 수단인 반면, 마스터신탁은 장기간의 신탁기간 동안 신규 투자자수익권의 발행과 기존 투자자수익권의 소멸과정이 연속적으로 가능하므로 지속적인 조달수단의 성격을 지닌다고 할 수 있다.

〈그림 14-5〉 Master Trust의 기본구조

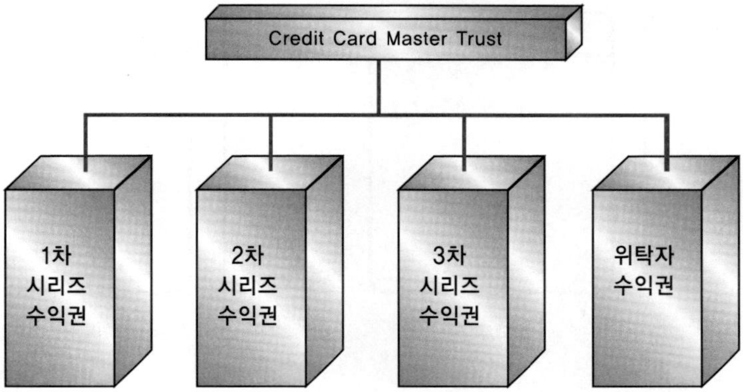

자료 : 김태우 · 신준화(2011)

수익의 지급방식 : 할당 vs 비할당

할당이란 신탁의 수익과 비용을 각 수익자에게 배분하는 메커니즘이다. 유동화 신탁의 수익지급 방식에는 할당구조 및 비할당구조가 있다. 할당구조는 신탁의 수익과 비용을 수익권지분을 기준으로 각 수익자에게 지급하는 방식을 말하며, 비할당구조는 별도의 할당 원칙 없이 신탁관련비용을 제하고 제1종 수익권의 수익 지급에 필요한 금액을 우선적으로 지급하는 방식을 말한다.

제1종 및 제2종 수익자 간 할당을 실시하는 경우 제1종 수익권 내에서 신용보강을 위한 별도의 후순위 유동화증권의 설정을 필요로 한다.

반면, 비할당구조에서는 제2종 수익권 자체가 제1종 수익권의 후순위 역할을 하므로 별도의 후순위 설정을 하지 않고 제2종 수익권에 대해 신용보강을 위한 최저수준이 설정된다. 비할당구조에서는 최저 요구수준을 초과하는 자산이 추가적인 신용보강효과를 가져오므로 유동화자산 규모에 따라 실제 신용보강 수준이 증가할 수 있으며 할당 과정이 존재하지 않으므로 대손 할당에 따른 수익권지분의 감소도 발생하지 않는다.

〈그림 14-6〉 할당구조와 비할당구조

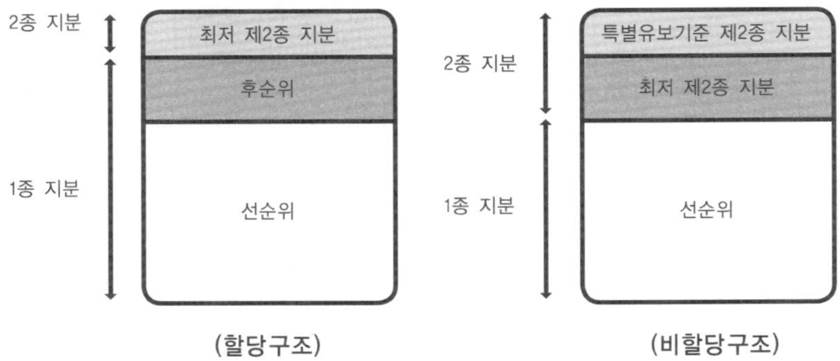

자료 : 김태우 · 신준화(2011)

할당구조를 취하는 경우 할당이 이루어지는 대상은 원금회수액, 수수료회수액, 대손발생액 등 유동화자산의 성과(performance)와 신탁관련 공통비용으로 구분된다. 원금회수액의 경우 유동화증권의 원금상환용으로, 수수료회수액의 경우 대손발생액과 유동화증권의 이자 및 수익권유동화계획에 따라 발생하는 제반 비용을 충당하기 위한 용도로 구분된다.

비할당구조에서는 일반적으로 회수액을 구분하지 않고 총액으로 합산하여 처리한다. 신용보강수준에 상응하는 자산이 제2종 수익권의 형태로 존재하여야 한다. 이 경우 제2종 수익권자는 할당구조와 마찬가지로 자산보유자이지만 제1종 수익권자보다 후순위 권리를 가진다는 차이가 있다.

상환구조

신용카드자산 유동화는 리볼빙구조(revolving structure)를 가진다. 리볼빙구조는 현금흐름의 특징에 따라 리볼빙기간, 통제상환기간(controlled amortization), 통제적립기간(controlled accumulation), 조기상환기간(early amortization) 등으로 구분된다.

리볼빙기간, 즉 유동화자산의 원금회수액을 자산 재발생을 전제로 제2종 수익자에 지급하는 기간이 종료되면 유동화증권의 상환을 위해 할당된 원금회수액을 제1종 수익자에게 수익으로 지급하여야 한다. 원금회수액의 신규발생 자산에 대한 재투자를 중단하고 동 금액으로 유동화증권의 상환재원을 마련하게 된다.

통제적립은 매월 특정금액(controlled amount)을 신탁 내 별도의 계정에 유보하는 절차를 말하는 것으로 상환시점에 이르면 적립된 금액으로 유동화증권을 상환할 수 있도록 수익으로 지급하게 된다. 통제적립기간 중에 매월 균등한 금액을 적립하는 것이 원칙이며 이를 초과하는 회수액은 신규 유동화자산에 재투자하고 부족한 회수액은 다음 달 이후 초과 회수액으로부터 충당한다.

〈그림 14-7〉 리볼빙구조

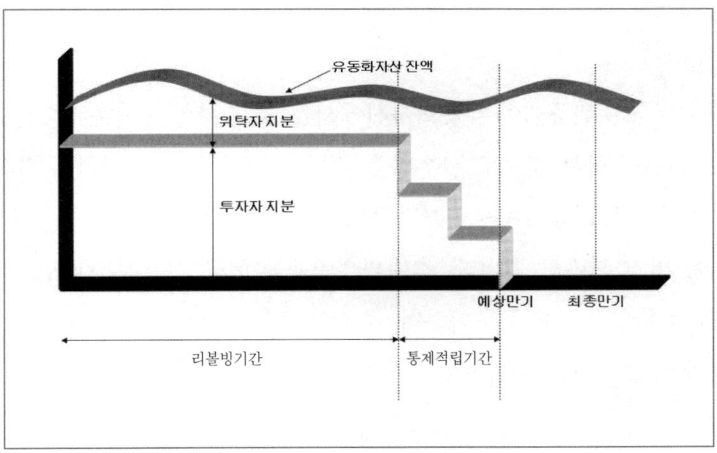

통제상환은 매월 정해진 금액을 신탁에 적립하는 대신 유동화증권의 상환을 위해 수익권을 지급하는 것을 말한다. 통제적립구조에서와 마찬가지로 정해진 금액을 초과하는 회수액은 유동화자산에 재투자하고 회수액이 부족한 경우 다음 달 이후 회수액으로부터 보전받는다.

조기상환기간은 조기상환 Trigger조항에 의해 법정만기 전에 개시된다. 이 기간에는 투자자지분 전액(ABS tranche)을 최단시간에 회수하고 회수금액은 즉시

신탁에 적립한다. SPC에 적립된 회수금액은 재투자 없이 유동화증권을 Pass-through[5]형태로 상환하도록 하고 있으며 신규자산 매입중단으로 유동화자산이 감소하게 된다.

다. 신용보강 수단

주요 신용보강수단에는 초과담보, 유보금, 외부 신용공여 및 조기상환 등이 있다. 리볼빙구조의 특성상 특정지표나 유동화자산의 성과(performance)가 일정 수준 이하로 하락하는 경우 유동화사채는 기한의 이익을 상실하고 조기상환되도록 하는 조항을 설정하기도 한다.

초과담보

초과담보는 후순위증권이 유동화자산에서 발생된 손실을 선순위증권보다 먼저 흡수하도록 구조화하는 것으로 선순위증권은 후순위증권에 해당하는 자산에 대한 초과담보 효과를 누리게 된다. 비할당구조의 경우 후순위증권이 아닌 제2종 수익권이 손실을 먼저 흡수하게 된다. 후순위수익권에 현금흐름 배분(배당) 시에는 선순위수익권에 할당하도록 구조화하며, 수수료회수액, 원금회수액 등도 선순위 관련 지급에 우선 충당하는 것이 일반적이다.

유보금

유보금은 유동화구조 내에 별도의 금액을 마련하여 선순위수익권의 신용보강에 충당하는 방법이다. 최초부터 자산보유자가 일정금액을 출자하거나 유동화 이후 발생하는 Excess spread를 특정 규모까지 축적하는 방식(spread account)으로 유보금을 설정한다.

5) 자산유동화증권의 발행 방법 중 Pass-through는 증권발행의 기초인 유동화증권의 소유권이 지분형태로 투자자에게 그대로 이전되는 일종의 지분이전증권이다. 반면 Pay-through는 담보자산에 대한 소유권을 발행기관이 가지며 담보자산에서 발생되는 현금흐름만이 투자자에게 이전되는 구조의 증권을 말한다.

자산 회수액이 부족하여 유보금을 사용하는 경우 차후 Excess spread 발생액을 유보금 충당재원으로 사용하는 것이 일반적이다.

외부기관의 지원

초과담보나 유보금의 설정이 유동화자산을 통한 유동화구조의 내부 신용보강인 반면, 자산보유자 외 제3의 기관으로부터 신용 및 유동성 공여약정을 통해 신용보강을 제공받는 것은 외부신용보강방법이다.

조기상환

조기상환은 정해진 신용보강 수준에서 선순위 유동화증권의 손실 발생을 억제하기 위한 수단으로써 후순위 유동화증권 또는 최초 제2종 수익권의 설정과 함께 선순위 유동화증권의 신용보강을 위한 보완장치라고 할 수 있으며 투자자 지분 전액을 상환하거나 법정만기 도래 시 종료된다.

조기상환조건의 설정은 직접적인 신용보강수단은 아니나 유동화자산의 실적이 일정수준 이하로 악화되는 것을 막는 한편 유동화 원리금 상환확실성을 보장한다는 점에서 신용보강으로 본다. 주요 조기상환조항은 다음과 같다.

i) 수익률 트리거(yield trigger) : 신용위험에 대한 보완장치로써 수익원 손실액이 지속적으로 발생하는 것을 방지하기 위한 장치이며 통상 3개월 평균으로 Excess spread비율이 (-)를 기록할 경우 작동되도록 정한다.

ii) 원금회수율 트리거(principal payment rate, PPR trigger) : 유동화자산의 PPR이 과도하게 일정 수준 이하로 하락할 경우 정해진 상환기간 내에 유동화증권의 상환재원이 마련되지 못할 수도 있다. PPR이 일정 수준 이하로 떨어질 경우 강제적으로 조기상환하도록 정하여 선순위 유동화증권의 상환에 소요되는 기간을 높임으로써 신용위험에 노출될 수 있는 기간에 대해서도 통제할 수 있다.

iii) 밸런스 트리거(balance trigger) : 유동화자산으로부터 현금흐름을 결정하는 변수로 대개 유동화자산이 최저 수준을 하회할 경우 작동되도록 규정된다. 이는 일차적으로 유동성위험을 통제할 목적으로 사용하나 신용위험에 노출되는 기간과 함께 구조에 따라서는 수수료회수액 할당액에도 영향을 미치기 때문에 신용위험을 통제하는 데에도 중요한 수단이 된다.

iv) 레이팅 트리거(rating trigger) : 자산보유자의 신용등급을 조기상환사유로 하는 경우로 유동화구조 및 신용보강수준 하에서 필요한 유동화자산의 재발생 능력, 신용카드 회원의 유지·관리 능력, 적절한 이익관리 능력 등을 확보하기 위한 것이라 할 수 있다.

제3절 * LG카드의 Credit card receivables ABS발행 실패요인

3-1. 신용카드시장의 신용경색

정부는 1999년 5월 4일 현금서비스한도(70만 원)의 폐지 등 신용카드사에 대한 일련의 규제를 완화하였고 신용카드사용액 소득공제제도, 신용카드 영수증 복권제도 등을 도입하였다. 카드사들은 적절한 리스크관리를 하지 않은 상태에서 무분별한 카드발급 및 과당경쟁으로 신용카드 이용액이 양적으로 급격히 팽창

하였다. 정부가 카드사의 무분별한 영업행위를 억제할 수 있는 보완대책을 강구하지 않은 상태에서 금융규제완화정책을 시행한 결과였다.

정부가 신규진입을 제한하는 목적은 고진입비용에 따른 과당경쟁방지에 있다. 그러나 진입자격은 까다로우나 퇴출이 쉽지 않아 과당경쟁을 불러왔고 시장규율에 의해 퇴출되지 않는 대마불사(too-big-to-fail)의 도덕적 해이 현상을 빚게 하였다. 또한 법률적 규제근거가 미약한 상황[6]에서 길거리회원모집금지 등 영업질서 확립 및 부실화 방지를 위해 금융감독원이 일부 카드사의 영업제한, 임직원 제재조치 등을 취하였으나 카드사는 실적증대를 위해 지속적으로 불법회원모집을 하였다.

그런가 하면 한계소득을 갖고 있는 카드보유자(marginal or on the edge credit card holder)는 신용카드사의 과당경쟁을 통해 손쉽게 얻은 신규발급카드로 현금서비스, 카드대출 등을 이용하여 타카드사의 결제자금을 신규카드로 막아오다 신용카드사의 자금공여가 이루어지지 않자 동반 부실화되었다. 게다가 정부의 신용불량자 구제대책 발표 등도 채무상환을 회피하거나 채무상환을 늦추는 채무자의 도덕적 해이를 확산시켰다. 신용카드사의 경영진 및 신용카드 보유자들의 도덕적 해이가 신용카드시장의 붕괴를 초래하였다.

신용카드사는 2003년 3월 11일 SK글로벌 분식회계 발표 이후 향후 발생될 수 있는 유동성위기에 대해 미온적으로 대처하였다. SK글로벌 분식회계로 인해 투신사는 2003년 3월 11일부터 3월 31일까지 27.2조 원의 채권환매사태를 겪었다. 2003년 3월 20일 현재 금융권의 카드채 보유규모는 29.3조 원으로 전체 채권잔액 618조 원의 4.7%를 차지하였으며 CP 21.9조 원, ABS 33.5조 원을 포함한 카드사 발행채권은 84.7조 원에 달해 채권시장에서 카드관련 채권의 비중은 13.7%로 상당히 높은 수준에 있었다.

6) 금융감독원은 현금대출위주의 영업행태 개선을 위해 부대업무 취급비율을 신설하고 연회비를 초과하는 경품제공을 금지하며 무질서한 회원유치행위에 대한 감독권 강화를 위해 '길거리회원모집금지'를 법제화하려 하였으나 2001년 7월 규제개혁위원회의 심의결과 이들 규제에 대한 타당성을 인정받지 못하여 감독규정에 반영하지 못하였다.

〈표 14-2〉 금융권 카드채권 보유현황

(단위 : 조 원)

	은행	증권	보험	투신	연기금	기타	계
카드채	10.0	1.0	2.7	9.0	2.0	4.6	29.3
CP	7.3	0.5	0.2	12.1	0.0	1.8	21.9
ABS	5.9	0.6	4.8	4.4	5.3	12.5	33.5
대출 등	2.0	0.0	2.1	0.0	0.0	0.2	4.1
계	25.2	2.1	9.8	25.5	7.3	18.9	88.8

주) 2003년 3월 20일 기준
자료 : 금융감독원

이후 카드사는 신용카드 수수료인하에 따라 수익이 감소하였으며 부실자산증가 등에 직면하여 카드채 위기가 표면화되었다. 2003년 3월 신용카드사 1차 유동성위기 이후 LG카드는 신규차입과 자산유동화를 하지 못하였다.

3-2. LG카드 유동화자산의 높은 연체율

신용카드자산은 일반적으로 다른 금융자산에 비해 연체율이 높다. 반면 연체가 단기에 해소되기도 하고 연체금액이 그리 크지 않는 등 신용카드만의 특성을 가지고 있다. 이 모두가 단기회전자산이라는 속성 때문이다.

자산유동화는 일종의 반복 SPC게임[7]이다. 유동화자산이 실제 양도(true sale)된 상태에서도 유동화자산이 연체되는 경우 카드사가 유동화자산의 손실을 고스란히 부담해야 한다. 카드사의 자산유동화구조는 카드사가 신용보강역할을 담당하여 유동화자산의 손실위험을 부담하기 때문에 유동화자산이 연체되는 경우 부내의 정상자산과 교체해야 한다. 확정채권을 유동화하는 여타 자산유동화와는 달리 신용판매 · 현금서비스 등 카드자산유동화는 기초자산이 리볼빙되는 구조로써 기초자산의 손실위험을 사실상 카드사가 부담한다.

7) 황문연(2006)을 참고하기 바란다.

만약 1개월 이상 연체액D, 관리자산M 또는 부외자산을 포함한 자산, 보고자산 R 또는 부내자산이라고 하자. 이때 관리자산연체율(D/M×100)과 보고자산연체율(D/R×100)의 관계는 M ≥ R이므로 연체율은 [(D/M×100) ≦ (D/R×100)]과 같이 나타낼 수 있다. 즉, 관리자산의 연체율이 보고자산연체율보다 항상 낮다. 그런데 신용카드자산의 건전성지표에 의한 연체율은 [1개월 이상 연체액/관리자산]의 비율로 관리되고 있었다.[8)]

〈표 14-3〉 전업카드사의 관리자산 대비 보고자산의 연체율 비교

(단위 : %)

	관리자산연체율 (D/M ×100)	보고자산연체율 (D/R ×100)	연체율차이
2001.4Q	2.60	4.81	2.21
2002.1Q	2.90	5.16	2.26
2002.2Q	3.90	6.54	2.64
2002.3Q	5.08	8.58	3.50
2002.4Q	6.60	12.39	5.79
2003.1Q	9.43	16.00	6.57
2003.2Q	9.61	17.75	8.14
2003.3Q	11.99	22.87	10.88
2003.4Q	14.06	26.30	12.24
2004.1Q	11.98	20.09	8.11
2004.2Q	10.84	17.89	7.05
2004.3Q	11.64	19.92	8.28
2004.4Q	9.03	15.39	6.36

자료 : 금융감독원

〈표 14-3〉은 관리자산연체율과 보고자산연체율의 차이를 계산한 것이다. 두 연체율의 차이는 2001년 4분기만 해도 2.21%차이 밖에 나지 않았다. 카드사의 관리자산연체비율은 2003년 3분기에

8) 금융감독원은 2003.6.30.부터 유동화자산의 100분의 10을 조정자산에 포함시켜 조정자기자본비율을 산출하는 등 유동화자산에 대한 관리를 강화하였다.

10%를 초과하였으나 보고자산연체율은 2002년 4분기에 10%를 초과하여 2004년 4분기까지 이어졌다. 심지어 2003년 4분기 보고자산연체율이 26.30%까지 상승하였는데도 카드사 연체율은 금융감독원에 14.06%로 보고되었다. 이때 보고자산연체율과 관리자산연체율의 괴리율은 12.24%에 이르렀다.

〈표 14-4〉 LG카드 신용카드자산 및 연체율 추이

(단위 : 억 원, %)

	관리자산	보고자산	부외자산	연체액	연체율[1]	실제연체율[2]	연체율차이
2001.4Q	274,468	110,725	163,743	5,523	2.0	5.0	3.0
2002.1Q	305,223	127,810	177,413	8,000	2.6	6.3	3.6
2002.2Q	318,354	129,330	189,024	10,276	3.2	7.9	4.7
2002.3Q	338,175	148,080	190,095	13,189	3.9	8.9	5.0
2002.4Q	339,353	150,731	188,622	19,934	5.9	13.2	7.4
2003.1Q	333,662	191,229	142,433	30,066	9.0	15.7	6.7
2003.2Q	290,391	151,565	138,826	28,764	9.9	19.0	9.1
2003.3Q	263,342	128,556	134,786	27,967	10.6	21.8	11.1
2003.4Q	218,791	107,030	111,761	39,172	17.9	36.6	18.7
2004.1Q	191,817	109,469	82,348	29,076	15.2	26.6	11.4
2004.2Q	168,057	89,081	78,97	25,296	15.1	28.4	13.3
2004.3Q	147,462	69,150	78,312	25,352	17.2	36.7	19.5
2004.4Q	130,590	59,894	70,696	15,938	12.2	26.6	14.4

주) 1. 연체액을 관리자산으로 나눈 연체율
2. 연체액을 보고자산으로 나눈 연체율
자료 : 금융감독원

〈표 14-4〉에서 보는 것과 같이 LG카드는 자산유동화를 하면서 2002년 3분기말에 19조 원, 2003년 4분기말 11조 원 이상의 부외자산을 보유하고 있었다. 그만큼 자산유동화를 많이 했다고 할 수 있다. 그러나 정작 금융감독원에 보고되는 연체율은 연체액 대비 관리자산으로 산출하여 동 기간에 각각 3.9%, 17.9%로 보고되었다. 그런데 신용카드사는 신용카드자산유동화에 대한 신용보강의무를 부담하

기 때문에 유동화자산에서 연체되는 자산은 모두 연체가 되지 않는 새로운 자산으로 교체해주어야 한다. 이때 연체액을 보고자산으로 나누어 연체율을 산출하는 경우 실제연체율은 동기간에 각각 8.9%, 36.6%로 연체액을 관리자산으로 나눈 연체율보다 5.0%, 18.7%나 높은 것으로 나타났다. 이 경우 LG카드의 연체율은 전업카드사의 평균연체율을 훨씬 상회하였으며 2차 유동성위기 시점인 2003년 4분기에는 10%이상 차이가 났다.

LG카드는 유동화자산의 신용보강을 통해 투자자에게 안전성을 담보해주고 있어 실질적으로 연체자산에 대한 자금부담 및 손실을 떠맡았다. 결국 2003년말 LG카드는 카드자산의 부실로 자기자본이 급격히 감소하여 회사채 발행한도가 자기자본의 10배를 초과하게 되어 회사채를 추가로 발행할 수 없었으며 유동화증권도 추가로 발행할 수 없게 되었다.

3-3. LG카드 유동화자산의 대규모 트리거 발생

2003년 11월 21일 LG카드는 교보생명이 신한은행에게 제시한 3,025억 원의 약속어음을 결제하지 못하였다.[9] 신용카드사의 제2차 유동성위기이자 LG카드사태가 발생한 것이다. 정부는 금융시장을 안정시키기 위해 기존 대출채권의 만기연장, 추가지원 등의 대책을 내놓았다. 하지만 LG카드는 외부차입은 물론 대주주의 증자가 이루어지지 않아 결국 채권단의 공동관리[10]에 들어갔다.

특히, LG카드의 부실은 지주회사의 법률적 문제에서도 비롯되었다. 정부는

9) 연합뉴스 2003.11.30. 기사를 참조하였다.

10) 엘지카드 채권단의 출자현황(2003.12 기준)

(단위 : 억 원)

자산	107,655	부채	13,787
※ 채권단 출자전환		자본	(32,131)
2004.1.2. 19,078		부채와 자본	107,655
2004.2.6. 15,916			

자료 : 엘지카드 감사보고서(2003)

1986년 「독점규제 및 공정거래에 관한 법률」을 개정하면서 대기업들의 경제력 집중을 억제하려는 취지로 순수지주회사의 설립 및 전환을 금지한 바 있다. 그러나 1999년 2월 5일 기업의 구조조정을 효율적으로 하기 위해 순수지주회사의 설립 및 전환을 엄격한 요건 하에서 허용하고 2000년 10월 23일 「금융지주회사법」을 제정해 금융회사들이 규모의 경제를 추구할 수 있도록 법제도를 정비한 바 있다.[11] 그 결과 LG그룹은 2003년 6월 10대 그룹 중 가장 먼저 지주회사 체제로 전환하였으나 일반지주회사는 금융회사의 주식을 소유할 수 없도록 한 법규 때문에 결국 LG카드가 지주회사에 편입되지 못하였다. LG카드의 대주주는 2002년 4월 22일 LG카드가 상장되고 보호예수기간이 경과한 2002년 11월 이후 대주주 및 특수관계인의 소유주식을 대량 매각하였다. 따라서 LG그룹은 2003년 12월말 LG카드에 대한 지주회사차원의 자금공여는 물론 대주주로써 무한책임을 지지 않았다.[12]

정부는 LG카드의 유동성 제고를 위해 2003년 12월 조기상환사유가 발생한 일부 리볼빙구조의 ABS의 조기상환(trigger)을 유예시켰다. LG카드의 신용카드 ABS는 3개, 총 2조 원이 트리거가 붙어 있었다. 크레디피아35차는 1조 원 규모로 위탁자가 발행한 회사채 유효신용등급이 BBB+ 이하일 때 상환요구가 가능하며, 크레디피아2003은 3,579억 원 규모로써 국내신용평가등급이 BBB+ 미만일 때 상환요구가 가능하고 크레디피아37차는 6,800억 원 규모로 양도인이 발행한 회사채 유효신용등급이 BBB+ 이하일 때 상환요구가 가능하였다.[13]

2003년 LG카드 감사보고서에 의하면 일부 자산유동화의 경우 회사의 자기자본비율이 8% 미만인 경우, 매 정산기간 종료일 현재 누적자산잔액이 투자자 수익

11) 「독점규제 및 공정거래에 관한 법률」 제8조의2 2항 5호에 따라 금융지주회사외의 지주회사(일반지주회사)인 경우 금융업 또는 보험업을 영위하는 국내회사의 주식을 소유하는 행위를 금지하고 있다.

12) 2004년도 국정감사 정책자료집(이계경의원)에 의하면 대주주 및 임원들의 2002년도 11월 이후 2003년 12월까지 장내 매도 주식은 1,956만 주, 매도가액 3,911억 원이며 매입한 주식은 500만 주, 매입가격 940억 원으로 매도차익이 2,970억 원으로 보고되었다.

13) 김범석(2004). LG카드사태와 신용카드 ABS의 문제점. 時事金融.

원본의 지급책임비율인 106% 미만인 경우 등에는 유동화전문회사가 유동화증권의 조기상환의무를 지는 것으로 되어 있었다. 자산유동화와 관련하여 크레디피아 2001 유동화전문유한회사의 경우 회사의 이자보상비율이 일정비율 미만에 해당되어 유동화전문유한회사에게 유동화증권의 조기상환사유가 발생하였으나 채권단에 의해 2004년 2월말까지 조기상환이 유예되었다. 또한 2003년 중 일부 자산유동화와 관련하여 유동화전문유한회사에 조기상환사유가 발생하였으나 적격자산 대체 등의 방법으로 해소하였다고 밝히고 있다.

2003년 12월 16일 신용평가사는 LG카드의 유동성 악화, 자산규모 감소, 연체율 증가로 유동화자산의 성과(performance)가 저하될 수 있는 상황에서 5개의 SPC가 발행한 ABS에 대해 조기상환사유가 발생함에 따라 다른 SPC가 발행한 대부분의 ABS에 대해서도 신용등급을 하향하였다. 반면 당시에도 LG카드 회사채 등급은 A등급 이상을 유지하였다.

〈표 14-5〉 LG카드 회사채 등급 부여 현황

일자	한기평		한신평		한신정	
2000.07.13	1999.05.31	A+	2000.06.16	AA-	2000.06.02	AA-
2001.05.08			2001.04.30	AA	2001.04.30	AA
2003.03.27			2003.03.26	AA-	2003.03.26	AA-
2003.12.11			2003.11.20	A+	2003.11.21	A+
2003.12.31			2003.12.31	A	2003.12.31	A
2005.08.18	2005.08.18	A	2005.07.18	A	2005.08.16	A

LG카드가 ABS 트리거 조건에 따라 ABS의 조기상환을 하지 못하자 트리거 조항의 실효성과 리볼빙구조의 자산유동화증권에 대한 투자자의 불신을 초래하였다. 결국 채권단이 출자를 통해 LG카드가 부담해야 할 신용보강의무를 대신 부담하게 되었는데 LG카드는 2003년말 기준 3조 2,000억 원의 자본잠식상태가 발생하였으며 급기야 채권단은 2004년초 3조 5,000억 원을 출자전환하기에 이르렀다.

Conduit의 부동산 PF ABCP

제15장

파생상품 거래손실 사례분석

제1절
부동산 PF대출과 저축은행 부실

제2절
Conduit의 ABCP 발행구조

제3절
저축은행 관련 부동산 PF ABCP의 부실요인

제1절 * 부동산 PF대출과 저축은행 부실 >>>

지난 2008년 서브프라임 문제가 미국 금융시장의 뇌관을 흔들고 전 세계적으로 금융시장을 혼란에 빠뜨렸다면 우리나라 부동산 PF시장의 부실은 저축은행의 경영악화의 주범이라고 할 수 있다. 부동산경기 위축, 건설사 부도 등이 PF사업장의 부실로 이어지면서 저축은행의 건전성을 위협하게 되었다. 이러한 부동산 PF대출의 부실 배경에는 Conduit이 발행하는 ABCP가 한 몫을 했다.

저축은행 부동산 PF대출은 2007년 6월말 12.5조 원 수준으로 2010년말 12.2조 원과 비교하면 계량적으로는 문제가 없어 보인다. 그러나 저축은행의 부실 PF자산이 정부의 정책에 따라 한국자산관리공사(캠코)에 1, 2차에 걸쳐 매각되어 2009년 6월말 기준 11.0조 원으로 감소했다는 사실을 알면 상황은 달라진다.

〈표 15-1〉 저축은행 부동산 PF대출 현황

(단위 : 억 원, %)

	07.06월	08.06월	09.06월	10.06월	10.12월
PF대출잔액	125,372	122,100	110,485	119,546	122,236
(총대출내 비중)	29.0	24.1	19.3	19.2	18.9
연체율	11.4	14.3	9.6	8.7	25.1
고정이하비율	7.1	8.7	5.1	5.9	9.2

주) 1. 10.6월중 PF성 일반대출 3.1조 원이 PF대출로 재분류
2. 캠코 매각분 미포함

자료 : 금융감독원, 한국기업평가

글로벌 금융위기의 영향으로 국내 부동산시장도 침체국면에 접어들고 PF자산이 저축은행업계의 전체 부실로 이어지자 대규모 매각작업이 이루어졌다. 물론 이후에도 추가적으로 캠코에 매각이 이루어졌지만 이들 채권들은 제3자에게 재매각이 이루어지지 않으면 일정 기간 내에 저축은행이 환매하도록 되어 있다. 그런데 캠코가 매입한 저축은행 PF대출은 재매각 실적이 매우 부진하여 저축은행의 부담으로 남아 있다. 이러한 매각에도 불구하고 PF대출은 또다시 2010년말 연체율이 25.1%로 상승하여 저축은행 전체의 부실로 이어졌다.

〈표 15-2〉 저축은행 PF대출채권 캠코 매각 현황

(단위 : 억 원)

회 차	1차(08.12)	2차(09.03)	3차(10.06)	4차(11.06)	합계
채권금액	5,024	12,439	37,493	18,911	73,866
일반	3,320	11,360	35,660	18,550	68,890
워크아웃	-	445	1,330	361	2,136
환매 및 수정정산	1,704	634	503	-	2,841
잔액	3,320	11,805	36,990	18,911	71,025

자료 : 금융감독원, 한국기업평가

1972년 총 350개로 출범한 저축은행은 외환위기(1997년), 카드사태(2003년), 글로벌 금융위기(2008년) 등을 거치면서 지속적으로 구조조정이 이루어져 2011년 3월말 105개로 감소하였다.

〈표 15-3〉 저축은행 구조조정 현황

(단위 : 개)

1997말 (A)	영업정지 저축은행 수					2011.03 (B)	증감 (A-B)
	1998~2000	2001~2008.06	2008.07~2009말	2009말 이후	소계		
231	△88	△24	△2	△8	△122	105	△126

주) 영업정지 개수(122개)와 증감 개수(△126개)의 차이는 영업정지 없는 합병 등에 따른 것임
자료 : 금융위원회

그런가 하면 2011년 3월 이후에도 부동산 경기 침체가 지속되면서 PF부실화의 비중이 큰 저축은행을 중심으로 한 해 동안 16개의 저축은행이 영업정지되기에 이르렀다. 이들의 자산규모는 27조 원에 이르러 금융시장의 혼란을 가져오기에 충분하였다.

〈표 15-4〉 2011년 영업정지 저축은행의 자산규모

(단위 : 억 원)

저축은행	자산규모	저축은행	자산규모
삼화	13,418	경은	3,726
부산	37,435	제일	38,453
대전	15,833	제일2	10,836
부산2	31,764	프라임	15,811
중앙부산	8,464	대영	7,418
전주	5,592	에이스	14,707
보해	10,215	파랑새	5,341
도민	3,712	토마토	44,559
합계			267,284

주) 2010년 12월말 기준,
자료 : 금융감독원, NICE Rating

제2절 * Conduit의 ABCP 발행구조

2-1. Conduit의 ABCP 특징

Conduit의 사전적 의미는 물 등이 흘러가는 도관(導管)이며 금융업무에서 활용되는 의미는 자금이 흘러가는 관으로 해석된다. Conduit은 별도 법인을 설립하여 운영하며, 법인 형태는 주식회사를 포함한 모든 회사형태가 가능하다. Conduit제도는 미국이나 유럽 등지에서 카드사나 자동차 할부금융사 등이 금리, 유동성측면에서 자금을 원활하게 조달하려는 의도에서 시작되었다. 자금은 기업어음(commercial paper, CP)을 이용하여 단기로 조달되며 이때 기초가 되는 자산을 담보로 발행하기 때문에 통상 ABCP(asset backed commercial paper)라고 불린다.

〈표 15-5〉 유동화관련 회사유형별 법률적 근거

구분	유동화전문회사	유한회사	주식회사
근거법	「자산유동화에 관한 법률」	「상법」	「상법」
최소 설립 자본금	1천만 원	1천만 원	5천만 원
사원 수	제한 없음	50인 이하	제한 없음
업무범위	자산유동화에 관한 업무	상행위, 영리행위	상행위, 영리행위
종업원고용	금지	제한 없음	제한 없음
사채발행	가능	불가	불가
기업어음발행	가능	가능	가능

Conduit은 상법상 특수목적회사(SPC)를 통한 자산양도방식(true sale)을 이용하여 증권화(securitization)를 하기 때문에 자산유동화법의 까다로운 절차를 회피하는 대출 등에 활용된다. Conduit이 단기자금 조달로 장기자산에 운용하는 경우 장단기 금리차(basis) 향유도 가능하다. 특히 유동화 규모가 작거나 유동화의 법적 요건이 미흡하여 ABS방식에 의한 유동화가 불가능한 경우도 Conduit을 통해 자산유동화가 가능하다. 금융기관이 Conduit을 운영하는 경우 자체 보유자산 유동화는 물론 기업의 자산유동화 유치를 통한 적극적 이윤 추구가 가능한데, 이 경우 Conduit에 이관되는 자산의 적정한 매입이 중요한 관건이 된다. 한편 Conduit은 최소자본금이 1,000만 원에 불과하여 설립자본금 부담이 주식회사보다 적으며 다수 시리즈 운영도 가능하다.

〈표 15-6〉 ABCP와 ABS의 비교

구 분	ABCP	ABS
근거 법률	「상법」	「자산유동화에 관한 법률」
설립목적	자금조달, 자산감축, 차익거래	자금조달, 자산감축
공시수준	낮음	높음(투자자 보호 강화)
시리즈 수[주]	수개의 어음발행 가능	단일 시리즈만 가능
잔여 재산	Conduit 회사 귀속	통상 자산보유자 귀속

주) 연속발행은 차단벽 설치를 통해 하나의 회사에서 가능

2-2. Conduit의 ABCP 발행구조[1]

가. 기본적 ABCP 발행구조

ABCP 프로그램은 유동화전문회사처럼 특수목적회사(SPC)로 설립되기 때문에 종업원을 고용하지 않고, 제3의 기관들로 하여금 업무를 담당하게 한다. ABCP 프로그램의 전

1) 심은수(2003). ABCP프로그램 유형. Korea Investors Service

체적인 관리를 위해 프로그램 관리자(administrator)를 두는데, 일반적으로 프로그램 설립의 주체, 즉 상업은행이 그 역할을 담당하게 된다. CP의 발행과 상환을 위한 기관(issuing and paying agent)이 필요하지만, 프로그램 관리자가 그러한 능력이 있으면 추가로 둘 필요는 없다. 어음중개기관(placement agent)이 발행된 CP를 투자자에게 판매하는 역할을 하는데, 주로 증권사가 담당한다. 금리, 환율 등의 변동위험에 노출된 자산의 경우에는 스왑거래기관(swap counterparty)을 두기도 한다.

〈그림 15-1〉 기본적 ABCP 발행구조

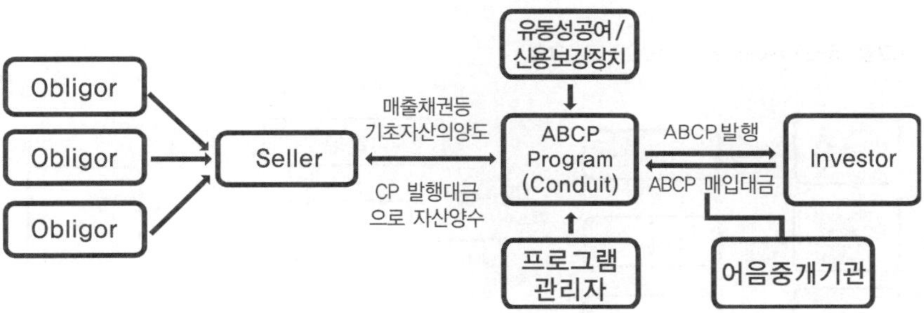

자료 : 심은수(2003)

ABCP 프로그램에는 유동성보강기관과 신용보강기관이 대부분 참여하는데, 은행이 프로그램을 설립하는 경우에는 은행이 이러한 역할을 수행한다. 대부분의 ABCP 프로그램은 A1등급의 CP를 발행하기 때문에 신용보강장치가 필요하다. 초과담보, 후순위구조, Cash reserve, Credit line 등의 신용보강장치를 사용하며, 신용보강수준은 부분 신용보강(partially supported)과 전체 신용보강(fully supported)으로 나뉜다. 전체 신용보강 ABCP 프로그램의 경우에는 자산의 신용도와는 관계없이 신용공여기관의 신용도가 프로그램의 신용도를 좌우하게 된다. 그리고, ABCP 프로그램에서는 CP의 차환발행을 통하여 CP를 상환하는 구조가 대부분인데, 이때 시장상황의 악화 또는 CP발행 중단사유 발생으로 차환발행을 할 수 없다면 부도가 발생할 수 있다. 이러한 상황에 대비하여 CP매입약정, 유동성공여약정, 자산매입약정 등의 유동성보강장치가 필요하다. 이러한 유동성보강이 없을 때에는 A1등급이 부여될 수 없다.

나. Multiseller ABCP 발행구조

Multiseller ABCP 프로그램은 기본구조에서 판매자(seller)가 다수로 구성되어 있는 형태이다. 이런 형태의 프로그램은 다수의 판매자를 고객으로 둔 대형은행이 기업고객에 대한 운전자금지원을 주목적으로 설립한다.

〈그림 15-2〉 Multiseller ABCP 프로그램

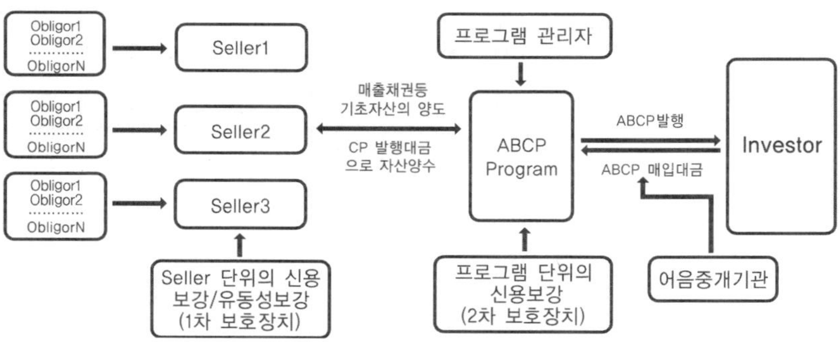

자료 : 심은수(2003)

일반적인 Multiseller ABCP 프로그램은 다양한 종류의 산업과 기초자산 그리고 다수의 기업체로써 풀(pool)을 구성하여 투자자에게 분산도가 극대화된 기초자산을 제공한다. 이러한 일종의 신용보강장치를 통하여 판매자 단위에서 발생할 수 있는 손실을 우선 흡수한다(1차 보호장치). 물론 유동성보강장치는 판매자 단위에서 제공되어야 한다. 판매자 단위에서 신용보강이 흡수되지 못하는 손실에 대비하여 대부분의 Multiseller ABCP 프로그램은 프로그램 단위의 신용보강장치를 추가로 두고, 그러한 손실을 커버한다(2차 보호장치).

ABCP 프로그램의 종료(program termination event)는 구조적인 신용보강장치로써 프로그램 전체의 위험 증가 시 신규자산 매입을 중단하고 유동성보강장치를 이용하여 CP를 상환함으로써 프로그램을 조기에 종료시킨다. 종료 사유[2]는 Seller level과 Program level에서 설정하게 된다. Seller level에서 발생할 경우 당해 Seller에 대한 Transaction만 중단되나, Program level에서 발생할 경우에는 프로그램 전체가 종료된다.

3. 부동산 PF ABCP 발행현황

부동산 PF ABS시장에서 ABCP거래 비중이 확대된 결정적 계기는 2006년 하반기에 시행된 감독당국의 부동산 PF ABS 발행기준[3] 강화조치였다. 규제강화로 유동화전문회사를 통한 유동화사채 발행이 어려워지자 2006년 하반기 이후 상법상 유동화회사를 통한 ABCP 발행비중이 급증하였다.

〈표 15-7〉 부동산 PF ABS/ABCP 발행실적

(단위 : 억 원, %)

구분	2006	2007	2008	2009	2010
ABS	50,357	11,747	7,290	27,811	22,297
ABCP (비중)	91,802 (64.6)	98,717 (89.4)	81,791 (91.8)	101,173 (78.4)	156,663 (87.5)
총계	142,159	110,464	89,081	128,984	178,960

자료 : 김은희(2009, 2011), 각호

2) 종료사유는 다음과 같다.
 i) ABCP가 만기에 상환되지 않은 경우
 ii) ABCP 등급이 기준등급(통상 A1)을 하회한 경우
 iii) 유동성보강장치 또는 신용보강장치의 효력이 종료되거나, 유동성보강기관, 신용보강기관에 부도가 발생한 경우
 iv) ABCP 프로그램에 부도사유가 발생한 경우
 v) Program Level의 신용보강이 일정 수준까지 소진되어 치유기간 내에도 회복되지 않을 경우

3) 금융감독원 ABS 관련업무 모범규준(2006.9.8)

특히 PF대출관련 ABS/ABCP 발행금리는 Loan에 비해 낮은 편이며, ABCP발행은 그 절차가 간편하기 때문에 신인도가 좋은 업체 위주로 ABCP발행이 증가하였다. 부동산 PF ABCP발행은 2006년 9조 원을 상회하는 수준으로 전체 부동산 ABS/ABCP 발행물량의 64.6%를 차지하였다. 그러다가 자산유동화에 대한 규제가 강화되어 ABS발행이 어려워 점차 ABCP를 통한 차환발행으로 이어져 그 비중이 증가하였다. 특히 2010년에 ABCP발행이 대폭 증가하였다. 단순한 차환발행과 미공시 발행물량 등을 감안하면 상당히 큰 규모라고 할 수 있다.

〈표 15-8〉 부동산 PF ABCP 신용등급별 발행현황

(단위 : 억 원)

	2006	2007	2008	2009	2010
A1	56,426	51,689	42,499	21,356	48,410
A2+	–	400	1,550	27,806	20,703
A2	3,260	1,330	11,621	12,955	29,468
A2–	2,362	9,574	8,430	27,910	43,777
A3+	5,819	10,990	5,815	8,125	11,930
A3	12,750	16,286	11,370	1,330	2,175
A3–	11,185	3,775	1,260	1,691	200
B	–				
B–	–	1,051			
총계	91,802	95,095	82,545	101,173	156,663

자료 : 김은희(2009, 2011), 각호

〈표 15-8〉은 부동산 PF ABCP발행을 신용등급에 따라 분류한 것이다. 부동산 PF ABCP발행은 2008년 글로벌 금융위기를 저점으로 2009년 상승세로 반전되었다. 그러나 A1등급이 50%에 육박하던 과거와는 달리 20%대에 머무르고 A2급의 성장이 눈에 띈다.

제3절 * 저축은행 관련 부동산 PF ABCP의 부실요인

3-1. 건설회사의 과도한 우발채무

이론적으로 PF대출은 사업주와는 무관하게 프로젝트 자체의 현금흐름을 상환재원으로 하며 프로젝트관련 자산이 담보로 제공되는 차입금으로 프로젝트의 미래현금흐름과 관련 사업성이 중요하다.

국내 부동산 PF시장의 경우도 기본적으로는 프로젝트의 기대현금흐름인 분양수입금을 상환재원으로 하고 사업부동산 등의 사업관련 자산을 담보로 제공하고 있다. 그러나 시행사의 신용위험과 개발사업의 사업위험을 통제하기 위하여 PF자금제공자는 시공사에게 PF차입금에 대하여 지급보증이나 채무인수 등의 신용보강을 제공하도록 요구하고 있으며 신용사건이 발생할 경우 시행사와 시공사에게 상환청구권을 행사할 수 있다.

부동산 경기가 하락하자 분양률이 저조하여 당연히 프로젝트 사업성이 악화되고 시행사의 신용위험이 증가되었다. 이에 따라 PF상환 및 차환이 어려워지면서 궁극적으로 시공사인 건설업체의 대지급 의무발생, 즉 PF우발채무 현실화 가능성이 높아지는 등 PF와 관련된 건설업체의 부담이 점차 가시화되기 시작하였다. 〈그림 15-3〉은 일련의 건설업체 PF우발채무의 현실화 과정을 도식화한 것이다.

〈그림 15-3〉 건설업체 PF우발채무 현실화 과정

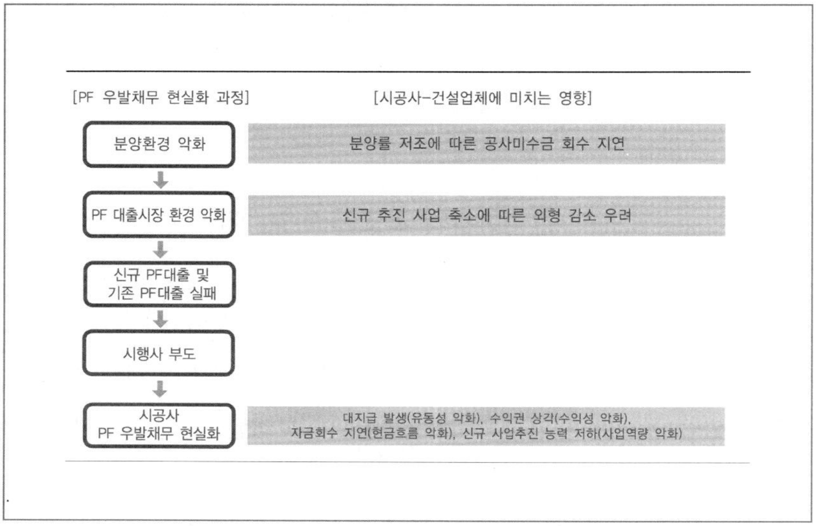

자료 : 하지인 · 배영찬(2010)

그런데 부동산 PF ABCP거래의 가장 큰 문제점은 유동화증권의 만기구조가 단기화되어 조달자금과 개발사업으로부터 현금흐름 간 불일치가 발생함으로써 신용보강을 제공한 건설사의 우발채무 부담이 유동성리스크로 비화된다는 점이다.[4]

〈그림 15-4〉에서 보는 바와 같이 PF사업의 유동성리스크는 금융기관의 ABCP 매입보장약정을 통해 ABCP 차환위험을 통제하는 방식으로 조달자금의 실질 만기를 장기화함으로써 줄일 수 있다. 이 경우 ABCP 차환과정에서 발생되는 유동성위험은 건설사에서 매입보장약정을 제공하는 금융기관으로 이전된다. 이러한 부동산 PF대출채권과 ABCP간 만기불일치로부터 발생되는 사업실패가 금융부실이라고 할 수 있다.

4) 김경무(2010). PF ABCP거래와 유동성리스크. 한국기업평가.

〈그림 15-4〉 ABCP 매입보장약정과 차환위험

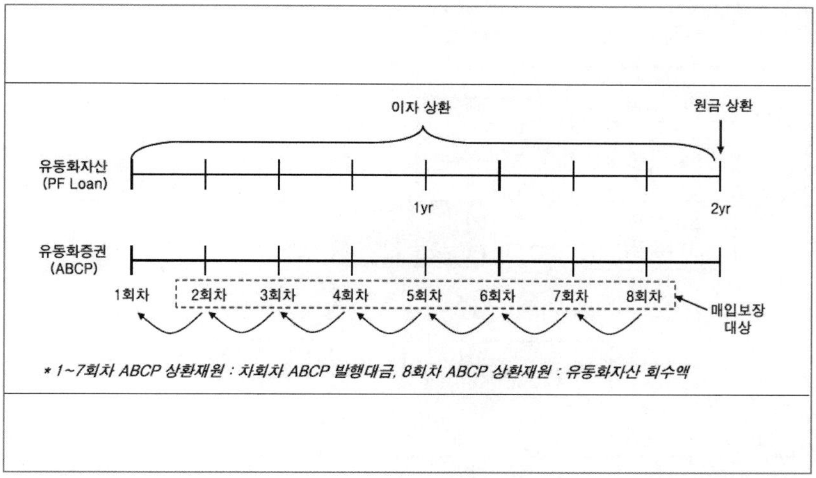

자료 : 김경무(2010)

이안 유동화

이안 제십오차(주)(유동화회사)는 2008년 5월 (주)앨리엠(차주)에 대하여 대출을 실행하기 위해 9개월 만기 510억 원의 ABCP를 발행하였다. 이후 동액만큼을 차환발행하여 최종 만기는 2010년 8월 25일이었다. ABCP의 상환가능성은 유동화자산의 신용위험에 의해 결정되므로 차주의 신용도와 유동화사업대상의 분양성과에 의해 영향을 받게 되며 연대보증의무를 부담하는 ○○자동차판매(주)(시공사)의 신용도에 연계되었다. 차주는 ABCP 발행대금 510억 원을 포함하여 총 1,766억 원을 차입하였다.

그러나 PF대출채권에 대해 연대보증의무를 부담하고 있는 시공사가 2010년 4월 8일 채권금융기관에 기업개선작업을 신청하였다. 본건 개발사업이 인허가 단계에 머물러 현금흐름이 전무함에 따라 대출원리금을 상환하지 못하였고 시공사는 연대보증 의무를 이행하지 못하였다.

〈그림 15-5〉 이안 유동화계획 구조도

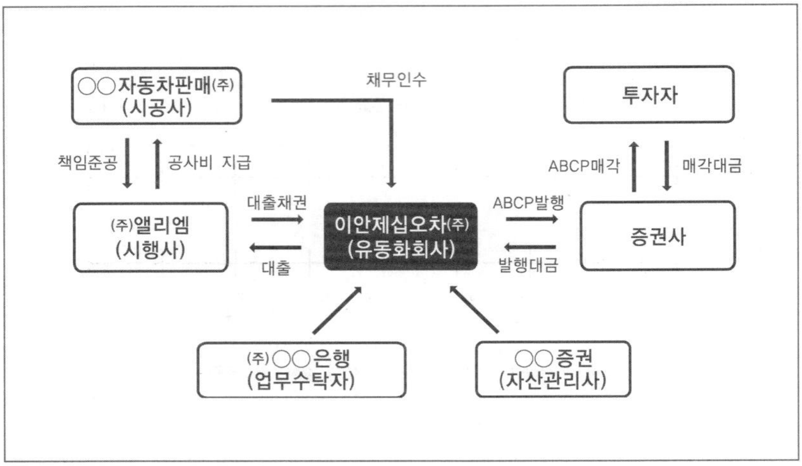

자료 : 임영수(2010)

결국 유동화회사는 ABCP 만기에 상환재원을 확보하지 못하여 2010년 8월 26일 최종 부도처리되었다. 연대보증 의무를 부담하는 ○○자동차판매(주)는 2010년 말 결산일에 ABCP 잔액 3,420억 원과 저축은행 PF대출 1,060억 원 등 총 PF대출잔액 8,642억 원을 보유하고 있었다.

3-2. 부동산 PF ABCP 발행심사의 관대화

부동산 PF대출은 계량 평가로 사업 위험도를 평가하기 어렵고 평가 전문가가 부족하여 다양한 개발사업에 대한 대응이 부족할 수밖에 없다. 사업에 대한 불확실성이 제거되지 않은 상태이므로 사업의 변동성이 높은 시점에 취급하게 된다.

은행권은 PF대출 심사절차에 있어서 계량화된 내부평가모형을 통해 상시신용평가 시스템을 구축하고, 심사부와 업체담당자(RM) 간 상호 견제장치, 여신심의 및 사업성 평가기구 등 설치, 분양시점에 임박한 대출 등을 통해 PF대출을 제한적으로 취급한다. 그러나 저축은행 등은 은행, 보험권의 기존 PF대출 수요층 흡수 후에 PF대출을 취급하는 경향이 높다.

〈그림 15-6〉 저축은행 PF대출 심사절차

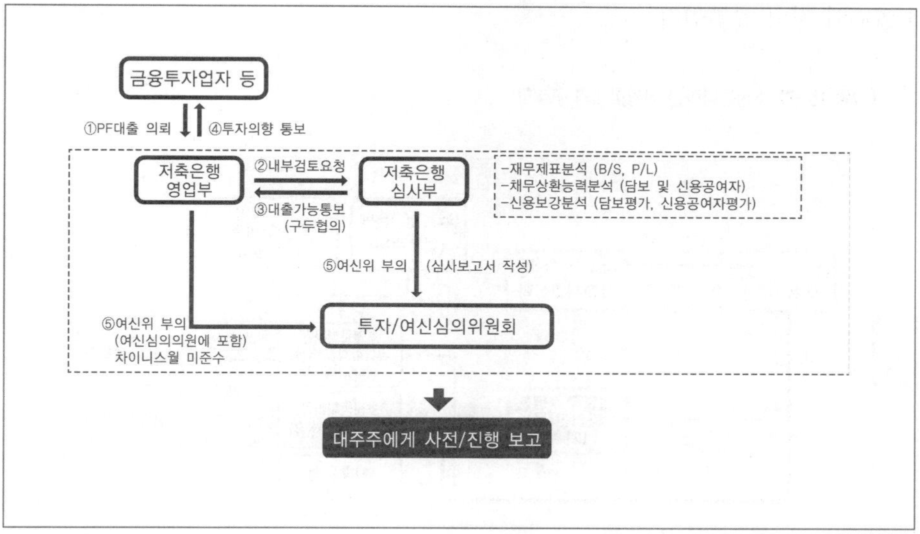

따라서 은행권에 비해 경쟁력이 부족한 금융기관에서는 아무래도 간소화된 의사결정 시스템으로 리스크 분석을 소홀하게 할 수 있다. 특히 ABCP 인수 등이 저축은행권에서 이루어지는 경우 CP유통시장에서 거래가 어려울 수 있으며, 진성상업어음을 통한 자금조달을 위해 유통되는 경우도 있다. 당연히 이런 ABCP는 디폴트 가능성이 높다.

호평동파라곤 유동화

(주)○○건설산업은 경기도 남양주시 호평동 일대에 아파트 분양사업을 시행 및 시공하면서 분양대금채권과 분양수입금집금계좌에 대한 예금반환채권을 S은행에 금전채권신탁하였다. S은행은 신탁원본을 기초로 권면액 1,200억 원의 제1종 수익권증서를 차주에게, 제2수익권증서를 시공사에게 교부하였다. 호평동

파라곤 유동화제일차(유동화회사)는 2010년 12월 7일에 ABCP를 발행하여 조달한 자금으로 차주(호평동파라곤)에게 400억 원을 대출하였다. 이때 대출자원은 유동화회사, 유동화제이차(유), 6개 저축은행으로 구성된 대주들이 실행하는 1,200억 원의 일부였다.

〈그림 15-7〉 호평동파라곤 유동화계획 구조도

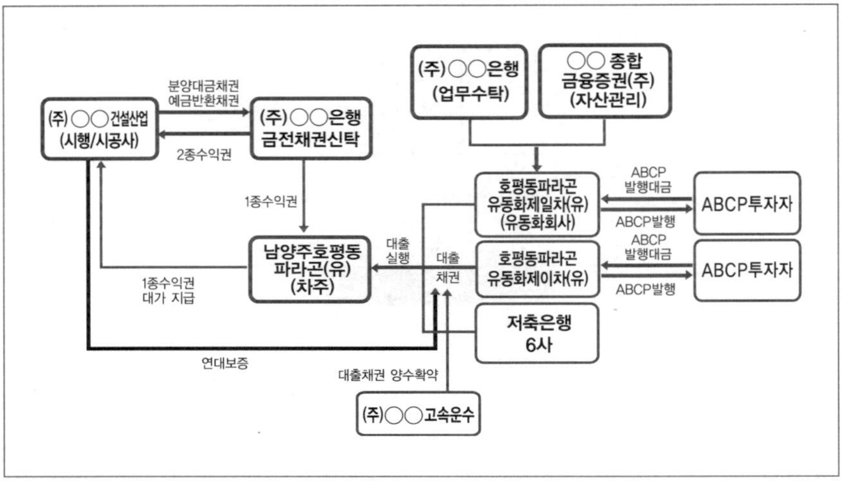

자료 : 이강욱(2011)

○○건설산업은 시행사 및 시공사이면서 차주의 대주에 대한 연대보증의무를 부담하였으나 2011년 4월 15일 회생절차개시신청을 함에 따라 기초자산에 대한 기한의 이익 상실 사유가 발생하였다. 결국, 유동화회사는 ABCP 만기에 상환재원을 확보하지 못하여 2011년 8월 9일 최종 부도처리되었다.

3-3. 부동산 PF Conduit의 운영리스크

일반적인 부동산 PF구조에서는 투자자를 보호하기 위해 부동산을 신탁하게 하고 수탁자는 이에 따라 수익증권을 발행하여 금융기관에게 제공하며 금융기관이 이를 담보로 시공사에게 대출을 실행하거나 증권사 등을 통해 ABCP를 발행하는 방법 등으로 자금을 조달한다.

〈그림 15-8〉 일반적인 부동산 PF구조

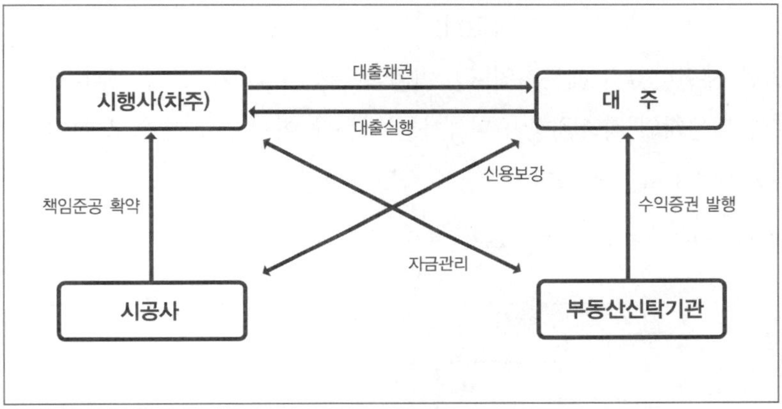

자료 : 신일수(2011)

따라서 부동산 PF과정에서는 상법상의 유한회사, 자산유동화법에 따른 유동화회사에 관계없이 수탁자의 역할이 PF사업의 원활한 수행을 위해 매우 중요하다. 그런데 ABCP 프로그램에서는 프로그램관리자, 신용공여자 등 대부분의 역할을 동일인이 하고 있으며 이에 대한 법적 구속력이 없기 때문에 수탁자의 역할도 수행하는 경향이 있다. 은행의 PF대출 부실화에서는 물론 저축은행의 부실화 과정에서도 ABCP 프로그램 관리자의 운영리스크가 발생하였다.

이공일공 유동화

이공일공공평 제일차(유)(유동화회사)는 650억 원의 ABCP를 발행하여 조달한 자금으로 (주)프롬프터(차주)에 대해 650억 원의 대출을 실행하고, 만기일(2011.1.27)에 기초자산의 관리 · 운용 · 처분 등을 통해 기발행한 ABCP를 상환할 예정이었다. 이러한 차주의 채무불이행은 ○○은행이 대출채권 양수도일(만기일)

에 유동화회사가 보유 중인 대출채권을 조건 없이 양수하고 매매대금을 지급하도록 하는 대출채권양수도약정을 통해 통제되었다. 유동화회사는 2010년 1월 26일 차주 및 ○○은행과 대출채권양수도약정, 대출약정, 자산관리위탁계약 등을 체결하여 기초자산을 양도하고 그 매매대금을 받을 예정이었다. 그러나 ○○은행이 이후 이런 약정체결 내용을 부인하였다. 그 사유는 실무자가 은행장의 인감을 도용하여 계약을 체결하였기 때문이었다.[5] 이와 유사한 거래로 ○○은행과 거래한 경기저축은행 등 9개의 저축은행이 피해를 받았는데 이는 곧 소송으로 이어졌으며 그 규모가 540억 원에 달하였다.[6]

〈그림 15-9〉 이공일공 유동화계획 구조도

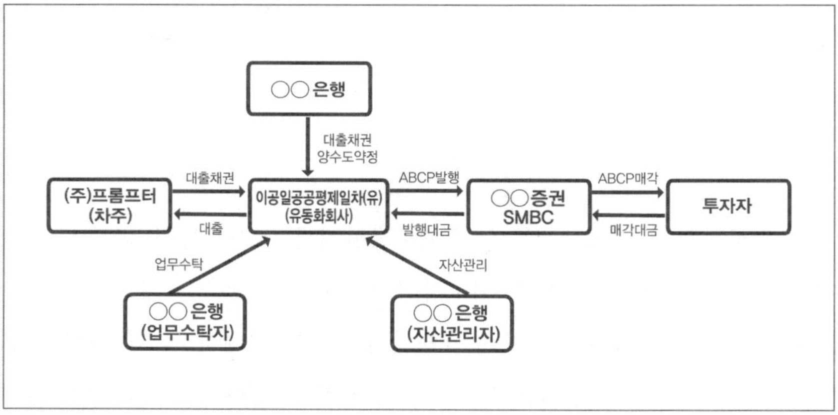

자료 : 이강욱(2011)

BS저축은행의 캄보디아 캄코시티 등

BS저축은행은 120여 개의 부동산 시행사업을 위한 특수목적회사(SPC)를 설립하여 국내[7]는 물론 해외에 부동산 시행 사업을 직접 전개하였다.[8] BS저축은행이 취급한 PF대출은 2011년말 2조 3,568억 원을 상회

5) 2010.10.6. 금융감독원의 보도자료 ○○은행 금융사고 관련 제재조치 참고
6) 경남은행, 우리금융지주 등 감사보고서 참고
7) 국내에서는 인천 효성동 도시개발사업 4,738억 원, 선박투자사업 3,595억 원, 전남 신안군 개발사업 2,991억 원 등 부동산 시행사업을 전개하였다.
8) 서울중앙지방법원 제24형사부 판결문(2012.2.21), 2011. 6. 3. 조선비즈 등 참조하였다.

하였는데 이는 전체 대출금액의 71%에 달하였으며 상당 부분이 SPC를 통해 불법적으로 이루어졌다. 저축은행의 대주주 및 특수관계인 등이 SPC의 법인 인감, 통장 등을 관리하였고 BS저축은행그룹이 최소 30% 이상 최대 100%까지 지분을 차명으로 보유하고 있는 SPC에 대해서 부동산담보신탁 수익권증서를 담보로 자금을 제공하였다.

SPC에 대한 신용공여를 위해서는 수익성을 기반으로 한 대출원리금의 상환 가능성을 철저하게 심사하여야 한다. 그런데 실무자는 현장실사, 분양수요 및 전망조사, 인허가 진행상황 확인, 사업기간 및 예상 금융비용 등에 대한 검토를 형식적으로 진행하였고 경영진의 의사결정도 정해진 절차대로 이루어지지 않았다. 대출 실행 후 연체가 발생하는 경우 원리금의 신속한 회수 조치를 취하여야 하며, 채무자의 변제 자력이나 책임재산에 대한 법적 조치, 새로운 담보 등으로 대체하여야 하는데도 기존 수익증권에 대한 담보를 해지하거나 포기하였다.

특히 BS저축은행은 캄보디아에 SPC 9개를 세우고 모두 4,962억 원을 투입해 개발사업을 진행하였다. 캄보디아 수도 프놈펜에서 30㎞ 떨어진 곳에서 132만㎡의 부지에 한국형 신도시를 세우려는 캄코시티 개발에 2,984억 원을 투입하였다. 캄코시티 개발사업은 2003년부터 본격적으로 시작했으며, 총 사업비 29억 달러(3조 원 상당)를 투입해 2018년까지 단계별로 아파트단지, 금융센터, 국제학교, 레저시설을 지을 예정이었다. 또한 캄보디아의 공항, 고속도로 개발사업에도 각각 1,200억 원과 542억 원을 투입하였다. 그런데 BS저축은행은 캄보디아 개발사업에 단지 돈만 빌려준 투자자가 아니라 사업 기획에서부터 모든 과정을 주도했다. 오히려 시공사인 한일건설이 PF대출을 받은 게 아니라 BS저축은행이 주도하는 사업의 시공을 맡는 단순 도급사업이었다.

일산 고양터미널 사업

J1 · J2 · AC저축은행은 부동산 PF시행사인 종합터미널○○㈜이 세운 수십 개

의 특수목적법인(SPC)과 특수관계인에게 6,100억 원의 불법 대출을 하였다. 2002년부터 모두 34회에 걸쳐 시행사에 2,300억 원의 대출이 이루어졌고, 동일차주 신용공여한도[9]를 피하기 위해 20여 개 법인과 3명의 개인으로 분산하여 1,500억 원의 대출이 이루어졌다. 종합터미널고양의 지분은 개인 3명이 나눠 보유하였는데, 이 중 1명이 차주의 지분을 100% 소유하면서 대주주 신분을 위장하였으며 실제 자금은 모두 시행사의 대주주에게 집중되었다.[10]

3-4. Conduit 발행 ABCP의 투명성 부족

상법상 유동화회사를 통한 ABCP발행은 유동화법에 따른 각종 신고 및 공시의무가 적용되지 않는다. 유동화전문회사와 달리 유동화계획 및 자산양도 등록 절차, 유동화자산에 대한 실사 · 평가, 법률검토의견 및 회계처리 의견제시 등을 의무화하고 있지 않아 투자자에게 정보가 충분히 제공되지 않는다. 개별 유동화거래의 투명성이 부족하기 때문에 정보비대칭 문제가 발생될 뿐만 아니라 유동화 관련 통계에 제대로 잡히지 않는다. 당연히 관리감독도 소홀할 수밖에 없다.

부동산 PF ABCP는 사모형태로 발행되는 거래 특성상 신용등급에 대한 공시의무를 두지 않아 미공시로 발행이 가능하다. 미공시 ABCP는 발행자인 유동화회사 등의 요청에 따라 신용등급이 공시되지 않은 채 발행되는 ABCP를 말한다. 이는 주로 부동산 PF와 차익거래 목적의 정기예금 유동화 등의 CDO거래에 활용되기도 한다. 일반 기업의 경우 CP를 발행하면서 포괄적으로 발행자(issuer) 평가의 성격을 가지고 있어서 미공시 형태의 발행이 어려운 반면 ABCP의 경우 특정 기업어음에만 적용되는 발행물(issue) 평가의 성격을 가지고 있어서 투자자의 동의하에 미공시 형태로

9) 저축은행은 자기자본의 20% 이상을 한 법인이나 개인에게 대출해 줄 수 없도록 신용공여한도를 제한하고 있다.
10) 2011.9.22.자 한국일보 등 신문기사를 참조하였다.
11) 이러한 문제점을 해결하기 위해 금융당국은 2011년 7월에 「자본시장법」 개정안을 제정하여 신용등급 공시 의무화 근거를 마련하였으며, CP거래의 투명성을 확보하기 위해 「전자어음법」, 「단기사채법」 등을 제정하여 ABCP에 대한 예탁결제원 예탁의무화를 추진하였다.

거래가 가능하다.[11)]

그런가 하면 부동산 PF사업에는 자금보충약정이 활용되고 있다. 건설사들이 자금보충약정을 맺는 이유는 계열사에 대한 채무보증이 까다롭기 때문이다. 자산 5조 원이 넘으면 공정위원회로부터 채무보증제한 기업집단[12)]으로 지정돼 계열사에 대한 채무보증을 할 수 없다. 자금보충약정은 자금력이 부족한 시행사나 특수목적회사(SPC)가 대출을 받기 위해 사용하는 신용보강의 방법으로 SPC 등이 대출금을 갚을 수 없을 때 시공사나 지주회사가 SPC 등에 돈을 빌려주거나 출자해 상환능력을 갖추게 한다. 자금보충약정은 채무보증과 마찬가지의 성격을 갖지만 현행법상 상호보증제한 등의 규제를 받지 않아 채무보증을 위장하는 방법으로 악용되고 있다. 또한 한국거래소 규정[13)]에 따르면 자기자본의 10% 이상 보증에 대해 서면 공시를 하도록 정하고 있지만 자금보충약정은 이 규제에서도 제외된다. 투자자들은 자금보충약정을 맺었는지를 알 방법이 없다.

티와이홀인원

티와이홀인원 제일차(주)는 ○○건설이 홍천 골프장 개발사업을 위해 설립한 SPC이다. 시행사는 ○○사업개발로 SPC를 통해 200억 원의 ABCP를 발행했다. ○○건설이 ○○산업개발의 부채원금에 연대보증을 서고 ○○홀딩스가 자금보충을 약정했다. 이러한 방법으로 ○○홀딩스가 자금보충약정한 금액은 4,000~5,000억 원 규모로 알려졌다.[14)] 그러나 2012년 9월 28일 ABCP 만기가 도래하였을 때 실질적인 사업주체인 ○○건설과 ○○홀딩스가 법원에 기업회생절차를 신청함에 따라 원리금 상환을 하지 못했다.[15)]

12) 「독점규제 및 공정거래에 관한 법률」 제10조 및 동 시행령 제17조 등
13) 「유가증권 공시규정」 제7조
14) 2012.10.19.자 한국경제신문 등을 참조하였다.
15) 유준기(2012). 2012년 3/4분기 부도기업 분석, 한국기업평가

〈그림 15-10〉 티와이홀인원 제일차 ABCP 발행구조

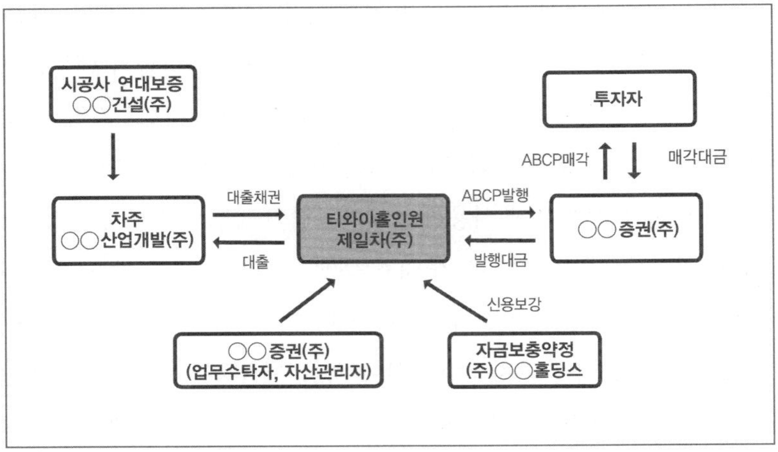

3-5. 기초자산의 신용리스크

부동산 PF사업은 유동화회사는 물론 기초자산에 대한 신용등급도 중요하다. 이들의 신용도가 낮을 경우 신용보강장치를 마련하여 사업을 진행하는데, 이때 대부분 시공사의 보증을 필요로 한다. 그러나 시공사의 보증마저 낮은 경우 PF사업의 성공은 장담하기 어렵다.

삼호마린

삼호마린은 2008년 8월 부산 수영구 민락동 일대의 아파트 신축분양사업을 추진하는 시행사인 (주)나인스타디앤씨(차주)와 1년 만기 대출채권을 기초자산으로 ABCP를 발행하였다. 2009년 5월 기초자산의 채무인수인인 (주)SH에 대한 워크아웃이 개시됨에 따라 2009년 7월 23일 유동화회사는 대출만기를 2년 연장하기로 차주와 변경약정을 체결한 후 다시 ABCP를 발행하여 이미 발행한 ABCP를 상

환하였다. 그 규모는 약 1,000억 원이었으며 3회에 나누어 발행되었다. 차주는 신용도가 낮고, 인허가 완료에 따른 분양수익금 발행규모 및 유입시기 등에 대한 불확실성이 내재되어 채무불이행위험이 현실화될 가능성이 높아 발행 ABCP의 신용등급은 B+로 평가되었으며, 시공사인 (주)SH는 차주와 병존적으로 피담보채무 상환의무를 부담하나 유동화증권 평가 당시 BB+ 수준에 있었다. 결국 차주 및 채무인수인이 PF대출 만기일(2011.7.21)에 기초자산의 상환의무를 이행하지 못해 ABCP가 최종 부도처리되었다. 이와 관련하여 시행사인 나인스타디앤씨[16)]가 저축은행으로부터 차입한 180억 원이 부실화되어 캠코에 매각되었다.

〈그림 15-11〉 삼호마린 유동화계획 구조도

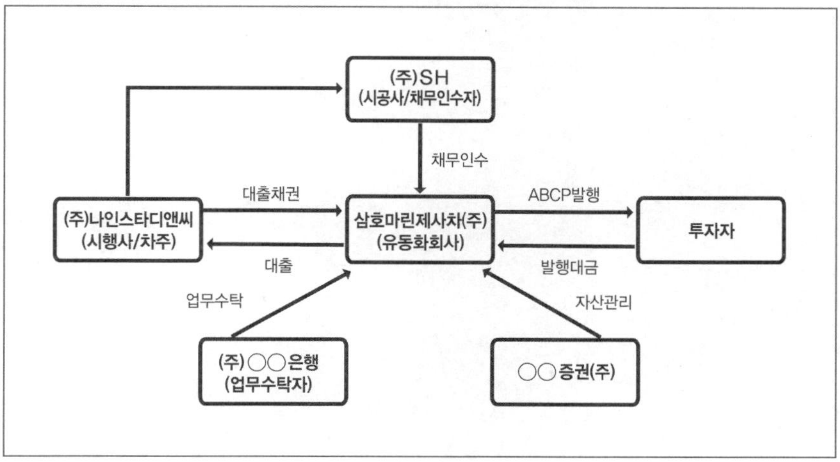

자료 : 이강욱(2011)

16) 2010년 감사 보고서 참조

파워인컴펀드의 CEDO

제16장

파 생 상 품

거 래 손 실

사 례 분 석

제1절 * 사건 개요

2005년말 금융기관을 통해 판매한 파워인컴펀드에 대해 서울고등법원은 고객들에게 제대로 설명하지 않았다는 이유로 원금손실분의 최대 70%를 배상하라고 판결하였다. 그동안 인정해 온 펀드 판매사나 운용사의 손해배상 비율에 비해 매우 높은 법원의 판결이었다.

파워인컴펀드는 6% 중반대의 높은 지급금리를 제시하고 있어서 저금리 시장기조에서 잘 팔렸다. 펀드는 1호, 2호로 두 번에 걸쳐 총 1,720억 원이 판매되었는데 주로 글로벌주식과 연계하여 운영하였다.

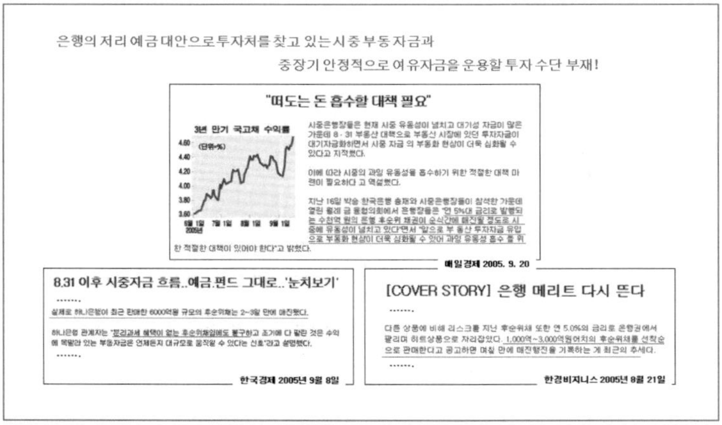

은행의 저리 예금 대안으로 투자처를 찾고 있는 시중 부동자금과

중장기 안정적으로 여유자금을 운용할 투자 수단 부재!

"떠도는 돈 흡수할 대책 필요"

시중은행장들은 현재 시중 유동성이 넘치고 대기성 자금이 많은 가운데 8·31 부동산 대책으로 부동산 시장에 있던 투자자금이 대기자금화하면서 시중 자금 의 부동화 현상이 더욱 심화될 수 있다고 지적했다.

이에 따라 시중의 과잉 유동성을 흡수하기 위한 적절한 대책 마련이 필요하다 고 역설했다.

지난 16일 박승 한국은행 총재와 시중은행장들이 참석한 가운데 열린 월례 금융협의회에서 은행장들은 "연 5%대 금리로 발행되는 수천억 원의 은행 후순위 채권이 순식간에 매진될 정도로 시중에 유동성이 넘치고 있다"면서 "앞으로 부동산 투자자금 유입으로 부동화 현상이 더욱 심화될 수 있어 과잉 유동성 흡수를 위한 적절한 대책이 있어야 한다"고 밝혔다.

매일경제 2005. 9. 20

8.31 이후 시중자금 흐름..예금.펀드 그대로..'눈치보기'

....

실제로 하나은행이 최근 판매한 6000억원 규모의 후순위채는 2~3일 만에 매진됐다.

하나은행 관계자는 "분리과세 혜택이 없는 후순위채임에도 불구하고 조기에 다 팔린 것은 수익에 목말라 있는 부동자금은 언제든지 대규모로 움직일 수 있다는 신호"라고 설명했다.

....

한국경제 2005년 9월 8일

[COVER STORY] 은행 메리트 다시 뜬다

....

다른 상품에 비해 리스크를 지닌 후순위채 또한 연 5.0%의 금리로 은행권에서 팔리며 히트상품으로 자리잡았다. 1,000억~3,000억원어치의 후순위채를 선착순으로 판매한다고 공고하면 며칠 만에 매진행진을 기록하는 게 최근의 추세다.

....

한경비지니스 2005년 8월 21일

그러나 설정된 1,625억 원의 펀드금액이 만기에 전액 손실로 알려지면서 투자자들의 민원과 소송이 줄을 이었다. 금융감독원

내에 설치된 금융분쟁조정위원회는 2008년 11월 11일 판매회사들의 불완전판매에 따른 손해배상책임을 인정하는 취지의 조정결정을 하였다.[1] 또한 금융감독원은 이와 관련하여 2009년 6월 W자산운용에 대하여 기관경고를 하였다.

제2절 * 파워인컴펀드 투자 및 수익구조[2]

2-1. 펀드구조 투자현황

W자산운용주식회사는 「간접투자자산운용업법」[3]에 따라 우리파워인컴 파생상품 투자신탁 제1호, 제2호(파워인컴펀드)를 설정하여 그 수익증권을 발행하였고 여러 판매회사를 통해 펀드를 판매하였다. 파워인컴펀드 제1호는 2005년 11월 설정하여 2,005명의 투자자에게 1,384억 원을 판매하였으며, 제2호는 1개월 늦

1) 금융감독원 금융분쟁조정위원회는 "피신청인(00은행)은 신청인(000씨)의 손해금액 12,713,000원중 50%에 해당하는 금액 6,356,500원을 배상할 책임이 있다"고 결정하였다.(2008.11.11.자 금융감독원 보도자료)

2) 김주영(2012). 파워인컴펀드소송. 경제개혁연구소

3) 2007. 8. 3. 법률 제8635호로 제정되어 2009. 2. 4.부터 시행된 「자본시장과 금융투자업법에 관한 법률」 부칙 제2조에 의하여 폐지되었다.

〈표 16-1〉 파워인컴펀드 판매내역

(단위 : 억 원, 명)

상품명 (설정시기)	판매 금액	설정 잔액	투자자수	만기일	지급금리
파워인컴 1호 (2005.11)	1,384	1,291	2,005	2011.11	연 6.70%
파워인컴 2호 (2005.12)	336	334	670	2011.12	연 6.47%
합 계	1,720	1,625	2,675	-	-

게 설정하여 670명의 투자자에게 336억 원을 판매하였다.

당시는 저금리 기조가 자리 잡고 있는 상황으로 금융상품 투자자는 은행 및 저축은행의 후순위채투자 등 위험상품 투자를 선호한 시기였으며 펀드투자 등에도 눈을 돌리고 있던 시기였다. 파워인컴펀드 상품안내서에는 "국내 대표 금융그룹의 W자산운용이 한국의 투자자들이 이제껏 경험해보지 못한 안정성과 수익성으로 매력적인 투자 기회를 제안해 드립니다."라는 문구와 함께 고객들을 유인할 다양한 내용이 포함되어 있었다.

파워인컴펀드는 기본적으로 장기금융투자 상품으로 금리는 설정기준 5년 국고채금리에 일정한 스프레드(spread)를 더해 분기별로 금리를 확정하여 지급하도록

〈그림 16-1〉 상품제안서의 펀드 수익구조

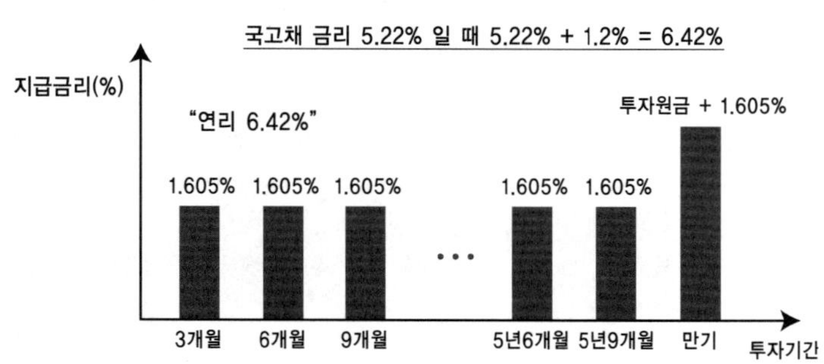

되어 있었다. 파워인컴펀드 1호는 연 6.70%, 제2호는 연 6.47%를 제안하였다. 이 시기에 은행의 1년 만기 정기예금금리는 4.50%, 시중은행 후순위채는 5.65%, 국민주택채권은 5.43% 수준에 머물러 있었기 때문에 상당한 투자 유인이 있었다.

원금은 펀드에 투자된 장외파생상품의 수익구조에 따라 손실 가능성이 있으나, 세계적 신용평가기관인 무디스(Moody's)가 우리나라 국가 신용등급과 같은 A3등급을 부여해 펀드의 원금 손실 가능성은 대한민국 국채의 부도 확률과 유사한 수준의 안정성을 갖고 있는 것으로 자체 평가하였다. 이 펀드와 관련된 무디스의 장기 신용등급은 〈표 16-2〉와 같다.

〈표 16-2〉 Moody's 신용등급

등급	Aaa	Aa	A1	A2	A3	Baa1	Baa2	Baa3	Ba2	B1
부도확률	0.03%	0.07%	0.15%	0.22%	0.28%	0.35%	0.43%	0.56%	0.95%	2.04%
예시	미국 국채	UBS Citi Bank HSBC	Credit Suisse Goldman Sachs Merril Lynch Morgan Stanley	Bear Stearns Lehman Brothers	Power Income 대한민국 국채 K은행 I은행	S은행 H은행				

자료 : 파워인컴펀드 투자안내서

투자제안서의 내용대로라면 파워인컴펀드는 장기의 고금리 상품으로 안정성이 있는 펀드이므로 투자자의 매력을 끌기에 충분하였다. 특히 퇴직자, 고령의 이자소득자 등에게는 더할 나위 없이 고마운 상품으로 분류되어 은행직원들이 창구에서 정기예금보다 우선 추천할 수 있는 상품이었다.

그러나 투자자가 부담해야 할 위험요인이 있었다. 해외위탁운용사는 파생상품

거래확인서 추가정보 부록 제5항에서 투자 시 고려사항을 장외파생상품의 위험요소로 적시하면서 "상당한 위험을 수반하므로 장외파생상품 투자의 위험 및 장단점을 평가하는데 필요한 금융 및 경영문제에 대한 지식 및 경험을 보유한 투자자들에게만 적합하며, 투자 결정을 내리기 전 매입자의 재무상황 및 투자목적 측면에서 제반 위험요소를 신중히 검토하여야 하고, 장외파생상품, 발행인, 위험포트폴리오 및 보험포트폴리오 구성 주식, 담보증권 및 거래상대방 등에 대하여 적합하다고 판단되는 조사를 스스로 하여야 한다. 궁극적으로 투자금 전액의 손실 위험을 감수할 수 있는 자에게만 적합하다(An investment in the Notes is suitable only for persons who can assume the risk of losing their entire investment)."고 기재하고 있었다.

〈그림 16-2〉 파워인컴펀드의 구조도

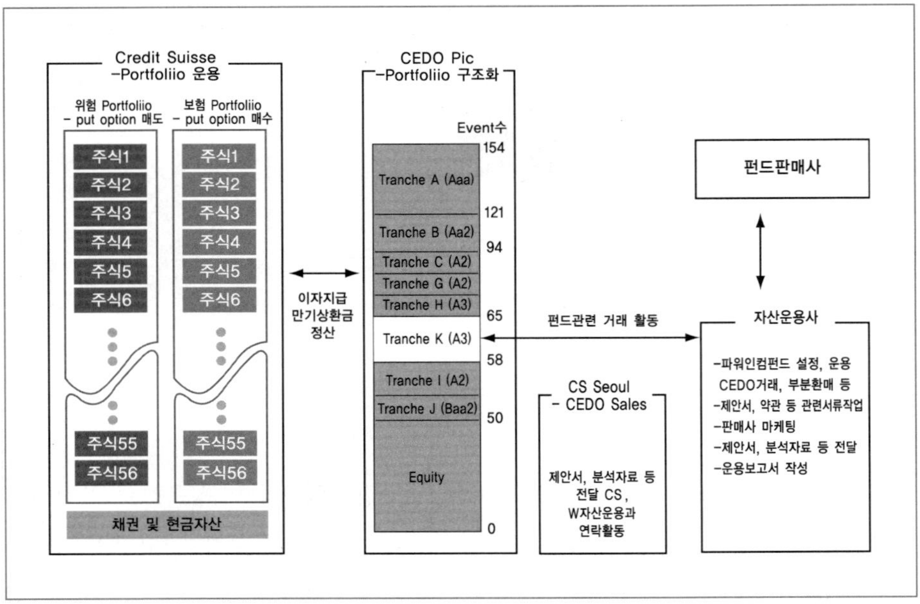

자료 : 김주영(2012)

2-2. 투자전략 및 수익구조

파워인컴펀드는 복수의 해외 특정 주식의 가격에 연계된 CEDO(collateralized equity and debt obligations)에 투자하도록 되어 있다. 펀드는 '5년 만기의 국고채 금리 + 연 1.2%'의 고정금리를 지급하는 것으로 수익률을 확정하였다. CEDO는 기초자산을 전 세계 우량주식으로 포트폴리오를 구성하고 주가가 정해진 가격 이하로 내려가는 위험(이벤트)에 의해 수익이 결정되는 일종의 구조화 채권(structured note)이다. 이 채권에는 기초자산을 위험포트폴리오와 보험포트폴리오로 나누고, 위험포트폴리오에서 이벤트 발생 시에는 손실 가능성이 증가하지만 보험포트폴리오에서 이벤트 발생 시에는 위험포트폴리오의 이벤트를 상쇄하여 손실 가능성을 줄이기 위해 Long-Short개념을 도입하였다. 즉, 변동성이 큰 주식의 풋옵션을 매도하여 주가하락 시 손실이 발생할 수 있으며, 변동성이 적은 주식의 풋옵션을 매수하여 주가하락 시 이익이 발생하는 옵션상품을 끼워 넣었다.

파워인컴펀드의 투자전략과 수익구조에 대해 각각 구체적으로 살펴보자. 파워인컴펀드 제1호는 CEDOⅡ에 투자하여 장외파생상품 중 Tranche K(2011년형)의 구조화채권(non-principal protected asset-backed fixed rate notes due 2011)을 보유하였다. 이 펀드는 단위형·공모형 파생상품투자신탁으로서 투자자에게 만기(2011. 11. 22)까지 연 6.70%의 고정수익을 지급하도록 구조화하였다.

만기상환금은 펀드이벤트의 발생횟수가 58 미만일 경우에는 원금 전액을 지급하고, 58 이상일 경우에는 원금 $\times\{1-\frac{\text{펀드이벤트 수 − 원금보존이벤트 수}}{\text{최대이벤트 수 − 원금보존이벤트 수}}\}$를 지급하도록 설정되었다. 발행사는 특수목적회사인 CEDO plc였으며, 운용사는 Credit Suisse First Boston International(CSFBi)이었다.

포트폴리오는 전 세계 주요시장에서 거래되는 주식으로 56개의 위험포트폴리오 종목 주식과 56개의 보험포트폴리오 종목 주식을 기초자산으로 구성하였다. 만기 지급금액은 각 종목에서 매주 발생하는 이벤트의 수에 의해 결정되었다.

이벤트 수는 장외파생상품의 발행일로부터 3년이 경과한 시점인 2008년 11월부터 만기인 2011년 11월까지 매주 1회 관찰한 이벤트, 즉 각 종목의 최초 기준주가 대비 35%(수익률 기준 -65%) 미만으로 하락하는 경우, 발생횟수를 집계한다. 약 3년의 관찰기간 동안 매주 총 157개의 이벤트 발생횟수를 집계하나, 한 종목당 이벤트의 발생횟수는 10회로 한정된다.

원금손실비율은 [(펀드이벤트 수 - 57.4)/33.6]으로 만기에 펀드이벤트 수, 즉 $\sum_{i}^{Riskpool} HitCount_i - \sum_{i}^{InsuranccPool} HitCount_i$ (위험포트폴리오 이벤트 개수의 합 - 보험포트폴리오 이벤트 개수의 합)가 58 미만일 경우에는 원금 전액을 지급하고, 이벤트 수가 58 이상일 경우에는 원금 손실이 발생하며, 이벤트 수가 91개 이상일 경우에는 원금을 전액 상실하는 구조였다.

펀드1호의 원금손실(예시)

* 원금손실비율 = (펀드이벤트 수 - 57.4)/33.6
ex) 펀드이벤트 수가 70일 경우
원금손실비율 = (70 - 57.4)/33.6 = 37.5%
ex) 펀드이벤트 수가 91일 경우
원금손실비율 = (91 - 57.4)/33.6 = 100.0%

파워인컴펀드 제2호 펀드는 CEDOⅢ에 투자하여 장외파생상품 중 Tranche K(2012년형)의 구조화채권(non-principal protected asset-backed fixed rate notes due 2012)을 보유하였다. 이 펀드 역시 단위형·공모형 파생상품투자신탁으로 투자자에게 만기(2011. 12. 26)까지 연 6.47%의 고정수익을 지급하도록 구조화하였다. 만기상환금은 펀드이벤트의 발생횟수가 56 미만일 경우에는 원금 전액을 지급하고, 56 이상일 경우에는 원금 $\times\{1 - \frac{\text{펀드이벤트 수 - 원금보존이벤트 수}}{\text{최대이벤트 수 - 원금보존이벤트 수}}\}$를 지급하도록 설정되었다.

펀드 제2호는 만기, 원금보존이벤트 수, 조기상환제도 등을 제외하고는 펀드

〈표 16-3〉 위험포트폴리오

위험포트폴리오 영문명	국문명	국가	산업	해당 지수	시가 총액 (조원)	무디스 신용 등급	영문명	국문명	국가	산업	해당 지수	시가 총액 (조원)	무디스 신용 등급
CORNING ING	코닝	미국	통신	S&P500	29.7	Baa3	AMVESCAP PLC	암베스켐	영국	금융	FTSE100	5.2	A3
DOW JONES & CO INC	다우존스	미국	통신	S&P500	3.0	A2	COUNTRYWIDE FINAN	컨트리와이드 파이넨셜	미국	금융	S&P500	20.0	A3
NOKIA OYJ	노키아	핀란드	통신	MSCI Euro	75.8	A1	DEUTSCHE BANK AG-	도이치 뱅크	독일	금융	MSCI Euro	53.7	AA3
NTT DOCOMO INC	엔티티도코모	일본	통신	NIKKEI 225	87.0	Aa1	FA NNIE MAE	페니매	미국	금융	S&P500	48.5	Aaa
O2 PLC	오무	영국	통신	FTSE 100	33.2	Baa2	FREDDIE MAC	프레디 맥	미국	금융	S&P500	44.4	Aaa
REUTERS GROUP LLC	토이티그룹	영국	통신	FTSE 100	9.3	A3	LEGG MASONINC	레그메이손	미국	금융	NYSE	12.5	A3
AVON PRODUCTS INC	아본 프러덕츠	미국	소비재	S&P500	13.5	A2	MAN GROUP PLC	만 그룹	영국	금융	FTSE100	8.6	Baa1
BRUNSWICK CORP	브런스웍	미국	소비재	S&P500	3.9	Baa1	MBIA INC	멤비아	미국	금융	S&P500	8.2	Baa2
CENTEX CORP	센텍스	미국	소비재	S&P500	8.6	Baa2	UFJ NICOS CO LTD	유에프제이 나이코스	일본	금융	NIKKEI 225	7.5	A2
COMPASS GROUP PLC	컴패스 그룹	영국	소비재	FTSE 100	7.5	Baa2	ROYAL & SUNALLIANC	로얄 선 얼라이언스 보험 그룹	영국	금융	FTSE100	5.2	Baa3
DAIMLERCHRYSLER AG	다임러크라이슬러	독일	소비재	MSCI Euro	52.3	A3	CAMECO CORP	카메코	케나다	소재	S&P/TSX	8.7	Baa2
DR HORTONINC	닥티 홀턴	미국	소비재	S&P500	9.8	Baa2	NUCOR CORP	뉴코	미국	소재	S&P500	9.8	A1
DSG INTERNATIONAL PI	디에스지 인터네셔널	영국	소비재	FTSE 100	4.9	Baa1	PHELPS DODGE CORP	필스 닷지	미국	소재	S&P500	12.9	Baa2
FAST RETAILING CO LTD	패스트 디비밀링	일본	소비재	NIKKEI 225	7.7	Baa1	PLACER DOME INC	플레이시 도메스틱	미국	소재	NYSE	9.0	Baa2
FEDERATED DEPARTME	페더레이티드 백화점	미국	소비재	S&P500	16.9	Baa1	CATERPILLARINC	캐티필터	미국	산업재	S&P500	36.5	A2
JAPAN TOBACOO INC	일본 타바코	일본	소비재	NIKKEI 225	32.9	Aa2	EUROPEAN AERONAU	유러피언 에어토메틱 디펜스	프랑스	산업재	MSCI Euro	29.1	A1
MCDONALD'S CORP	맥도날드	미국	소비재	S&P500	42.3	A2	APPLIEDMATERIALS I	어플라이드 머티리얼	미국	정보기술	S&P500	27.8	Aa3
MERCK & CO INC	머크	미국	소비재	S&P500	63.4	Aa3	STMICROELECTRONIC	에스티 마이크로일렉트로닉스	프랑스	정보기술	MSCI Euro	15.4	A3
MONSANTO CO	몬산토	미국	소비재	S&P500	17.0	Baa1	SUNMICROSYSTEMS	선 마이트로시스템	미국	정보기술	S&P500	13.8	Ba1
NORDSTROM INC	노드스톰	미국	소비재	S&P500	9.7	Baa1	TEXAS INSTRUMENTS	텍사스 인스트루먼트	미국	정보기술	S&P500	48.1	A2
PACCARINC	파카	미국	소비재	S&P500	12.3	A1	CANADIAN NATURAL F	캐나다 네추럴 티소스	캐나다	에너지	S&P/TSX	23.1	Baa1
PFIZER INC	피저	미국	소비재	S&P500	166.9	Aaa	ENSCOINTERNATIONA	엔스코 인터네셔널	미국	에너지	NYSE	7.3	Baa1
PULTH HOMES INC	필트홈즈	미국	소비재	S&P500	10.2	Baa3	IMRERIAL OIL LTD	임페리얼 오일	캐나다	에너지	S&P/TSX	30.9	Aaa1
RADIOSHACK CORP	라디오스넥	미국	소비재	S&P500	3.1	Baa1	NATIONAL OILWELL VA	내셔널 오일웰 바코	미국	에너지	S&P500	11.3	Baa2
SAFEWAYI NC	세이프웨이	미국	소비재	S&P500	11.0	Baa2	TRANSOCEANINC	트렌스오션	미국	에너지	S&P500	20.1	Baa1
SEARS HOLDINGS CORI	시어스 홀딩스	미국	소비재	S&P500	20.4	Ba1	XTO ENERGY INC	엑스티오 에너지;	미국	에너지	S&P500	16.6	Baa3
SODEXHO ALLIANCE SA	소덱소 얼라이언스	프랑스	소비재	MSCI Euro	6.4	Baa2	SUEZSA	수메즈	프랑스	공공재	MSCI Euro	32.1	A2
ALLIANZAG-REG	알이안트	독일	금융	MSCI Euro	58.1	Aa3	TXU CORP	티엑스유	미국	공공재	S&P500	24.7	Ba1

〈표 16-4〉 보험포트폴리오

보험포트폴리오 영문명	국문명	국가	산업	해당 지수	시가 총액 (조원)	무디스 신용 등급	영문명	국문명	국가	산업	해당 지수	시가 총액 (조원)	무디스 신용 등급
ALLTEL CORP	올텔	미국	통신	S&P500	21.1	A2	BANK OF MONTREAL	몬트리얼 은행	캐나다	통신	S&P/TSX	25.4	A3
EMAP PLC	이마프	영국	통신	MSCI Pan_Eurc	3.9	Baa3	HAMMERSON PLC	해머슨	영국	통신	FTSE 100	4.6	Baa2
GANNETT CO INC	가넷	미국	통신	S&P500	15.9	A2	LAND SECURITIES GR	랜드 시큐리티 그룹	영국	통신	FTSE 100	11.7	Shadow(A3)
NEWS CORP-CDICLASS	뉴스 코퍼레이션	호주	통신	TRIB World	48.6	Baa2	LIBERTY INTERNATION	디버티 인터네셔널	영국	통신	FTSE 100	5.5	Shadow(Baa2)
OMNICOM GROUP	옴니콤	미국	통신	S&P500	16.0	Baa1	ROYAL BANK OF CANA	캐나다 로열은행	캐나다	통신	S&P/TSX	47.5	Aa2
SWISSCOMAG-REG	스위스콤	스위스	통신	MSCI Pan_Eurc	20.8	Shadow(Aaa)	TORCHMARK CORP	토치마크	미국	통신	S&P500	5.7	A3
AJINOMOTOCO ING	아지노모토	일본	소비재	Nikkel 225	6.6	A1	TORONTO-DOIMINION	토론토 도미니온 은행	캐나다	통신	S&P/TSX	34.8	Aa3
ANHEUSER-BUSCH CO	안헤우저 부쉬	미국	소비재	S&P500	33.5	A1	ZIONS BANCORPORAT	자이온 금융지주	미국	통신	S&P500	6.8	A3
BARD (C.R) INC	마드	미국	소비재	S&P500	6.8	Baa2	SVENSKA CELLULOSA	스벤스카 셀룰로사	스웨덴	소재	MSCI Pan_Eurc	8.2	A3
BECTON DIKINSON &	벡튼 딘킨슨	미국	소비재	S&P500	13.1	A2	SYNGENTA AG	신젠타	스위스	소재	MSCI Pan_Eurc	12.5	A3
BRIDGEST ONE CORP	브릿지스톤	일본	소비재	NIKKEI 225	17.6	A3	BAA PLC	비에이에이	영국	산업재	FTSE 100	12.1	A3
BRITISH AMERICANTOE	브리티시 아메리칸 타바코	영국	소비재	FTSE 100	48.6	Baa1	EAST JAPANRAILWAY	일본철도	일본	산업재	NIKKEI 225	24.7	Aa2
CLOROX COMPANY	클로락스	미국	소비재	S&P500	8.5	A3	FISHERSCIENTIFIC IN	피셔 사이먼티픽	미국	산업재	S&P500	7.0	Ba1
ENTERPRISE INNS PLC	엔터프라이즈	영국	소비재	FTSE 100	5.0	Baa3	LOCKHEED MARTIN	혹히드마틴	미국	산업재	S&P500	27.8	Ba2
FOSTERS GROUP LTD	포스터 그룹	호주	소비재	S&P/ASX20	9.1	Baa3	NORTHROP GRUMMAN	노스톱 그루턴	미국	산업재	S&P500	20.0	Baa2
GENERAL MILLSINC	제너럴 밀	미국	소비재	S&P500	17.8	Baa2	RAYTHEON COMPANY	레이테온 컴퓨터	미국	산업재	S&P500	17.4	Baa3
IMPERIAL TOBACCO	임페리얼 타바코	영국	소비재	FTSE100	21.1	Baa2	REXAM PLC	렉삼	영국	산업재	FTSE 100	4.9	Baa3
INTEROONTINENTAL	인터컨티넨탈 호텔	영국	소비재	FTSE100	5.7	Shadow(Aaa)	SHARP CORP	샤프	일본	산업재	NIKKEI 225	15.8	A2
KELLOGGCO	켈로그	미국	소비재	S&P500	19.3	Baa1	SMITHS GROUP PLC	스미스그룹	영국	산업재	FTSE 100	9.4	A3
KRAFT FOODS INC-A	크래프트 푸드	미국	소비재	NYSE	49.9	A3	UNIONPACIFIC CORP	유니온퍼시픽	미국	산업재	S&P500	18.9	Baa2
LABORATORY CRP OF	아메리칸홀딩스 클리닉	미국	소비재	S&P500	6.8	Baa3	UNITEDTECHNOLOGIE	유나이티드테크놀로지	미국	산업재	S&P500	54.5	A2
NEXT PLC	넥스트	영국	소비재	FTSE100	6.2	Baa2	COMPUTER ASSOCIAT	컴퓨터거소시에이트	미국	정보기술	S&P500	17.0	Ba1
NISSAN MOTOROO LTD	닛산 자동차	일본	소비재	NIKKEI 225	48.8	Baa1	INTL BUSINESS MACH	인터네셔널 비즈니스머신	미국	정보기술	S&P500	134.3	A1
PROCTER & GAMBLE	프록터 엔 겜블	미국	소비재	S&P500	143.6	Aa3	MICROSOFT CORP	마이크로소프트	미국	정보기술	S&P500	284.8	Shadow(Aa2)
QUEST DIAGNOSTICA	퀘스트 다이어노스틱	미국	소비재	S&P500	9.8	Baa2	BP PLC	비피	영국	에너지	FTSE100	243.3	Aa1
TESCO PLC	테스코	영국	소비재	FTSE100	42.7	A1	TRANSCANADA CORP	트랜스캐나다	캐나다	에너지	S&P/TSX	15.0	A3
UNILEVERNY-CVA	유니레버	네덜란	소비재	MSCI Euro	39.9	A1	IBERDROLA SA	이베로드롤라	스페인	공공재	MSCI Pan_Eurc	25.2	A3
ASSICURAZIONIGENER	아시 쿠라지오니 제너럴	이탈리	금융	MSCI Euro	39.3	A1	PPL CORPORATION	피피엘	미국	공공재	S&P500	12.4	Ba1

주) 1) shadow는 현재 발행채권이 없는 경우

2) (　　)안의 신용등급은 최근 상환한 채권의 신용등급 또는 주요 자회사의 신용등급

제 1호와 동일하다. 원금손실비율은 [(펀드이벤트 수 – 55.16)/33.6]이어서, 만기에 펀드이벤트 수, 즉 $\sum_{i}^{Riskpool} HitCount_i - \sum_{i}^{InsurancePool} HitCount_i$ (위험포트폴리오 이벤트 개수의 합 – 보험포트폴리오 이벤트 개수의 합)가 56 미만일 경우에는 원금 전액을 지급하고, 이벤트 수가 56 이상일 경우에는 원금 손실이 발생하며, 이벤트 수가 90개 이상일 경우에는 원금을 전액 상실한다.

채권상환금액은 만기에 잔존 원금액과 상환비율을 곱한 금액에 최종 환율을 곱하여 원화로 상환된다. 상환금액은 위험포트폴리오와 보험포트폴리오에 의해 수익이 결정되므로 위험포트폴리오와 보험포트폴리오에 따라 원금의 손실가능성이 있다. 원금손실은 원금의 100%까지 이루어지며 원금 상환비율(redemption factor)은 이벤트 개수에 따라 결정되는데 그 비용은 위험포트폴리오 손실과 보험포트폴리오 수익에 따라 0%에서 100% 사이가 된다. 이를 그림으로 나타내면 〈그림 16-3〉과 같다.

〈그림 16-3〉 원금상환비율 그래프

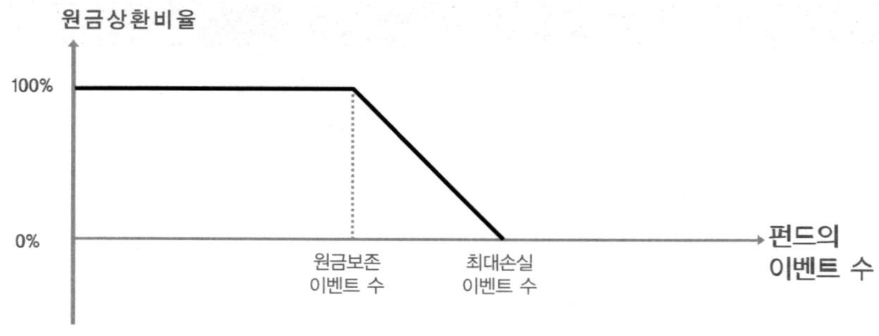

한편 CEDO에서 발행된 채권은 구조화하면서 총수익스왑(total return swap, TRS)과 주식디폴트스왑(equity default swap, EDS)이라는 금융기법을 사용하였다. 이 두 파생상품의 거래 당사자는 CSFBi였다. CEDO plc는 CSFBi와 총수익스왑(TRS)을 체결하고 주식디폴트스왑(EDS)도 동시에 체결하였다.

우선 총수익스왑(TRS)에 대해 살펴보자. 발행인(CEDO plc)은 CEDO 채권을 발행하여 발행일에 수취한 자금을 거래상대방(CSFBi)에게 지급하며 거래상대방은 담보증권을 발행인에게 인도한다. 스왑기간 중 발행인은 담보증권과 관련하여 받은 이자 등의 현금흐름을 거래상대방에게 지급하여야 하며 거래상대방은 CEDO 채권과 관련한 이자 등을 발행인에게 지급한다. 채권의 만기일에 CEDO plc는 담보증권과 관련된 원금과 이자 등의 현금흐름을 지급하며 CSFBi는 CEDO plc에 상환금액을 지급한다. 미화채권의 경우 GE Capital(Aaa), 원화의 경우 Danske은행(Aa1), 유로화, 엔화 등 단일채권을 담보로 제공한다. 이때 쿠폰금리는 [3Month USD Libor + 2bp] 수준에서 결정되었으며 만기는 CEDO채권과 동일하도록 설계되었다.

〈그림 16-4〉 파워인컴펀드의 TRS, EDS구조도

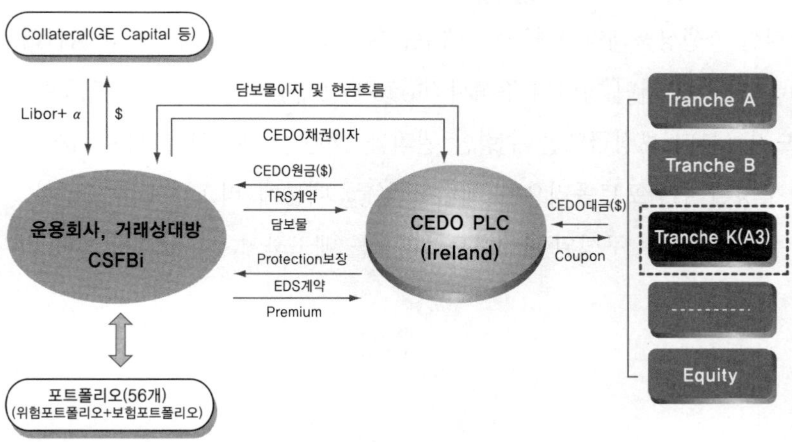

TRS는 거래상대방 신용등급의 변동에 따라 만기 전에 해지될수 있다. 포트폴리오는 당초 약정된 수준으로 하락하면 다른 포트폴리오로 대체해주어야 하며 일정 신용등급 이상을 유지하여야 한다. 거래상대방의 장기 무보증 선순위채 등급이 무디스 A1 미만으로 조정되는 경우 거래상대방 신용사건(minimum counterparty rating event)으로 간주된다. 신용사건이 발행하면 다음과 같이 처리한다.

i) 거래상대방은 5영업일 이내에 다음 이자지급일에 지급하여야 할 이자금액

을 수탁관리인에게 예치하여야 한다.

ii) 발행인이 동의할 수 있는 스왑거래에 따른 채무보증을 제3자로부터 받아야 한다.

iii) 스왑거래에 따른 모든 권리와 채무를 다른 제3자에게 양도해야 한다. 이 경우 제3자는 적어도 A1 이상을 유지하여야 한다.

iv) 거래상대방이 거래상대방 신용사건 발생 후 30영업일 이내에 상기 조치를 취하지 못하는 경우 추가적인 조치를 취할 수 있다.

다음으로 주식디폴트스왑(EDS)에 대해 살펴보자. CEDO plc는 롱-숏 주식전략(EDS)으로 만들어진 고정형 합성담보부채권(CDO)인 Series CEDO Ⅱ, Ⅲ를 발행한다. EDS는 보장매수인(protection buyer)과 보장매도인(protection seller) 간 체결한 파생상품계약이다. 보장매수인은 프리미엄을 정기적으로 지급하고(고정금액) 그 대가로 어떤 형태의 주식사건(equity trigger event)이 발생하는 경우 보장매도자로부터 보장금액을 수령할 권리를 갖는다. 채권보유자는 56개 준거기업으로 구성된 위험포트폴리오를 매입하기(롱) 때문에 리스크에 노출된다. 그러나 56개 준거기업으로 구성된 보험포트폴리오를 매도하여(숏) 보호를 받게 된다.

주식디폴트 주요내용(요약)

가. 기초자산 : 유럽경제지역(EEA), 일본, 미국, 캐나다, 호주 등에서 발행된 주권
- 해당 국가의 주권을 Long Position(Risk) Portfolio와 Short Position(Insurance) Portfolio로 각각 구성
  * Long Position(Risk) Portfolio : 주가 하락 시 손실 가능
  * Short Position(Insurance) Portfolio : 주가 하락 시 이익 가능
- 편입 종목의 대상은 주요 국가의 주권으로 한정하며 투자신탁 최초 설정일에 편입되는 종목 및 편입 개수가 결정

나. 만기 : 6년

다. 최초 기준가격 : 장외파생상품 발행일(2005.11.18)을 기준으로 개별 주권 각각의 3영업일 평균

라. 쿠폰지급 : 주가수준과 상관없이 장외파생상품 발행일로부터 매 분기마다 투자신탁설정일의 5년 만기 국고채금리 + 연1.2% 수준 수익지급

마. 이벤트 결정요건
- 최초 기준주가 대비 35%(수익률기준 −65%) 미만 하락하는 경우
- 장외파생상품 발행일로부터 3년 경과 이후부터 매주 목요일에 관찰(최초 3년 동안은 관찰하지 않음)
- 한 종목당 최대 이벤트는 10회로 제한

바. 원금 보존 추구 및 원금 손실 발생 조건

A. 용어의 정의
- 펀드의 이벤트 수
  (long position portfolio의 이벤트 개수의 합) − (short position portfolio의 이벤트 개수의 합)
- 최대 손실 이벤트 수 : 원금 전액 손실이 발생하는 이벤트 수로 투자신탁 설정일에 결정
- 원금보존추구이벤트 수 : 원금 보전이 가능하도록 하는 최대 허용 이벤트 수로 투자신탁 설정일에 결정

B. 원금 보존 추구 가능 조건
  만기까지 펀드이벤트 수 ≦ 원금보존추구이벤트 수

C. 원금 손실 발생 조건
  만기까지 펀드이벤트 수 > 원금보존추구이벤트 수
  ※ 만기 손실 발생 시 회수금액

$$\text{원금} \times \left(1 - \frac{\text{펀드이벤트 수} - \text{원금보존추구이벤트 수}}{\text{최대이벤트 수} - \text{원금보존추구이벤트 수}}\right)$$

자료 : 김주영(2012)

제3절 * 파워인컴펀드 손실 원인과 문제점

3-1. 기초자산의 쏠림현상

파워인컴펀드 제1호의 자산운용보고서에 따르면 위험포트폴리오에서 이벤트, 즉 관찰기간인 3년 동안 매주 관찰하여 기준가의 35% 이하로 내려가는 경우가 발생한 종목은 무려 56개의 종목 중 40%에 육박하는 20개 종목이며 보험포트폴리오의 경우는 총 9개 종목이었다. 그런데 이들 20개 종목에는 서브프라임모기지의 직격탄을 맞은 미국의 주택건설 및 주택금융관련 종목들이 대거 포함되어 있었다. 〈표 16-5〉와 〈표 16-6〉은 이벤트가 발생한 위험포트폴리오 및 보험포트폴리오 종목이다.

〈표 16-5〉 위험포트폴리오 이벤트 발생 종목

(2011년 8월 4일 종가기준)

종목명	국가	업종	최초기준가격 대비 등락율	누적 이벤트 횟수	블룸버그 티커
Freddie Mac	미국	금융	-99.5%	10	FMCC US Equity
Fannie Mae	미국	금융	-99.4%	10	FNMA US Equity
Bank of America	미국	금융	-95.6%	10	BAC UN Equity
Dixons Retail	영국	전자	-88.2%	10	DXNS LN Equity
MBIA Inc	미국	금융	-87.5%	10	MBI UN Equity
Pulte Homes	미국	주택건설	-86.7%	10	PHM UN Equity
Legg Mason Inc	미국	금융	-77.6%	10	LM UN Equity
Nokia OYJ	핀란드	IT	-75.6%	10	NOK1V FH Equity
Boston Properties Inc	미국	부동산	-71.7%	10	BXP UN Equity
DR Horton	미국	주택건설	-70.8%	10	DHI UN Equity
Westpac Banking Corp	호주	금융	-69.9%	10	WBC AU Equity
STMicroelectronics NV	프랑스	전자	-67.9%	10	STM FP Equity
Deutsche Bank AG	독일	금융	-54.8%	10	DBK GY Equity
Brunswick Corp	미국	소비경기	-54.1%	10	BC UN Equity
Sears Holdings	미국	소비경기	-44.5%	10	SHLD UQ Equity
Radioshack	미국	전자	-44.3%	4	RSH UN Equity
European Aeronautic Defence	프랑스	항공기제조	-29.2%	9	EAD FP Equity
Macy's Inc	미국	소비경기	-22.8%	10	M UN Equity
Motorola Solutions Inc	미국	IT	-11.9%	10	MSI UN Equity
Nordstrom	미국	소비경기	14.6%	10	JWN UN Equity

〈표 16-6〉 보험포트폴리오 이벤트 발생 종목

(2011년 8월 4일 종가기준)

종목명	국가	업종	최초기준가격 대비 등락율	누적 이벤트 횟수	블룸버그 티커
Enterprise INNS	영국	소비경기	-89.8%	10	ETI LN Equity
Gannett Co Inc	미국	언론	-81.9%	10	GCI UN Equity
Zions Bancorporation	미국	금융	-74.5%	10	ZION UQ Equity
Sharp	일본	전자	-62.6%	5	6753 JT Equity
Capital Shopping Centres Group	영국	금융	-52.3%	4	CSCG LN Equity
Land Securities Group	영국	부동산	-42.9%	10	LAND LN Equity
Nissan Motor	일본	자동차	-36.7%	10	7201 JT Equity
Hammerson	영국	부동산	-35.6%	2	HMSO LN Equity
Torchmark	미국	금융	-31.4%	1	TMK UN Equity

자료 : 김주영(2012)

3-2. 펀드에 대한 신용등급의 과신

세계적 신용평가기관인 무디스가 펀드에 대해 대한민국 국가 신용등급과 같은 A3등급을 부여해 펀드의 원금손실 가능성은 외화표시 국채의 부도 확률과 유사한 수준의 안전성을 갖고 있는 것으로 평가하였다.

〈그림 16-5〉 파워인컴펀드 제1호의 포트폴리오 신용등급 분포

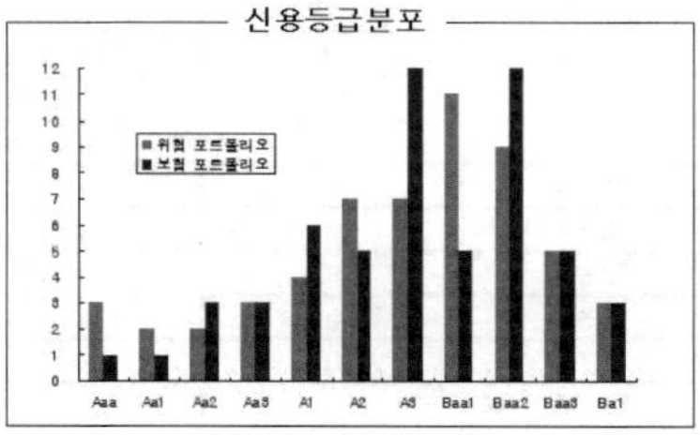

신용등급분석

	위험 포트폴리오	보험 포트폴리오
Aaa	3개	1개
Aa 급	7개	7개
A 급	18개	23개
Baa 급	25개	22개
Ba 급	3개	3개
A3 등급 이상	50.0%	55.4%
투자등급(Baa3) 이상	94.6%	94.6%
평균 등급	A3	A3

파워인컴펀드의 판매를 위해 작성한 광고지나 Q&A 자료, 상품요약서, 상품제안서 등에는 매 분기 확정수익을 지급하고, 그 이율이 국고채나 후순위채와 비교하여 높으며 장외파생상품이 무디스로부터 A3등급을 받았다고 강조되어 있다.

그러나 비록 무디스가 파워인컴펀드에 부여한 신용등급이 우리나라 국채의 신용등급과 같다고 하더라도 구조화채권과 일반채권은 그 등급판정방법이 달라 단순히 비교할 수 있는 성질이 아니다. 우리나라 국채의 신용등급과 같다는 것을 강조하여 일반 투자자들로 하여금 마치 우리나라 국채가 부도가 나지 않는 한 이 펀드도 원금손실이 되지 않는 것이라고 오인할 수 있도록 표현하였다.

또한 대부분 시중은행들의 신용등급이 Baa1수준에 머물러 있고 증권사들의 신용등급은 그보다 훨씬 낮기 때문에 파워인컴펀드는 은행예금보다 원금보존 가능성이 더 높다고 무디스의 신용평가를 과신하였다.

그런데 파워인컴펀드 제1호는 설정 직후인 2005년 11월 11일부터 2006년 2월 10일까지 1.15%의 수익률을 기록한 이후 지속적으로 마이너스 수익률을 기록하다가 2008년 1월부터는 수익률이 급격히 감소하였고, 제2호 펀드 역시 설정일 이후 지속적으로 마이너스 수익률을 기록하다가 2008년 1월부터 수익률이 급격히 감소하였다. 무디스는 파워인컴펀드 제1호에 대해 Baa3(2007. 12. 24), B2(2008. 5. 20),

B3(2008. 10. 10), Caa3(2009. 1. 21)로 조정하였으며, 제2호와 관련하여서도 Ba3(2007. 12. 24), B3(2008. 5. 20), Caa3(2009. 1. 21)로 각각 하향 조정하였다.

3-3. 부적절한 총수익스왑(TRS)과 주식디폴트스왑(EDS)거래

파워인컴펀드는 신탁재산의 대부분을 해외 특정 주권의 가격변동에 연계된 장외파생상품에 투자하였다. 펀드의 투자대상은 총수익스왑(TRS)과 주식디폴트스왑(EDS)이라는 금융기법에 근거하여 발행된 일종의 구조화된 채권이다.

이 채권은 발행회사의 신용상태, 환시세의 변동 등에 의한 원금손실위험이 항상 존재하고 있었다. 서울고등법원에서는 이러한 투자내용에 대해 펀드의 구조가 매우

〈해외사례〉 LTCM의 주식스왑거래

Long Term Capital Management(LTCM)는 유명한 헤지펀드이기도 했지만 손실규모가 워낙 컸기 때문에 파생상품 실패사례에 대한 연구가 많이 이루어졌다. 1998년 LTCM은 러시아 및 신흥국가 채권투자로부터 4.3억 달러, 선진국 채권의 직접투자로부터 3.7억 달러 등의 손실을 입었으며 연계주식거래, 상대가치 차익거래, 주식스왑, 정크본드차익거래 등으로부터 16억 달러의 손실을 입었다.

LTCM이 사용한 주식스왑(EDS)을 소개하면 다음과 같다. LTCM은 파트너들에게 펀드지분 추가투자로 인한 세금부담을 경감하기 위한 방안을 모색하였다. 투자자들이 펀드지분에 직접 투자하게 되면 그에 상응하는 수익에 대해 39.6%의 높은 세금을 지불해야 한다. 그러나 은행과 콜옵션거래를 할 경우 파트너들은 추가적인 펀드지분을 소유하는 것이 아니라 7년 내에 고정된 가격에 지분을 매입할 수 있는 옵션을 보유하는 것이기 때문에 장기자본이득으로 간주되어 20%의 낮은 세율이 적용된다. LTCM은 거래상대방에게 LTCM 지분을 매각하는 주식스왑거래를 체결하고자 하였다. UBS는 이러한 거래상대방으로서 펀드지분의 10억 달러 상당을 매입하고, 매입한 펀드지분 중 8억 달러는 LTCM에게 7년 내에 고정가격으로 매입할 수 있는 콜옵션을 매도하였다. 그리고 UBS는 콜옵션의 프리미엄으로 3.2억 달러를 수취하였다.

〈UBS와의 주식스왑거래〉

자료 : 김형태 · 이현진(2003)

생소하고 복잡하여 투자 경험이 없는 일반인이 이해하기 힘들 뿐만 아니라 파생상품에 관한 기본적인 지식이 있는 사람도 이를 완전히 이해하기 어렵다고 밝히고 있다.

CEDO Ⅱ 채권은 투자수익의 결정요인이 일반 채권이나 은행예금과는 다르고, 주식디폴트스왑(EDS) 프리미엄을 주요 재원으로 하는 분기별 확정수익금도 통상의 금리와는 그 성격이 다르다. 수익자들에게 만기에 이르기까지 분기별로 확정수익을 지급하되, 투자기간 동안 발생한 소정의 이벤트 수에 따라 만기에 원금의 전부 또는 일부에 대한 손실위험이 있는 구조화 파생상품에 불과한 것이었다.

또한 파워인컴펀드는 이 펀드의 장외파생상품 설계자이면서 주된 운용사(lead manager)인 CSFBi와 TRS계약과 EDS거래계약을 맺었다. 이들 스왑계약은 장외파생상품의 손익에 결정적으로 영향을 미쳤다. 그러나 CSFBi가 장외파생상품의 원금보존추구이벤트 수를 얼마로 정하느냐와 함께 위험포트폴리오와 보험포트폴리오를 구성하는 주식을 어떻게 산정하느냐에 관하여 전적인 재량권을 행사하였다. CSFBi는 이해상충관계가 있는 상태에서 파생상품거래를 한 것이다.

3-4. 투자자에 대한 설명의무

W자산운용은 CSFBi가 설계한 장외파생상품의 위험성을 파악할 수 있는 자료와 정보를 가지고 있었음에도 고객들에게 이를 정확히 알리지 않았다.

법원 판결문에는 상품제안서 하단에 "본 상품은 실적배당상품으로 원금이 보장되지 아니하며, 손익은 투자자에게 귀속됩니다."라는 경고 문언을 기재하였으나, 펀드를 소개하면서 "대한민국 국가 신용등급인 A3등급을 획득한 장외파생상품에 투자", "6년 동안 매 분기 확정 수익 지급"이라는 문구를 강조하였으며, 동일 만기의 시중 고금리 상품과의 비교표를 작성한 후 "최근 성황리에 판매된 은행 후순위채 대비 더 높은 신용등급에 더 높은 금리 제안"이라는 문구 등을 강조하였다. 또한, 펀드의 광고지에도 조기상환 시 보너스 쿠폰 4%가 추가 지급된다고 알리고 있었다.

그러나 W자산운용 및 판매사들은 제공된 자료에 대한 해석을 단편적이면서 낙

관적으로 하였다. 창구에서 고객들에게 펀드가입에 대한 설명을 하면서 희망적인 문구들로 채워 넣었을 뿐 어떤 종목을 기초자산으로 하는지, 어떠한 원리로 손익이 결정되는지 등에 대한 설명이 없었다.

파워인컴펀드에는 그 명칭에서부터 원금 비보호(non-principal protected)라는 문구가 기재되어 있다. 비록 W자산운용이 스스로 사후검증(back-testing) 절차를 거쳐 각 펀드의 위험성을 판단하였다고 하나 실제로 위험을 부담하는 투자자들이 펀드의 구조적인 위험성을 이해할 수준은 아니었다. W자산운용이 판매회사에 배포한 Q&A 자료에서도 위험성을 구체적으로 알리지 않아 판매회사들조차 이 펀드가 안정적 성향의 개인투자자들에게 적합한 상품으로 오인하게 되었다.

그 결과는 참담했다. 금융감독원에 있는 금융분쟁조정위원회는 2008년 11월 11일 판매회사들의 직원이 파워인컴펀드를 판매하는 과정에서 투자경험이 부족한 고객에게 거래행위에 필연적으로 수반되는 위험성을 알리지 않았으며, 과다한 위험성거래를 적극적으로 권유함으로써 투자자보호의무를 위반하였다고 판단하여, 판매회사들의 불완전판매에 따른 손해배상책임을 인정하는 취지의 50% 조정결정을 하였다.

금융감독원은 2009년 6월 9일 W자산운용이 파워인컴펀드의 판매광고에 비교대상이 될 수 없는 시중은행 후순위채, 국민주택채권 등을 간접투자기구와 비교한 내용을 포함하여 이를 판매회사에 제공하였고, 펀드에 관한 투자설명서를 금융감독위원회에 제출하기 이전에 판매회사에 제공하였으며, 투자설명서를 판매회사에 제공하기 이전에 수탁회사의 사전 확인을 받지 아니하였다는 등의 이유로 W자산운용에 대하여 기관경고를 하였다.[4)]

이 사건은 서울지방법원에서 이 펀드의 구조적 문제점이나 판매과정의 문제점 등을 인정하여 피해자들에게 대체로 20%에서 40%정도의 배상만을 인정하였으나, 2011년 12월 28일 서울고등법원은 투자자들의 투자경력, 투자횟수 및 투자금액 등에 따라 판매사 등에게 70%의 배상을 명하였는데, 이때 포트폴리오 구성상의 문제점을 집중적으로 지적하였다.

4) 서울중앙지방법원 제22 민사부, 사건번호 2009 가합2076 판결 내용 등 참조

W은행 금리연계 파생결합펀드(DLF)

제17장

파생상품 거래손실 사례분석

제1절 * 사건 개요

2019년 8월 8일~11월 19일 기간 중 W은행이 사모펀드인 금리연계파생결합증권(Derivatives Linked Funds, DLF)를 판매하였으나 독일 국채금리연계 DLF판매계좌 642개, 1,255억 원에서 평균 손실률 45.2%, 손실금액 567억 원이 발생하였다. 또한 2020년 2월 3일 현재 기준 영국금리연계 DLF판매계좌 1,140개, 2,757억 원에서 예상평균 손실률 29.3%, 손실금액 807억 원이 발생하였다.[1)]

금융감독원 제재심의위원회에서는 이와 관련 W은행에 대해 업무 일부정지에 해당하는 사모펀드 신규판매 업무정지 6개월(2020년 3월 5일 ~ 2020년 9월 4일) 및 과태료 197억 1천만 원을 부과하였다.[2)]

그리고 2019년 12월 5일 금융감독원 금융분쟁조정위원회는 해외금리연계 DLF 투자자에 대한 배상비율을 40~80%로 결정하였다. 과거에는 불완전판매 분쟁조정의 경우 영업점 직원의 위반 행위를 기준으로 배상비율을 결정해 왔으나 이 DLF 관련 분쟁조정에는 본점 차원의 과도한 수익추구 영업전략 및 심각한 내

1) W은행이 제기한 소송사건(사건 2020구합57615)에 대한 2021.8.27. 서울행정법원 제11부의 판결문에 명시되어 있는 금융감독원의 검사서를 참고하였음

2) 금융감독원 제재심의위원회에서는 H은행에 대해서도 유사한 업무 일부정지(사모펀드 신규판매 업무) 6개월 및 과태료 167억 8천만 원을 부과하였다. 이 장에서는 손실규모가 큰 W은행에 대해서 중점적으로 분석하기로 한다.

부통제 부실 등이 대규모 불완전판매로 이어져 사회적 물의를 야기한 것으로 판단하여 배상비율에 최초로 반영하였다.[3]

제2절 * 금리연계 DLF의 구조

2-1. 해외금리 연계 DLF상품 설계, 개발 및 판매 절차

주요 해외금리 연계 DLF상품의 설계, 개발 및 판매 절차는 대체로 다음과 같다.[4]

〈그림 17-1〉 해외금리 연계 DLF상품의 설계, 개발, 판매 과정

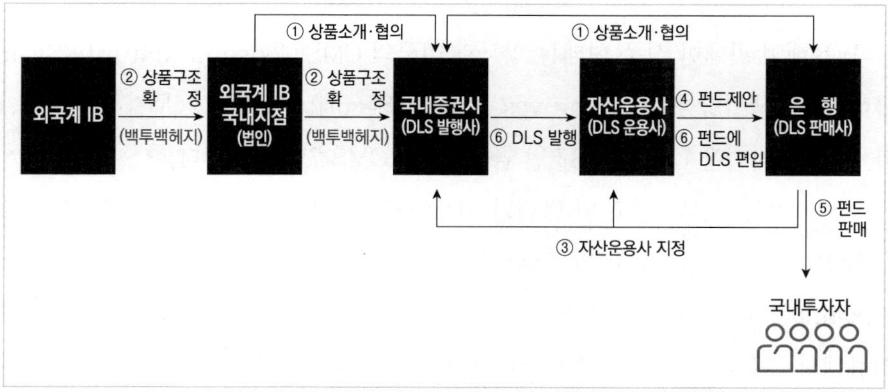

3) 금융감독원의 주요 해외금리 연계 DLF 관련 중간 검사결과(보도자료 2019. 10. 2.) 등 참조

4) 모든 DLF의 설계, 개발 및 판매단계에 동일하게 적용되는 것은 아니다.

① (상품 소개, 협의) 외국계IB가 자사 국내지점 등을 통해 국내 증권사에 DLS 상품을 제안하고, 은행은 증권사와 수익률, 만기 등 상품구조를 협의한다. 이때 판매사인 은행이 먼저 상품조건을 제시하는 경우도 있다.

② (상품구조 확정) 증권사는 약정수익률 등 유리한 가격을 제시한 외국계IB 국내지점 등과 발행조건을 확정한 뒤 헤지계약을 체결한다. 여기서 헤지계약은 DLS발행에 따른 증권사의 손실위험을 외국계IB에 부담하도록 하는 계약이다.

③ (자산운용사 지정) 은행이 자산운용사를 지정하여 증권사에 통보하면 증권사는 은행 및 자산운용사에 DLS 세부 내용을 동시에 통보한다.

④ (펀드 제안) 자산운용사는 은행에 상품제안서, 펀드계약서 등을 통보한다.

⑤ (펀드 판매) 금융회사들은 위 ①~④를 반복하여 펀드를 시리즈로 설계, 개발하고, 은행은 해당 펀드를 투자자 대상으로 판매한다.

⑥ (DLS발행 및 펀드 편입) 증권사는 펀드판매 금액만큼 DLS를 발행하고 자산운용사는 이를 펀드에 편입한다.

2-2. 영국과 미국의 CMS 금리연계 사모펀드(DLF)

W은행이 판매한 상품 형태는 영국과 미국의 CMS(Constant Maturity Swap) 금리연계파생결합증권(Derivatives Linked Security, DLS)에 투자하는 펀드였다. 그 기초자산은 USD CMS 5년 금리, GBP CMS 7년 금리였다.

USD CMS 5년의 경우 미 달러화 시장에서 5년 만기 이자율 스왑 체결시 USD LIBOR 3개월 변동금리와 교환하는 고정금리로 ICE(Intercontinental Exchange)가 산출하여 고시하는 가격이며, GBP CMS 7년의 경우 영국 파운드화 시장에서 7년 만기 이자율 스왑 체결시 GBP LIBOR 6개월 변동금리와 교환하는 고정금리로 ICE가 산출하여 고시하는 가격이었다.

손익구조는 대체로 ELS(Equity Linked Security)펀드와 유사하게 조기상환

〈해외사례〉 LIBOR 스캔들

2012년 7월 3일 영국 최대 은행 바클레이즈에서는 리보(LIBOR) 조작 사태로 마커스 에이지어스 바클레이즈 회장, 최고경영자(CEO) 봅 다이아몬드가 물러났다.

리보(LIBOR)는 'London Interbank Offered Rate'의 머리글자를 따서 만들어졌는데 '런던 은행간 제공금리'다. 은행들의 모임인 영국 은행연합회(British Bankers Association, BBA)가 주요 회원들로부터 보고받은 금리자료를 바탕으로 금융정보회사인 톰슨로이터가 계산해 배포한다. 리보는 2차 세계대전 후 내리막길을 걷던 런던이 세계 금융시장의 주역으로 다시 등장한 1986년부터 정식으로 사용되기 시작했다.

리보금리는 미국 달러, 유로, 파운드, 엔 등 10개 통화별로 1일, 1주일, 1개월, 3개월, 6개월짜리 평균 금리가 공시된다. 예를 들어 1주일 달러리보, 1개월 유로리보, 3개월 엔리보 등이다. 3개월 달러리보가 0.4606%라면 런던 은행간 거래에서 달러를 3개월 동안 빌릴 때 적용되는 금리가 연 0.4606%라는 뜻이다.

리보금리는 세계 각국의 국제금융거래에 기준금리로 활용되고 있다. 최근 들어서는 런던이 아니라 뉴욕의 은행간 거래금리, 즉 뉴욕 리보금리가 대부분 금융거래의 기준금리로 사용된다. 뉴욕시장의 글로벌 영향력이 훨씬 강력해졌기 때문이다. 300년의 역사를 가진 영국 유수의 금융그룹인 바클레이즈 회장과 CEO가 동시에 물러나게 된 것은 부당 이익을 얻기 위해 리보금리를 인위적으로 조작했다는 의혹 때문이다. 리보는 근본적으로 은행들이 '제시하는' 금리라는 점에서 그동안 조작 가능성이 제기돼왔다.

리보금리는 BBA 회원은행이 오전 11시쯤 제출한 보고서를 바탕으로 결정된다. 따라서 회원이 시장에서 거래되는 금리를 제공하면 아무런 문제가 없지만 의도된 금리를 제공하면 가격의 왜곡이 발생한다. 실제로 미국에서 서브프라임 모기지(비우량 주택담보대출) 부실로 2007년 8월 은행간 돈이 돌지 않는 신용경색 현상이 나타나기 시작하자 BBA 일부 회원 은행들은 자금을 조달하며 약속한 금리를 낮춰 연합회에 보고하기 시작했다. 당시 누구도 믿지 못할 만큼 금융시장이 혼란스런 가운데 높은 금리는 해당 금융사의 신뢰도가 낮다는 걸 의미했으며 이는 곧 파산 임박이나 다름없었다. 자연스럽게 은행연합회 제출용 금리에 대한 조작이 이뤄지기 시작했다.

시장에서 주식이나 채권, 선물, 옵션 등 금융상품을 거래하는 트레이더들은 이렇게 조작된 리보 금리를 이용해 돈을 베팅했다. 바클레이즈 트레이더들은 리보를 이용한 금융상품을 계약한 뒤 금리 제출 담당자에게 리보를 낮춰달라고 요구했다. 신용경색 와중에 치솟던 리보가 어느 순간 낮게 고시되면서 상승 쪽에 베팅한 트레이더들이 손해를 봤다. 반면 바클레이즈 트레이더의 수익은 불어났다. 파이낸셜 타임스는 "바클레이즈 트레이더들이 리보 조작으로 얼마를 벌었는지 명확하지 않지만 에이지어스 회장과 다이아몬드 CEO가 거액의 보너스를 받는 데 조작으로 얻은 수익이 일조한 것만은 사실"이라고 전했다.

바클레이즈는 리보금리 조작으로 2억 9,000만 파운드(약 5,192억 원)의 벌금과 함께 최고경영진이 물러나는 불명예를 안았다. 씨티, HSBC, UBS 등 리보금리 조작 혐의를 받고 있는 20여 개의 대형 금융사들도 금융당국으로부터 조사를 받았다.

기업이나 은행이 신용도가 낮을 경우 리보금리에 추가 금리를 붙여 자금을 빌릴 수 있는데 이를 스프레드(가산금리)라고 한다. 각국 정부나 기업이 해외에서 돈을 빌릴 때 금리는 보통 '리보+α'식으로 결정된다. 또 각종 파생상품의 가격도 리보를 기준으로 움직인다. 국제결제은행(BIS)에 따르면 한 해 동안 이런 파생상품이 무려 350조 달러(약 39경 9,000조 원)에 이른다. 리보가 조작되면 이들 상품의 가격질서도 엉망이 된다.

자료 : 2012.7.6.자 한국경제신문 등 기사 요약정리

요건과 만기상환 요건을 두고 있었다. 조기상환 요건은 매 3개월마다 두 기초자산의 종가가 모두 최초 기준가격의 95%(3개월), 85%(6개월), 75%(9개월) 이상인 경우 연 3.5%를 지급하는 구조였다. 만기상환 요건은 만기 평가시 두 기초자산의 종가가 모두 최초 기준가격의 55%(12개월) 이상인 경우 연 3.5%를 지급하는 구조였다. 그러나 만기 평가시 두 기초자산 중 하나라도 0%에 도달하는 경우 원금 전액 손실이 발생하며 만기 쿠폰을 감안하는 경우 최종 수익률은 △96.5%가 되는 구조였다.

〈그림 17-2〉 손익구조 그래프 (예시)

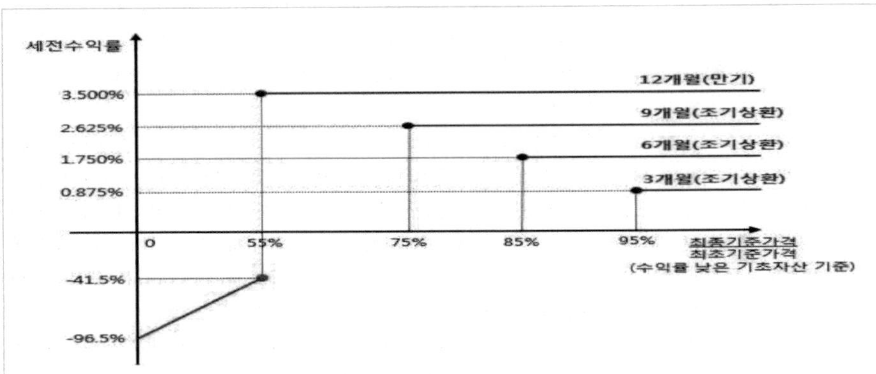

2-3. 독일 국채 10년물 만기수익률 연계 사모펀드

이 상품 형태는 독일 국채 10년물 금리연계 DLS에 투자하는 펀드로써 기초자산이 독일 국채 10년물 채권의 만기수익률이었다. 이 펀드에는 조기상환 요건이 없었으나 만기상환 요건은 만기 기간에 따라 약정금리에 해당하는 쿠폰을 지급하고 손실조건에 해당하는 경우 손실배수에 비례하여 손실이 발생하는 손익구조를 가지고 있었다.

예를 들어 계약조건에 따라 만기 6개월, 약정금리 4%, 베리어 −0.25%, 손실배수 250배일 때 만기일 금리가 베리어 −0.25% 이상인 경우 원금 전액과 2%쿠폰을 지급한다. 여기서 약정금리가 연 4%이므로 6개월에 해당하는 금리만 받게 된다. 그러나 만기일 금리가 베리어 −0.25% 미만으로 하락할 경우 하회폭에 손실배수 250를 곱한 비율로 원금을 손실 보는 구조였다. 따라서 하락폭 0.01%당 원금은 2.5% 손실, 즉 0.01%×250으로 된다. 이때 추가로 금리가 0.4% 이상 하락하는 경우 원금 100% 손실이 발생하게 된다.

〈그림 17-3〉 만기상환 시 원금부분 상환구조

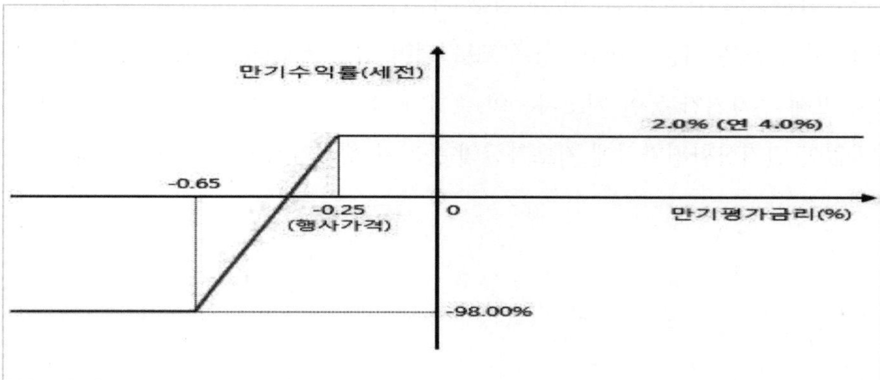

〈그림 17-4〉 만기상환 시 수익부분 상환구조

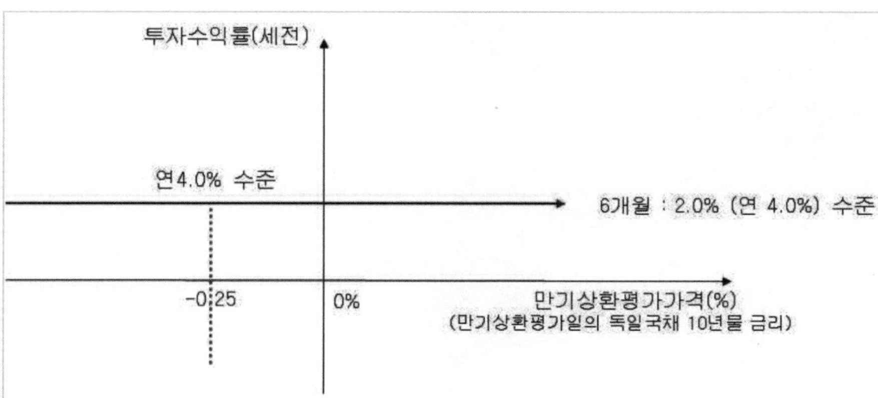

만기상환평가일에 기초자산의 만기상환평가가격이 행사가격 미만으로 되었을 때 원금에 대한 손실 산식은 다음과 같다.

산식 = 원금 × [Max{0%, 100% + 손실배수 × (만기상환평가가격 − 행사가격)} + 2.00%]으로 만기상환(세전)

여기서 만기상환평가가격 = 만기상환평가일의 기초자산의 금리
행사가격 = −0.25%
손실배수 = 200, 250, 333 등 적용
최대 원금 손실률 : 투자원금의 100%

투자자는 만기일에 금리수준과 무관하게 연 4% 쿠폰을 지급 받는다. 따라서 6개월 기준으로 쿠폰을 감안하는 경우 최종 수익률은 최소 △98% ~ 최대 2%이 된다. 이 상품은 기존 Knock-In구조로 되어 있는 상품과는 다르게 설계되었다. 다시 말해 투자기간 동안 기초자산의 종가가 행사가격 미만이 되더라도 그것과는 상관없이 만기상환평가일에 기초자산의 종가가 행사가격 이상이 되면 상환되도록 만들어졌다.

제3절 * 금리연계 DLF손실 발생원인[5]

3-1. 파생결합상품에 대한 이해 부족

① 금리변동 리스크관리 실패

세계적으로 장기간 저금리 기조가 고착화 되었다. 일반적인 투자자는 제로금리 혹은 부(-)의 금리 상태에서 추가적인 금리하락을 예측하기는 어려웠을 것이다. 하지만 금리에 연동되는 DLS를 발행하는 증권사는 향후 부담할 금리리스크를 대부분 외국계 IB와 백투백헤지를 통해 해소 해왔다. 이와는 달리 판매은행은 적절한 리스크관리 방안을 마련하지 않거나 설령 마련하려고 해도 금융상품의 개발자가 아니므로 통제변수를 제대로 제시하거나 구현하지 못하는 경향이 있다.

그 예로써 독일 국채 DLS 관련 증권사의 리스크관리부 의견서를 보면 쉽게 알 수 있다. C증권의 경우 리스크관리부서가 DLS거래계획에 대해 금리하락이 심상치 않은 점을 강조하고 원금손실이 가능하다는 의견을 제시하였으나 W은행은 DLS발행 관련 백투백헤지 계약을 체결한다는 사유 등으로 가격 적정성을

5) 2021.8.27. 서울행정법원 제11부는 은행이 제기한 내부통제 관련 금융감독원의 기관제재, 은행장 문책경고 및 부행장 감봉요구(3개월) 처분에 대한 소송(사건 2020구합57615 문책경고 등 취소청구의 소)에서 금감원의 패소를 결정하였다. 이는 다수의 민원발생, 그 결과에 대한 손해배상 결정 등이 내부통제 소홀로 발생하였는데 그 귀책이 누구에게 있는지 결정하는 사안이었다. 그러나 여기에서는 그 손실원인에 대해 주로 분석하기로 한다.

〈그림 17-5〉 독일-영국 10년 만기국채 금리(단위: %)

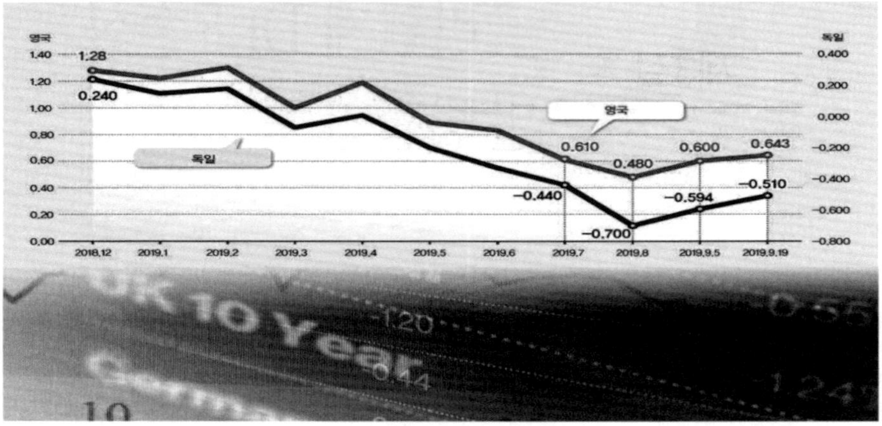

〈자료 : 헤럴드 경제〉

별도로 검증하지 않고 DLS를 그대로 발행하였다.[6]

그런가 하면 판매은행은 자산운용사의 백테스트 결과에 대해 내부 실무자 등이 문제를 제기한 바 있었다. 은행의 공정가액평가실무협의회에서는 2019년 3월 6일 기초자산 가격이 과거 2015년 12월~2016년 9월, 즉 9개월 동안 최대 0.79%p까지 하락한 사례가 있다고 지적하였고, 향후 가격의 추가 하락 가능성을 배제할 수 없으며 높은 레버리지 등을 감안할 때 원금 100% 손실 가능성이 있다는 의견을 제시하였다. 그러나 이와 관련하여 추가 검토를 하거나 보완하지 않고 자산운용사의 백테스트 결과를 그대로 수용하였다.

6) C증권의 독일 국채 DLS 관련 리스크관리부의 의견을 발췌하였음
① (2019.03.05.) 보내주신 독일 국채 10년금리 기초자산 DLS BTB 거래계획서 검토한 결과 만기가 6개월~1년이고 BTB 상품들로 시장리스크는 많이 잡히지 않아 거래 가능하나 최근 독일 국채 10년금리의 하락이 심상치 않아 상품의 원금 손실도 가능합니다. 하여 해당 상품을 판매하는데 있어서 평판리스크에 대하여 우려되는 부분이 있는바 신중히 거래하시길 부탁드립니다.
② (2019.03.08.) 기존에 승인되었던 RC상품의 기초자산인 독일 국채 10년 금리의 급격한 하락으로 평판 리스크에 대하여 우려되는 바 불완전 판매가 일어나지 않도록 주의를 해주시기를 부탁드리며 이후에 거래시에는 사전 리스크관리부와 협의를 요청드리는 바입니다.

② 높은 레버리지거래에 대한 대응 실패

2008년 금융위기 이후 주요 선진국들은 금융회사의 위험관리기능을 강화하였다. 국내에서도 CDS, CDO 등 파생상품 관련 거액의 손실이 발생하게 되어 금융기관의 효과적인 위험관리기능의 구축과 실효성 확보방안에 대한 필요성을 강조하였다.

그러나 W은행은 기초자산인 채권금리의 하락으로 기존에 판매한 DLF의 손실가능성이 증대되는 상황에서도 상품판매를 중단하지 않았다. 오히려 상품구조를 바꾸어가면서 신규판매를 지속하였다. 기초자산인 독일 국채금리가 하락하자 베리

〈표 17-1〉 DLF 베리어 설정 및 손실배수 변경

설정일	19.3.21.(최초)	19.5.8.(중간)	19.5.31.(최종)
기초자산가격	0.035%	△0.057%	△0.209%
베리어	△0.20%	△0.25%	△0.32%
만기	6개월	6개월	4개월
손실배수	200배	250배	333배

어를 △0.20%에서 △0.32%로 낮추고 만기는 6개월에서 4개월로 2개월 단축하였으며 손실배수는 오히려 200배에서 333배로 늘렸다.

또한 고객 유인을 위해 약정수익률을 과거와 같은 수준으로 유지하면서 기존고객에 대해 손실가능성을 통보하지 않거나, 만약 손실가능성을 통보하더라도 기존보다 높은 수준의 환매수수료 등을 적용하여 손절매(stop-loss)를 하지 못하도록 유도하였다. 이러한 방법 등을 통해 독일 국채금리가 마이너스 구간에 진입한 2019년 5월 중에도 664억 원을 판매하였다.

3-2. 불완전 판매 요소

① 설명의무 이행 미흡

금융투자 등에서 손실을 보는 경우 투자자가 누구든 일정한 손실을 보상받고자

할 것이다. 만약 판매 금융사 직원의 설명이 부족했다면 분명히 그것은 손실 보상 요구에 대한 구실이 될 것이다.

자산운용사는 2000년 1월부터 2018년 9월 기간중 독일 국채 최저금리(△0.18%)가 베리어(△0.2%)를 하회한 적이 없다는 점을 강조하면서 손실이 전혀 발생하지 않는다고 하였다. 이 상품을 판매한 은행직원들은 투자자에게 제공하는 마켓팅자료에 자산운용사가 제공한 변동성 분석에서 나타난 백테스트 결과만을 활용하였다. 또한 과거 금리 추이를 기준으로 단순하게 실시한 백테스트자료를 토대로 판매직원 교육자료로 사용하였다. 원금 손실위험이 있지만 투자자에게 짧은 만기, 높은 수익률 등을 주로 강조한 결과 많은 민원이 발생되기도 하였다.

〈그림 17-6〉 W은행 사내 상품게시판 자료

특히 금융감독원 검사과정에서 설명의무가 준수되지 않은 사례로써 판매은행에서"설명을 듣고 이해하였음"을 대필로 기재하거나 기재가 누락된 판매서류가 발견되고, 고객이 내방하지 않았으나 고객 신분증 사본을 이용하여 펀드가 개설된 경우도 발견되었다.

② 적정성 및 적합성 원칙 미준수

두 은행이 판매한 금리연계파생결합펀드에 가입한 개인투자자는 3,021명, 6,564억 원이었다. 이 중 60대 이상은 48.4%로써 1,462명, 3,464억 원에 해당하며, 70대 이상 고령자 비중도 21.3%로써 643명, 1,747억 원에 달하였다. 이들 고령 투자자의 중도환매, 만기상환 과정에서 손실확정금액이 많이 생겨났다. 일반적으로 고령층은 금융투자상품에 대한 이해도가 낮고 투자손실을 만회할 수 있는 경제활동 기회도 적다. 손실로 인해 노후생활에 대비한 우려가 고조됨에 따라 고령자 피해 관련 분쟁조정 신청이 많이 접수되었다.

하지만 고령투자자를 보호하기 위한 절차 위반사례가 종종 발견되었다. 고령투자자가 펀드에 가입하는 경우 은행의 내규에 따라 상품가입 조력자 필요여부 등을 확인하여야 하나 관리책임자의 사전 확인이 누락되거나 고령투자자 보호 확인서에 투자자의 서명이 누락되는 사례도 있었다.

〈표 17-2〉 금리연계 DLF 개인투자자 연령대별 현황

구 분 (단위 : 명, 억 원)		W은행		H은행		합계	
		투자자 수	투자금액	투자자 수	투자금액	투자자 수	투자금액
50대 이하	소계	818	1,599	741	1,501	1,559	3,100
60대 이상	60대	400	808	419	909	819	1,717
	70대	180	347	266	843	446	1,190
	80대	53	145	136	398	189	543
	90대	2	2	6	12	8	14
	소계	635	1,302	827	2,162	1,462	3,464
총 계		1,453	2,901	1,568	3,663	3,021	6,564

그런가 하면 유사한 금융투자상품[7]에 대한 투자 경험이 없는 개인투자자의 가입 비중이 21.8%로써 830건, 1,431억 원에 달하였으며, 유사한 투자경험이 5건

〈표 17-3〉 금리연계 DLF 개인투자자의 가입 건수

구 분	무경험	1~5건	6~10건	11~20건	21~30건	31~50건	50건이상	합계
가입건수(건)	830	1,336	424	435	204	131	74	3,434
가입금액(억 원)	1,431	2,749	883	804	352	223	122	6,564
비중(%)	21.8	41.9	13.4	12.2	5.4	3.4	1.9	100.0

미만인 개인투자자는 41.9%로써 1,336건, 2,749억 원으로 나타났다.

그러나 투자자 성향을 제대로 파악하지 못한 사례가 다수 발견되었다. 그 예로써 투자자가 투자성향 설문항목을 작성하지 않았으나 직원이 임의로 전산입력하거나, 투자자 성향을 분석할 때 고객이 체크한 내용과 다르게 입력되거나 투자기간 확인이 누락된 사례도 있었다.

③ 내부통제 미흡[8]

금융관련법규에서는 금융회사의 구성원이 지켜야 할 구체적인 내용을 적시하지 않고 자체적으로 내부통제제도를 만들도록 요구한다. 이런 금융규제에는 내부통제에서 준수해야 할 기본적인 의무사항, 최종적인 책임을 부담하는 내부통제의 주체, 이를 구체적으로 이행할 절차 및 그 위반에 대한 제재조치 등을 엄격하고 명확하게 규정해야 한다. 다시 말해 내부통제에 의한 금융규제는 스스로에게 책임을 묻는 것이다.[9]

7) ELF, DLF, ELT 등을 말한다.

8) 서울행정법원은 금융감독원의 패소로 결정된 판결문에서 "금융기관이 예금자 등 금융소비자의 권익을 도외시한 채 그 실적만을 좇거나 경영진이 그 욕망에 따른 의사결정을 하는데도 그 탐욕에 제동을 걸어 줄 수 있는 실효적인 자율적 내부통제수단이 제대로 작동하지 못하는 경우를 종종 볼 수 있었다"고 판매은행을 비판하기도 하였다.

9) 서울행정법원에서는 판결문에서"금융규제의 완화는 외부적 규제의 완화를 의미하는 것이지 규제 자체의 소멸을 의미하는 것은 아니다. 즉, 금융규제의 완화는 내부통제의 강화를 통한 '규제의 민영화' 또는 '규제의 내부화'를 의미하는 것이다. 따라서 금융회사의 내부통제는 외부적 규제의 완화 정도와 비례해서 강화되어야 한다. 내부통제의 의의와 범위는 특정 회사가 직면하는 위험의 의의와 범위에 연동되어 있기 때문에 이를 모두 법에서 정하는 것은 불가능하다. 금융규제의

W은행 XX센터가 발송한 실제 투자광고 메시지(19.3.14.)

(광고)
[A은행 ㅇㅇ센터] [ㅁㅁㅁ 부지점장 올림]
[★ 특 판 상 품 안 내 ★]
세계 최고 안전자산인 독일 국채 금리에 6개월만 투자해보세요^^
★ 독일 국채 금리연계 사모
★ 기간 : 6개월, 금리 : 연 4.2%, 금액 : 1억 이상, 모집 한도 : 50억
현재 독일 금리는 점진적으로 오르고 있으며, 만기시점에(6개월후) -0.2%로 하락하지 않으면 됩니다. 현재 시점에 가장 적합한 상품으로 판단되어 추천드립니다.
자세한 문의는 내선 ㅇㅇㅇ번 ㅁㅁㅁ 부지점장에게 문의바랍니다.

그럼에도 불구하고 W은행의 판매직원 90여명이 준법감시인의 사전심의 없이 3만 여건의 투자광고 메시지를 발송하였다. 이중 상당 부분은 손실가능성, 이익보장 등에 대해 투자자들이 오해할 수 있는 내용을 포함하고 있었다.

또한 펀드판매 등은 판매자가 위험상품에 대한 이해를 제대로 하고 있는지에 대해 자격요건을 두어 일정 자격시험을 거친다. 그러나 같은 영업점에 근무하는 무자격 직원이 유자격 직원을 대신하여 판매하였고, 무자격 직원이 상품을 설명하고 유자격 직원은 서류작성만 수행하거나 무자격 직원이 판매과정을 녹취했다가 유자격 직원이 다시 녹취하는 사례도 있었다.

3-3. 파생결합상품 관련 행위 주체별 책임 불분명

① 리스크 감내 수준에 따른 수수료 수익자 부담 원칙 미적용

독일 국채 DLF 관련 6개월 기준 금융회사의 수수료 수익은 총 4.93% 수준이며, 외국계IB(3.43%), 은행(1.00%), 증권회사(0.39%), 자산운용사(0.11%) 순이었다.

목적상 금융규제법은 내부통제에서 준수해야 할 기본적인 의무사항과 내부통제를 확보하고 이행할 최종적인 책임을 부담하는 내부통제의 주체와 이를 구체적으로 이행할 절차 및 그 위반에 대한 제재조치를 매우 엄격하고 명확하게 규정해야 한다"고 강조하였다.

〈표 17-4〉 금융회사별 제공서비스 및 수수료

구 분	외국계 IB	은행	증권사	자산운용사
제공서비스	상품설계 및 헤지	펀드 판매	DLS발행	펀드 운용
수수료*	3.43%**	1.00%	0.39%	0.11%

* 독일 국채 DLF 취급 금융회사 평균(6개월 기준)　　** 외국계 IB 국내지점 및 본점 합계

외국계IB는 DLS 헤지 대가로 평균 3.43% 수준의 헤지수수료를 수취하였다. 외국계IB는 증권사와 DLS 헤지계약으로 손실위험이 발생하게 되면 이를 독일 국채 선물시장 등을 통해 재차 헤지하게 된다. 은행은 자산운용사가 설정한 DLF를 은행 창구에서 고객에게 투자권유하고 판매하는 대가로 평균 1.00%의 판매수수료[10]를 수취하였다. 증권사는 DLS를 발행하는 주체로서, 발행 대가로 평균 0.39% 수준의 발행수수료를 수취하였다. 자산운용사는 펀드를 설정하여 증권사가 발행한 DLS를 편입하고 이를 운용하는 대가로 평균 0.11%의 운용수수료를 수취하였다.

그러나 해외금리연계 DLF 관련 리스크 감내 수준은 수수료 수익자 부담 원칙이 적용되지 않았다. 증권사는 금리 하락이 진행되는 동안 손실배수를 높이는 등 상품구조를 계속적으로 변경하여 일정 수준 이상의 약정수익률을 유지하였다.[11] 또한 외국계IB와 백투백 헤지계약을 통해 리스크를 직접 부담하지 않은 채 DLS발행을 통해 수수료 수익을 창출하거나 외국계IB와 헤지계약을 체결하여 가격변동 리스크 등을 외국계 IB에 이전하였다. 그런가 하면 외국계IB는 증권사가 투자자 약정수익률을 낮추거나 수수료를 높이는 의사결정에 결정적 역할을 하였다.[12]

이처럼 판매은행이 가장 많은 수수료 수익을 향유하지 않고 외국계IB가 가장 많은 수수료를 수취하였다. 또한 외국계IB 및 증권사에 의해 수수료율이 자주 변

10) 판매수수료는 펀드를 매수하는 시점에만 발생하는 일회성 선취수수료로써 DLF 만기를 6개월로 정하면 연 2회 판매가 가능하여 연 2%의 판매수수료 수취 가능하였다.

11) W은행은 2019년 5월 10일 DLS발행 건과 관련하여 C증권에 손실배수를 늘리는(250배→333배) 조건으로 재발행시 가격을 요청하였고, C증권은 외국계 IB △△ 및 ◎◎에 문의한 결과, 연 4.2%의 약정수익률 조건으로 재발행이 가능하다고 답변을 받았으며, W은행은 C증권에 거래진행을 요청하면서 DLF를 계속 판매하였다.

12) 증권사가 외국계 IB에 독일 국채 DLS 가격을 문의하자, 외국계 IB는 연 4.8%로 재발행이 가능하다고 회신. 그러나 증권사는 약정수익률을 연 4.3%로 낮추는 대신 증권사 수수료를 0.3%p 만큼 높여달라고 요구하였다.

경되고 조정이 가능하였다. 그럼에도 불구하고 불완전판매 관련 검사과정에서 수수료 수익에 대한 책임의 정도가 고려되지 않고 판매은행의 책임이 지나치게 강조된 점은 해외금리연계 DLF 관련 손실사례 분석 관점에서 볼 때 다소 아쉬운 부분으로 남는다.

② 투자자에 대한 과도한 보호 조치와 무분별한 사모펀드 투자 권유

사모펀드투자자는 49인 이하의 전문투자자 및 전문투자자에 준하는 일반투자자로 구성된다. DLF 관련 투자자는 투자과정에서 기존 펀드투자에 대한 경험이 있거나 금융투자자산 보유 수준이 높은 투자자라고 할 수 있다.

먼저, 자산운용사는 동일한 편입 자산과 운용방식을 가진 DLF를 반복 설정하였다. 발행사, 약정수익률, 손실배수 등 일부 조건만을 변경하여 반복 설정한 것이다. 그 예로써 2019년 4월 24일 XX자산운용의 마케팅 담당자 및 펀드 운용역과의 녹취내용을 살펴보면 쉽게 알 수 있다.[13] 이처럼 상당수 펀드투자자들은 조기상환되거나 만기상환되는 펀드의 재가입을 반복적으로 진행하였다.

둘째, 전술한 바와 같이 개인투자자 중에는 60대 이상이 48.4% 차지하고, 70대 이상 고령자 비중도 21.3%에 이른다. 이때 판매은행에서는 불완전판매요소를 없애기 위해 녹취스크립트를 사용하는데 만약 이러한 녹취가 제대로 되고 그 과정과 절차가 제대로 이루어졌다면 손실이 발생하거나 설명이 미흡했다는 이유로 불완전판매 논쟁은 발생하지 않았을 것이다.[14] 다시 말해 은행이 불완전판매를 하지 않았다면 투자경험이 있는 60대 이상은 그간 위험상품에 투자하면서 수익을 향유하였거나 손실 정도를 따져 자기판단에 따라 투자를 계속했을 것이다.

이들 금리연계파생결합상품은 판매과정에서 불완전판매요소가 다소 있다고 하

13) 펀드 운용역 ◎◎◎은 동일한 방식으로 설정한 2호, 3호 및 이번에 설정하게 될 5호 펀드 3개를 합쳐 투자자 수를 49인 이하로 설정해야 하는 것인지를 마케팅 담당자 ○○○에게 문의하였다.

14) 붙임 참고

더라도 결국 다른 파생결합상품과 다르지 않게 사모펀드로써 투자자의 자기책임 하에 투자가 이루어져야 한다. 그런데 이들 DLF투자와 관련하여 금융소비자와 금융회사 간 분쟁조정의 옳고 그름을 떠나 금융감독당국이 투자자보호에 최소한의 간여에 그칠 필요가 있었으나 다소 지나치게 개입한 측면도 있었다.

|붙임| 녹취 스크립트(예시)

❶ 녹취고지 및 본인확인	【 녹취 자동응답시스템 연결 멘트 및 본인확인 】 • 2018년 1월 1일부터 파생결합증권 판매 시 판매과정을 녹취하도록 관련법령이 개정되었습니다. 이 녹취는 의무사항으로 고객님께서 녹취를 거부하는 경우 판매가 제한됩니다. 녹취 진행에 동의하십니까? (3초 후) ▷ 고객 : 1. 네 → 진행, 2. 아니오 → 종료 • 그럼 지금부터 녹취를 시작하겠습니다. 고객명 외 주민등록번호 등 개인정보가 녹음되지 않도록 유의해주시기 바랍니다. • ○○○ 고객님 본인(또는 ○○○고객님의 대리인○○○) 맞습니까?
↓	
❷ 부적합안내	【 부적합 안내 (『공격투자형 고령자』는 Skip) 】 • 고객님께서 요청하신 상품은 '○○○ 독일금리연계 전문투자형 사모증권투자신탁 W-1호(DLS-파생형)'으로 고객님의 투자성향에 적합하지 않아, 투자권유를 할 수 없으므로 고객님의 판단하에 투자여부를 결정하셔야 합니다. 이 상품에 투자하시는 경우 원금 손실이 발생할 수 있으며, 투자손익에 대한 책임은 모두 고객님께 귀속됩니다. 특히, 고객님 성향에 비해 고위험 자산에 투자하시는 경우에는 예상보다 큰 폭의 손실이 발생할 수 있습니다. • 이해되셨습니까?
↓	
❸ 상품설명 (계속)	【 파생결합증권 개요 】 • 상품의 명칭은 '○○○ 독일금리연계 전문투자형 사모증권투자신탁 W-1호(DLS-파생형)', 위험등급은 '매우 높은 위험'이며, 기초자산은 독일 국채 10년물(발행자 : 독일 연방정부, 만기일 2029년 2월 25일, ISIN: DE000102465)금리입니다. • 상품설명서 내 기초자산별 개요 설명 독일 국채 10년물 금리는 매 런던 상업은행 영업일에 런던 시각 오후 12시경 Bloomberg Screen "BVAL" Page에 고시되는 금리를 말하며, 본 펀드의 기초자산은 만기가 10년으로 항상 일정한 CMS금리가 아니라 만기일이 2029년 2월 15인 특정국채입니다. • 지금까지 개요에 대해 설명드렸습니다. 이해되셨습니까?
↓	
❸ 상품설명 (계속)	【 투자위험에 대한 설명 】 • 이 상품의 투자위험에 대해 설명드리겠습니다. 금융투자상품의 특성상 투자원금의 손실이 있을 수 있으며, 예금자보호 대상이 아닌 점을 숙지하고 투자하시기 바랍니다. DLS의 운용결과에 따른 이익 또는 손실 책임은 투자자 본인에게 귀속됩니다. DLS 투자위험의 종류로는 첫 번째 기초자산의 가격변동에 연동한 수익구조에 의한 위험이 있습니다. 이는 기초자산의 가격이 투자자에게 불리한 방향으로 움직이는 경우 투자자는 예상치 못한 커다란 손실을 볼 수 있다는 내용입니다. 또한 대상이 되는 기초자산에 직접 투자했을 때 얻을 수 있는 수익률과 본 증권에 투자하여 얻은 수익률이 전혀 다를 수 있습니다. 두 번째로 발행인의 신용과 관련한 위험이 있습니다. DLS가 발행인의 신용으로 발행되는 무보증 증권이기 때문에 발행인의 재무, 손익상황 등이 상환에 중대한 영향을 미칠 수 있다는 내용입니다. 이 밖에도 환금성 제약의 위험, 과세 관련 위험 등이 있으니 참고해주시기 바랍니다. • 지금까지 투자위험에 대해 설명드렸습니다. 이해되셨습니까?
↓	

❸ 상품설명 (계속)	【 손익구조에 대한 설명 】 만기상환의 평가가격 평가방법은 만기상환 평가일의 독일 국채 10년물(발행자 : 독일 연방정부, 만기일 2029년 2월 15일, ISIN: DE0001102465)금리이며, 평가일은 2019년 09월 16일입니다. 만기상환평가일에 만기상환평가가격이 행사가격(-0.20%) 이상인 경우 만기 쿠폰을 지급(연4.06% 수준)합니다. 그러나, 만기상환 평가일에 기초자산가격이 행사가격인 -0.20% 미만으로 하락한 경우, 투자원금부분이 100%까지 손실이 발생할 수 있습니다. • 지금까지 기준평가가격 결정일 및 손익구조에 대해 설명드렸습니다. 이해되셨습니까?

↓

❸ 상품설명 (계속)	【 중도상환에 대한 설명 】 환매청구시 적용되는 기준가격 적용 기준일 및 환매금 지급일은 5시 이전일 경우 환매를 청구한 날로부터 제 4영업일에 공고되는 기준가격을 적용하여 제 6영업일에 관련 세금등을 공제한 후 환매대금을 지급합니다. 5시 이후일 경우 환매를 청구한 날로부터 제 5영업일에 공고되는 기준가격을 적용하여 제 7영업일에 환매대금을 지급합니다. 부과된 수수료는 환매대금 지급일의 익영업일까지 투자신탁의 재산으로 편입되며, 환매 시 환매대금의 7%의 환매수수료가 부과됩니다. 【 과세 및 수수료 】 • 운용자산에서 수익이 발생하는 경우 배당소득으로 간주되어 배당소득세를 원천징수합니다. 수익금이 크게 발생될 경우 금융소득 종합과세 대상이 될 수 있습니다. 선취판매수수료는 납입금액의 1.10%입니다. 약 6개월 펀드에 부과되는 총 보수율은 연 0.1350%입니다. 총보수는 집합투자업자 보수, 판매회사 보수, 신탁업자 보수, 일반사무관리회사 보수로 구성됩니다. 환매 시에는 환매대금의 7%의 환매수수료가 부과됩니다. 환매 시 부과된 수수료는 환매대금 지급일의 익영업일까지 투자신탁의 재산으로 편입됩니다. • 지금까지 중도상환, 과세 및 수수료에 대해 설명드렸습니다. 이해되셨습니까?

↓

❹ 적합성보고 및 투자숙려안내

【 적합성 보고서 (『공격투자형 고령자』만 해당) 】
• 아래의 투자권유 사유 중 택일

수익률고려	안정성고려	기초자산고려	유동성고려/월수익지급식
시장상황에 따른 원금손실 가능성이 있더라도 고수익 실현을 희망함에 따라 다른 요소보다는 기대수익률(쿠폰)이 가장 높은 상품을 추천하였습니다.	원금손실 가능성이 있더라도 리스크를 최소화하기를 원함에 따라 기초자산의 과거데이터를 이용한 수익률 모의실험 결과를 기초로 원금손실 가능성이 낮고 자동조기상환 가능성이 높은 상품을 추천하였습니다.	기초자산의 특징을 상품 선택의 주요 기준으로 판단함에 따라 각 기초자산의 변동성, 추이, 개수, 종류, 이에 따른 수익률 등을 종합적으로 고려하여 상품을 추천하였습니다.	시장 상황에 따라 지급이 연기 취소될수 있으나, 예금이자보다 상대적으로 높은 수익과 정기적인 현금흐름 발생 및 소득 분산이 가능한 상품을 추천하였습니다.

• 이해되셨습니까?

↓

❺ 투자의사 확인 및 계약체결	【 상품(운용자산)명 및 가입금액 확정 】 • 이상으로 상품(운용자산)에 대한 모든 설명을 마치겠습니다. 추가로 더 궁금한 점은 없으십니까? • 고객님께서 가입요청하신 상품은 'ㅇㅇㅇ 독일금리연계 전문투자형 사모증권투자신탁 W-1호(DLS-파생형)' 로서, 가입금액은 XXX백만 원입니다. 맞습니까? • 이상으로, 파생결합증권 판매 관련 녹취를 모두 마치겠습니다. • 지금까지 판매직원 ㅇㅇㅇ 이었습니다. 감사합니다.

국내 증권사의 차액결제거래(CFD)

제18장

파생상품 거래손실 사례분석

제1절 * 사건 개요

2023년 4월 24일 SG(Societe Generale)증권 창구 등을 통해 국내 주식 8개 종목의 매도가 집중되면서 주가가 급락하였다. 코스피에 상장된 대성홀딩스, 다올투자증권, 삼천리, 세방, 서울가스 등 5개 종목과 다우데이타, 선광, 하림지주 등 코스닥 3개 종목 총 8개 주식이었다.

한국거래소에 따르면 이들 주식의 시가총액은 2023년 5월 22일 기준 8조 8,234억 원으로 집계됐는데, 폭락 사태 발생 직전인 2023년 4월 21일 18조 1,116억 원에서 9조 2,881억 원이 줄어든 것이다. 특히 국내 증시에 상장된 서울가스 등 일부 종목의 주가는 2023년 4월 24일부터 4월 27일까지 나흘 연속 하한가를 기록하면서 가히 CFD(Contract For Difference : 차액결제거래)사태라고 불릴 만큼 충격이 컸다. 투자자의 손실은 물론 관련 종목 CFD를 취급한 증권사의 손실 가능성에 대한 시장의 우려 또한 커졌다.

국내에서 2015년 교보증권이 취급하기 시작한 CFD는 레버리지가 높은 전문투자자 대상의 금융상품이다. CFD는 실제 기초자산을 직접 보유하지 않고 진입가격과 청산가격의 차액을 현금 정산하는 장외파생상품으로, 투자자 입장에서는 일정 수준의 증거금만으로 수익을 극대화할 수 있다는 장점이 있으나 가격이 급락하게 되면 정산 채무 증가로 원금 이상의 초과 손실이 발생할 가능성이 있는 리스크가 높은 파생상품이다.

CFD사태는 공매도, 선행매매, 손절매 등을 수반한 대규모 매도로 급속하게 주가가 하락하여 큰 손실이 발생하였다. 투자자는 높은 투자위험을 과소평가한 측면이 있고, 증권사는 CFD상품을 판매하면서 손실위험 시나리오 분석이나 설명을 제대로 하지 못하였고, 거래상대방 리스크관리 및 유동성 리스크관리 등을 적절하게 하지 못하였다.

제2절 * CFD상품과 투자현황

2-1. CFD거래 구조[1)]

차액결제거래(CFD)란 실제 기초자산을 보유하지 않고, 가격 변동을 이용한 차익을 목적으로 매매하며, 진입가격과 청산가격의 차액을 당일 현금 정산하는 장외 파생상품 거래를 말한다.

국내 서비스의 경우 기초자산은 서비스를 제공하는 증권사별로 차이가 존재하지만 유가증권시장 및 코스닥시장 상장 주식 2,800여개 종목 및 미국, 홍콩 등 해외주식으로 구성된다. 매수 및 매도 양방향 포지션 보유가 가능하고, 진입시점의 가격과 청산시점의 가격 간 차이에 CFD계약 수량을 곱해 이익 및 손실금액을 계산하게 된다.

1) 장효미(2020)

〈그림 18-1〉 CFD거래 구조도

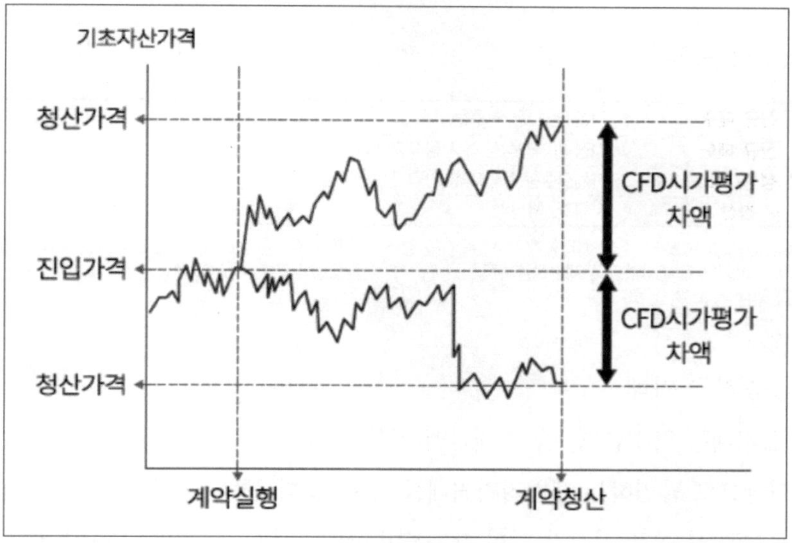

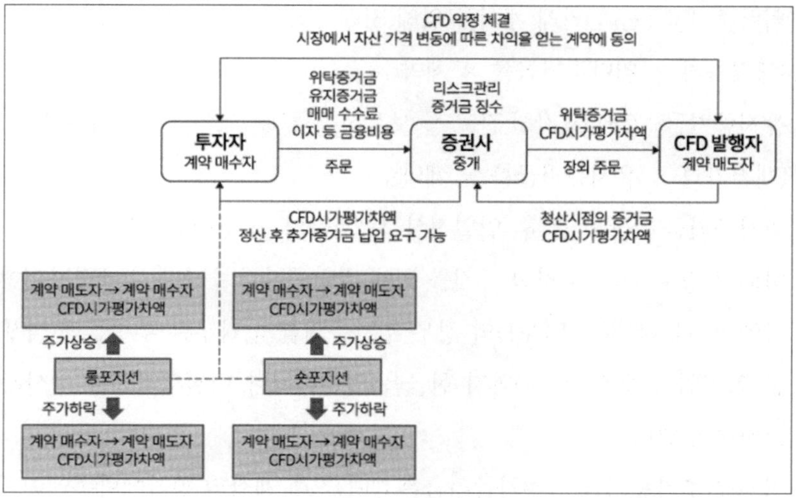

2-2. CFD거래의 특징[2)]

가. 주문유형

신규 매수	지정가, 시장가 주문
신규 매도	지정가(거래상품의 시장규정에 따라 업틱룰* 적용)
정정/취소	미체결주문**에 대한 가격 전량 정정/취소만 가능(일부 정정/취소 불가)
청산	지정가, 시장가

* 업틱룰(Up-tick Rule) : 주식 차입공매도 시 주가를 떨어뜨리면서 주식을 매도할 수 없도록 매도주문가격을 직전 체결가격 이상으로 제시하도록 제한하는 규정
** 미체결 주문은 장 종료 후 자동 취소됨

나. 증거금 거래

CFD거래는 약정금액, 즉 거래금액 전부를 납입하는 것이 아니라 계약금 일부를 증거금으로 납입하는 레버리지거래를 할 수 있다. 종목별 증거금률은 증권사의 HTS와 MTS를 통해 실시간 조회 가능하며 국내주식 CFD는 원화(KRW)로 납입해야 한다.

- 위탁증거금 : CFD거래 개시를 위해 거래금액의 일부를 납입하는 금액 (체결가격 × 위탁증거금률 × 계약수)
- 유지증거금 : CFD포지션(잔고)를 보유하기 위해 최소한 유지해야하는 금액 (체결가격 × 유지증거금률 × 계약수)
- 추가증거금 : 장 마감 후 일일정산 시 계좌의 평가예탁총액이 유지증거금을 하회할 경우, CFD포지션 유지를 위해 위탁증거금 수준까지 예탁하여야 하는 금액. 이때 국내주식 CFD의 경우 추가증거금의 납부는 부족금액 발생일 기준 익영업일 오전 10:00까지 현금을 입금하거나 미결제약정을 청산하여 해소하여야 한다.
- 마진콜(추가증거금) : 추가증거금은 CFD거래 계좌의 평가예탁총액이 유지증

2) KB증권, CFD상품설명서 및 홈페이지(트레이딩) 참조

거금을 하회할 경우 위탁증거금 수준까지 추가 예탁을 통지하게 된다.

〈그림 18-2〉 추가증거금

- 장중반대매매(강제청산)

증권사는 고객의 평가예탁총액이 위탁증거금의 40%보다 낮은 경우 고객 통지 및 동의 없이 임의로 강제청산을 수행할 수 있다. 이처럼 강제청산 발생 시, 즉시 체결을 원칙으로 하기 때문에 불리하게 체결될 수 있으며 시장상황에 따라 예탁자산을 초과하는 손실이 발생할 수 있다.

〈그림 18-3〉 강제청산

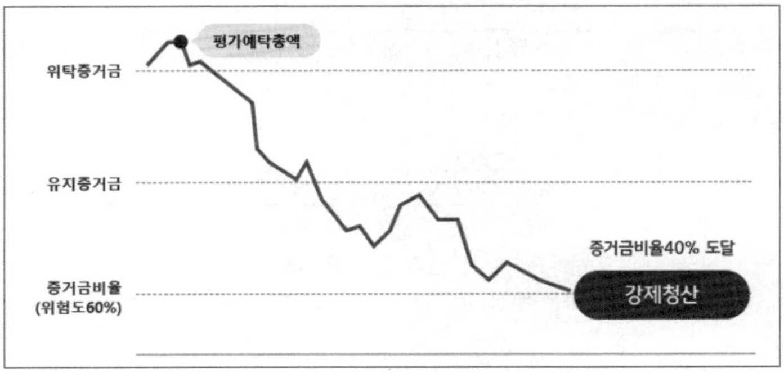

다. 공매도 가능

공매도 가능 종목 및 수량은 증권사의 HTS와 MTS를 통해 실시간 조회가 가능하다.

라. 기초자산 권리처리

CFD거래 기초자산 종목의 현금배당, 주식배당, 무상증자, 액면분할 · 병합에 한하여 권리처리를 인정한다. 기타 다른 권리가 발생할 경우 CFD종목의 권리이행을 방지하기 위하여 신규주문 제한 및 반대매매가 실행될 수 있다. 또한 실제 주식을 보유하지 않는 장외파생상품이기 때문에 의결권 행사를 할 수 없다.[3)]

〈표 18-1〉 기초자산의 유형별 권리처리

권리유형	매수포지션	매도포지션
현금배당	배당금 지급일에 배당금 입금	배당금 지급일에 배당금 출금
주식배당	배당주 입고일에 매수 미결제약정 반영	배당주 입고일에 매도 미결제약정 반영
무상증자	주식 입고일에 매수 미결제약정 반영	주식 입고일에 매도 미결제약정 반영
액면 분할 · 병합	신주상장일에 미결제약정(잔고) 반영	신주상장일 미결제약정(잔고), 차입잔고반영

3) 주식, 선물 및 CFD상품 비교

구분	주식	선물	CFD
레버리지	△	○	○
양방향거래(매수, 매도)	△	○	○
만기	×	○	×
투자자격	일반투자자	적격투자자	전문투자자

주: 1) 주식 레버리지의 경우 신용거래 융자 등 제한적 레버리지 사용

2) 주식 양방향거래의 경우 기관투자자에 한해 공매도를 허용

3) 적격투자자는 기본예탁금을 예납하고, 사전교육 및 모의거래 등의 제도를 이수한 개인투자자

2-3. 국내 증권사 CFD잔액 보유 현황

2023년 4월 24일 현재 우리나라 13개 증권사가 CFD상품을 취급하였다. PBS(Prime Brokerage Service)업무가 가능한 일부 대형사의 경우 직접 운용하기도 하지만, 대부분 주식을 직접 매입하는 주체인 외국계 IB와 백투백(Back to Back)계약 형태를 취하고 있는 경우가 많다. CFD 관련 공식적인 통계는 없으나 국회의원실 보도자료에 따르면 국내 CFD잔액은 2023년 3월 말 기준 총 27,697억 원 수준이었다.

〈표 18-2〉 증권사 CFD취급 잔액

(단위 : 억 원)

구분	신용도	CFD 잔액(23.03)	자본총계(22.12)
NH	AA+/S	134	68,526
한투	AA/S	1,126	65,528
삼성	AA+/S	3,503	59,797
하나	AA/S	3,400	58,477
KB	AA+/S	664	58,155
메리츠	AA-/S	3,446	53,718
신한	AA/S	582	52,382
키움	AA-/S	5,576	40,691
교보	AA-/S	6,180	15,649
유안타	AA-/S	63	15,065
유진	A2+(단기)	1,485	9,487
DB	A+/S	1,400	8,369
SK	A/N	139	6,075
총계		27,697	511,920

자료 : KIS, 양정숙 의원실

〈해외사례〉 아케고스(Archegos) 캐피털의 CFD거래

2021년 3월 CFD거래의 마진콜 사태가 발생해 월가를 뒤흔들었다. 미국 검찰은 한국계 펀드매니저 빌 황에게 징역 21년을 구형했으며, 2024년 11월 20일 미국 법원은 빌 황에게 징역 18년형을 선고하였다.

빌 황은 2021년 3월 월가를 뒤흔든 마진콜 사태를 촉발시킨 주인공이다. 아케고스 캐피털 매니지먼트 설립자인 빌 황은 360억 달러(약 50조 원) 규모의 회사를 몰락시켰다. 아케고스 캐피털은 파생상품인 총수익스왑(TRS)과 차액결제거래(CFD)를 통해 보유자산의 5배가 넘는 500억 달러(약 69조 원) 상당을 주식에 투자하였다. 하지만 주가 급락으로 추가증거금을 내야 할 상황이 벌어졌고, 아케고스 캐피털과 빌 황은 이를 제때 막지 못해 글로벌 투자은행이 막대한 손해를 입었다. 이 마진콜 사태로 아케고스와 거래한 크레디트 스위스, 노무라 홀딩스, 도이치뱅크, UBS 등이 총 100억 달러(14조 원 상당) 이상의 손실을 입은 것으로 금융당국은 파악했다.

검찰은 빌 황이 수십억 달러 이상의 대출을 일으키고자 금융회사에 회사의 거래활동과 포트폴리오의 위험 수준에 대해 거짓말을 했으며, 그 과정이 계획적이었고 레버리지가 무려 1,000%에 달할 때도 있었다고 밝혔다. 또한 빌 황은 파생상품을 이용해 비아컴, 디스커버리, 텐센트뮤직 등 아케고스가 보유한 종목 7개의 주가를 조작했다는 혐의를 받았으며, 6개 종목에 대해 유죄 평결을 받았다.

자료 : https://marketin.edaily.co.kr/News
https://m.edaily.co.kr/News

제3절 * CFD손실 발생 원인

3-1. 투자위험 평가

가. 높은 투자 손실위험의 과소평가[4]

① CFD거래는 높은 위험을 수반한다. 기초자산의 가치에 비하여 증거금의 규모가 상대적으로 매우 작아 레버리지 효과(leverage effect)가 나타난다. 이런 효과는 긍정적인 경우도 있으나, 시장의 상황이 자신에 불리하게 움직이는 경우에는 위험한 상황에 처할 수 있고, 그로 인한 변동성은 기초자산을 직접 거래하는 경우에 비하여 더 클 수 있다.

예를 들어, S전자주식이 80,000원에서 88,000원으로 상승하면 손익률 +10%(8,000원)이지만, S전자주식 CFD의 경우 레버리지 2.5배, 매수포지션, 수수료 등 제반비용이 없다고 가정할 때 수익률은 +25%가 되어 2.5배의 수익을 얻을 수 있다. 반대로 가격이 80,000원에서 76,000원으로 하락할 때 손익률 −5%(4,000원)이지만, S전자주식 CFD의 경우는 −12.5%[5]가 되어 2.5배 손실이 발생하게 된다.

4) KB증권(2023.9). CFD상품설명서

5) 4,000원 × 2.5배 = 10,000원, 10,000/80,000 = 12.5%

〈그림 18-4〉 국내 S전자 주식의 레버리지거래와 기대손익

기초 자산	S전자 주식	기초 자산 가격	80,000원	레버 리지	2.5:1	초기 증거금	32,000

S전자 가격	등락	등락률	CFD손익	CFD손익률
104,000	24,000	30%	24,000	75.0%
96,000	16,000	20%	16,000	50.0%
88,000	8,000	10%	8,000	25.0%
84,000	4,000	5%	4,000	12.5%
81,600	1,600	2%	1,600	5.0%
80,000	0	0%	0	0.0%
78,400	-1,600	-2%	-1,600	-5.0%
76,000	-4,000	-5%	-4,000	-12.5%
72,000	-8,000	-10%	-8,000	-25.0%
64,000	-16,000	-20%	-16,000	-50.0%
56,000	-24,000	-30%	-24,000	-75.0%

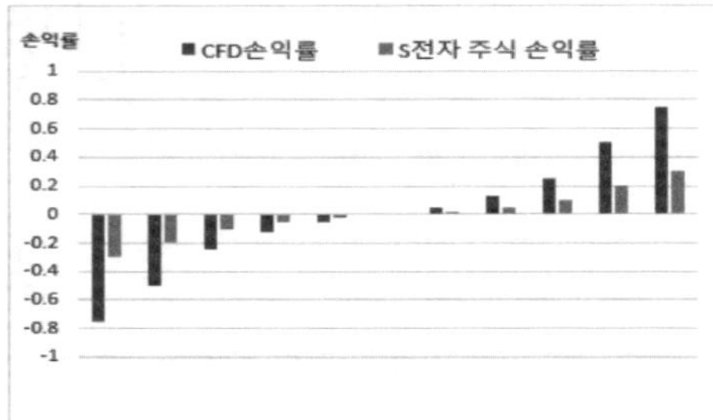

② CFD거래에서 발생할 수 있는 손실규모는 위탁증거금에 한정되지 않는다. 따라서 예탁한 위탁증거금 전액을 손해볼 수 있을 뿐 아니라 손실금액이 예탁금을 초과할 수도 있다.

〈손실 추정액(예시)〉

CFD 신규 매수 거래 시 기초자산의 거래금액을 500,000,000원으로 가정한다. 다만, 매매수수료, 롤오버 이자, 대차이자 등 모든 거래비용은 고려하지 않으며, 동 비용 포함 시 손실 규모 증가한다.

(1일차) 당일 최대 손실 금액(–30% 하락)에 대한 시나리오(장중반대매매 체결 불가 가정)

종목별 증거금률	40%	50%	100%
위탁증거금(투자금액)	200,000,000	250,000,000	500,000,000
유지증거금	160,000,000	200,000,000	400,000,000
손실금액	–150,000,000	–150,000,000	–150,000,000
평가예탁총액	50,000,000	100,000,000	350,000,000
장중반대매매 기준 (기초자산 하락률)	80,000,000 (–24%)	100,000,000 (–30%)	200,000,000 (–60%)
장중반대매매 대상	Y	Y	N
원금초과손실여부	N	N	N

주) 증거금 40%의 경우, 30%하락 시 120,000,000원 손실, 기초자산 하락률 120,000,000/500,000,000 = 24%
증거금 50%의 경우, 30%하락 시 150,000,000원 손실, 기초자산 하락률 150,000,000/500,000,000 = 30%

(2일차) 2영업일 연속(누적 -51%) 가격하락에 대한 시나리오(장중반대매매 체결 불가 및 추가증거금 미납 가정)

종목별 증거금률	40%	50%	100%
위탁증거금(투자금액)	200,000,000	250,000,000	500,000,000
추가증거금 발생	-150,000,000	-150,000,000	-150,000,000
추가증거금 반대매매 대상	Y	Y	Y
누적 손실금액	-255,000,000	-255,000,000	-255,000,000
평가예탁총액	-55,000,000	-5,000,000	245,000,000
장중반대매매 대상	Y	Y	N
원금초과손실여부	**Y**	**Y**	**N**

③ 위탁증거금 또는 결제대금을 회사가 정한 기한까지 예탁하지 않거나, 시세가 급격히 변동하여 장중에 투자자의 위탁계좌잔고가 일정 수준 이하로 하락하는 경우 투자자의 동의 없이 미결제약정의 전부 또는 일부를 임의로 처분할 수 있으며, 이때 손실금액은 예탁금을 초과하여 미수가 발생할 수 있다. 이로 인한 모든 손실은 투자자에게 귀속된다.

④ 기초자산에 의한 CFD거래 종목의 가격 급등락, 해당 거래소의 시장조치 또는 그 밖에 이에 준하는 상황 등에 따라 CFD거래는 체결되지 못하거나 원하지 않은 가격에 체결될 수도 있다.

나. 손실 감내 수준 불명확

레버리지가 높은 금융투자상품은 원금손실은 물론 원금초과손실이 발생할 수 있다. 일반적으로 투자자는 투자성과를 무한대로 누리길 원하고 투자손실은 과거 투자로부터 입은 손실범위로 한정하게 된다. 경험 많은 투자자는 투자결과가 과거 손실범위를 벗어나는 경우 감당하기 어렵게 된다. 그렇다고 금융투자상품을 설계하고 판매하는 금융기관은 모든 투자자가 감내할 수준만큼 개별적인 손실범위를 설정하기도 어렵다.

CFD거래는 기본적으로 레버리지를 이용한 매매가 이루어진다. 이런 투자상품은 마진콜이 발생하여 추가증거금을 납부하거나 시장가격의 급격한 하락으로 장중반대매매를 통하여 강제청산될 수 있다. CFD거래에서 증권사의 증거금률 30%, 40% 등의 설정은 투자자와 증권사 간 투자위험부담에 대한 암묵적 동의로 볼 수 있다. 다시 말해 투자자에게는 잠정적 손실 감내 수준이며 증권사는 투자자가 그 수준에서 손실을 감내할 수 있다고 평가한 것으로 해석할 수 있다.

CFD사태에서 대량의 매도세 유입에 따른 연속적 하한가 등으로 주가가 급속히 하락하여 CFD 증거금률을 훨씬 하회하였다. 〈표 18-3〉에서와 같이 2023년 4월 21일 주가 급락 8개 종목 관련 투자자의 투자실패는 매우 큰 손실로 나타났다. 투자자가 투자위험을 과소평가하였거나 증권사가 투자자에게 투자위험을 명확히 설명하지 않았을 가능성도 있겠지만, 그 인과 관계는 투자자별로 다를지라도 그 귀속책임은 어느 한쪽이든 반드시 부담해야 한다.

〈표 18-3〉 주가 급락 8개 종목 관련 지표

구분	23.4.21.(급락 직전 영업일)지표			23.6.5.
	주가(원)	유통가능 주식비율(%)	신용잔고율(%)	주가(원)
삼천리	497,500	45.3	10.7	124,100
세방	43,050	49.4	12.1	14,860
하림지주	16,310	35.1	7.5	8,380
다우데이타	43,550	36.7	11.0	15,240
서울가스	467,500	26.5	7.4	81,700
대성홀딩스	130,100	27.3	6.7	18,910
선광	167,700	38.3	12.5	25,100
다올투자증권	5,180	71.8	14.5	3,800

자료 : 코스콤

3-2. 금융투자상품 판매 절차[6)]

가. 손실위험 시나리오 분석 및 설명 미흡

CFD거래는 비교적 투자수준이 높은 고위험 투자이므로 상품을 판매할 때 투자자에게 반드시 요약설명서를 제시하여 고객이 직접 투자여부를 결정해야 한다. 또한 손실위험에 대한 시나리오 분석 결과 등도 요약설명서에 포함되어 투자자 스스로 감내할만한 투자상품인지 판단하여야 한다. 부정적 시장상황 하에서 발생 가능한 손실위험, 즉 최대손실액 등에 대한 시나리오 분석을 실시하여야 한다. 투자자가 투자위험을 축소 또는 오인할 수 있도록 설명해서는 안된다. 그런데 핵심설명서에는 특정 기간에 대한 손실률인 것처럼 기재하였으나 실제로는 특정일에 대한 손실률을 제시하기도 하였다.

〈표 18-4〉 국내 CFD 위험 시나리오 분석

(예시) 국내 CFD 위험 시나리오 분석

위기 상황	코로나('20.2.20. ~ 3.19.)		
주가 최대 하락률	A주식	B주식	C주식
	-5.8%	-24.9%	-9.1%

→ 코로나 기간에 대한 누적 손실률이 아닌 특정일에 대한 손실률

☞ 금융시장 위기 기간에는 대부분 주가가 하락하므로 특정일의 손실률보다 누적 손실률이 더 클 수 있음

나. 부적절한 판매 고객 범위 설정

고위험 금융투자상품을 판매할 때에는 상품의 특성, 위험도를 고려하여 판매에 적합한 고객범위, 즉 목표시장을 구체적으로 설정하여야 한다. CFD판매에 적합한 고객의 지식과 경험 수준을 단순히 '높음'으로만 설정하여 장외파생상품 거래경험 등이 없는 투자자도 고객 범위에 포함시킨 경우가 있었다.

6) 금융감독원(2023.7)

다. 과대 · 과장 광고

상품판매 광고에는 불확실한 사항을 확실하다고 오인하게 하거나, 금융소비자의 권리 · 의무에 중대한 영향을 미치는 사항을 사실과 다르게 표현해서는 안된다. 특히 과장광고에 따른 손실은 투자자에게 민원이나 소송의 대상이 될 수 있다. 주식을 대용한 레버리지 경우에도 마찬가지로 반드시 이를 명확히 표현해야 한다.

A증권사는 주식 대용 레버리지 CFD상품을 다른 증권사도 취급하고 있으나 자사만이 가지고 있는 장점이라고 부각시키면서, 핵심설명서에는 실제 상품특성을 최대 2.5배 레버리지라고 기재하고서는 상품 광고에는 레버리지가 2.5배를 초과할 수 있다고 표현하였다. 예를 들어, 현금 40, 대용주식 60 등 증거금 100으로 편입자산 250인 경우 실제 레버리지는 2.5배(250 ÷ 100 = 2.5)임에도, 현금 증거금만 감안하여 6.3배(250 ÷ 40 = 6.3)로 광고한 것이다.[7]

3-3. CFD거래에 대한 리스크관리

가. 거래상대방 리스크관리 미흡

국내 증권사는 고객과 계약한 CFD의 수익구조를 복제하여 백투백거래를 하거나 시장에서 헤지를 하게 된다. 기초자산이 동일하고 정산 및 결제 시점의 차이가 없다면 이론적으로 증권사는 시장리스크에 노출되지 않는다. 또한 기초자산의 가격이 하락하면 일차적으로 추가증거금을 요구하게 되고, 추가증거금을 수취할 수 없게 되는 경우 청산을 통해 고객에게 미수금액만큼 사후적으로 정산받으면 된다. 〈표 18-3〉에서 보았듯이 CFD사태와 연관된 종목들의 신용잔고비율은 최저 6.7%, 최고 14.5%로써 대체로 높은 편에 해당한다.

CFD와 같은 장외파생상품의 핵심 리스크요인은 거래상대방 위험이다. 장외파생상품거래에서의 거래상대방 리스크는 파생상품 고유 리스크인 시장리스크와 거

7) 금융감독원(2023.7)

래상대방의 신용리스크가 결합되어 나타나는 리스크라고 할 수 있다. 중요한 거래상대방 위험은 CFD상품을 투자한 고객으로부터 발생한다. 고객 입장에서는 기초자산 가격이 하락할수록 증권사에 갚아야 할 채무가 지속적으로 증가하고, 증권사 입장에서는 포지션 청산을 못한 채 고객에 대한 거래상대방 위험 익스포져가 크게 확대될 수 있다. 이를 대비하기 위해 증권사는 위탁증거금 및 유지증거금 등의 증거금제도를 리스크관리 수단으로 두고 있다. CFD를 중개하는 증권사는 고객의 예탁자산 평가액이 유지증거금을 일정 시간 지속 하회하거나, 예탁자산 평가액이 위탁증거금을 크게 하회할 경우에는 즉각적인 장중반대매매를 통해 손실관리를 하고 있다. 또한, 종목별로 증거금 비율 등을 차등화하는 등의 리스크관리도 병행하고 있다.[8)]

한편, 금융당국은 2020년부터 증권사들이 개인대상 CFD의 증거금률을 관리하도록 요구하여 증권사별로 위탁증거금은 최소 40% 이상으로 정하고 있다. 증권사는 대체로 자산가격 하락률을 기준으로 8%~16% 선에서 유지증거금 기준을 두고 있으며, 16%~24% 선에서 장중반대매매, 즉 강제청산 기준을 두고 있다.

〈표 18-5〉 CFD 관련 주요 증권사 증거금 기준

구분	위탁증거금률	유지증거금률[1]	장중반대매매 기준[2]	유지증거금 Trigger 하락률[3]	장중반대매매 Trigger 하락률[3]
한투	40%~100%	70%	40%	-12%	-24%
KB	40%~100%	80%	40%	-8%	-24%
메리츠	40%~100%	60%	40%	-16%	-24%
신한	40%~100%	80%	50%	-8%	-20%
키움	40%~100%	80%	40%	-8%	-24%
교보	40%~100%	70%	50%	-12%	-20%
유안타	40%~100%	80%	60%	-8%	-16%

주1) 유지증거금률 = 유지증거금/위탁증거금
2) 장중반대매매 기준 = 장중반대매매 기준 금액/ 위탁증거금
3) 위탁증거금률 40% 기준으로 계산

8) 한국신용평가(2023)

2023년 5월 4일 기준 CFD사태 관련 8개 종목의 CFD 미수채권 규모는 13개 증권사가 총 2,521억 원을 보유하였다. 가장 많은 미수채권 보유 증권사는 685억 원, 가장 적은 미수채권 보유 증권사는 8억 원이었다.[9] 결과적으로 2023년 3월 말 기준 국내 증권사 보유 CFD 잔액이 총 27,697억 원 수준이므로 강제청산 등 제도적 장치가 있음에도 불구하고 9.10%를 정상적으로 1개월 이상 회수하지 못하고 있는 것으로 나타났다.

나. CFD 유동성 리스크관리 미흡

여러 종목의 시장가격이 한꺼번에 급격히 하락할 경우 증거금 제도를 통해 거래상대방 위험을 모두 통제하기 어렵다. 특히 기초자산의 거래량이 작은 개별 종목일 경우 통제수단은 무용지물이 될 수 있다. 해당 종목의 시가총액과 거래량이 작다면, 비교적 작은 금액으로도 레버리지를 통해 가격 버블이 형성될 가능성이 높으며, 이후 기초자산 가격이 연속적으로 하한가를 맞아 급락하게 될 경우 반대매매 거래와 포지션 청산이 적시에 이루어지지 않게 된다.

CFD사태는 외국계 SG증권사가 보유한 CFD거래 종목을 대상으로 반대매매 목적의 대규모 매도 물량이 출현하면서 기초자산의 가격 변동성이 매우 크게 확대된 데서 기인하였다. CFD사태 당시 해당 종목의 경우 시가총액, 유통주식 수 및 거래량이 작은 편으로 해당 물량에 대한 거래를 청산되는 데 많은 시간이 소요되었다.

무엇보다 CFD상품을 취급하는 개별 증권사의 리스크관리 문제도 주요 원인 중 하나로 꼽힌다. CFD사태와 연관된 종목들은 거래량이 풍부하지 않았으나 해당 주식의 가격은 과도하게 상승하였다. 만약 증권사가 해당 종목의 거래량, 신용잔고비율, 가격위험, 종목 분산 등 다양한 측면에서 종목선정기준을 두고 취급하였다면 시장의 투기성을 전체적으로 차단하지 못했을지라도 이에 따른 손실은 적절한 수준에서 관리할 수 있었을 것이다. 급격한 가격변동 위험, 시장 내 거래량, 종목별

9) 국회 정무위원회 소속 이용우 의원 보도자료(23.6.8)

신용잔고비율 등을 활용해 위험 종목에 대한 취급을 제한하거나 분산 관리하는 등 세밀한 리스크관리가 부족하였다.[10)]

또한 CFD거래 가능종목은 발행시장지표, 유통시장지표 등에 대한 기준을 정해 발행량, 거래량 등 유동성 기준에 부합하는 종목에 한하여 거래를 허용해야 한다. 이는 CFD거래에 대한 유동성 위험관리 체계의 핵심일 것이다. CFD사태에는 거래 가능 종목이 다수였음에도 거래량 부족으로 인한 급격한 주가 하락으로부터 발생하는 손실에 대한 리스크관리 시스템이 정상적으로 작동되지 않았다. CFD거래 가능종목의 거래량 기준을 주기적으로 수정하는 등 위험관리 체계 보완도 이루어지지 않았다.[11)]

〈그림 18-5〉는 국내 증권회사의 HTS에서 CFD거래가 가능한 종목을 조회한 화면이다. 국내 주식의 경우 CFD를 활용한 매도포지션 구축이 쉽지 않음을 보여준다. 코스피와 코스닥 종목에서 CFD 매수가 가능한 종목은 모두 2,755개인데, CFD 매도가 가능한 종목은 고작 306개에 지나지 않았다. 설사 매도가 가능하더라도 그 수량이 크게 제한된다. 공매도가 가능한 종목에 제한이 있고 대차거래시장이 불완전하므로 증권회사도 고객에게 CFD 매도계약을 쉽사리 제공할 수가 없다. 금융당국은 2020년 3월 코로나 확산으로 주식시장의 변동성이 커지자 공매도를 전면 금지했다. 이후 2021년 5월부터 코스피200과 코스닥150 지수 구성 종목에 한해 공매도 금지를 해제했다. 한편 공매도에 대한 부정적인 인식으로 국민연금은 2018년 3월 공매도 과열종목으로 지정된 주식에 대해 주식대여를 하지 않는다고 발표하였고, 2018년 10월부터 모든 종목에 대한 전면적인 주식대여 금지조치를 시행하였다.[12)]

10) 한국신용평가(2023)

11) 금감원(2023.8)은 CFD사태 이후 제도보완장치로써 CFD 전체 · 종목별 CFD잔고 공시방안을 마련하였다.
금투협 공식 홈페이지(kofia.or.kr) 내「정보센터」〉「리서치자료」〉「CFD 잔고동향」
금투협 종합통계포털(freesis.kofia.or.kr) 내「파생상품」〉「차액결제거래(CFD)」

12) 오종문(2023)

〈그림 18-5〉 CFD 매수 및 매도 가능종목 조회화면

거래소	종목코드	종목명	현재가	대비	등락(%)	거래량	증거금률(%)	매수가능	매도가능수량	차입요율(%)
KOSPI	008350	남선알미늄	3,035 ▼	-40	-1.30	2,305,244	60.00	Y	0	0.00
KOSPI	008355	남선알미우	26,050 ▼	-500	-1.88	1,527	100.00	N	0	0.00
KOSPI	008420	문배철강	3,655 ▼	-25	-0.68	48,877	100.00	Y	0	0.00
KOSPI	008490	서흥	27,750 ▲	250	0.91	5,117	100.00	Y	0	0.00
KOSPI	008500	일정실업	12,900	0	0.00	0	100.00	N	0	0.00
KOSPI	008600	윌비스	602 ▲	6	1.01	61,130	100.00	Y	0	0.00
KOSPI	008700	아남전자	2,155 ▲	35	1.65	202,398	60.00	Y	0	0.00
KOSPI	008730	율촌화학	36,400 ▲	50	0.14	18,576	60.00	Y	0	0.00
KOSPI	008770	호텔신라	77,000 ▲	700	0.92	189,944	50.00	Y	50	2.20
KOSPI	008775	호텔신라우	56,600 ▲	700	1.25	394	100.00	N	0	0.00
KOSPI	008870	금비	100,900 ▲	1,100	1.10	604	100.00	Y	0	0.00
KOSPI	008930	한미사이언스	36,750 ▲	100	0.27	68,028	60.00	Y	7,450	2.20
KOSPI	008970	동양철관	1,054 ▼	-2	-0.19	132,667	70.00	Y	0	0.00
KOSPI	009070	KCTC	4,165 ▲	25	0.60	16,518	100.00	Y	0	0.00
KOSPI	009140	경인전자	26,350 ▼	-100	-0.38	1,049	100.00	Y	0	0.00
KOSPI	009150	삼성전기	147,700 ▲	1,800	1.23	145,510	40.00	Y	1,900	1.45
KOSPI	009155	삼성전기우	71,900 ▲	800	1.13	837	100.00	N	0	0.00

거래소	종목코드	종목명	현재가	대비	등락(%)	거래량	증거금률(%)	매수가능	매도가능수량	차입요율(%)
NASDAQ	AMKR	앰코 테크놀로지	26.0100 ▲	0.9000	3.58	1,965,075	100.00	Y	227,300	1.10
NASDAQ	AMLI	아메리칸 리튬	1.9800 ▼	-0.0100	-0.50	310,247	100.00	Y	77,165	35.50
NASDAQ	AMLX	아밀릭스 파마슈티컬스	25.1800 ▲	0.7300	2.99	585,894	100.00	Y	272,889	1.10
NASDAQ	AMNB	아메리칸 내셔널 뱅크셰어스	29.5500 ▲	1.5500	5.54	19,958	100.00	Y	7,231	1.50
NASDAQ	AMOT	얼라이드 모션 테크놀로지스	35.3000 ▲	1.3700	4.04	158,549	100.00	Y	12,270	1.50
NASDAQ	AMPG	앰플리테크 그룹	2.4200 ▲	0.0300	1.26	27,393	100.00	Y	24,649	5.75
NASDAQ	AMPH	앰퍼스타 파마슈티컬스	46.7000 ▲	1.5600	3.46	605,270	100.00	Y	123,394	1.10
NASDAQ	AMPL	앰플리튜드	9.8500 ▲	0.2500	2.60	682,892	100.00	Y	229,343	1.50
NASDAQ	AMRK	A 마크 프레셔스 메탈스	35.1000 ▲	0.6200	1.80	115,795	100.00	Y	50,439	1.10
NASDAQ	AMRN	아마린(ADR)	1.2800 ▲	0.0700	5.79	2,351,827	100.00	Y	712,375	2.75
NASDAQ	AMRS	아미리스	0.9411 ▼	-0.0081	-0.85	2,550,455	100.00	Y	393,693	19.25
NASDAQ	AMSC	아메리칸 슈퍼컨덕터	6.0800 ▲	0.7600	14.29	521,447	100.00	Y	32,118	1.50
NASDAQ	AMSF	아메리세이프	53.1300 ▲	1.9800	3.87	73,364	100.00	Y	24,355	1.10
NASDAQ	AMST	에임자이트	4.3500 ▼	-0.0500	-1.14	42,930	100.00	Y	1,145	52.50
NASDAQ	AMSWA	아메리칸 소프트웨어	13.1600 ▲	0.3300	2.57	143,503	100.00	Y	36,377	1.50
NASDAQ	AMTB	아메란트 뱅코프 A	19.3400 ▲	1.5000	8.41	81,457	100.00	Y	21,565	1.50
NASDAQ	AMTI	어플라이드 몰레큘러 트랜스포	0.2600 ▼	-0.0070	-2.62	36,772	100.00	Y	35,708	11.00

출처: 한국투자증권 HTS

3-4. 시세조정과 공매도, 선행매매, 손절매 등에 따른 주가 하락 가속화

우리나라는 유가증권시장, 코스닥시장 및 코넥스시장 상장 주권 등에 대한 공매도를 차입공매도, 시장조성자 등을 제외하고는 오랫동안 금지하거나 제한을 두고 있다. 주식시장에서 선행매매는 회사의 대주주, 특수관계인, 일반투자자 간 정보의 비대칭으로 불공정거래가 될 수 있다.

CFD사태가 발생하자 해당 종목의 주가 급락과 관련하여 금융감독원은 불법 공매도와 선행매매에 대해 점검하였다. 금융감독원이 B사에 대해서 임직원이 사전에 공개되지 않은 중요정보 등을 주식매매에 이용하거나 정보교류 차단과 관련한 내부통제가 적정하였는지 살펴보게 되었다. 공교롭게도 B사의 임원 김OO은 2023년 4월 20일 다우데이타 주식 140만 주를 시간외거래 방법인 블록딜로 605억 4,300만 원에 매도하였다.[13] 또한 S사의 임원 김OO은 2023년 4월 17일 시간외매매 방식으로 서울가스 10만주(2%)를 주당 45만 6,950원에 매도해 약 457억 원을 현금화하였다.[14] 이들 거래가 불법 공매도인지 혹은 불법 선행매매인지 다툼은 별개로 하더라도 얼마 있지 않아 2023년 4월 24일 SG증권 창구를 통해 다우데이타 주식을 포함한 CFD사태 관련 8개 종목의 대규모 매도가 이어져 주가가 급락하였다.[15]

공매도 금지는 동적인 자산관리를 하는 금융기관의 다양한 투자전략이용에 많은 제약을 가져온다. 하지만 이를 대체하는 거래로써 숏포지션을 매수했을 때 기초자산을 보유하지 않으면서도 특정 주식을 매도하는 공매도 효과가 나타난다. 주식시장의 공매도, 선행매매 등은 CFD사태와 같은 대규모 하락장의 트리거가 될 수 있고, CFD 매수포지션의 계약청산 및 투자자의 손절매 등으로 이어져 주가 추가하락의 주요 요인이 될 수 있다. 기관투자가는 일반적으로 주식거래에 대한 리스크관리를 위해 회사 내규에 손절매 조항을 두게 된다. 규정 등에서 정한 손절매 수준 이하로 보유주식의 시가가 형성되면 불가피하게 보유물량을 매각하게 된다. 손절매 전략에는 단순 손절매(stop-loss) 전략과 변동 손절매(trailing-stop-loss) 전

13) 금융감독원 전자공시(다우데이타, 2023.4.20)
14) 금융감독원 전자공시(서울도시가스, 2023.4.17)
15) https://www.newdaily.co.kr/site/data/html/2024/03/08/2024030800135.html, 라OO은 B사 임원 김OO과 S사 임원 김OO 등을 상대로 서울중앙지법 민사합의22부에 손해배상소송을 제기하였다. 손해배상청구 사유는 두 사람의 행위로 해당 주가는 하한가를 여러 번 맞고 내려갔는데 이는 주가 하락의 책임이 두 사람에게 있으며, 자신이 관리하는 계좌에 대해 반대매매 요건에 맞지 않음에도 자신의 계좌 물량을 청산하면서 일괄매각하여 손해를 입었는데 이는 불법 반대매매거래에 해당한다고 주장하였다.

략으로 구분된다. 단순 손절매 전략은 가장 단순한 형태의 손절매 전략으로 주문자가 미리 설정한 지정가격(e.g. 매수가격 대비 −5%, −10%, −15% 등)에 도달하면 손실을 제한하기 위해 보유한 포트폴리오를 매도하여 포지션을 청산하는 방법이다. 연기금을 포함한 국내외 주식투자기관에서 일반적으로 널리 사용하는 방법이다. 이 방법은 지정가격이 정적(static)이어서 주가가 상승할 때도 지정가격은 유지되는 특성이 있다. 변동 손절매전략은 주문자가 미리 지정가격(e.g. 시장가격 대비 −5%, −10%, −15% 등)을 설정하고 프로그램에 따라 기계적으로 위험과 손실을 제한한다. 이 방법은 지정가격을 시장가격의 일정 비율로 설정하기 때문에 주가가 상승할 때 지정가격은 함께 올라가고 하락할 때는 변하지 않는다. 주가 상승에 따른 이익을 확보하면서 손실을 제한하는 전략이다.[16]

실제 대규모 하락장이 공매도, 선행매매 등으로 시작됐을 때, CFD 매수포지션 우위에 있는 종목의 주식은 일정 수준 이하로 하락하게 되면 강제청산이 되고, CFD거래와 관계가 없는 투자자는 손절매를 해야 하는 등 연쇄적 악순환의 고리로 이어져 가격하락을 더욱 부추긴다. 대표적 사례를 들면, 2023년 3월말 현재 10개 증권사가 다우데이타 CFD금액 1,308억 원을 거래하고 있었다. CFD 매도잔액 491억 원, CFD 매수잔액 817억 원으로 매수잔액이 매도잔액보다 326억 원(166.3%) 많았다.[17]

〈그림 18-6〉은 CFD 매수자가 주식시장에서 공매도, 선행매매, 손절매 등으로 인해 발생하는 손실화 경로를 나타낸 것이다. 불공정거래세력이 CFD사태에서 차액결제거래의 레버리지를 교묘하게 이용한 사례가 있었다.[18] 라OO, H투자자문사

16) 정순오(2019). 한국 주식시장은 2007년 서브프라임 모기지, 2008년 리먼브라더스 파산 사태, 2012년 유럽발 금융위기 등을 겪으면서 그 영향이 개별주식에도 반영되어 주식시장의 변동성에 대응하고자 국내 주식시장의 투자자들은 국민연금 등 기관 투자자는 물론 개인투자자들 사이에서도 손절매 전략의 적용이 확산되고 있다.

17) 국회 정무위원회 소속 이용우 의원 정책자료(23.5.8)

18) 서울남부지법 형사11부 사건번호 (2023고합208). 자본시장과금융투자업에관한법률 위반 및 범죄수익은닉규제법 위반 혐의 등으로 라OO, H투자자문사 대표 등이 유죄판결을 받았다.

〈그림 18-6〉 CFD 매수거래의 손실 현실화 경로

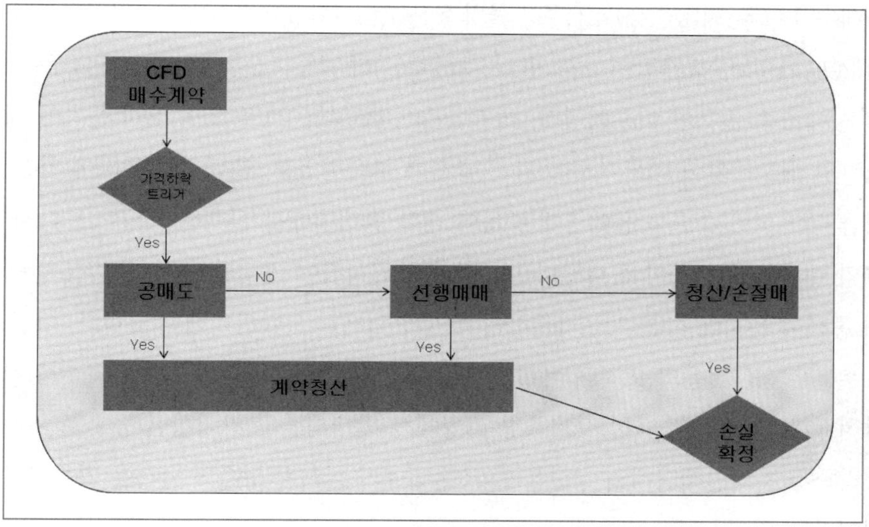

대표 등은 조직을 결성하여 주로 재력가들을 상대로 높은 수익률을 자신하며 '자금을 맡겨주면 금융투자상품 투자로 수익을 내주고 그 중 50%를 수수료로 받아가겠다'는 취지로 투자일임을 제안하여 다수의 투자자들로부터 거액의 자금을 유치하였다. 이들은 유통되는 주식 수가 많지 않아 시세조종이 비교적 용이한 종목을 선정한 후, 투자자들 명의의 차액결제거래 계정 등을 통해 그 선정된 주식 대부분을 매집한 다음 통정매매, 고가매수, 물량소진, 시·종가관여, 허수매수 주문 제출 등 시세조종[19]을 통해 주가를 부양하여 높은 투자수익을 실현하였다. 이들은 투자자들로부터 그 수익의 50%를 수수료로 받았으며 다수의 관련 법인들을 통해 마치 정상적인 매출 수입인 것처럼 가장하여 그 수익을 취득하거나 은닉하기도 하였다. 이런 방법을 통한 부당수익은 약 7,305억 원에 달한 것으로 밝혀졌다.

이들이 이용한 시세조종 형태는 다양하였으며 그 기간도 장기간에 걸쳐 이루어

19) 자본시장법 제176조가 금지하는 시세조종행위란 본래 정상적인 수요·공급에 따라 자유경쟁시장에서 형성될 시세 및 거래량을 시장요인에 의하지 아니한 다른 요인으로 인위적으로 변동시킬 가능성이 있는 거래를 말한다.

졌다. 2019년 12월부터 2023년 4월 기간 중 통정매매 7,279회(3,200,914주), 고가매수 12,658회(15,729,424주), 물량소진 7,525회(5,970,183주), 시가관여 200회(200,418주), 종가관여 238회(173,292주), 허수매수 2,901회(5,095,957주) 등의 시세조종 주문이 이루어졌다. 하지만 2023년 4월 24일 오전, 8개 종목에 대한 다량의 매도주문이 이루어져 주가가 급격히 하락하였고, 레버리지 투자에 따른 증거금 부족으로 증권사 등이 8개 종목에 대한 반대매매를 실행하게 되어 또다시 다량의 매도물량이 쏟아져 나왔다. 그 결과 증권시장이 개장한지 불과 27분 만에 8개 종목이 동시에 하한가를 기록하여 주가가 일제히 폭락하기에 이르렀다. 이런 매도주문은 라OO 등의 조직이 아닌 제3자에 의하여 이루어진 것으로 검찰수사 결과 밝혀졌다. 이처럼 불법적 시세조정 과정에서 반대세력의 차익실현 등으로 주가가 폭락하자 차액결제거래의 청산은 물론 손절매가 이어져 주가의 낙폭을 가속화하게 되었다.

〈표 18-6〉 시세조종 유형별 거래형태

(단위 : 회, 주)

시세조종 유형	회수	주식 수
통정매매	7,279	3,200,914
고가매수	12,658	15,729,424
물량소진	7,525	5,970,183
시가관여	200	200,418
종가관여	238	173,292
허수매수	2,901	5,095,957
합 계	30,801	30,370,188

자료 : 서울남부지법(2023고합208) 판결문

홍콩H지수 편입 Step-down형 주가연계파생결합증권(ELS)

제19장

파 생 상 품
거 래 손 실
사 례 분 석

제1절 * 사건 개요

주가연계파생결합증권(ELS, Equity Linked Securities)는 개별주식의 가격이나 주가지수와 연계하여 수익률이 결정되는 파생결합증권이다. ELS는 장외파생상품인가를 받은 증권사만이 발행할 수 있는 구조화상품으로 청약과정을 통해 직접투자가 가능하나, 예금자보호법 적용대상이 아니다. ELS투자 관련 대규모 손실은 과거에도 몇 차례 발생한 바 있으며[1] 2021년 3월 금융소비자보호법이 시행되면서 ELS 등 금융상품 판매와 관련한 소비자보호 규제 및 절차가 대폭 강화되었다.

1) 장근혁(2022)은 ELS잔액과 조기상환비율을 근거로 2015~2016년 HSCEI 급락 시기와 2020년 3월 코로나19 팬데믹 시기를 국내 ELS시장의 위기가 발생한 시기로 들고 있다.

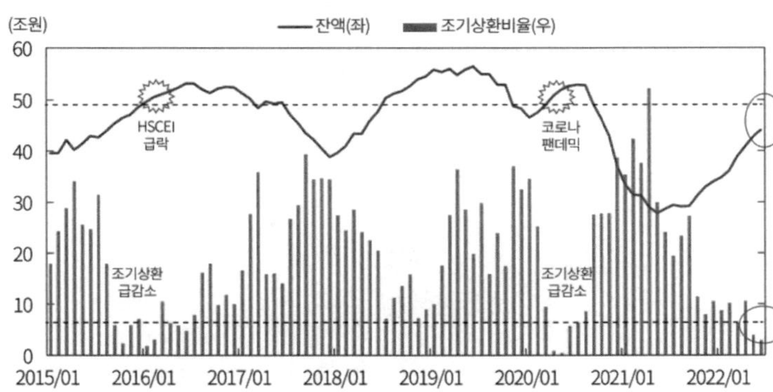

주 : 조기상환비율 = (해당월 조기상환금액) / (직전월 잔액)
자료 : 예탁결제원

2023년 9월 말 기준 주가연계파생결합증권(ELS)잔액에서 6.8조 원의 Knock-in이 발생하였다. 이는 대부분 2022년 홍콩H지수 급락과 관련된 ELS에서 발생하였으며 그 금액은 6.2조 원에 이르렀고 2024년 상반기에 5.9조 원의 만기가 도래하는 것으로 나타났다.[2)]

금융감독원은 H지수 편입 ELS판매 및 손실현황 파악을 위해 판매사에 대한 검사를 실시하였으며, 그 결과 2024년 1~2월 은행 1.9조 원, 증권 0.3조 원 총 2.2조 원의 만기도래액 중 손실금액이 은행 1.0조 원, 증권 0.2조 원, 총 1.2조 원에 이르렀고 누적손실률은 53.5%로 나타났다.[3)]

판매사들은 과도한 영업목표, 부적절한 성과지표 등을 설정하고, 전사적 판매를 독려하면서도 판매한도 관리, 비예금상품위원회 운영 등이 미흡하였고 불완전판매 사례 등에 대한 금융소비자보호 장치를 충분히 마련하지 못하였다. 금감원은 위법행위에 대해서는 기관 및 임직원에 대해 제재조치하였고, 판매사의 적합성 원칙, 설명의무, 부당권유 금지 등 판매 원칙 위반 여부에 따라 기본배상비율 20~40%를 적용하고, 금융회사지배구조법 또는 금융소비자보호법상의 내부통제 미흡 사항에 대한 가중치를 부여하여 자율배상을 요구하기에 이르렀다.

2) 금융감독원(2023.12.22.). '23.3분기 중 증권회사 파생결합증권 발행 · 운용 현황
3) 금융감독원(2024.3). 홍콩 H지수 기초 ELS 관련 검사결과 및 분쟁조정기준(안)

제2절 * ELS 상품 및 투자현황

2-1. 주요 ELS상품 및 수익구조

가. Step Down 종목연계 조기상환형

① 청약조건

· 기초자산 : 두산중공업 보통주 & SK에너지 보통주
· 투자기간 : 2년, 6개월마다 조기상환 가능
· 행사주가 : 6개월 85%, 1년 80%, 1년 6개월 75%, 2년 70%
· Knock In Barrier : 50%
· 조기상환 : 6개월마다 기초자산의 종가가 행사주가 이상인 경우 [12.5% × i(평가회차)]의 수익으로 상환
· 만기상환
 - 조기상환 조건 충족 시 [원금 + 50%] 얻음
 - 조기상환 조건을 만족하지 못할 때,
  : 투자기간 중 한 종목이라도 기준주가의 50% 미만으로 하락한 적이 없는 경우, [원금 + 50%]
  : 투자기간 중 한 종목이라도 기준주가의 50% 미만으로 하락한 적이 있는 경우, Min(각 주가의 만기수익률)

② Pay-off 및 특징

Payoff Profile	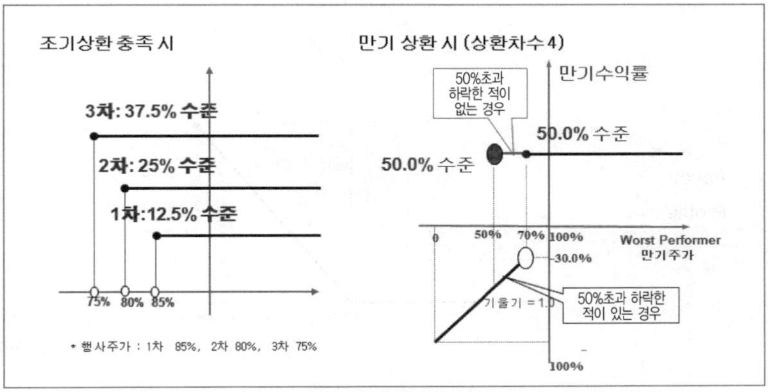
특징	• 주가가 KI Barrier를 터치하게 되면 만기에 원금손실 가능성 생김 • 두 종목 중 성과가 부진한 한 종목의 성과에 따라 수익률이 결정 • 상품만기가 정해져 있어 중도환매의 경우 환매수수료 높음 • 발행사의 신용위험에 따라 정해진 수익을 받지 못하거나 펀드가 조기 종결될 수 있음

나. Knock Out Call Rebate형

① 청약조건

· 기초자산 : KOSPI200
· 투자기간 : 1년
· 행사주가 : 기준지수의 100%, Knock Out Barrier : 기준지수의 140%, Rebate : 7%, 참여율 : 100%
· [투자기간 동안 기초자산인 KOSPI200 지수가 한 번이라도 기준지수 대비 40% 초과 상승한 적이 없는 경우]
  - 기준지수 대비 만기 평가일 종가지수가 상승한 경우
    [원금 + 지수상승률 × 100%] 수준 얻음
  - 기준지수 대비 만기 평가일 종가지수가 하락한 경우
    [원금] 수준 얻음
· [투자기간 동안 기초자산인 KOSPI200 지수가 한 번이라도 기준지수 대비 40% 초과 상승한 적이 있는 경우(장중포함)]
  - 만기 평가일 종가지수 수준에 상관 없이 [원금 + 7.0%] 수준 얻음

② Pay-off 및 특징

Payoff Profile	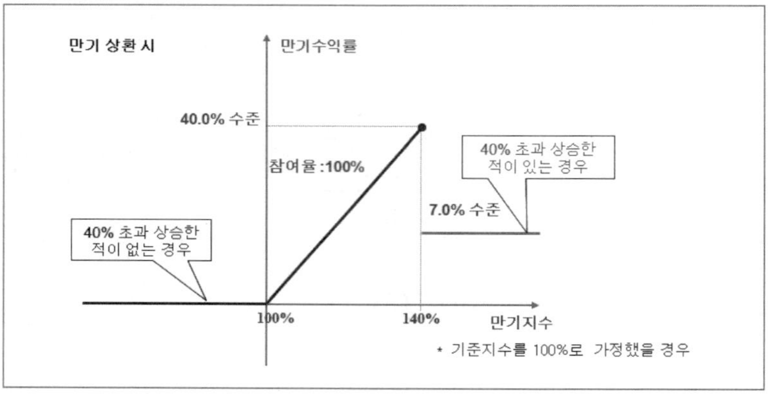
특징	• 지수가 KO Barrier를 터치한 적이 있으면 리베이트수익 • 상품만기가 정해져 중도환매의 경우 환매수수료가 높음 • 발행사 신용위험에 따라 정해진 수익을 얻지 못하거나 펀드가 조기 종결될 수 있음

다. 클리켓형

① 청약조건

· 기초자산 : 삼성전자 보통주 & 한국전력 보통주
· 투자기간 : 3년, 6개월마다 조기상환 가능
· 행사수익률
6개월 -5%, 1년 -10%, 1년 6개월 -15%,
2년 -20%, 2년 6개월 -25%, 3년 -30%
· 조기상환
6개월마다 월간 수익률의 누적수익률이 행사수익률 이상인 경우
[7.5% × i(평가회차)]의 수익으로 상환
· 만기상환
만기 누적수익률이 행사수익률인 -30% 이상인 경우, [원금 + 45%]
만기 누적수익률이 -30% 미만인 경우, [원금] 수준을 얻음

② Pay-off 및 특징

Payoff Profile	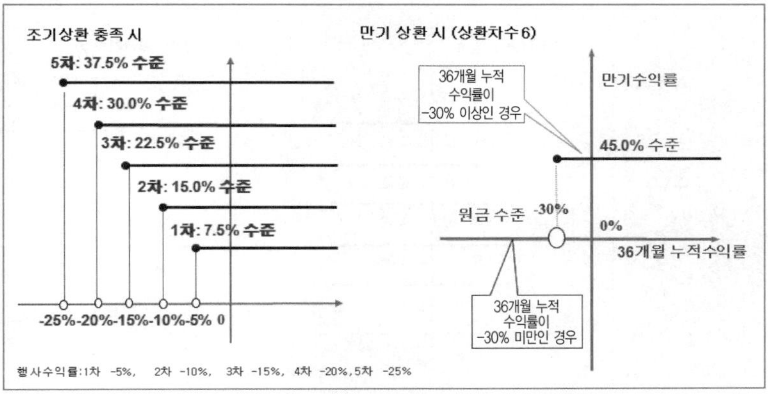
특징	• 두 종목 중 성과가 부진한 종목의 성과에 따라 수익률이 결정 • 전월 대비 수익률 누적을 통해 조기상환구조로 종목의 수익률 계산이 복잡함 • 상품만기가 정해져 중도환매의 경우 환매수수료가 높음 • 발행사 신용위험에 따라 정해진 수익을 받지 못하거나 펀드가 조기 종결될 수 있음

라. Hi Five형

① 청약조건

· 기초자산 : KOSPI200, NIKKEI225
· 투자기간 : 3년, 6개월마다 조기상환 가능
· 행사지수 : 기준지수의 95%
· Knock Out Barrier : 기준지수의 105%
· 조기상환
  - [두 지수의 종가가 행사지수 이상이거나 평가기간 중 두 지수가 모두 Knock Out Barrier를 Touch한 적(장중 포함)이 있는 경우] [5.5% × i(평가회차)]의 수익으로 상환
· 만기상환
  - 조기상환 조건 충족 시 [원금 + 33.0%] 얻음
  - 조기상환 조건을 만족하지 못할 때
    : 투자기간 중 한 지수라도 기준지수의 70% 미만으로 하락한 적이 없는 경우, [원금]
    : 투자기간 중 한 지수라도 기준지수의 70% 미만으로 하락한 적이 있는 경우, Min(각 지수의 만기수익률)

② Pay-off 및 특징

Payoff Profile	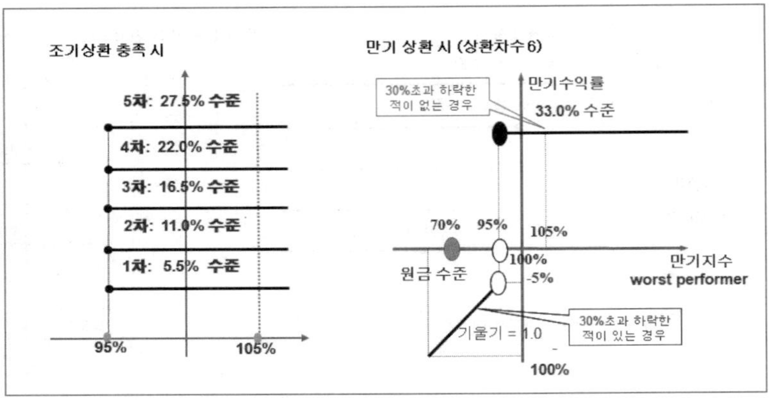
특징	• 주가가 KI Barrier를 터치하면 만기에 원금손실 가능성 있음 • 두 종목 중 성과가 부진한 종목의 성과에 따라 수익률이 결정 • 상품만기가 정해져 중도 환매의 경우 환매수수료가 높음 • 발행사 신용위험에 따라 정해진 수익을 받지 못하거나 펀드가 조기 종결될 수 있음

2-2. ELS 투자 및 운용현황

가. ELS 투자현황[4)]

2022년 중 ELS 발행액은 57.7조 원 수준으로 2020년, 2021년에 비해 그 규모가 감소되었다. 미국 등 주요국 금리인상으로 인해 S&P500, 홍콩H지수 등 해외 주요지수가 약세를 보였기 때문이었다. ELS는 주로 공모를 통해 투자가 이루어졌으며, 원금지급형과 원금비보장형으로 ELS를 구분할 때 3년 중 투자수요가 많았던 2020년, 2021년에는 〈표 19-1〉에서와 같이 원금비보장형 ELS에 대한 투자가 더 많게 나타났다.

4) 금융감독원 보도자료(2023.4.28.). '22년 중 증권회사 파생결합증권 발행 · 운용 현황

〈표 19-1〉 ELS 유형별 발행 현황

(단위: 조 원, %)

구분		2020년			2021년			2022년		
			공모	사모		공모	사모		공모	사모
발행액		69.0 (100.0)	57.9 (83.9)	11.1 (16.1)	72.2 (100.0)	64.8 (89.7)	7.4 (10.3)	57.7 (100.0)	53.9 (93.4)	3.8 (6.6)
	원금지급형	26.7 (38.6)	25.9 (37.5)	0.8 (1.1)	22.9 (31.8)	22.4 (31.0)	0.5 (0.8)	29.6 (51.2)	28.9 (50.1)	0.6 (1.1)
	원금비보장형	42.4 (61.4)	32.0 (46.3)	10.4 (15.0)	49.2 (68.2)	42.4 (58.7)	6.9 (9.5)	28.2 (48.8)	25.0 (43.3)	3.2 (5.5)

ELS투자는 2020~2022년 기간 중 주로 은행신탁, 퇴직연금이었고, 2022년 발행된 ELS는 퇴직연금 23.9조 원(41.4%), 은행신탁 20.2조 원(34.9%), 일반공모 9.8조 원(17.0%) 순으로 투자하였다. 다만, 은행 및 증권사의 고유투자분, 연기금, 일반기업, 증권신탁, 보험 등 전문투자자들의 투자금액은 그리 많지 않았다.

〈표 19-2〉 ELS 발행 인수자 현황

(단위: 조 원, %)

구분	총액		인수자									
			은행신탁		일반공모		자산운용		퇴직연금		기타*	
2020년	69.0	(100.0)	26.4	(38.2)	15.2	(22.0)	8.6	(12.5)	16.3	(23.6)	2.5	(3.6)
2021년	72.2	(100.0)	32.2	(44.6)	22.6	(31.3)	4.6	(6.4)	10.0	(13.8)	2.8	(3.9)
2022년	57.7	(100.0)	20.2	(34.9)	9.8	(17.0)	2.5	(4.3)	23.9	(41.4)	1.3	(2.3)

* 기타 : 은행 및 증권사의 고유분, 연기금, 일반기업, 증권신탁, 보험, 기타 사모 등

나. ELS 헤지방식

자체 헤지시스템을 갖춘 증권사의 경우 종목별 ELS를 발행하게 되면 장내에서 해당 주식에 대한 헤지를 하거나 지수형 ELS를 발행한 증권사는 적절하게 지수선물거래를 수행하게 된다. 그런가 하면 ELS를 발행하였으나 위험을 회피하고자 하는 증권사는 운용사를 통한 헤지를 하거나 백투백 헤지를 통해 기초자산으로부터 발생하는 리스크를 다른 금융회사에 이전시키게 된다.

〈그림 19-1〉 ELS 상품 헤지운용 구조(예)

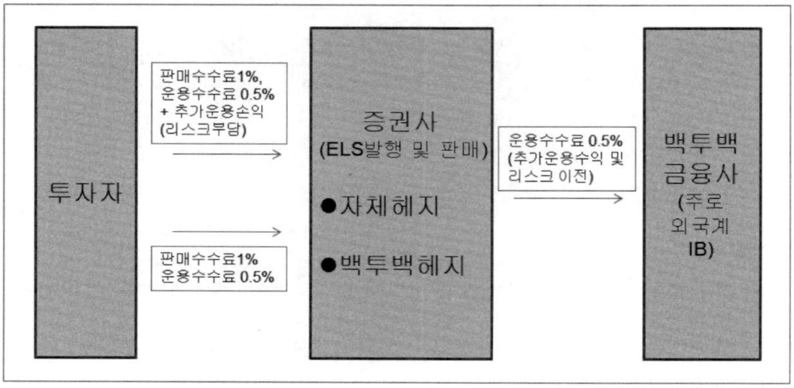

ELS를 발행하는 증권사는 대체적으로 자체 헤지를 선호한다. 판매수수료, 헤지트레이딩 운용수익 등을 모두 얻을 수 있기 때문이다. 이때 증권사는 시장리스크, 신용리스크 및 운영리스크를 모두 스스로 부담하게 되며 기초자산의 가격변화를 감수해야 한다. 자체 헤지를 하려는 금융기관은 해당업무 수행조직과 전산시스템 등의 인프라를 기본적으로 갖추어야 하고, 시장상황을 분석할 수 있는 능력과 이에 상응하는 기초자산에 대한 Delta헤지를 기본적으로 실행할 수 있어야 한다. 이뿐만 아니라 모든 리스크요소에 대한 Gamma, Vega, Rho 등 각종 민감도를 평가 및 관리할 수 있어야 하고 자산부채 관련 헤지북의 개별 리스크요소, 즉 주가, 배당, 변동성, 이자율, 상관계수 등도 측정하고 관리하여야 한다. 만약 자체 헤지시스템을 갖추지 못하거나 관리능력이 없는 경우 시장의 변화 혹은 시스템 오류 등으로 거액의 손실을 가져오기도 한다.[5)]

5) 2023.11.9. 연합인포맥스 기사에 따르면 W은행은 ELS 관련 파생 거래에서 평가손실 962억 원이 발생하여 2023년 2분기 실적에 반영하였다. ELS를 발행한 증권사는 운용으로 발생할 손실을 줄이기 위해 헤지에 나서는데, W은행이 증권사를 상대로 이에 활용되는 주식옵션 상품을 팔고 헤지포지션을 설정하였다. 그런데 이들 주식옵션 헤지포지션은 헤지포지션 평가 시 복잡한 추정 모델을 적용하게 된다. 만약 시장가와 괴리가 있는 평가모델을 적용하는 경우 시장데이터가 있는 만기 등에 대해서는 시장데이터를 적극 활용하나, 시장데이터가 없는 구간에 대해서는 평가값을 활용하게 된다. 딜러들은 이러한 평가값과 리스크관리 파트에서 자체적으로 도출한 평가값을 비교하면서 손익 추정에 이상이 없는지를 확인하게 된다. 그러나 W은행은 파생상품과 관련하여 자체적으로 사용한 변동성을 추정하는 모델에 일부 오류가 발생하여 평가손실을 인식하게 되었다. 특히 H지수 편입 ELS를 집중적으로 취급하면서 H지수가 손실구간에서 빠져나오지 못

〈표 19-3〉 파생결합증권 헤지운용 방식

(단위: 조 원, %)

구분	2021년말						2022년말					
	잔액		자체(비중)		백투백(비중)		잔액		자체(비중)		백투백(비중)	
전체	84.7	(100.0)	51.0	(60.2)	33.8	(39.8)	102.2	(100.0)	62.6	(61.3)	39.6	(38.7)
ELS	57.5	(100.0)	39.7	(68.9)	17.9	(31.1)	70.7	(100.0)	47.3	(66.9)	23.4	(33.1)
DLS	27.2	(100.0)	11.3	(41.6)	15.9	(58.4)	31.5	(100.0)	15.3	(48.6)	16.2	(51.4)

자료 : 금융감독원

〈표 19-4〉 파생결합증권 백투백헤지 거래상대방

(단위: 조 원, %)

구분	2021년말						2022년말					
	잔액		외국계(비중)		국내사(비중)		잔액		외국계(비중)		국내사(비중)	
전체	33.8	(100.0)	25.4	(75.4)	8.3	(24.6)	39.6	(100.0)	30.1	(76.1)	9.5	(23.9)
ELS	17.9	(100.0)	12.5	(70.0)	5.4	(30.0)	23.4	(100.0)	17.1	(73.0)	6.3	(27.0)
DLS	15.9	(100.0)	12.9	(81.4)	3.0	(18.6)	16.2	(100.0)	13.0	(80.5)	3.2	(19.5)

자료 : 금융감독원

하였다. 은행 트레이딩부 담당 딜러는 평가손실을 만회하기 위해 장기옵션거래 확대를 통한 헤지전략을 실행하였다. 하지만 금융시장 변동성이 지속되면서 평가손실이 계속해서 발생한 것으로 파악되었다.

〈HW증권 ELS 자체헤지 실패사례〉

가. 사고 개요

경영진 및 ELS 운용부서가 수익확대를 위해 ELS 자체헤지 규모를 2014년말 6,378억 원에서 2015년말 1조 9,839억 원으로 증가시켰음. 그러나 HSCEI 하락으로 총 2,335억 원의 손실이 발생하였음

나. 손실발생 및 리스크관리 실패 원인

① 수익성평가 오류

- (평가방법론) 2015년 6월부터 8월까지 기간 중 HSCEI 하락으로 대규모 손실이 발생하고 있었으나 시스템상 이산배당 적용이 불가능한 시스템을 통해 ELS 부채평가에 연속배당을 적용하여 350억 원의 이익이 발생한 것으로 과대평가함
- (가격산정오류) 해외지수 기초 ELS 평가 시 오류 효과가 크지 않을 것으로 판단하여 국내 종목형 · 지수형 ELS에 이용한 금리를 해외 지수형에도 금리를 적용하여 가격산정

② 부적절한 헤지 방안

- (트레이딩 포지션) OTC 상품팀은 2015년 9월 HSCEI 추가하락을 예상하고 대규모 풋옵션 약 400억 원을 매수하였으나 손실초래
- (민감도 한도) 2015년 10월 기초자산 변동에 따른 델타한도는 ±150억 원으로 운용하였으나 향후 지수 반등 시 손실만회를 위해 델타한도를 +2,800억 원까지 확대(-150 ~ +2,800억 원)
- (감독규제 한도) 자체헤지를 하면서 ELS 발행한도를 설정하지 않고 감독당국의 NCR 위험 한도 준수만을 관리

③ 미흡한 인프라 구축

- 자체헤지 ELS 규모가 급증하였으나 시니어 트레이더 1인의 역량에만 의존
- 시나리오 분석이 불가능한 2010년 도입된 엑셀기반 시스템(OTC 운용 큐브 시스템)으로 시나리오 분석

④ 변동성 산출 방법론* 검증 실패

- 연속배당 적용에 따른 평가이익 과대계상
  - 과거 배당금액을 현재 주가로 나누어 배당률을 산출하였고, 주가 하락 시 연속배당 적용결과 배당률 상승 → 미래주가분포 작게 생성(주가 하락예측) → ELS부채평가액 감소(ELS상환액 감소) → 평가이익 증가의 방식으로 평가오류 발생
- 실제 변동성과 차이 발생에 대한 검증
  - 변동성은 행사가에 대하여 우하향(skew)하는 그래프로 표시되는데, t일에 특정 변동성 값을 추출하여 산출하는 경우 t+1일에 실제 변동성값의 변화가 없더라도 기초자산 가격의 변동에 따라 시장변동성 값이 움직이는 효과가 발생하여 변동성 입력값에 오류 발생
- 상관계수 고정
  - 리스크실무위에서는 변동성 산출방법을 변경하면서 아무런 근거 없이 상관계수(홍콩-유로지수)를 운용부서가 사용하는 고정값(0.45)을 사용하기로 결정하였고, 이후 변동값(20일 평균값)으로 재변경하여 사용하도록 결정

* 2015년 8월 역사적 변동성에서 시장 변동성으로 변동성 방법론 변경
- 역사적 변동성 : 과거 250일간(통상 1 · 3 · 6 · 12개월 변동성)의 기초자산 변동성 자료 사용
- 시장 변동성 : 옵션시장가격의 만기 1년 내재변동성, 행사가 90%인 변동성값 이용

제3절 * 대규모 손실 발생원인[6]

3-1. Step-down형 ELS 투자 쏠림현상

2023년 9월 말 기준 Knock-in이 발생한 주가연계파생결합증권잔액은 6.8조 원으로 전체 파생결합증권 94.0조 원의 7.2%에 해당하였다. 주로 2022년 홍콩H 지수가 급락한 H지수 편입 ELS에서 발생하였고 그 규모는 6.2조 원에 달하였으며, 이 중 5.9조 원이 2024년 상반기에 만기 도래하게 되었다.

〈표 19-5〉 ELS 기초자산 형태별 발행액

(단위: 조 원, %)

구분	발행액		ELS 유형					
			지수형		종목형		혼합형	
2020년	69.0	(100.0)	47.0	(68.1)	15.3	(22.2)	6.7	(9.7)
2021년	72.2	(100.0)	49.5	(68.6)	16.5	(22.9)	6.1	(8.5)
2022년	57.7	(100.0)	31.0	(53.7)	21.5	(37.3)	5.2	(9.0)

자료 : 금융감독원

〈표 19-6〉 지수(혼합)형 ELS 기초자산 발행 현황

(단위: 조 원, %)

구분	발행액	기초자산*				
		S&P500	EuroStoxx50	KOSPI200	HSCEI	Nikkei225
2020년	53.7 (100.0)	36.6 (68.1)	31.1 (57.8)	28.1 (52.4)	19.1 (35.5)	10.5 (19.5)
2021년	55.6 (100.0)	42.3 (76.0)	36.2 (65.0)	27.9 (50.1)	19.1 (34.3))	9.0 (16.2)
2022년	36.2 (100.0)	25.3 (69.8)	24.8 (68.6)	21.7 (59.8)	5.4 (15.0)	4.4 (12.1)

* 2개 이상의 기초자산을 편입한 ELS의 경우 각각의 기초자산에 포함(중복계산)

6) 원금보장형 ELS상품은 발행회사의 채권과 유사한 위험도를 가지고 있어 발행회사가 부도나는 경우를 제외하면 투자자의 원금손실은 발생하지 않기 때문에 분석에서 제외하였다.

상당 부분이 원금비보장형 상품인 Step-down형에서 발생하였으며 만기가 도래하게 되면서 대부분 손실로 이어졌다. Step-down형 원금비보장상품은 ELS시장의 발전과 더불어 다양하게 구조화되었다. Knock-in 배리어가 없는 투자도 절반 이상 되었고, Knock-in 배리어가 50% 이하인 상품에도 투자되었으며, 투자수익을 얻는 구조는 조기상환형뿐만 아니라 은행의 정기예금과 같은 월지급식형 등도 있었다.[7] 투자손실은 50% 이하의 낮은 Knock-in 배리어를 두고, 홍콩H지수가 편입된 원금비보장형 Step-down형 ELS에서 주로 발생했던 것이다.

2022년 Knock-in 발생으로 많은 ELS가 손실구간에 진입하게 되었으며, 만기 도래는 2024년 상반기에 집중되었다. 금융감독원 검사결과 2024년 1~2월 은행 1.9조 원, 증권 0.3조 원 합계 2.2조 원의 만기도래액 중 손실금액이 은행 1.0조 원, 증권 0.2조 원 합계 1.2조 원에 이르렀고 누적손실률은 53.5%로 밝혀졌다.

〈표 19-7〉 Knock-In 발생한 상품 잔액 및 만기도래 현황(2023.9월 말)

(단위 : 억 원)

KI발생 기간	KI잔액	만기도래 시점			
		23년	24년 상반	24년 하반	25년
	67,773	51	59,492	6,597	1,632
22년	67,659	51	59,439	6,537	1,632
23년	114	–	54	60	–

〈표 19-8〉 Knock-In · No Knock-In형 ELS 발행 현황

(단위: 조 원, %)

구분	발행액		Knock-In형				혼합형	
			합계		低 Knock-in형*			
2020년	69.0	(100.0)	21.9	(31.7)	17.4	(79.3)	47.1	(68.3)
2021년	72.2	(100.0)	25.7	(35.6)	21.7	(84.3)	46.4	(64.4)
2022년	57.7	(100.0)	12.4	(21.5)	11.7	(94.4)	45.3	(78.5)

* Knock-in 배리어가 50% 이하인 상품

7) 장근혁(2021)

〈그림 19-2〉 Step-down(원금비보장형, 자동조기상환형) ELS 청약 및 상환(예시)[8)]

한국금융투자협회 심사필 제20-05408호(2020.11.16~2021.11.15), 한국투자증권 준법감시인 심사필 제21-0015호(2021.01.08~2021.01.12) 심사필

T-ELS 13551회 [원금비보장형, 고위험]

(HSCEI, S&P500, EUROSTOXX50)

Step Down (KI: 50%)
조건충족시 연 4.00%(세전)
최대손실률 -100%

상품개요 청약기간: 2021-01-08~2021-01-12(13시 30분)

유형	원금비보장/자동조기상환형	관련일정	최초기준가격평가일:2021-01-12
	Step Down형		발행일:2021-01-13
	92-90-85-85-80-80/50(종가)	모집예정금액	100억(100만원 단위 모집)
기초자산	HSCEI, S&P500, EUROSTOXX50	조건미충족시 손실률	조건불충족시-20%~-100%
만기/상환주기	3년만기/6개월단위	중도상환	신청가능일: 발행일의 익 예정거래일로부터 만기평가일(불포함) 이전 3영업일까지 매 거래소영업일(단, 자동조기상환 평가일(불포함)이전 2영업일로부터 자동조기상환 평가일까지 신청불가)/ 중도상환 금액결정 : 중도상환 신청일의 익 거래소영업일 / 지급일 : 중도상환금액 결정일(불포함)로부터 2영업일
조건충족시 수익률(세전)	최대 12.00%(연 4.00%)		

손익구조

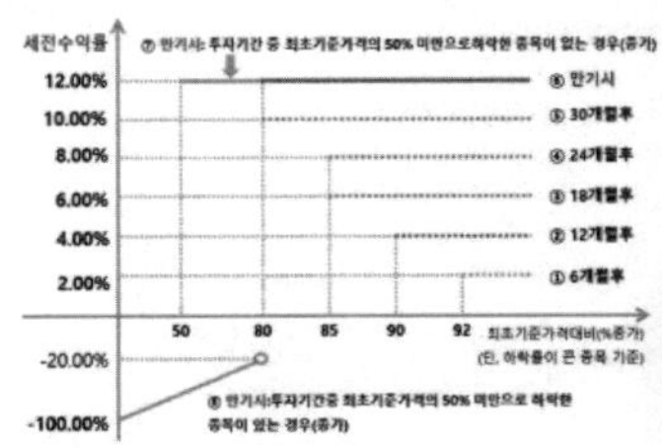

상환조건

자동조기/만기상환 평가일에 모든 기초자산 종가가 모두 행사가격 이상인 경우

구분	행사가격	수익률(세전)	연수익률(세전)
①1차	92%	2.00%	4.00%
②2차	90%	4.00%	4.00%
③3차	85%	6.00%	4.00%
④4차	85%	8.00%	4.00%
⑤5차	80%	10.00%	4.00%
⑥만기	80%	12.00%	4.00%

⑦위의 표에 의한 자동조기/만기상환이 발생하지 아니하고, 모든 기초자산(종가기준)중 어느 하나라도 최초기준가격의 50%미만으로 하락한 적이 없는 경우

▶수익률 세전: 12.00%(연4.00%)

⑧위의 ①-⑦에 의한 자동조기/만기상환이 발생하지 아니하고, 모든 기초자산(종가기준)중 어느 하나라도 최초기준가격의 50%미만으로 하락한 적이 있는 경우

▶지급액 : 원금 x 기준종목의 (만기평가가격/최초기준가격)

▶원금손실(원금손실률(-20%~-100%))
*단, [만기평가가격/최초기준가격]의 비율이 낮은 기초자산을 기준종목으로 함(즉, 하락률이 큰 종목 기준))

평가일정

▶자동조기/만기상환 평가일 및 지급일

(평가가격 : 각 상환 평가가격 결정일의 각 기초자산 종가(해당거래소 표준시간 기준))

구분	평가가격결정일	지급일	구분	평가가격결정일	지급일
1차	2021-07-07	2021-07-12	4차	2023-01-09	2023-01-12
2차	2022-01-07	2022-01-12	5차	2023-07-07	2023-07-12
3차	2022-07-07	2022-07-12	6차(만기)	2024-01-09	2024-01-12

확정일자	발생구분	종목명	수익률확정일	확정수익률	환불/지급일	발행일	만기일	비고
2021.01.12	청약모집결과	트루(ELS)13551				2021.01.13	2024.01.12	전액배정
2021.07.08	상환연장	트루(ELS)13551				2021.01.13	2024.01.12	다음평가일(2022. 01.07)
2022.01.10	상환연장	트루(ELS)13551				2021.01.13	2024.01.12	다음평가일(2022. 07.07)
2022.07.08	상환연장	트루(ELS)13551				2021.01.13	2024.01.12	다음평가일(2023. 01.09)
2022.10.13	원금손실위험발생	트루(ELS)13551				2021.01.13	2024.01.12	
2023.01.10	상환연장	트루(ELS)13551				2021.01.13	2024.01.12	다음평가일(2023. 07.07)
2023.07.10	상환연장	트루(ELS)13551				2021.01.13	2024.01.12	다음평가일(2024. 01.09)
2024.01.10	상환확정	트루(ELS)13551	2024.01.09	48.581838%	2024.01.12	2021.01.13	2024.01.12	원금손실상환

8) 동 상품은 2022.10.13. HSCEI이 knock-in 도달되었고, 2024.1.12. HSCEI -51.45%로 만기상환이 확정되었다.

〈그림 19-3〉 Step-down(조기상환월지급식) ELS 청약내용(예시)[9]

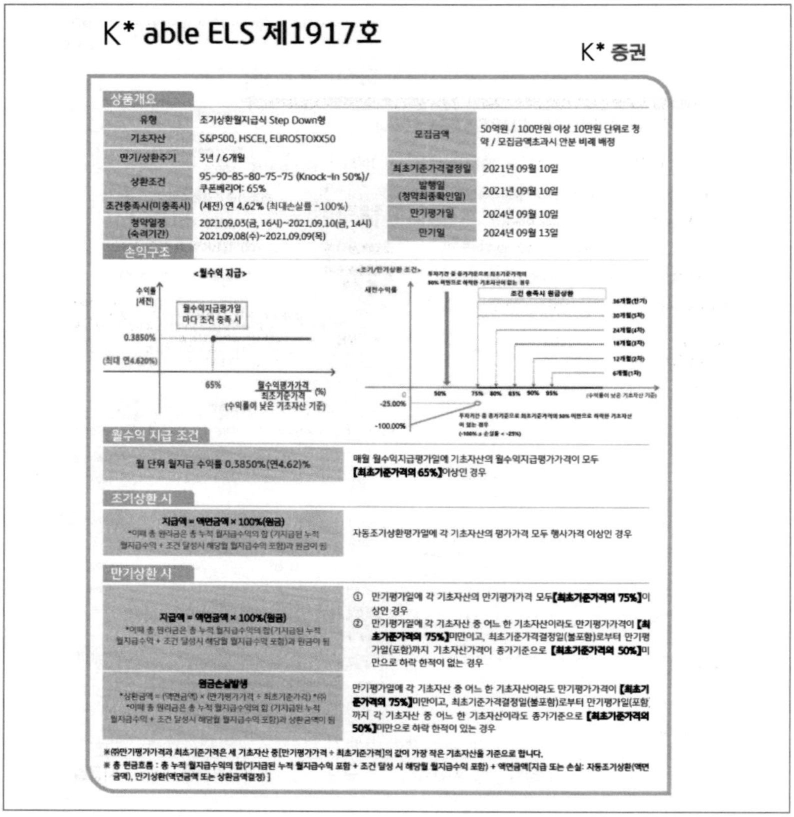
K* able ELS 제1917호

K* 증권

상품개요

유형	조기상환월지급식 Step Down형	모집금액	50억원 / 100만원 이상 10만원 단위로 청약 / 모집금액초과시 안분 비례 배정
기초자산	S&P500, HSCEI, EUROSTOXX50		
만기/상환주기	3년 / 6개월	최초기준가격결정일	2021년 09월 10일
상환조건	95-90-85-80-75-75 (Knock-In 50%)/ 쿠폰베리어: 65%	발행일 (청약최종확인일)	2021년 09월 10일
조건충족시(미충족시)	(세전) 연 4.62% (최대손실률 -100%)	만기평가일	2024년 09월 10일
청약일정 (숙려기간)	2021.09.03(금, 16시)~2021.09.10(금, 14시) 2021.09.08(수)~2021.09.09(목)	만기일	2024년 09월 13일

손익구조

월수익 지급 조건

월 단위 월지급 수익률 0.3850%(연4.62)%	매월 월수익지급평가일에 기초자산의 월수익지급평가가격이 모두 **【최초기준가격의 65%】**이상인 경우

조기상환 시

지급액 = 액면금액 × 100%(원금) *이때 총 원리금은 총 누적 월지급수익의 합 (기지급된 누적 월지급수익 + 조건 달성시 해당월 월지급수익 포함)과 원금이 됨	자동조기상환평가일에 각 기초자산의 평가가격 모두 행사가격 이상인 경우

만기상환 시

지급액 = 액면금액 × 100%(원금) *이때 총 원리금은 총 누적 월지급수익의 합(기지급된 누적 월지급수익 + 조건 달성시 해당월 월지급수익 포함)과 원금이 됨	① 만기평가일에 각 기초자산의 만기평가가격 모두**【최초기준가격의 75%】**이상인 경우 ② 만기평가일에 각 기초자산 중 어느 한 기초자산이라도 만기평가가격이 **【최초기준가격의 75%】**미만이고, 최초기준가격결정일(불포함)로부터 만기평가일(포함)까지 기초자산가격이 종가기준으로 **【최초기준가격의 50%】**미만으로 하락 한적이 없는 경우
원금손실발생 *상환금액 = (액면금액) × (만기평가가격 ÷ 최초기준가격) *(주) *이때 총 원리금은 총 누적 월지급수익의 합 (기지급된 누적 월지급수익 + 조건 달성시 해당월 월지급수익 포함)과 상환금액이 됨	만기평가일에 각 기초자산 중 어느 한 기초자산이라도 만기평가가격이 **【최초기준가격의 75%】**미만이고, 최초기준가격결정일(불포함)로부터 만기평가일(포함)까지 각 기초자산 중 어느 한 기초자산이라도 종가기준으로 **【최초기준가격의 50%】**미만으로 하락 한적이 있는 경우

※(주)만기평가가격과 최초기준가격은 세 기초자산 중[만기평가가격 ÷ 최초기준가격]의 값이 가장 작은 기초자산을 기준으로 합니다.

※ 총 현금흐름 : 총 누적 월지급수익의 합(기지급된 누적 월지급수익 포함 + 조건 달성 시 해당월 월지급수익 포함) + 액면금액[지급 또는 손실: 자동조기상환(액면금액), 만기상환(액면금액 또는 상환금액결정)]

3-2. 기초자산 가격 하락에 따른 높은 손실위험

원금비보장형 ELS 투자자는 만기일 이전에 기초자산 중 하나라도 사전에 임계치인 Knock-in 수준을 하회하는 경우 만기시점에 성과가 나쁜 기초자산에 연계되어 손실 볼 가능성이 높아진다.

9) 2024.1.11. 제28차 쿠폰지급 평가가격 중 HSCEI지수가 [5,421.23]으로 HSCEI 지수 가격이 쿠폰배리어가격 미만으로 쿠폰이 지급되지 않음(HSCEI지수 9,000을 기준으로 설정)

두 기초자산 중 만기이전에 Knock-in 수준(예: 60%)을 하회한 적이 있고 만기시점에 성과가 나쁜 기초자산의 가격이 발행시점 가격의 60%보다 아래에 있다면, 40% 이상의 투자손실이 발생할 수 있다. 원금비보장형 투자자가 손실 볼 가능성은 기초자산의 변동성 수준이 높을수록 커진다.

Two-Star ELS 만기 수익을 예를 들어 보자. 두 기초자산의 내재변동성을 15%로 가정할 경우 〈그림 19-4〉와 〈표 19-9〉에서 볼 수 있듯이 원금의 40% 이상 손실 볼 가능성은 0.86%이며, 내재변동성을 20%로 가정할 경우 40% 이상 손실 볼 가능성은 6.28%이다. 또한 주식 2개의 변동성에 대한 상관계수를 20%로 가정했을 때도 개별 주식보다 8% 이상 손실 확률이 높게 나타났다.[10)]

〈그림 19-4〉 Two-Star ELS 만기 수익

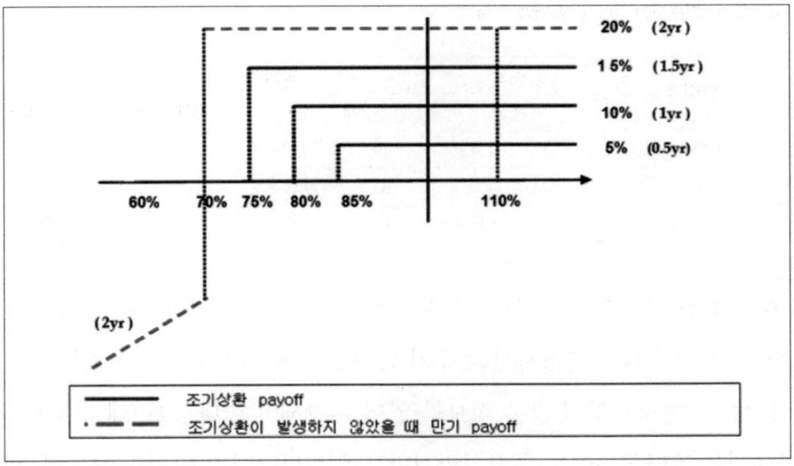

10) 이효섭 · 김지태(2013.3), KOSPI200, HSCEI지수를 기초자산으로 하고 만기가 2년인 원금비보장형 ELS상품의 만기수익구조가 그림과 같고 두 기초자산의 상관관계가 0.2를 가정하였다.

〈표 19-9〉 기초자산 변동성에 따른 투자자의 40% 이상 손실 확률

σ1 \ σ2	15%	20%	25%	30%	35%	40%
15%	0.86%	5.04%	13.32%	22.10%	31.98%	42.50%
20%	5.04%	6.28%	12.52%	21.86%	32.84%	41.96%
25%	13.32%	12.52%	14.64%	23.54%	32.60%	42.28%
30%	22.10%	21.86%	23.54%	26.12%	33.82%	43.76%
35%	31.98%	32.84%	32.60%	33.82%	35.32%	44.34%
40%	42.50%	41.96%	42.28%	43.76%	44.34%	48.28%

금융감독원에서는 ELS투자자에게 기초자산의 수가 많을수록, 제시수익률이 높을수록 더 위험하다고 공지하고 있다. 기초자산의 수가 많을수록 상품의 제시수익률은 높지만 그 만큼 수익발생 및 원금상환 조건이 많아져 손실위험이 높아지는 점을 이해하고 투자하여야 한다고 설명하고 있다.[11]

〈표 19-10〉 ELS 기초자산 개수별 발행액 현황

(단위: 조 원, %)

구분	발행액		발행액							
			1개		2개		3개		4개	
2020년	69.0	(100.0)	22.0	(31.9)	10.1	(14.7)	35.9	(52.0)	0.9	(1.4)
2021년	72.2	(100.0)	20.6	(28.6)	10.5	(14.5)	41.0	(56.9)	0.03	(0.04)
2022년	57.7	(100.0)	24.7	(42.7)	12.0	(20.8)	21.1	(36.5)	0.0	(0.0)

한편, 〈표 19-10〉에서 같이 2021년 기초자산을 3개 이상으로 발행된 ELS는 41조 원을 기록하였다. 기초자산의 수가 많아질수록 위험도가 높아지는 ELS에 대해 투자자는 판매사로부터 많은 정보를 얻어 투자해야 한다. 그런데 투자자가 원금손실가능성을 판단하기에는 투자설명서만으로는 판단하기 어려워 보인다. 예를 들어, T-파생결합증권(주가연계증권) 제13551회 수익률 모의실험결과 공정가격은 8,413.46원으로 제시하면서 HSCEI, S&P500, EUROSTOXX50 지수 등 기초자산 3개의 변동성과 상관계수를 활용하였다. 하지만 손실빈도가 10.88% (520/4779)로써 높은 편에 해당하며, 최대 손실구간이 60%에 이르기도 하고,

11) 금융감독원(2023.12). '23.3분기 중 증권회사 파생결합증권 발행 · 운용 현황

심지어 손실구간 30~40%대에 무려 5.21%가 집중되어 있다. 만약 손실빈도와 투자금액의 가중치를 부여해 투자금액 대비 원금손실비율을 산출한다면 그 비율은 손실집중구간에서 매우 높게 나타날 것이다.[12)]

12) T-파생결합증권(주가연계증권) 제13551회(원금비보장형) 투자설명서에는 공정가액(청약일 2021년 01월 08일)을 8,413.46원으로 추산하였다. 이때 사용한 변동성과 상관계수는 다음과 같다.

<table>
<tr><th>항목</th><th>주식</th></tr>
<tr><td>기초자산가격 변동성</td><td>-HSCEI지수 : 25.61%
-S&P500 지수 : 31.88%
-EUROSTOXX50 지수 : 27.25%</td></tr>
<tr><td>기초자산 일별수익률
간의 상관계수</td><td>
<table>
<tr><th>기초자산</th><th>HSCEI 지수</th><th>S&P500 지수</th><th>EUROSTOXX50 지수</th></tr>
<tr><td>HSCEI 지수</td><td>1</td><td></td><td></td></tr>
<tr><td>S&P500 지수</td><td>0.3231</td><td>1</td><td></td></tr>
<tr><td>EUROSTOXX50 지수</td><td>0.5004</td><td>0.6218</td><td>1</td></tr>
</table>
</td></tr>
</table>

[변동성 기준: Volatility Surface에 대하여 VIX방법론을 이용(Jiang and Tian2005)하여 Volatility Term Structure를 산출한 뒤 해당만기에 상응하는 변동성을 적용, 상관계수 기준: 180영업일 역사적 상관계수]

〈그림 19-5〉 기초자산의 과거 데이터를 이용한 수익률 모의실험

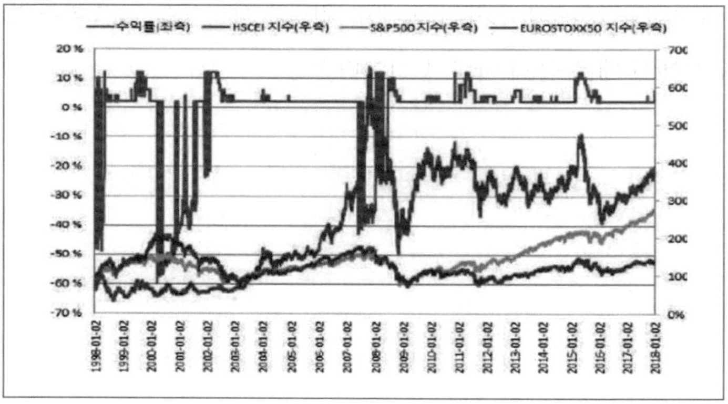

T-파생결합증권(주가연계증권) 제13551회(수익률 모의실험)

구분	수익률	발생횟수	발생빈도
1차 조기상환	2.00%	3,316	65.620%
2차 조기상환	4.00%	436	9.165%
3차 조기상환	6.00%	273	5.712%
4차 조기상환	8.00%	107	2.239%
5차 조기상환	10.00%	153	3.202%
만기상환	12.00%	152	3.181%
	−70% ~ −60%	0	0.000%
	−60% ~−50%	77	1.611%
	−50% ~ −40%	94	1.967%
	−40% ~ −30%	249	5.210%
	−30% ~ −20%	100	2.092%
	−20% ~ −10%	0	0.000%
	−10% ~ −0%	0	0.000%
	손실	520	10.881%
진행중		0	0.000%

상환구분	수익률	발생횟수	발생빈도
Total		4,779	100%

3-3. 지수형 ELS의 내재위험 간과

일반적으로 ELS 발행회사는 기초자산 가격이 상승하게 되면 보유한 기초자산을 매도하고, 반대로 기초자산 가격이 하락하게 되면 보유한 기초자산을 매수하여 수익구조를 복제하는 헤지과정을 수행한다. 또한 기초자산 가격이 사전에 정한 임계치인 Knock-in 수준을 하회하거나 조기상환일에 근접할 경우 ELS 발행회사는 헤지를 위하여 기초자산 가격이 상승하면 기초자산을 매수하고 반대로 기초자산 가격이 하락하게 되면 기초자산을 매도하는 과정을 수행하게 된다.[13] 이런 행태의 리스크관리는 원금보장형이거나 자체헤지를 필요로 하는 ELS를 전제로 한다. 원금비보장형의 경우 ELS 발행회사에서는 헤지의 필요성을 거의 느끼지 못할 것이다. 왜냐하면 실질적인 ELS 투자책임은 투자자 자신에게 있고 만약 손실이 발생하면 모두 투자자가 부담하기 때문이다.

반면 지수형 ELS는 관련 지수의 매수·매도를 반복적으로 거래하므로 헤지를 수행하기에는 한계가 있으며, 해외지수형의 경우 해외지수를 추적하여 헤지하기에는 여러 여건상 더욱 어렵다. 〈표 19-11〉에서와 같이 2022년 조기상환 금액 및 비율이 다른 해에 비해 하락하였다. 2022년 하반기부터 글로벌 긴축 강화 기조 속에 미국 등 많은 국가의 기준금리 인상 단행으로 주요 해외지수가 지속적으로 하락하여 조기상환 요건을 충족하지 못한데 기인하였다.

〈표 19-11〉 ELS 상환 유형별 현황

(단위: 조 원, %)

구분	상환*계		조기상환		만기상환	
2020년	76.2	(100.0)	51.9	(68.1)	24.3	(31.9)
2021년	74.1	(100.0)	50.3	(67.9)	23.8	(32.1)
2022년	40.2	(100.0)	19.1	(47.4)	21.2	(52.6)

* 해당 기간에 상환(중도해지 및 일부상환 제외)된 종목의 총 명목금액

13) 이효섭·김지태(2013)

특히 관심 있게 살펴볼 부분은 이 시기에 홍콩H지수가 Knock-in에 접근할 때에도 ELS 투자자는 리스크를 회피할 수단이 전혀 없었다는 것이다. 다만, S&P500, EUROSTOXX50 등은 지수의 상승, 하락이 반복되거나 Knock-in 배리어를 터치하지 않는 경우 ELS계약 기간 중 자연스럽게 원금회복 가능성이 있었다. 〈그림 19-6〉은 이들 지수의 추이를 나타낸 그림이다.

〈그림 19-6〉 HSCEI, S&P500, EUROSTOXX50 지수 추이

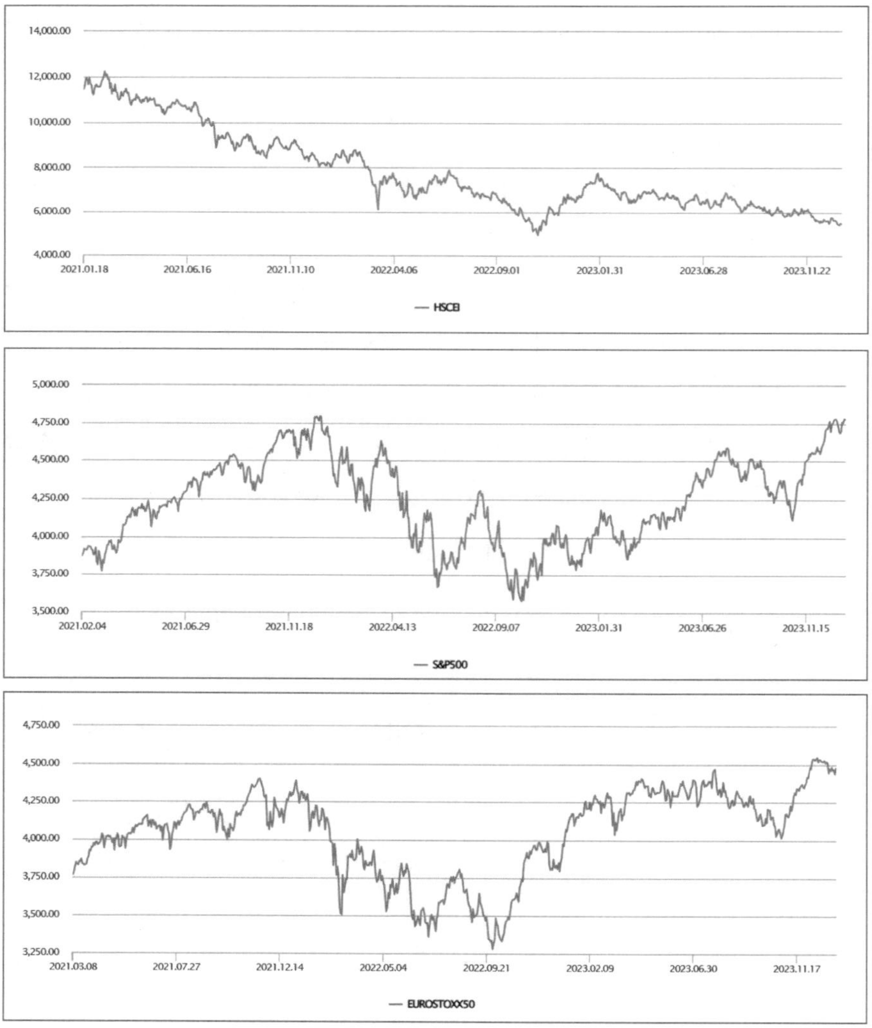

3-4. 판매사의 내부통제 미흡[14)]

가. 판매정책 및 금융소비자보호 관리실태 부실

금융기관들은 2020년 초 코로나 19에 따른 주가 급락 이후 각국 주가지수의 변동성이 확대되는 등 글로벌 불확실성이 고조되고 있는데도 과도한 영업목표, 프로모션 등 공격적인 영업을 지속하였다.

예를 들어, A은행의 경우 2021년 영업목표 수립 시 WM수수료 중 신탁수수료 목표를 2020년 예상실적 대비 56.9% 상향 설정하여 전사적 판매를 독려하였고, B은행의 경우 변동성이 확대되던 2021년 1/4분기에 두 차례 프로모션을 실시하고 실적 데이터를 회사 게시판에 안내하는 등 실적 경쟁을 독려하였다.

KPI, 즉 성과평가지표는 고객보호를 고려하여 운영하여야 하나 ELS 판매 자체를 성과와 직결시켜 판매를 유인하도록 KPI를 설계하였다.

예를 들어, C은행의 경우 Knock-in이 발생하지 않는다면 H지수가 하락하더라도 판매 당시 ELS 수익률을 영업점 KPI로 인정하였고, D은행의 경우 ELT 등 고위험 특정금전신탁의 경우 신탁수수료의 최대 2배를 성과이익으로 평가하여 고위험 상품 판매를 유도하였다.

설정된 판매한도는 철저히 준수해야 하나 고객 손실위험 증가에도 불구하고 내부승인 절차 우회 등을 통해 판매한도를 오히려 확대하였다.

예를 들어, E은행의 경우 고객별 한도관리기준을 ELS 회차별로 적용하여 일부 투자자들이 투자위험에 크게 노출되었다. 이때 3억 원 이상 & 2건 이상 중복 가입 개인 투자자 수는 1,620명에 이르기도 하였다. F은행의 경우 주가지수 변동성 확대 시 기존 판매목표 대비 판매한도를 감축하도록 한 내부 리스크관리기준을 완화하여 판매한도를 확대하였다. 분기별 목표의 50%를 80%로 상향조정하고, 실제 판매금액이 완화된 판매한도마저 초과하자 예외한도를 2.5조 원 추가 설정하였다.

14) 금융감독원(2024.3). 홍콩 H지수 기초 ELS 관련 검사결과(잠정) 및 분쟁조정기준(안)

위원회의 포괄승인 이후 실제 개별 상품선정은 업무 담당자에 의해 결정되었고, 위원회 차원의 기초자산의 안정성을 점검하거나 모니터링을 실시하지 않는 등 비예금상품위원회를 형식적으로 운영하고 있었다.

나. 판매시스템 차원의 불완전판매

투자자 성향분석 시 6개 항목[15]을 필수적으로 고려하고 확인해야 하나 일부 항목을 누락시키거나 점수가 배정되지 않도록 하는 등 부실하게 설계 및 운영하였다.

> 예를 들어, G은행의 경우 투자자성향 분석 시 거래목적 항목에 평가점수를 배정하지 않아 투자자가 노후자금 마련, 단기운영목적 등을 선택하더라도 투자성향 평가결과에 영향을 미치지 않게 되었다. H증권의 경우 투자자성향 분석 시 재산상황 확인을 누락시켰다.

투자자는 손실 감내수준 20% 미만, 단기투자 등을 희망하지만 부적합하게도 판매상품이 3년 만기, 손실발생 시 최소 30% 이상 손실을 감내하도록 설계되어 있는 H지수 ELS에 가입시켰다.

> 예를 들어, I증권의 경우 원금보존을 희망하는 투자자에게도 자산규모, 소득수준 등 다른 항목 평가결과에 의해 ELS가입이 가능하도록 운영하였고, J은행의 경우 투자기간 1년 미만으로 응답한 투자자도 타항목 평가결과에 따라 가입이 가능하도록 운영하였다.

투자성 상품 판매 시 설명해야 하는 손실위험 시나리오, 위험등급 유의사항 등 투자위험을 누락시키거나 왜곡하기도 하였다. 은행이 ELT 계약 시 자체적으로 작성한 운용자산설명서를 투자자에게 설명 및 교부 과정에서 ELS발행 증권사가 작성한 증권신고서 및 투자설명서 상 투자위험 등의 중요사항을 왜곡하거나 누락시

15) 금소법 상 ①거래목적, ②위험에 대한 태도, ③금융상품 이해도, ④재산상황(보유 자산 중 금융상품의 유형별 비중), ⑤투자성 상품의 취득 및 처분 경험 ⑥연령

켰다.

예를 들어, K은행의 경우 ELS 발행 증권사의 증권신고서에는 손실위험 분석기간이 과거 20년으로 되어 있으나, 운용자산설명서 작성 시 이를 10년으로 정하여 2007년~2008년 금융위기를 제외하는 등 임의변경하였고, 이를 토대로 손실이 발생하지 않는 것(0%)으로 기재하고, 영업점 배포 안내자료에는 과거 10년간 손실발생 0건, 과거 10년 동안 원금손실이 단 한 번도 없었던 검증된 상품이라고 기재하는 등 안전상품으로 설명하였다.

ELS발행사(증권사) 작성 증권신고서상 손실위험 시나리오 분석표

투자수익률	빈도
11.70%	2.78%
10.40%	2.22%
9.10%	0.78%
7.80%	2.12%
6.50%	1.50%
5.20%	2.51%
3.90%	10.90%
2.60%	16.19%
1.30%	53.78%
-20%초과 ~ 0%이하	0.00%
-40%초과 ~ -20%이하	1.81%
-60%초과 ~ -40%이하	5.20%
-80%초과 ~ -60%이하	0.21%
-100%초과 ~ -80%이하	0.00%
합계	100%

K은행 작성 운용자산설명서상 손실위험 시나리오 분석표

상환	수익실현 횟수	수익실현 빈도
4개월	1425	60.82%
8개월	407	17.37%
12개월	218	9.30%
16개월	45	1.92%
20개월	51	2.18%
24개월	41	1.75%
28개월	23	0.98%
32개월	43	1.84%
36개월	7	0.30%
원금손실상환	8	0%
미확정	83	3.54%

L은행의 경우 금융소비자보호법에 따라 금융소비자에게 설명해야 하고, 설명서의 맨 앞에 두도록 한 위험등급 유의사항을 설명서에서 누락시켰다.

위험등급	원금손실 가능액	위험등급 의미	유의사항 → 누락
1등급 매우높은위험	20% 초과	**고난도금융투자상품(고난도 금전신탁)** 최대손실률이 20%를 초과하는 파생결합증권에 투자하는 특정금전신탁	위험선호도가 (매우) 높은 투자자를 위한 상품으로서 시장편균 수익률을 훨씬 넘어서는 (매우) 높은 수준의 투자수익률을 추구하며, 이를 위해 자산가치 변동에 따른 손실 위험을 적극 수용할 수 있는 투자자에게 적합한 상품입니다.

(참고문헌)

국내문헌

- 금융감독원(2009). 금융감독정보 제2009-17호(통권 520호). 조사연구실
- 금융감독원(2012). 금융감독개론
- 금융감독원(2023.7). CFD 검사결과. 금융감독원 보도자료
- 금융감독원(2023.8). CFD 관련 제도보완장치 시행. 금융감독원 보도자료
- 금융감독원(2023.12). '23.3분기 중 증권회사 파생결합증권 발행 · 운용 현황
- 금융감독원(2024.3). 홍콩 H지수 기초 ELS 관련 검사결과 및 분쟁조정기준(안)
- 김경무(2010). PF ABCP거래와 유동성리스크. 한국기업평가
- 김범석(2004). LG카드사태와 신용카드 ABS의 문제점. 時事金融
- 김은희(2009). 2008년 유동화 발행실적 분석. NICE Rating
  ______(2011). 2010년 유동화 발행실적 분석. NICE Rating
- 김인준 · 변석준 · 윤창현(1998). 역외펀드를 이용한 파생금융상품기법에 대한 분석 : 다이아몬드 펀드를 중심으로. 재무관리연구 제15권 제2호 55~80
- 김주영(2012). 우리파워인컴펀드소송. 경제개혁연구소
- 김철종 · 박경욱 · 윤평식(2009). 선물옵션 투자의 이론과 전략. 교보문고
- 김태우 · 신준화(2011). 신용카드 ABS 신용평가방법론. 한국기업평가
- 김태현(2011). 건설업체 PF우발채무 정기 모니터링 및 저축은행 이슈 점검. 한국기업평가
- 김형석(2010). Synthetic CDO평가방법론. 한국신용평가

- 김형태 · 이현진(2003). 장외파생상품 실패사례 분석과 시사점. 한국증권연구원
- 모세준(2008). GM의 위기가 국내 자동차 산업에 미치는 영향. 월간하나금융. 하나금융경영연구소
- 문종진 · 김영훈 · 정완호 · 황문연(2011). 거래상대방 리스크관리. 한국금융연수원
- 박연희 · 박철원 · 배수일(2009). 환헤지 통화옵션 상품의 손실 현황과 대응방안: KIKO(Knock-In Knock-Out)거래를 중심으로. 한국회계학회
- 서울대 투자연구회(2012). 산업분석보고서-고려아연. SMIC Research Team4
- 선물시장(1997.2). 시장동향과 전망. 한국선물협회
- ________(1998.2). 시장동향과 전망. 한국선물협회
- 신용제(2011). Citi그룹의 CEO리스크 및 전사적 리스크관리 실패요인과 시사점. 리스크리뷰 2010 하반기. 금융감독원
- 신일수(2011). 부동산 PF구조 개선방향에 대하여. KIS
- 심은수(2003). ABCP 프로그램 유형. KIS
- 안지은 · 문창호(2006). 신용카드 자산유동화 평가방법론. 한국신용평가
- 오규택 · 신성환(1998). 다이아몬드펀드의 파생상품 거래손실 사례분석. 선물연구 제6호. 선물학회
- 오종문(2013). 현대그룹의 지배구조 관련 파생상품거래 분석과 회계처리. 세무와 회계저널 제14권. 한국세무학회
- 오종문(2023). 차액결제거래(CFD) 리스크와 규제보완 방안. 코스콤
- 유준기(2012). 2012년 3/4분기 부도기업 분석. 한국기업평가
- 윤병길(2008). 금융감독원 세미나자료 - 기업의 환 위험 관리 방안 및 관리 사례. 산업은행
- 이강욱(2011). 2011년 1분기 · 3분기 부도기업분석. NICE신용평가
- 이계경(2004). 신용카드사태에 대한 원인분석 - LG카드사태. 2004년도 국정감사 정책자료집

- 이근식(2011). 비철금속산업의 선물시장 활용에 관한 연구. 한양대학교 산업경영디자인대학원 석사학위 논문
- 이민형(2014), 현대엘리베이터의 현대상선 경영권 부당지원 논란과 현대그룹 재무 개선 자구대책(안)의 영향. 기업지배구조리뷰 통권 제73호. 한국기업지배구조원 연구원
- 이상빈(1999). SK증권과 J.P Morgan사와의 금융분쟁에 관한 연구. 경제연구 제20권 제1호
- 이상제 · 김영도(2009). 키코 상품의 이해. 한국금융연구원
- 이욱영(2024). LS MnM(Metals & Materials) 리스크사례와 대응방안. 성균관대학교 연구자료
- 이종석 · 김혜순(2010). Synthetic CDO평가방법론. 한국기업평가
- 이종영(2020). 철강회사의 주가를 움직이는 요소는 무엇일까?. 삼프로티비
- 이창복 · 윤창현(2000). 금융선물 · 옵션거래. 한국금융연수원
- 이혁준 · 최중기(2012). 2012년 산업위험평가-저축은행. NiCE rating
- 이효섭 · 김지태(2013). 한국 ELS/DLS시장의 건전한 성장을 위한 방안. 자본시장연구원
- 임영수(2010). 2010년 3분기 부도기업분석. NICE신용평가
- 장근혁(2022). 최근 ELS 시장 현황과 위험 점검. 자본시장연구원
- 장봉영(2009). 파생상품펀드 현황과 투자전략. 상품설명자료
- 장효미(2020). 차액결제거래(CFD) 시장 현황 및 특징. 자본시장연구원
- 정기만(2002.12). 파생금융상품 운용의 성공과 실패 사례에 관한 연구. 청주과학대학 논문집 제28집
- 정대용 · 김인하(1998). SK증권-JP Morgan 법정분쟁의 교훈. 한화증권
- 정순오(2019). 한국 주식시장에서 손절매 전략의 유효성. 연세연세대학교 경제대학원
- 정운찬(1999). 예금보험론. 서울대학교 출판부

• 최종학 · 권혜진(2011). 태산엘시디의 KIKO(키코) 관련 손실이 재무제표에 미친 영향. 「회계저널」 제20권 제4호. 한국회계학회
• 하나금융경영연구소(2007). 상품가격 변동리스크와 중소업체의 헷지(hedge) 수요조사. 산업연구시리즈 2007년 제10호
• 하나금융경영연구소(2009). GM 파산에 따른 대내외 영향 점검. 연구분석실
• 하지인 · 배영찬(2010). 건설업체 PF우발채무 위험분석. 한국기업평가
• 한국신용평가(2023). CFD사태로 인한 증권사 신용도 영향 및 모니터링 포인트. KIS Credit Review
• 한국자동차산업연구소(2010). 세계 자동차시장 동향. 각분기
• 황문연(2006). 신용카드자산의 유동화를 통한 자금조달 및 자기자본규제준수효과에 관한 연구. 한국공공정책학회
• _____(2011). AIG 경영실패가 국내 보험회사에 주는 시사점. 리스크리뷰 2010 하반기. 금융감독원
• _____ · 최영덕(2009). 폰지금융과 Madoff폰지금융사기에 관한 소고. 리스크리뷰 2008년 겨울호. 금융감독원
• LG금속(1999). LG금속 1998년회계연도 사업보고서. 금융감독원

국외문헌

• BIS. BIS Quarterly Review
• BIS(2004). Bank Failures in Mature Economics Working Paper no. 13. Basel Committee on Banking Supervision
• Chris Jarvis(1999). The Risk and Fall of the Pyramid Schemes in Albania. International Monetary Fund Working Paper WP/99/98

- Eric Falkenstein(2010). Lessons from the Kidder-Jett Debacle of 1994. Riskcenter
- Financial Service Authority(2005). Hedge Funds: A Discussion of Risk and Regulatory Engagement. Discussion Paper 05/4. England
- John C. Hull(2009). Options, Futures and Other Derivatives 7th edition. Pearson Education
- Laurent L. Jacque(2010). Global Derivative Debacles - from Theory to Malpractice. World Scientific
- Minsky, Hyman P.(1986). Stabilizing an Unstable Economy. Yale University Press
  ________(1992). The Financial Instability Hypothesis. The Jerome Levy Economics Institute of Bard College Working Paper No. 74

인터넷 홈페이지

- 국제금융연구원 : www.ifins.com.ne.kr
- 금융감독원 : www.fss.or.kr
- 예금보험공사 : www.kdic.or.kr
- 한국거래소 : www.krx.co.kr
- KIKO피해기업 공동대책위원회 : www.kiko.or.kr
- Rich Guys Club : www.richguysclub.com

파생상품 거래손실 사례분석

저자 소개

황문연

• 성균관대학교 경영학박사 (국제금융 전공)

• (현)성균관대학교 대학원 무역학과 초빙교수
• (현)경희대학교 무역학과 겸임교수

• 국민은행, 평화은행 근무
• 금융감독원 리스크검사지원국, 외환감독국, 은행검사국 등 21년 근무
• 단국대학교 경영대학원 겸임교수 역임
• 중앙대학교 산업창업대학원 겸임교수 역임
• 법무법인 케이원챔버 고문

• 거래상대방리스크, 4인 공저, 한국금융연수원 2011
• 무역리스크관리론, 6인 공저, 성균관대출판부 2017
• 해외직접투자, 11인 공저, 박영사 2022

초판 1쇄 | 2013년 4월 12일
3판 1쇄 | 2025년 8월 12일
저자 | 황문연
발행인 | 이준수 **발행처** | 한국금융연수원 출판미디어사업부
주소 | 03053 서울특별시 종로구 삼청로 118
전화 | 02)3700-1522~6 **팩스** | 02)3700-1530 **홈페이지** | www.kbi.or.kr
등록 | 1990년 4월 20일(제1-1040호)
정가 | 25,000원 **ISBN** | 978-89-287-8280-2 13320

※ 도서의 오류내용(오탈자 등)을 제보해주시어 채택되신 분께는 소정의 상품을 보내드리오니
독자 여러분들의 많은 참여 바랍니다(상세정보는 www.kbi.or.kr 참조).
※ 본 도서의 내용은 한국금융연수원의 견해와 다를 수 있습니다.

한국금융연수원 자격검정시험 안내

•「국가공인자격」은 자격기본법에서 정한 기준과 절차에 따라 국가가 공인한 자격으로 신용분석사, 여신심사역, 국제금융역, 자산관리사(FP), 신용위험분석사(CRA), 외환전문역 I종, 외환전문역 II종 등 7개의 자격이 있습니다.

•「자체인증자격」은 우리 원이 인정, 수여하는 자격으로 공개시험형 자체자격인 프라이빗 뱅커(CPB), 은행텔러, 영업점 컴플라이언스 오피서(은행)(보험)(증권), KBI 금융DT 테스트, 자금세탁방지 업무능력 검정시험 등 7개 자격이 있습니다.

구분	자 격 명 (공인/등록번호)	응시료	자격소개
국가공인자격	신용분석사 (제2024-1호) (2008-0438)	전과목 : 66,000원 1부 : 28,000원 2부 : 39,000원	금융회사의 여신관련 부서에서 기업에 대한 회계 및 비회계자료 분석을 통하여 종합적인 신용상황을 판단하고 신용등급을 결정하는 등 기업신용 평가업무를 담당하는 금융전문가
	여신심사역 (제2024-2호) (2008-0439)	전과목 : 66,000원 1부 : 28,000원 2부 : 39,000원	금융회사의 여신심사 담당자로서 경제상황과 기업의 재무, 비재무상태 등을 분석, 파악하여 적정한 대출심사 의견서 작성, 대출이율 및 대출기간 결정 등 대출실행 여부를 판단하고 자금의 효율적 운용, 대손 방지를 위한 제반조치, 여신의 법률적 검토, 사후관리업무 등 여신업무와 관련한 종합적인 업무를 수행하는 금융전문가
	국제금융역 (제2021-1호) (2008-0440)	전과목 : 66,000원 1부 : 33,000원 2부 : 33,000원	금융회사의 국제금융 관련 부서에서 국제금융시장의 동향파악, 분석 및 예측 등을 통하여 외화자금의 효율적 조달과 운용업무를 담당하고 이에 따른 리스크관리 등 국제금융 관련 업무를 수행하는 금융전문가
	신용위험분석사(CRA) (제2023-2호) (2008-0442)	1차 : 77,000원 2차 : 88,000원	금융회사 및 기업신용평가기관 등에서 개인과 기업에 대한 신용상태를 조사평가하고 신용위험을 측정 · 관리하는 여신전문가
	자산관리사(FP) (제2020-1호) (2008-0441)	전과목 : 55,000원 1부 : 28,000원 2부 : 28,000원	금융회사 영업부서의 PB(Private Banking) 팀에서 고객의 수입과 지출, 자산 및 부채현황, 가족상황 등 고객에 대한 각종 자료를 수집, 분석하여 고객이 원하는 Life Plan 상의 재무목표를 달성할 수 있도록 종합적인 자산설계에 대한 상담과 실행을 지원하는 금융전문가
	외환전문역 I종 (제2020-1호) (2008-0436)	전과목 : 55,000원	금융회사의 외환업무 중 외국환 거래 법규 및 외환거래실무를 이해하고 고객의 외화 자산에 노출되는 각종 외환 리스크를 최소화시키는 등 주로 개인 외환과 관련된 직무를 담당
	외환전문역II종 (제2020-1호) (2008-0436)	전과목 : 55,000원	금융회사의 외환업무 중 수출입업무 및 이와 관련된 국제무역규칙을 이해하고 외환과 관련된 여신 업무를 수행하는 등 주로 기업 외환과 관련된 직무를 담당
자체인증자격	은행텔러 (2008-0437)	전과목 : 55,000원	창구에서 일어나는 제반업무에 대해 신속하고 친절한 업무수행과 정확한 업무처리로 고객에게 도움을 주고 상담을 통해 문제해결을 하도록 도와주는 금융전문가
	영업점 컴플라이언스 오피서(은행) (2010-0118) (보험, 증권) (2013-0702,0703)	전과목 : 각 44,000원	금융회사의 영업점에서 준법관련 법규와 감독기관의 감독규정이 정한 내용과 취지를 충분히 이해하고 업무 수행과정에서 이를 준수하며, 영업점에서 발생 가능한 금융사고 및 민원사항이 발생하지 않도록 사전적 예방 차원에서 그 준수사항의 이행을 점검하는 금융전문가(은행, 보험, 증권 분야별로 자격이 구분됨)
	프라이빗뱅커 (CPB) (2018-004091)	1차 : 110,000원 2차 : 342,000원 (실무교육)	개인고액자산가의 자산 및 수익증대를 실현하기 위해 금융분야 전반에 걸쳐 종합적인 금융상담과 실행을 지원할 수 있는 최고급 수준의 금융자산설계전문가
	KBI 금융DT 테스트 (2021-001872)	전과목 : 44,000원	금융인 및 예비금융인을 대상으로 디지털금융 전반에 대한 기본지식과 업무활용능력 등 금융DT 관련 기본역량 평가
	자금세탁방지 업무능력 검정시험 (2023-004792)	전과목 : 66,000원	금융시스템을 이용한 자금세탁행위와 공중협박자금조달행위를 적발 및 예방할 수 있는 전문적인 업무역량 평가

소비자 알림사항

•상기 "프라이빗뱅커(CPB)", "영업점컴플라이언스 오피서(은행)(보험)(증권)", "KBI 금융DT 테스트", "은행텔러", "자금세탁방지 업무능력 검정시험" 자격은 자격기본법 규정에 따라 등록한 민간자격으로, 국가로부터 인정받은 공인자격이 아닙니다.

•민간자격 등록 및 공인 제도에 대한 상세내용은 민간자격정보서비스 (www.pqi.or.kr)의 '민간자격 소개'란을 참고하여 주십시오.

기타

•응시료 환불 규정 : 접수기간 중 100%, 접수기간 종료 후 시험일 5일전 18시까지 50% 환불/이후 환불 불가

•자격 공인번호는 재공인시점에 따라 변경될 수 있으며, 응시료, 환불규정 등은 응시 시점에 따라 변경될 수 있으니 자격시험 응시 전 반드시 한국금융연수원 홈페이지에서 응시하고자 하는 자격시험에 관한 최신 정보를 확인하시기 바랍니다. 자격시험에 관한 자세한 사항은 한국금융연수원 홈페이지를 참조하시기 바랍니다.

•주소 : 서울특별시 종로구 삼청로 118 / TEL : 02-3700-1500 / 홈페이지 : www.kbi.or.kr